Wandel- und Optionsanleihen in Deutschland und Europa
ZGR-Sonderheft 16

Zeitschrift für Unternehmens- und Gesellschaftsrecht

herausgegeben von

Wulf Goette, Peter Hommelhoff, Klaus J. Hopt,
Marcus Lutter, Walter Odersky,
Hans-Joachim Priester, Herbert Wiedemann

Sonderheft 16

Walter de Gruyter · Berlin · New York

Wandel- und Optionsanleihen in Deutschland und Europa

herausgegeben von

Marcus Lutter und Heribert Hirte

Walter de Gruyter · Berlin · New York · 2000

♾ Gedruckt auf säurefreiem Papier, das die US-ANSI-Norm über Haltbarkeit erfüllt

Die Deutsche Bibliothek – CIP-Einheitsaufnahme

Wandel- und Optionsanleihen in Deutschland und Europa / hrsg. von Marcus Lutter und Heribert Hirte. – Berlin ; New York : de Gruyter, 2000
(Zeitschrift für Unternehmens- und Gesellschaftsrecht : ZGR-Sonderheft ; 16)
ISBN 3-11-016773-5

Printed in Germany
Satz: Dörlemann Satz GmbH & Co. KG, D-49448 Lemförde
Druck und Bindung: Kösel, D-87435 Kempten

Vorwort

Im ungemein rasch wachsenden europäischen Kapitalmarkt spielen nicht nur die rechtlich „einfachen“ Titel wie Aktien und Schuldverschreibungen eine große Rolle, sondern auch die Zwischenformen wie Wandelschuldverschreibungen und Optionsanleihen. Bei ihnen aber ist der rechtliche Gestaltungsaufwand ungleich größer, mithin sind auch die Unterschiede und die „Fallstricke“ für diejenigen Zeichner und Inhaber zahlreicher, deren Vorstellungen durch ihre heimische Rechtsordnung geprägt sind. Aus diesem Grunde haben die Herausgeber der ZGR zunächst einzelne Länder-Untersuchungen zum Thema angeregt; dabei wurde rasch deutlich, daß nur eine gewisse Vollständigkeit sinnvoll ist, die den Rahmen einer Zeitschrift überschreitet und eines ganzen Buches bedarf, das hiermit vorgelegt wird. Die Gestaltungsvarianten zwischen Aktie und Schuldverschreibung nehmen freilich immer weiter zu; die insoweit zu verzeichnenden aktuellen Entwicklungen werden daher in einem weiteren, vornehmlich aus der Sicht des deutschen Rechts geschriebenen Beitrag vorgestellt.

Die hier veröffentlichten Darstellungen entsprechen grundsätzlich dem Stand vom 1. Januar 2000. Soweit einzelne Beiträge bereits früher in der ZGR veröffentlicht worden sind, wurden sie für die Aufnahme in dieses Sonderheft aktualisiert,

Herausgeber und Autoren danken Herrn Michael Voß, Bonn für die sorgfältige Betreuung der Manuskripte und der Drucklegung sowie für die Erstellung des Registers; die Herausgeber aber danken nachdrücklich den Autoren, die die große Mühe der Darstellung eines schwierigen Rechtsgebietes auf sich genommen haben.

Bonn/Jena, im Januar 2000 *Marcus Lutter* *Heribert Hirte*

Inhalt

Verzeichnis der Mitwirkenden

Alonso Espinosa, Francisco	Professor für Wirtschaftsrecht an der Universität Murcia
Antunes, José A. Engrácia	LL. M. (Lissabon), Ph.D. (Florenz), Professor für Wirtschaftsrecht an der Universität Porto
Benoît-Moury, Anne	Dr. jur., Professorin für Wirtschaftsrecht an der Universität Lüttich
Campobasso, Gian Franco	Professor für Wirtschaftsrecht an der Universität Neapel
Croes, Conny	„Conseiller Juridique" bei einer belgischen Bank in Brüssel
Daeniker, Daniel	Dr. jur., LL. M. (Chicago), Rechtsanwalt in Zürich
Goulding, Simon	B.A., LL. M., Lecturer in Law, barrister, University of East Anglia, School of Law, Norwich
Guyon, Yves	Professor für Wirtschaftsrecht an der Universität Paris I – Panthéon-Sorbonne
Hirte, Heribert	Dr. jur., LL. M. (Berkeley), Professor für deutsches und europäisches Zivil- und Wirtschaftsrecht an der Universität Jena, Lehrbeauftragter am Centre universitaire de Luxembourg
Köndgen, Johannes	Dr. jur., LL. M., Professor für Internationales Privatrecht und Rechtsvergleichung an der Universität Bonn
Kasolowsky, Boris	B.A. (Oxon), M.A. (London), solicitor, London/Jena
Nowotny, Christian	Dr. jur., Professor für Bürgerliches Recht, Handels- und Wertpapierrecht an der Wirtschaftsuniversität Wien
Perrick, Stephen	Dr. jur., Rechtsanwalt und Notar in Amsterdam, Professor für Wertpapier- und Geldverkehrrecht an der Erasmus Universität Rotterdam
Schäfer, Frank A.	Dr. jur., LL. M. (Chicago), Rechtsanwalt in Düsseldorf
Skog, Rolf	Company Law Committee des Justizministeriums in Stockholm

Wandel- und Optionsanleihen im Rechtsvergleich

von

Professor Dr. HERIBERT HIRTE, LL.M. (Berkeley), Jena

Inhaltsübersicht

I. Einleitung

Bei der rechtlichen Ausgestaltung von Wandel- und Optionsanleihen in Europa gibt es beträchtliche Unterschiede sowohl zwischen den Ländern als auch im Zeitablauf; sie folgen aus den unterschiedlichen steuerrechtlichen Vorgaben wie aus den variierenden Konditionen an den Märkten für Eigen- und Fremdkapital.[1] An dieser Stelle soll ein Überblick über die verschiedenen in diesem Band abgedruckten Landesberichte gegeben werden.[2] Er konzentriert sich „geographisch" auf die Lage im Ausland und inhaltlich auf die Rechtsfragen von Wandel- und Optionsanleihen als Instrument der Unternehmensfinanzierung. Daher wird etwa die Frage ausgeblendet, inwieweit Wandel- oder Optionsanleihen als Instrument zur Motivation von Geschäftsleitern und Mitarbeitern genutzt werden können, insbesondere soweit eine Ausgabe von *naked warrants* für nicht zulässig gehalten wird.[3] Einige aktuelle Fragen weiterer hybrider Formen der Unternehmensfinanzierung werden aber in dem Beitrag von *Schäfer* aus deutscher Sicht beleuchtet.[4] Der folgende Überblick beschränkt sich im übrigen auf die Auswertung der Beiträge in diesem Band: deshalb werden – von wenigen Ausnahmen abgesehen[5] – nur die hier behandelten Rechtsordnungen in die Betrachtung einbezogen, und es werden andererseits auch nur die in diesen Beiträgen angesprochenen Rechtsfragen berücksichtigt. Wenn eine Lösung hier nur für ein Land angesprochen oder hervorgehoben wird, bedeutet dies also nicht, daß sie nur in diesem Land existiert. Im übrigen werden sowohl Gemeinsamkeiten wie Unterschiede nicht angesprochen, wenn sie selbstverständlich erscheinen; als Beispiel seien einerseits die unterschiedlichen Beschlußanforderungen an Hauptversammlungsbeschlüsse genannt, die innerhalb der Europäischen Union eine Folge der noch fehlenden Koordinierung dieses Fragenkreises durch die Fünfte (Struktur-)Richtlinie[6] sind, und andererseits die jedenfalls im (gesetz-

1 Zum Einfluß des Zinsniveaus SCHÄFER, in diesem Band, S. 62, 63.

2 Jüngste Gesetzesänderungen – wie sie vor allem durch die Umstellung auf den Euro verursacht wurden – wurden in den Berichten nur ausnahmsweise noch einbezogen; etwa für Österreich, dazu NOWOTNY, in diesem Band, S. 176, 210.

3 Zu *stock options* vgl. die Hinweise zu Deutschland bei SCHÄFER, in diesem Band, S. 62, 78; zu den Niederlanden bei PERRICK, in diesem Band, S. 155, 157f; zu Schweden bei SKOG, in diesem Band, S. 242, 243; zur Schweiz bei KÖNDGEN/DAENIKER, in diesem Band, S. 265, 278 und zum Vereinigten Königreich bei KASOLOWSKY, in diesem Band, S. 99, 107. In Portugal gelten sie bislang als praktisch unbekannt (dazu ANTUNES, in diesem Band, S. 212, 213, Fn. 2), während in Österreich der gleiche Umweg über Wandelanleihen gewählt wird, den auch das deutsche Recht vor Inkrafttreten des KonTraG gewählt hatte (dazu NOWOTNY, in diesem Band, S. 176, 206ff).

4 Zur Going-Private-Anleihe aus österreichischer Sicht auch NOWOTNY, in diesem Band, S. 176, 203f.

5 Dazu zählen einige Ergänzungen im Bereich des französischen und schweizerischen Rechts sowie die Hinweise auf das dänische, griechische und US-amerikanische Recht. Hingewiesen sei auch auf die Nachweise zum dänischen, norwegischen und finnischen Recht bei SKOG, in diesem Band, S. 242, 263f.

6 Vorschlag einer fünften Richtlinie zur Koordinierung der Schutzbestimmungen hinsichtlich der Struktur der Aktiengesellschaft sowie der Befugnisse und Verpflichtungen ihrer Organe vom 9. 10. 1972, ABl. EG 1972 C 131/49 vom 13. 12. 1972; Geänderter Vorschlag einer fünften Richtlinie des Rates über die Struktur der Aktiengesellschaft sowie die Befugnisse und Verpflichtungen ihrer Organe vom 19. 8. 1983, ABl. EG 1983 C 240/2 vom 9. 9. 1983; Zweiter Geänderter Vorschlag einer fünften Richtlinie des Rates

lichen) Ausgangspunkt einheitlich beantwortete Frage eines Bezugsrechts *auf* Wandel- oder Optionsanleihen.[7] Ziel ist vielmehr eine „Problemsensibilisierung" und diese in erster Linie aus der Sicht eines deutschen Lesers.

Die Beiträge beziehen sich ebenso wie der folgende Überblick überwiegend nur auf Wandel- und Optionsanleihen, deren Wandel- oder Optionsrecht auf Aktien der *emittierenden Gesellschaft* selbst gerichtet sind.[8] Freilich ist die Abgrenzung nicht immer einfach: denn im Ausland werden Wandel- und Optionsanleihen teilweise stärker von ihrer darlehensrechtlichen Seite her beurteilt, zumal auch die Stellung der „normalen" Schuldverschreibungsgläubiger in den „allgemeinen" Zivil- oder Gesellschaftsgesetzen geregelt ist.[9] Die *obbligazioni convertibili* des italienischen Rechts erfassen daher ebenso wie diejenigen im spanischen Recht in deutscher Terminologie sowohl die „Optionsanleihen" i.S.v. § 221 Abs. 1 AktG als auch die im deutschen Gesellschaftsrecht überhaupt nicht geregelten Anleihen mit Optionsrechten auf Aktien dritter Gesellschaften;[10] dem wurde in der Übersetzung des italienischen Beitrags durch die besondere Erwähnung der „Anleihen mit Optionsrechten" in der Überschrift Rechnung getragen. Bemerkenswert ist auch, daß das italienische und spanische Gesetzesrecht – anders als etwa § 221 Abs. 1 AktG – nur die Wandelanleihe i.e.S. regeln, sich für Optionsanleihen also mit teilweise schwierigen Analogien behelfen müssen.[11]

Die *Bedeutung* der Wandel- und Optionsanleihen wird sehr unterschiedlich eingeschätzt und beschrieben. Bemerkenswert ist, daß sie sowohl in England als auch in Schweden erst vor relativ kurzer Zeit überhaupt größere praktische Bedeutung erlangt haben,[12] obwohl England neben den Vereinigten Staaten als ihr Mutterland bezeichnet werden.[13] Die erste spanische Regelung des Rechts der Wandelanleihe datiert aus 1989.[14] Interessant ist der Hinweis für das englische

über die Struktur der Aktiengesellschaft sowie die Befugnisse und Verpflichtungen ihrer Organe vom 13. 12. 1990, ABl. EG 1991 C 7/4 vom 11. 1. 1991; Dritter Geänderter Vorschlag einer fünften Richtlinie des Rates über die Struktur der Aktiengesellschaft sowie die Befugnisse und Verpflichtungen ihrer Organe vom 20. 11. 1991, ABl. EG 1991 C 321/9 vom 12. 12. 1991; zum Stand der Diskussion Hopt, ZIP 1998, 96, 97f.

7 Umstritten ist ein solches Bezugsrecht freilich in den Vereinigten Staaten. Bejaht wurde es in *Wall v. Utah Copper Co.*, 70 N.J.Eq. 17, 62 A. 533 (1905); dazu van Ommeslaghe/van Ryn, Capital and Securities of Marketable Share Companies, Int'l Encyc.Comp.L., Volume XIII (Business and Private Organizations), Chapter 5, 1990, S. 118.

8 Zu Anleihen mit Optionsrecht auf Aktien anderer Gesellschaften etwa Nowotny, in diesem Band, S. 176, 188f, 196ff; Köndgen/Daeniker, in diesem Band, S. 265, 276f.

9 Dazu vor allem unten III.3 und V.1.

10 Campobasso, in diesem Band, S. 127, 148ff, 151; Alonso Espinosa, in diesem Band, S. 300, 325.

11 Campobasso, in diesem Band, S. 127, 152ff; Alonso Espinosa, in diesem Band, S. 300, 324.

12 Goulding, in diesem Band, S. 86, 88f; Skog, in diesem Band, S. 242, 244f.

13 Dazu van Ommeslaghe/van Ryn, aaO (Fn. 7), S. 118.

14 Alonso Espinosa, in diesem Band, S. 300, 313.

Recht, daß die „echte“ Eigenkapitalfinanzierung dort nach wie vor eine deutlich höhere Bedeutung hat;[15] das bestätigt die Feststellung, daß Wandel- und Optionsanleihen auch eine Antwort auf die unterschiedlichen Rahmenbedingungen für die direkte Aufnahme von Eigenkapital sind. Eine geringe Bedeutung wird auch für das portugiesische Recht festgestellt, wo die Ursache aber (auch) in den früheren politischen Verhältnissen gelegen haben dürfte.[16]

II. Allgemeines

1. Verwendungszweck

Interessant erscheint die in Belgien praktizierte Möglichkeit, Optionsanleihen anstelle der Zahlung einer Bardividende auszugeben.[17] Das entspricht der im belgischen und niederländischen Recht auch weiter verbreiteten Möglichkeit, nach Wahl des Aktionärs Aktien anstelle einer Bardividende auszugeben.[18] Auch in einigen anderen Ländern wird die Ausgabe von „Gratisoptionen“ diskutiert.

2. Umfang der Gestaltungsfreiheit

Die wohl größte Freiheit bei der Ausgabe und Ausgestaltung von in Aktien umwandelbaren Anleihen räumt das englische (Gesellschafts-)Recht ein.[19] *Naked warrants* werden dort (selbstverständlich) für zulässig gehalten.[20] Das belgische Recht gestattet – inzwischen sogar ausdrücklich gesetzlich geregelt – ebenfalls die Ausgabe von *naked warrants*.[21] Gleiches gilt für das französische Recht, das seit 1985 eine gesetzliche Lösung dieses Problemkreises hat.[22] Das steht im Einklang mit der – vom früheren Ansatz (auch des Verfassers[23]) in Deutschland abweichenden – heutigen französischen Auffassung, daß die Aktiengesellschaft in der Ausgestaltung der von ihr auszugebenden Wertpapiere grundsätzlich die Ver-

15 GOULDING, in diesem Band, S. 86, 89, Fn. 16.
16 ANTUNES, in diesem Band, S. 212, 215 f.
17 BENOÎT-MOURY/CROES, in diesem Band, S. 27, 59.
18 Dazu HIRTE, Großkomm. z. AktG, 4. Aufl., 1999, § 207 Rdn. 68 (zu England), allgemein auch Rdn. 74; HIRTE/BUTTERS, ZBB 1998, 287, 297.
19 GOULDING, in diesem Band, S. 86, 87.
20 GOULDING, in diesem Band, S. 86, 88, vgl. auch S. 92, 95.
21 BENOÎT-MOURY/CROES, in diesem Band, S. 27, 32.
22 GUYON, in diesem Band, S. 109, 113.
23 HIRTE, WM 1993, 2067, 2068 (= Rezension von SCHUMANN, Optionsanleihen, 1990); ebenso LUTTER, Kölner Komm. z. AktG, 2. Aufl., 1995, § 192 Rdn. 9, § 221 AktG Rdn. 185; DERS., ZIP 1997, 1, 7; MARTENS, AG 1989, 69 ff; DERS., FS Stimpel, 1985, S. 621, 629 f; SCHUMANN, aaO, S. 42; offenlassend HÜFFER, Komm. z. AktG, 4. Aufl., 1999, § 221 Rdn. 75 m.w.N. der Gegenstimmen; zum deutschen Recht im übrigen SCHÄFER, in diesem Band, S. 62, 66 f, 78 f.

tragsfreiheit für sich in Anspruch nehmen könne; nur eine (Rück-)Umwandlung von Aktien in Schuldverschreibungen wird wegen ihres Charakters als Kapitalherabsetzung ausdrücklich gesetzlich verboten.[24] Dem entspricht die belgische Auffassung, daß die Gesellschaft grundsätzlich nicht in der Ausgestaltung der von ihr auszugebenden Wertpapiere beschränkt ist, solange nicht zwingende Normen, das öffentliche Interesse oder (insbesondere) kapitalmarktrechtliche Vorgaben dem entgegenstehen.[25] Auch spanisches Recht betont die Vertragsfreiheit bei der Ausgestaltung von Wertpapieren,[26] woraus – zumindest überwiegend – auch die Möglichkeit zur Ausgabe von (isolierten) Optionsrechten abgeleitet wird.[27] Weitgehende Vertragsfreiheit – und daraus folgend die Zulassung von *naked warrants* – gewährt auch das dänische Recht;[28] das schwedische Recht ist demgegenüber noch restriktiv, befindet sich aber zur Zeit in der Reform.[29] Freilich gelten für *naked warrants* in Belgien einige Sondervorschriften, auf die noch einzugehen ist. Für Österreich spricht sich *Nowotny* ebenfalls für die Zulassung von *naked warrants* und insbesondere für die Möglichkeit ihrer Absicherung durch bedingtes Kapital aus.[30] In der Schweiz ist die Frage noch strittig.[31]

3. *Verhältnis von Gesellschafts- zu Kapitalmarktrecht*

Ganz unterschiedlich ist die Verortung des Rechts der Wandel- und Optionsanleihen. Fast extrem ist die Lage in England, wo das Gesellschaftsrecht in bezug auf Wandel- und Optionsanleihen kaum Vorgaben enthält und die wenigen vorhandenen überwiegend eine Folge der europäischen Rechtsangleichung sind; demgegenüber befinden sich teilweise sehr detaillierte Vorschriften im Kapitalmarktrecht und in den *Listing Rules*.[32] Auch für das belgische Recht wird betont, daß es kaum gesellschaftsrechtliche Stellungnahmen zum Fragenkreis der Wandel- und Optionsanleihen gebe, daß aber andererseits die *Commission Bancaire* den Fragenkreis in erheblichem Umfang regele.[33] Dort besteht auch eine – vom Gesellschaftsrecht unabhängige – Verpflichtung, jede Emission einer Wandel- oder Optionsanleihe zwei Wochen vor der Einberufung der darüber Beschluß fassenden Hauptversammlung der *Commission Bancaire* anzuzeigen, die

24 Guyon, in diesem Band, S. 109, 110, 112.
25 Benoît-Moury/Croes, in diesem Band, S. 27, 57f.
26 Alonso Espinosa, in diesem Band, S. 300, 309f.
27 Alonso Espinosa, in diesem Band, S. 300, 324, Fn. 27.
28 Skog, in diesem Band, S. 242, 263.
29 Skog, in diesem Band, S. 242, 262.
30 Nowotny, in diesem Band, S. 176, 204ff.
31 Köndgen/Daeniker, in diesem Band, S. 265, 289f (dazu auch S. 268, Fn. 9).
32 Kasolowsky, in diesem Band, S. 99ff; vgl. auch Goulding, in diesem Band, S. 86, 88f.
33 Benoît-Moury/Croes, in diesem Band, S. 27.

die Möglichkeit hat, sie (befristet) zu untersagen.[34] Gleiches gilt für Frankreich bezüglich der Anzeige bei der *Commission des Opérations de Bourse (C.O.B.)*[35] und für Italien bezüglich der Anzeige bei der *Banca d'Italia*.[36]

Das früher auch in Deutschland geltende Genehmigungserfordernis für die Emission von Schuldverschreibungen nach §§ 795, 808a BGB a.F. wurde demgegenüber zum 1. Januar 1991 aufgehoben[37] und durch die Prospektpflicht ersetzt. Das Genehmigungserfordernis wurde nämlich als einer der Gründe dafür angesehen, daß Industrieunternehmen ihre Anleihen weitgehend im Ausland auflegten.[38] Nach früherem Recht bedurfte die Ausgabe von Schuldverschreibungen staatlicher Genehmigung, soweit in ihnen die Zahlung einer „bestimmten Geldsumme" versprochen wurde,[39] bei Orderschuldverschreibungen enger nur dann, wenn sie Teile einer Gesamtemission darstellten.[40] Nach § 3 des gleichzeitig aufgehobenen Gesetzes über die staatliche Genehmigung der Ausgabe von Inhaber- und Orderschuldverschreibungen vom 26. Juni 1954,[41] geändert durch Art. 150 Abs. 2 Nr. 6 EGOWiG vom 24. Mai 1968[42], war die Genehmigung vom zuständigen Bundesminister im Einvernehmen mit der obersten Behörde des Landes, in dessen Gebiet die Gesellschaft ihren Sitz hat, erteilt worden. Ohne diese Genehmigung in den Verkehr gelangte Schuldverschreibungen waren nichtig; der Aussteller hatte dem Inhaber den durch die Ausgabe verursachten Schaden zu ersetzen, §§ 795 Abs. 2, 808a Satz 3 BGB a.F.

Ausführlich vorgestellt werden auch die (sonstigen) kapitalmarktrechtlichen Offenlegungs- und Anzeigepflichten in Österreich,[43] der Schweiz,[44] den Niederlanden[45] und in Spanien[46].

34 Benoît-Moury/Croes, in diesem Band, S. 27, 42f.
35 Guyon, in diesem Band, S. 109, 118f.
36 Campobasso, in diesem Band, S. 127, 136f; ebenso zu Portugal Antunes, in diesem Band, S. 212, 220f.
37 Durch Gesetz zur Vereinfachung der Ausgabe von Schuldverschreibungen vom 17. 12. 1990 (BGBl. I/1990, S. 2839).
38 Vgl. dazu die Begründung des Referentenentwurfs, abgedruckt in ZIP 1989, 405; zur Strenge der früheren Genehmigungspflicht aus rechtsvergleichender Perspektive van Ommeslaghe/van Ryn, aaO (Fn. 7), S. 114.
39 Weitergehend noch § 174 Abs. 2 AktG 1937, der *alle* Wandel- und Optionsanleihen der staatlichen Genehmigung unterstellte, also auch soweit nicht eine bestimmte Geldsumme versprochen wurde.
40 Zu den Zielen der früheren Regelung Schlede/Kley, in: Busse von Colbe u.a. (Hrsg.), Bilanzierung von Optionsanleihen im Handelsrecht, 1987, S. 1, 12f.
41 BGBl. I/1954, S. 147.
42 BGBl. I/1968, S. 503, 542.
43 Nowotny, in diesem Band, S. 176, 196ff.
44 Köndgen/Daeniker, in diesem Band, S. 265, 281ff.
45 Perrick, in diesem Band, S. 155, 168ff.
46 Alonso Espinosa, in diesem Band, S. 300, 302ff.

III. Emission

1. Verbriefung

Das belgische Recht verzichtet ausdrücklich auf das Erfordernis einer Verbriefung von Wandel- und Optionsanleihen.[47] Im schweizerischen Recht tendiert das jüngere Schrifttum in dieselbe Richtung.[48] Das dürfte entsprechenden Forderungen für das deutsche Recht Vorschub leisten.

2. Gläubigerschutz

In mehreren Staaten ist die Möglichkeit zur Ausgabe von Wandel- oder Optionsanleihen *qua Gesetz* ausdrücklich der Aktiengesellschaft, Kommanditgesellschaft auf Aktien und anderen vergleichbaren *Gesellschaftsformen vorbehalten*, das englische Gesellschaftsrecht verfolgt dagegen ausdrücklich den entgegengesetzten Ansatz.[49] In Deutschland wird demgegenüber die anders gelagerte Frage diskutiert, ob eine GmbH eine Going-Public-Anleihe begeben kann, bei der sie rechtsverbindlich Umtausch- oder Bezugsrechte zu Lasten der späteren Aktiengesellschaft begründet.[50]

Das italienische Recht verbietet – was freilich kritisiert wird – die Ausgabe von Schuldverschreibungen (jeder Art), wenn die Anleihesumme „das *eingezahlte* und nach der letzten bestätigten Bilanz *vorhandene* Kapital übersteigt".[51] Eine entsprechende Regelung kennen das spanische und das portugiesische Recht.[52] Damit wird mittelbar eine höhere Eigenkapitalquote für die zur Emission von Anleihen allein berechtigten Aktiengesellschaften und Kommanditgesellschaften auf Aktien erreicht, was insbesondere dem Schutz der Anleihegläubiger dienen soll. Zugleich wird dadurch mittelbar auf eine vollständige Einzahlung des vorhandenen Kapitals hingewirkt. Das belgische Recht hat aber die früher ausdrücklich statuierte Voraussetzung aufgegeben, daß vor Ausgabe einer Wandel- oder Optionsanleihe das Aktienkapital *voll eingezahlt* sein müsse;[53]

47 BENOÎT-MOURY/CROES, in diesem Band, S. 27, 34.

48 Dazu und zustimmend KÖNDGEN/DAENIKER, in diesem Band, S. 265, 270.

49 ALONSO ESPINOSA, in diesem Band, S. 300, 301 f (mit differenzierender Kritik an diesem Verbot); ANTUNES, in diesem Band, S. 212, 217; CAMPOBASSO, in diesem Band, S. 127, 133; abw. für England GOULDING, in diesem Band, S. 86, 87; vgl. auch VAN OMMESLAGHE/VAN RYN, aaO (Fn. 7), S. 113 mit dem Hinweis, daß manche Staaten für sämtliche Schuldverschreibungsemissionen Bilanzanforderungen oder ein Mindestalter seit der Gründung der Gesellschaft statuieren.

50 Dazu SCHÄFER, in diesem Band, S. 62, 73 ff.

51 CAMPOBASSO, in diesem Band, S. 127, 133.

52 ALONSO ESPINOSA, in diesem Band, S. 300, 305 f; ANTUNES, in diesem Band, S. 212, 219.

53 So aber noch das italienische und portugiesische Recht; dazu CAMPOBASSO, in diesem Band, S. 127, 134 mit Kritik; ANTUNES, in diesem Band, S. 212, 218 f.

auf der anderen Seite müssen aber ausgegebene Wandel- oder Optionsanleihen – ihrem Finanzierungszweck entsprechend – voll eingezahlt werden.[54] Umfangmäßige Begrenzungen für die Ausgabe von Wandel- oder Optionsanleihen kennt allerdings auch das *Kapitalmarkt*recht des Vereinigten Königreichs.[55]

Das italienische und das schwedische Recht verbieten die Ausgabe von Wandelanleihen selbst – nicht aber die der Bezugsaktien – *unter pari*.[56] Das englische, französische und das niederländische Recht beziehen das Verbot der *Unter-pari-Ausgabe* dagegen nur auf die Ausgabe der Bezugsaktien selbst,[57] das spanische Recht demgegenüber auf die Emission sowohl der Anleihe wie der Aktie.[58]

Der *Erwerb eigener Wandelanleihen* wird im italienischen Recht für unbegrenzt zulässig gehalten. Die Ausübung des Wandelrechts wird demgegenüber als bedenklich angesehen, wobei freilich Uneinigkeit darüber besteht, ob man es als vollständig verbotene Zeichnung eigener Aktien ansehen sollte oder als begrenzt zulässigen Erwerb eigener Aktien.[59] Auch in den Niederlanden hält man den Erwerb eigener Wandelanleihen für zulässig, während man die Ausübung des Wandelrechts als unzulässige Zeichnung eigener Aktien betrachtet;[60] als unzulässig wird der Erwerb (auch) der Wandelanleihe (nur) dann angesehen, wenn nicht nur ein Wandel*recht*, sondern eine Verpflichtung zum Umtausch besteht.[61] In Frankreich erlöschen von der Gesellschaft erworbene Optionsrechte ebenso wie die zum Bezug von Aktien verwendeten, Art. 194–10 französisches GesellschaftsG. Das Kapitalmarktrecht des Vereinigten Königreichs fixiert interessanterweise Preis-Obergrenzen für den Erwerb eigener Wandelanleihen.[62]

3. *Hauptversammlungsbeschluß*

Die Ausgabe von Wandel- oder Optionsanleihen ist in allen hier untersuchten Ländern im Hinblick auf ihre potentiellen Rückwirkungen auf die Mitglied-

54 BENOÎT-MOURY/CROES, in diesem Band, S. 27, 45; insoweit ebenso das portugiesische Recht, dazu ANTUNES, in diesem Band, S. 212, 219.

55 KASOLOWSKY, in diesem Band, S. 99, 102, 103.

56 Dazu CAMPOBASSO, in diesem Band, S. 127, 134ff mit Kritik; SKOG, in diesem Band, S. 242, 252.

57 GOULDING, in diesem Band, S. 86, 90; PERRICK, in diesem Band, S. 155, 163f; zum Ausgabekurs von Bezugsaktien BAGEL, Der Ausschluß des Bezugsrechts in Europa, 1999, S. 147 (England), S. 191 (Niederlande), S. 192ff (Frankreich).

58 ALONSO ESPINOSA, in diesem Band, S. 300, 310; zum Ausgabekurs von Bezugsaktien in Spanien BAGEL, aaO (Fn. 57), S. 77ff.

59 CAMPOBASSO, in diesem Band, S. 127, 147.

60 PERRICK, in diesem Band, S. 155, 162f; ebenso für Portugal ANTUNES, in diesem Band, S. 212, 232.

61 PERRICK, in diesem Band, S. 155, 162f; zu Anleihen mit Wandlungspflicht im deutschen Recht SCHÄFER, in diesem Band, S. 62, 65.

62 KASOLOWSKY, in diesem Band, S. 99, 106.

schaftsstruktur hauptversammlungspflichtig.[63] Bemerkenswert aus deutscher Sicht ist aber, daß – etwa in Frankreich, Italien, Spanien und Portugal,[64] nicht aber in Belgien – auch die *Ausgabe gewöhnlicher Schuldverschreibungen der Hauptversammlungszuständigkeit* unterliegt, sofern es sich nicht nach dem Hauptzweck der Gesellschaft um ein Kreditinstitut handelt. Die Besonderheit einer Beschlußfassung zwecks Genehmigung der Ausgabe von Wandel- oder Optionsanleihen liegt dann teilweise – etwa in Frankreich oder Portugal[65] – lediglich im höheren Mehrheitserfordernis der „außerordentlichen Hauptversammlung" (aus deutscher Perspektive: satzungsändernde Mehrheit statt schlichten Hauptversammlungsbeschlusses nach § 133 Abs. 1 AktG). Italienisches und Spanisches Gesellschaftsrecht ebenso wie Artt. 29 Abs. 3, 31 Abs. 2 des griechischen Aktiengesetzes verlangen aber sogar für die Ausgabe von Schuldverschreibungen jeder Art einen Hauptversammlungsbeschluß mit satzungsändernder Mehrheit.[66] Schuldverschreibungen (jeder Art!), die in Spanien ohne einen solchen Beschluß ausgegeben wurden, sind nichtig; zudem stellt die Verletzung der Beschlußkompetenz einen Straftatbestand für die Organmitglieder dar.[67] Nach französischem Recht muß eine Optionsanleihe sodann binnen fünf Jahren nach der Zustimmung der Hauptversammlung ausgegeben werden. Ist das Bezugsrecht der Aktionäre ausgeschlossen, verkürzt sich diese Frist auf zwei Jahre, Art. 194-2 Abs. 3 französisches GesellschaftsG.

4. *Ermächtigung*

Zur Ausgabe von Wandel- oder Optionsanleihen kann auch die Verwaltung ermächtigt werden.[68] Soweit auch die Ausgabe gewöhnlicher Schuldverschreibungen hauptversammlungspflichtig ist,[69] kommt insoweit ebenfalls eine Ermächtigung in Betracht; in Frankreich und Spanien darf allerdings auch diese Ermächtigung nur für eine Laufzeit von fünf Jahren erteilt werden.[70] Keineswegs selbstverständlich ist es zudem, daß die Verwaltung auch zu einem Ausschluß

63 Zum deutschen Recht SCHÄFER, in diesem Band, S. 62, 67.
64 Dazu GUYON, in diesem Band, S. 109, 115; CAMPOBASSO, in diesem Band, S. 127f, 130; ALONSO ESPINOSA, in diesem Band, S. 300, 301f, 306f; ANTUNES, in diesem Band, S. 212, 219ff, 240; VAN OMMESLAGHE/VAN RYN, aaO (Fn. 7), S. 113.
65 Dazu GUYON, in diesem Band, S. 109, 115; ANTUNES, in diesem Band, S. 212, 240.
66 ALONSO ESPINOSA, in diesem Band, S. 300, 301f; VAN OMMESLAGHE/VAN RYN, aaO (Fn. 7), S. 113.
67 ALONSO ESPINOSA, in diesem Band, S. 300, 306f.
68 Zu den aus der Ermächtigung abzuleitenden Grenzen für die Ausgestaltung der Anleihebedingungen im deutschen Recht SCHÄFER, in diesem Band, S. 62, 68f.
69 Dazu oben 3.
70 ALONSO ESPINOSA, in diesem Band, S. 300, 307; VAN OMMESLAGHE/VAN RYN, aaO (Fn. 7), S. 113.

des Bezugsrechts auf Wandel- und Optionsanleihen ermächtigt werden darf. So ist etwa in Italien, Spanien und Portugal der Bezugsrechtsausschluß ausdrücklich der Hauptversammlung vorbehalten.[71]

Nach belgischem Recht ist der Umfang einer Ermächtigung zur Ausgabe von Aktien („genehmigtes Kapital") auf die Ermächtigung zur Ausgabe von Wandel- oder Optionsanleihen – bezogen auf den Umfang der auf diesem Weg erwerbbaren Aktien – anzurechnen.[72] Zwingend in die Zuständigkeit der Hauptversammlung gehört im belgischen Recht aber die Ausgabe von Wandel- oder Optionsanleihen, deren Umwandlung oder Bezug von einem öffentlichen Übernahmeangebot oder von einem Wechsel der Aktienmehrheit abhängt *(„golden share")*.[73] Daß auch die Wandel- oder Optionsanleihegläubiger seitens eines Übernehmers „fair" behandelt werden müssen, betont das englische Recht.[74]

Das englische Recht hat – obwohl sein *authorised capital* Vorbild für das deutsche genehmigte Kapital war[75] – im Zuge der Umsetzung der Zweiten gesellschaftsrechtliche (Kapitalschutz-)Richtlinie der EG[76] eine weitere Zwischengruppe zwischen dem *issued capital* und dem *authorised capital* eingeführt bzw. einführen müssen.[77] Das gilt entsprechend für die Ausgabe von in Aktien umwandelbaren Papieren. Interessant ist, daß das englische Recht für die Ausgabe von Aktien ohne entsprechende Ermächtigung buß- bzw. strafrechtliche Sanktionen vorsieht.[78] Bemerkenswert ist auf der anderen Seite, daß diese Bestimmungen in einer *private company* durch Beschluß einer Universalversammlung vollständig abbedungen werden können.[79]

5. *Bezugsrechtsausschluß*

In allen hier vorgestellten Rechtsordnungen wird es als selbstverständlich angesehen, daß den Aktionären kein Bezugsrecht auf die zur Bedienung von Wandel- oder Optionsanleihen ausgegebenen Aktien zusteht,[80] daß sie aber

71 ANTUNES, in diesem Band, S. 212, 229 (zum portugiesischen Recht); BAGEL, aaO (Fn. 57), S. 94f (Italien), S. 98f (Spanien), S. 100ff (Portugal). Vgl. auch die Regelung in Art. 180 Abs. 3 Unterabs. 3 französisches GesellschaftsG; dazu BAGEL, aaO (Fn. 57), S. 216ff.
72 BENOÎT-MOURY/CROES, in diesem Band, S. 27, 36; BAGEL, aaO (Fn. 57), S. 223f.
73 BENOÎT-MOURY/CROES, in diesem Band, S. 27, 39; BAGEL, aaO (Fn. 57), S. 241ff.
74 GOULDING, in diesem Band, S. 86, 98.
75 Dazu HIRTE, Bezugsrechtsausschluß und Konzernbildung, 1986, S. 101ff.
76 Nr. 77/91/EWG vom 13. 12. 1976, ABl. EG 1977 L 26/1 vom 31. 1. 1977 = LUTTER, Europäisches Unternehmensrecht, 4. Aufl., 1996, S. 114ff.
77 Dazu auch BAGEL, aaO (Fn. 57), S. 113, 115.
78 GOULDING, in diesem Band, S. 86, 91ff; BAGEL, aaO (Fn. 57), S. 153.
79 GOULDING, in diesem Band, S. 86, 93f.
80 Zum früheren Streit über diese Frage in Spanien ALONSO ESPINOSA, in diesem Band, S. 300, 319.

stattdessen ein Bezugsrecht auf die umwandelbaren Papiere haben.[81] In Frankreich wird die Zustimmung zur Ausgabe einer Optionsanleihe dabei *ex lege* als Verzicht auf das Bezugsrecht bezüglich der zur Bedienung der Optionen zu verwendenden Aktien angesehen, Art. 194–2 Abs. 2 französisches GesellschaftsG.

Die Zulässigkeit eines Bezugsrechtsausschlusses *auf* die Wandel- und Optionsanleihen, insbesondere die Frage, wann das erforderliche Gesellschaftsinteresse vorliegt, gehört im belgischen Recht zu den am heftigsten diskutierten Fragen.[82] In der Schweiz wurde das Vorliegen des erforderlichen wichtigen Grundes – der als „strenger" als ein bloßer „wichtiger Grund" angesehen wird[83] – beim Ausschluß des Vorwegzeichnungsrechts auf Wandel- und Optionsanleihen in einem Grundsatzentscheid betreffend die Schweizerische Bankgesellschaft (SBG) seitens des Bundesgerichts verneint.[84] Dabei wurde insbesondere darauf verwiesen, daß in Fällen des Bezugsrechtsausschlusses auf Wandel- oder Optionsanleihen der Umfang der Beeinträchtigung der Altaktionäre noch gar nicht feststehe, solange nicht sicher ist, in welchem Umfang die Anleihegläubiger von ihren Umtausch- oder Optionsrechten Gebrauch machen.[85] Tatsächlich ging es hier um einen bloßen Ermächtigungsbeschluß, so daß die Frage naheliegt, ob das Schweizerische Bundesgericht diesen Ansatz auch noch nach Aufgabe der „Holzmann-Doktrin"[86] durch den deutschen Bundesgerichtshof im Siemens/Nold-Urteil[87] aufrechterhalten wird. In Deutschland ist freilich ungesichert, ob die Regelung über den „vereinfachten Bezugsrechtsausschluß" (§ 186 Abs. 3

81 Das in der Schweiz zwecks Unterscheidung vom „echten" Bezugsrecht bewußt als „Vorwegzeichnungsrecht" bezeichnet wird; dazu KÖNDGEN/DAENIKER, in diesem Band, S. 265, 290.

82 BENOÎT-MOURY/CROES, in diesem Band, S. 27, 36; BAGEL, aaO (Fn. 57), S. 180ff, 190.

83 KÖNDGEN/DAENIKER, in diesem Band, S. 265, 293; BAGEL, aaO (Fn. 57), S. 254ff.

84 BGE 121 III 219ff; dazu KÖNDGEN/DAENIKER, in diesem Band, S. 265, 291f; BAGEL, aaO (Fn. 57), S. 275ff; ZOBL, SZW/RSDA 1996, 139ff.

85 KÖNDGEN/DAENIKER, in diesem Band, S. 265, 291ff, 293; kritisch zur Begründung eines Bezugsrechtsausschlusses unter Hinweis auf eine beabsichtigte Auslandsplazierung auch KÖNDGEN/DAENIKER, in diesem Band, S. 265, 293f.

86 BGHZ 83, 319, 320ff = ZIP 1982, 689 = NJW 1982, 2444 – Holzmann.

87 BGHZ 136, 133 = NJW 1997, 2815 = ZIP 1997, 1499 = EWiR § 203 AktG 1/97, 1013 (HIRTE) = JZ 1998, 47 (LUTTER) = DStR 1997, 1460 (GOETTE) = LM H. 1/1998 § 186 AktG 1965 Nr. 9 (SCHWARK) – Siemens (dazu KINDLER, ZGR 1998, 35) im Anschluß an die Vorlageentscheidung des EuGH Rs. C-42/95, Slg. 1996, I-6017 = NJW 1997, 721 = EuZW 1997, 52 = ZIP 1996, 2015 = DStR 1997, 37 (SCHÜPPEN) (dazu DRINKUTH, IStR 1997, 312; Schlußanträge von Generalanwalt TESAURO, ZIP 1996, 1825); die Entscheidung geht ihrerseits zurück auf den Vorlagebeschluß des BGH NJW 1995, 2656 = ZIP 1995, 372 mit Anm. LUTTER, ZIP 1995, 648 = EuZW 1995, 351 = DB 1995, 465 = EWiR Art. 29 RL 77/91/EWG 1/95, 360 (HIRTE); in der Sache gehen die eine Vorlage auslösenden Zweifel des BGH vor allem auf KINDLER, ZHR 158 (1994), 339, 361f zurück; abw. HIRTE, DB 1995, 1113, 1114; zum Ganzen zusammenfassend HIRTE, NJW 1998, 2943, 2947; BAGEL, aaO (Fn. 57), S. 27f, 336ff.

Satz 4 AktG) bei der Ausgabe von Wandel- oder Optionsanleihen anwendbar ist.[88]

Auch für das österreichische Recht wird auf die umstrittenen materiellen Voraussetzungen zur Zulässigkeit des Bezugsrechtsausschlusses, zugleich aber darauf verwiesen, daß für seine Zulässigkeit bei reinen Finanztiteln ein geringerer Maßstab anzulegen sei.[89] Wann ein Ausschluß des Bezugsrechts im gesetzlich erforderlichen „Gesellschaftsinteresse" liegt, ist auch in Spanien und Portugal Gegenstand intensiver Diskussion; allein das Finanzierungsinteresse der Gesellschaft soll in Portugal einen Ausschluß des Bezugsrechts gerade noch nicht rechtfertigen können.[90] Aus schwedischer Sicht wird allerdings betont, daß eine Anknüpfung an das „Gesellschaftsinteresse" gerade nicht erforderlich ist; gleichwohl sei keine einseitige Bevorzugung einzelner Gesellschafter gestattet.[91] Interessanterweise wird aber lediglich in bezug auf die Schweiz betont, daß die Strenge der Kontrolle des Bezugsrechtsausschlusses das Anfechtungsrisiko der entsprechenden Beschlüsse erhöht;[92] das wirft die Frage auf, ob bzw. warum in den anderen vorgestellten Ländern ähnliche (prozessuale) Risiken nicht bestehen.

Das französische Recht erwägt als Alternative zu einem (vollständigen) Ausschluß des Bezugsrechts der Aktionäre auf Wandel- oder Optionsanleihen, eine kürzere Bezugsrechtsfrist einzuräumen, um den Aktionären ein Investieren in ihrem Unternehmen zu ermöglichen.[93] Interessant im französischen ebenso wie im italienischen und belgischen Recht ist aus deutscher Sicht, daß ein Bezugsrechtsausschluß auch eine Stellungnahme des Wirtschaftsprüfers zur Angemessenheit des Ausgabekurses erfordert.[94] Das Erfordernis eines angemessenen Ausgabekurses soll sich dabei auf die Wandelanleihe, nicht die später zu emittierende Aktie beziehen.[95]

Bemerkenswert ist im belgischen Recht weiter, daß es für den Ausschluß des Bezugsrechts *auf Optionsanleihen qua Gesetz* einen strengeren Standard fest-

88 Zum Stand der aktuellen Diskussion (die dies eher verneint) SCHÄFER, in diesem Band, S. 62, 70f.

89 NOWOTNY, in diesem Band, S. 176, 195.

90 ALONSO ESPINOSA, in diesem Band, S. 300, 320; ANTUNES, in diesem Band, S. 212, 230; BAGEL, aaO (Fn. 57), S. 42ff, 70ff (Spanien), S. 74ff (Portugal).

91 SKOG, in diesem Band, S. 242, 251.

92 KÖNDGEN/DAENIKER, in diesem Band, S. 265, 291f; differenzierend in Bezug auf das Kostenrisiko BAGEL, aaO (Fn. 57), S. 270f.

93 GUYON, in diesem Band, S. 109, 116f; BAGEL, aaO (Fn. 57), S. 207f (zu Belgien S. 209f); zu ähnlichen Ansätzen in Deutschland FREY/HIRTE, ZIP 1991, 697, 702ff; WIEDEMANN, Großkomm. z. AktG, 4. Aufl., 1995, § 186 Rdn. 42.

94 BENOÎT-MOURY/CROES, in diesem Band, S. 27, 36; zu diesem Erfordernis auch HIRTE, WM 1994, 321, 324, Fn. 37; DERS., ZIP 1994, 356, 359; DERS., WM 1997, 1001, 1004; vgl. auch BAGEL, aaO (Fn. 57), S. 201ff; EKKENGA, AG 1994, 59, 60 ff (dazu SEIBERT/KÖSTER/KIEM, Die kleine AG. Gesellschaftsrechtliche, umwandlungsrechtliche und steuerrechtliche Aspekte, 3. Aufl., 1996, S. 117 ff.

95 BENOÎT-MOURY/CROES, in diesem Band, S. 27, 38.

schreibt.[96] Ein solcher Bezugsrechtsausschluß darf nur von der Hauptversammlung vorgenommen werden. Die Laufzeit des Bezugsrechts ist auf fünf – statt sonst zehn – Jahre ab seiner Entstehung begrenzt. Klauseln in den Optionsbedingungen, die den Inhaber der Optionsrechte zur Rechtsausübung zwingen sollen, sind nichtig. Und wenn solche Titel während der Laufzeit eines Übernahmeangebots erworben wurden, müssen sie auf Namen lauten und dürfen für mindestens zwölf Monate nicht übertragen werden.

Für das englische *Gesellschafts*recht wird für die Zulässigkeit des Bezugsrechtsausschlusses auf die *proper-purposes*-Doktrin verwiesen;[97] spezifisches Fallmaterial zu Wandel- oder Optionsanleihen liegt aber insoweit nicht vor.[98] Verstöße gegen diese Vorgabe führen allerdings nur zu Schadenersatzpflichten gegen die das Bezugsrecht verletzenden Organmitglieder.[99] Im übrigen gestattet das englische Recht in der *private company* den vollständigen Ausschluß des Bezugsrechts durch die Satzung.[100] Das *Kapitalmarkt*recht des Vereinigten Königreichs enthält demgegenüber erstaunlich detaillierte Vorgaben zur Zulässigkeit von Bezugsrechtsausschlüssen. So wird einerseits ein Ausschluß des Bezugsrechts zur Vermeidung von Spitzenbildungen ausdrücklich gestattet, und auch ein Bezugsrechtsausschluß zur Plazierung einer Emission in solchen Ländern, in denen Bezugsrechte unüblich sind (aber nur in solchen!), wird ausdrücklich zugelassen.[101] Im übrigen wird ein genereller Ausschluß des Bezugsrechts zwar zugelassen, aber im Umfang begrenzt. Vor allem aber wird dabei betont, daß es sich nur um ein Hilfsmittel handele, um eine bis ins einzelne gehende Beachtung des Gleichbehandlungsgrundsatzes zu vermeiden; denn „schwerwiegende" oder absichtliche Verstöße gegen den Gleichbehandlungsgrundsatz bleiben auch hier unzulässig.[102] Bemerkenswert ist im englischen Recht auch die organisierte Einflußnahme institutioneller Anleger mit dem Ziel, eine zu weitgehende Ausnutzung der Möglichkeit des Bezugsrechtsausschlusses zu verhindern. Hochinteressant sind auch die kapitalmarktrechtlichen Regelungen für konzernbezogene Bezugsrechtsfragen. So wird einerseits ein Stimmrechtsausschluß angeordnet, wenn in einer börsennotierten Gesellschaft das Bezugsrecht der anderen Aktionäre zugunsten der Muttergesellschaft ausgeschlossen oder beschränkt werden soll. Und andererseits wird – ganz im Sinne der deutschen „Holzmüller-Recht-

96 Benoît-Moury/Croes, in diesem Band, S. 27, 38f.

97 Ausführlich zur materiellen Beschlußkontrolle in England Bagel, aaO (Fn. 57), S. 119ff.

98 Goulding, in diesem Band, S. 86, 91f.

99 Goulding, in diesem Band, S. 86, 96; Bagel, aaO (Fn. 57), S. 152f.

100 Goulding, in diesem Band, S. 86, 95.

101 Kasolowsky, in diesem Band, S. 99, 104 mit Nachweis der gegen diese Differenzierung gerichteten Angriffe. Vgl. zum englischen Kapitalmarktrecht auch den Überblick bei Bagel, aaO (Fn. 57), S. 148ff, 157.

102 Kasolowsky, in diesem Band, S. 99, 104f; Bagel, aaO (Fn. 57), S. 139ff.

sprechung“[103] – ein verlängertes Stimmrecht der Aktionäre der Muttergesellschaft statuiert, wenn in einer Tochtergesellschaft das Bezugsrecht der Muttergesellschaft verkürzt wird.[104]

6. *Berichtspflicht*

Das französische und das belgische Recht verlangen vor jeder Ausgabe von Wandel- oder Optionsanleihen – unabhängig vom Bestand des Bezugsrechts – einen Bericht der Verwaltung.[105] Gleiches gilt für Spanien und Portugal.[106] Das entspricht der auch sonst deutlich weitergehenden Berichtsverpflichtung der romanischen Gesellschaftsrechte, die insbesondere auch sämtliche Kapitalerhöhungen erfaßt.[107] Daß diese Berichtspflichten dort offensichtlich kaum auf Widerstand stoßen, dürfte auf die wohl zu weitgehenden Rechtsfolgen zurückzuführen sein, die das deutsche Recht für den Fall ihrer Verletzung annimmt; das gilt insbesondere für die Anfechtbarkeit von Gesellschafterbeschlüssen bei Verletzung von Informationspflichten.[108]

Dabei ist in Frankreich insbesondere Stellung zu nehmen zu den Grundlagen der Berechnung des Optionspreises oder zu diesem Preis selbst sowie zum Maximalbetrag des den Schuldverschreibungsgläubigern zur Verfügung stehenden Kapitals. Interessant ist in Belgien, daß bei längerem zeitlichen Abstand zwischen Emissionsbeschluß und Ausgabe der Anleihe ein „Ergänzungsbericht“ verlangt wird.[109] Nicht ganz klar ist allerdings, wie im Falle einer echten Ermächtigung der Verwaltung zur Ausgabe von Wandel- oder Optionsanleihen zu berichten ist.[110] Im französischen und spanischen Recht bedarf es bei *jeder* Ausgabe einer Wandelanleihe einer Stellungnahme des Wirtschaftsprüfers.[111]

103 BGHZ 83, 122, 142ff = ZIP 1982, 568 = NJW 1982, 1703 – Holzmüller; dazu Hirte, aaO (Fn. 75), S. 184 f.

104 Kasolowsky, in diesem Band, S. 99, 106.

105 Guyon, in diesem Band, S. 109, 115; Benoît-Moury/Croes, in diesem Band, S. 27, 34f; dazu auch van Ommeslaghe/van Ryn, aaO (Fn. 7), S. 118.

106 Alonso Espinosa, in diesem Band, S. 300, 318, zur ungeklärten Anwendbarkeit auf die Ausgabe von Optionsrechten S. 319; Antunes, in diesem Band, S. 212, 221 f.

107 Dazu bereits Hirte, aaO (Fn. 18), § 207 Rdn. 75; Hirte/Butters, ZBB 1998, 287, 289 (zu Frankreich), 300f (zur Schweiz); Wiedemann, aaO (Fn. 93), § 182 AktG Rdn. 17, 22, 28; Bagel, aaO (Fn. 57), S. 83ff (Spanien, Portugal, Italien), S. 197ff (Frankreich, Belgien).

108 Dazu Hirte, in: Systembildung und Systemlücken in Kerngebieten der europäischen Harmonisierung, Ringvorlesung des wirtschaftsrechtlichen Studiengangs der Martin-Luther-Universität Halle/Wittenberg 1998/1999, 2000, sub III.2.b (im Erscheinen); Bagel, aaO (Fn. 57), S. 202ff.

109 Benoît-Moury/Croes, in diesem Band, S. 27, 34f.

110 Benoît-Moury/Croes, in diesem Band, S. 27, 35.

111 Alonso Espinosa, in diesem Band, S. 300, 318.

Soll die Ermächtigung *auch zum Ausschluß des Bezugsrechts* berechtigen, wird für das englische Recht die Notwendigkeit eines Berichts vor Erteilung der Ermächtigung betont.[112] Nach schweizerischer Auffassung – wohl in Anlehnung an die frühere deutsche Judikatur[113] – muß dieser Bericht auch schon die Gründe für einen möglichen späteren Bezugsrechtsausschluß in abstrakter Form enthalten.[114] Dieser nach Art. 652e OR zu erstattende Bericht ist allerdings anders als in Deutschland und den übrigen EU-Staaten nicht an die Hauptversammlung, sondern an die Revisionsstelle gerichtet; eine gesetzliche Berichtspflicht gegenüber der Hauptversammlung gibt es daher im schweizerischen Recht nicht. Ein dem EU-Recht konformer Bericht wird aber auch im schweizerischen Schrifttum gefordert, von der Rechtsprechung vorausgesetzt und von der Praxis tatsächlich erstellt, schon um den „wichtigen Grund" zu dokumentieren.[115] Bemerkenswert ist schließlich, daß es offensichtlich keine Diskussion zu der Frage gibt, welche Informations- und Rechenschaftspflichten die Geschäftsleitung im Zeitpunkt der Ausnutzung einer eingeräumten Ermächtigung treffen.[116]

7. *Ausgabe von Wandel- oder Optionsanleihen auf Aktien anderer Gesellschaften*

Nach französischem, belgischem und portugiesischem Recht ist es *gesetzlich* ausdrücklich zugelassen, daß eine Tochtergesellschaft Wandel- oder Optionsanleihen auf die von ihrer Muttergesellschaft zu emittierenden Aktien ausgibt.[117] Für diesen Fall verlangt das Gesetz in Frankreich einen Hauptversammlungsbeschluß der die Anleihe begebenden Gesellschaft und der zur Bereitstellung der Aktien verpflichteten (Mutter-) Gesellschaft. Im französischen wie im portugiesischen Recht reicht dabei eine bloße Mehrheitsbeteiligung der Mutter- an der Tochtergesellschaft aus, um die entsprechenden gesetzlichen Regeln anzuwen-

112 GOULDING, in diesem Band, S. 86, 96; BAGEL, aaO (Fn. 57), S. 147 f.
113 BGHZ 83, 319, 321 ff = ZIP 1982, 689 = NJW 1982, 2444 - Holzmann.
114 KÖNDGEN/DAENIKER, in diesem Band, S. 265, 294; BAGEL, aaO (Fn. 57), S. 277 ff.
115 Dazu BAGEL, aaO (Fn. 57), S. 268 f.
116 Vgl. aber die Regelungen in Frankreich in Art. 155–2 des Dekrets über die Handelsgesellschaften von 1967 (dazu BAGEL, aaO [Fn. 57], S. 219 f) und die Anforderungen an den Jahresabschluß in Belgien in Art. 77 Abs. 4 LCS (dazu BAGEL, aaO [Fn. 57], S. 225).
117 GUYON, in diesem Band, S. 109, 117; BENOÎT-MOURY/CROES, in diesem Band, S. 27, 42; ANTUNES, in diesem Band, S. 212, 238 ff zur Parallelproblematik im deutschen Recht (insbesondere im Zusammmenhang mit dem Bezugsrecht); HIRTE, in: Lutter/Scheffler/Schneider, Handbuch der Konzernfinanzierung, 1998, S. 1108, 1119 ff; DERS., aaO (Fn. 75), S. 60 f; HÜFFER, aaO (Fn. 23), § 221 AktG Rdn. 70 ff; KAROLLUS, in: Geßler/Hefermehl/Eckardt/Kropff, Komm. z. AktG, 1994, § 221 AktG Rdn. 39 a.E.; LUTTER, FS Kastner, 1972, S. 245, 261; SCHUMANN, aaO (Fn. 23), S. 193 ff; SCHÄFER, in diesem Band, S. 62, 69; i.E. MARTENS, in Busse von Colbe u.a. (Hrsg.), Bilanzierung von Optionsanleihen im Handelsrecht, 1987, S. 151, 158 f; zur zurückgehenden Bedeutung dieses Anleihetyps SCHÄFER, in diesem Band, S. 62, 64.

den; in beiden Ländern wird dabei auch die Frage aufgeworfen, ob nicht auch eine andere als gesellschaftsrechtlich vermittelte Einflußnahme – etwa im Verhältnis zu einer Finanzierungsbank – auf die die Anleihe begebende Gesellschaft ausreichen soll, um die Einräumung von Bezugsrechten zu gestatten.[118] Das würde die Begebung „synthetischer“ Optionsanleihen ermöglichen bzw. erleichtern,[119] zumal insgesamt ein Trend hin zu Anleihen zu beobachten ist, die mit Optionsscheinen auf nicht mit dem Emittenten verbundene Unternehmen ausgestattet sind (und daher keine „Optionsanleihen“ i.S.v. § 221 AktG sind).[120]

Das italienische Recht erlaubt die Begebung von Wandel- oder Optionsanleihen durch Tochtergesellschaften im *„procedimento indiretto“*, das freilich begrifflich – wegen des anderen Ansatzes des italienischen Rechts[121] – auch die Begebung von Wandel- und Optionsanleihen auf andere als die Muttergesellschaft erfaßt.[122] Auch das niederländische, schweizerische und das österreichische Recht gestatten eine Begebung von Wandel- oder Optionsanleihen auf Aktien der Muttergesellschaft, letzteres unter ausdrücklicher Berufung auf die deutsche Diskussion.[123]

IV. Ausübung des Wandel- und Optionsrechts

1. Optionsrechte auf Aktienerwerb gegen Sacheinlage

Nach belgischem Recht ist es ausdrücklich gesetzlich zugelassen, Optionsrechte (oder Optionsanleihen) mit der Möglichkeit zu schaffen, die jungen Aktien gegen Sacheinlagen zu erwerben. Umstritten ist für diesen Fall allerdings, wie und in welchem Zeitpunkt die im Interesse der Gläubiger erforderliche Prüfung über die Angemessenheit des Ausgabepreises der später auszugebenden Aktien vorzunehmen ist.[124]

2. Bedienung der Wandel- oder Optionsrechte

Das Instrument eines „bedingten Kapitals“ als Sonderform der effektiven Kapitalerhöhung scheint auf den ersten Blick im Ausland kaum bekannt; Aus-

118 Antunes, in diesem Band, S. 212, 238f; zum französischen Recht Hirte, aaO (Fn. 117), S. 1108, 1122f.

119 Vgl. Hirte, aaO (Fn. 117), S. 1108, 1122f m.w.N.; Karollus, aaO (Fn. 117), § 221 AktG Rdn. 33, 40; dazu auch Hüffer, aaO (Fn. 23), § 221 AktG Rdn. 71 sowie für die Schweiz Köndgen/Daeniker, in diesem Band, S. 265, 276f.

120 Dazu Schäfer, in diesem Band, S. 62, 64.

121 Dazu oben I.

122 Campobasso, in diesem Band, S. 148ff, 150.

123 Perrick, in diesem Band, S. 155, 158, 166; Köndgen/Daeniker, in diesem Band, S. 265, 271, 276, vgl. auch S. 273 (zur Lieferpflicht) und S. 297f (zum steuerrechtlichen Hintergrund); Nowotny, in diesem Band, S. 176, 190ff.

124 Benoît-Moury/Croes, in diesem Band, S. 27, 41.

nahmen bilden Österreich[125] und die Schweiz[126]. In der Schweiz ist das erst vor kurzem eingeführte bedingte Kapital dabei im Gegensatz zum deutschen Recht ausdrücklich auf die Bedienung von Umtausch- oder Optionsrechten beschränkt.[127] Auch erhöht sich das Kapital dort abweichend von § 200 AktG allein durch die Erklärung des Berechtigten über die Ausübung des Wandel- oder Optionsrechts.[128]

In den übrigen Ländern erfolgt die Bedienung der aufgrund eines Wandel- oder Optionsrechts auszugebenden Aktien in aller Regel auf der Grundlage eines „normalen" Kapitalerhöhungsbeschlusses, der zeitgleich mit dem Hauptversammlungsbeschluß zur Ausgabe der Wandel-/Optionsanleihen gefaßt wird; die Durchführung der Kapitalerhöhung darf dazu über möglicherweise mehrere Jahre gestreckt werden.[129] Die in Deutschland im Rahmen des bedingten Kapitals gelösten Probleme tauchen hier im wesentlichen nur in anderem Gewande auf. So wird in Frankreich etwa diskutiert und (heute wohl) überwiegend bejaht, ob eine Gesellschaft bei Verletzung der aus dem Wandel-/Optionsrecht resultierenden Rechte nicht nur auf Schadenersatz (auf das Erfüllungsinteresse), sondern auch auf Erfüllung in Form eines Kapitalerhöhungsbeschlusses selbst in Anspruch genommen werden könne.[130] Noch weiter gehen das italienische und spanische Recht, indem sie ausdrücklich die Unwiderruflichkeit eines zur Bedienung von Wandelanleihen gefaßten Kapitalerhöhungsbeschlusses statuieren.[131] Das deutsche Recht löst diese Frage durch § 192 Abs. 4 AktG, nach dem Beschlüsse, die dem bedingten Kapitalerhöhungsbeschluß zuwiderlaufen, nichtig sind. Schwedisches Recht löste das Problem der Absicherung der Wandel- und Optionsrechte demgegenüber zunächst über Schadenersatzansprüche;[132] inzwischen erlaubt das „variable Grundkapital" eine Absicherung auch *in natura*.[133] Nach § 41 Abs. 3 des dänischen Aktiengesetzes muß die Hauptversammlung gleichzeitig mit dem Beschluß über die Ausgabe der Schuldverschreibung die Verwaltung ermächtigen, die sich aus dem Umtausch ergebenden Aktien auszugeben. Interessant ist der Ansatz des portugiesischen Rechts, nach dem der (frei-

125 Dazu NOWOTNY, in diesem Band, S. 176, 185.
126 Dazu KÖNDGEN/DAENIKER, in diesem Band, S. 265, 272, 274f, 279f.
127 Dazu KÖNDGEN/DAENIKER, in diesem Band, S. 265, 289f.
128 KÖNDGEN/DAENIKER, in diesem Band, S. 265, 294.
129 Für Frankreich etwa GUYON, in diesem Band, S. 109, 111, 115; für Italien CAMPOBASSO, in diesem Band, S. 127, 131f, vgl. auch S. 146; für Spanien ALONSO ESPINOSA, in diesem Band, S. 300, 313f.
130 GUYON, in diesem Band, S. 109, 122f.
131 CAMPOBASSO, in diesem Band, S. 127, 131f, vgl. auch S. 129; ALONSO ESPINOSA, in diesem Band, S. 300, 318ff, wobei allerdings die Anwendbarkeit dieser Regeln auf (isolierte) Optionsrechte ungeklärt ist; dazu S. 327.
132 SKOG, in diesem Band, S. 242, 244.
133 GOULDING, in diesem Band, S. 86, 91.

lich mit satzungsändernder Mehrheit zu fassende[134]) Beschluß zur Ausgabe einer Wandelschuldverschreibung *ex lege* auch einen Beschluß zu einer Erhöhung des Kapitals in dem dafür erforderlichen Umfang enthält, die erst durch den Umtausch realisiert wird.[135]

Soll eine Bedienung der Wandel- oder Optionsanleihen nicht durch *neu* auszugebende Aktien der Gesellschaft erfolgen,[136] kommt selbst bei Vorhandensein eines bedingten Kapitals auch eine Bedienung durch schon existierende Aktien in Betracht, wobei diese von der Gesellschaft selbst oder von Dritten (Kreditinstituten) vorgehalten werden können.[137] Möglich ist aber auch eine – dann aber nur befristet mögliche – Beschaffung auf der Grundlage genehmigten Kapitals.[138] Das ist für das englische Recht der Normalfall.[139]

Interessant ist im übrigen der Ansatz des englischen Rechts, nach dem die Absicherung von Wandel- und Optionsrechten durch ausreichendes Kapital dort im Rahmen der Börsenzulassung überprüft wird.[140] Gleiches gilt für die Schweiz, wenn die Absicherung nicht über ein bedingtes Kapital erfolgt,[141] und für Spanien im Fall der Ausgabe von Optionsrechten.[142]

3. *Rückzahlungswahlrecht der Gesellschaft*

Das französische und das spanische Recht halten auch die Emission von Schuldverschreibungen für möglich, bei denen nicht der Gläubiger, sondern die Gesellschaft die Wahl hat, anstelle einer Barrückzahlung Aktien auszugeben.[143] Für das deutsche Recht wird hier die Zuständigkeit der Hauptversammlung für

134 Antunes, in diesem Band, S. 212, 221.
135 Antunes, in diesem Band, S. 212, 223.
136 Zur Abgrenzung etwa Nowotny, in diesem Band, S. 176, 183ff; Benoît-Moury/Croes, in diesem Band, S. 27, 31.
137 Nowotny, in diesem Band, S. 176, 183ff; Köndgen/Daeniker, in diesem Band, S. 265, 273f, 289; Guyon, in diesem Band, S. 109, 122; Campobasso, in diesem Band, S. 127, 147f; Alonso Espinosa, in diesem Band, S. 300, 319, für Optionsrechte S. 326; Antunes, in diesem Band, S. 212, 225; zu den verschiedenen Varianten für eine Bedienung der Optionsrechte im deutschen Recht Schäfer, in diesem Band, S. 62, 70ff.
138 Dazu etwa Nowotny, in diesem Band, S. 176, 183ff; Antunes, in diesem Band, S. 212, 225.
139 Goulding, in diesem Band, S. 86, 90f.
140 Goulding, in diesem Band, S. 86, 91.
141 Die für den Umtausch vorgesehenen Aktien sind zu hinterlegen; dazu Köndgen/Daeniker, in diesem Band, S. 265, 280.
142 Alonso Espinosa, in diesem Band, S. 300, 326, 328.
143 Guyon, in diesem Band, S. 109, 114; Alonso Espinosa, in diesem Band, S. 300, 314; dazu für das deutsche Recht auch Schäfer, in diesem Band, S. 62, 65, 75.

deren Emission analog § 221 Abs. 1 AktG und ein Bezugsrecht der Aktionäre analog § 221 Abs. 4 AktG befürwortet.[144]

4. *Wandlungspflicht*

Wenig geklärt ist bislang die Behandlung von Anleihen, die bei Nichtausübung des Optionsrechts am Ende der Laufzeit der Anleihe eine Wandlungspflicht vorsehen.[145] Offen ist hier im deutschen Recht insbesondere die Frage, ob es sich hierbei um Börsentermingeschäfte handelt.[146] Auf die Folgen, die im niederländischen Recht im Zusammenhang mit dem Verbot des Erwerbs eigener Aktien aus einer Wandlungspflicht abgeleitet werden, wurde bereits hingewiesen.[147]

V. *Stellung der Wandel- oder Optionsanleihegläubiger*

1. *Versammlung der Schuldverschreibungsgläubiger*

Das belgische Recht erlaubt der Versammlung der Schuldverschreibungsgläubiger unter bestimmten Voraussetzungen eine Änderung der Anleihebedingungen durch Mehrheitsbeschluß.[148] Gleiches gilt für das französische, spanische und italienische Recht, die eine Mitwirkung der Anleihegläubiger darüber hinaus auch bei unternehmerischen Umstrukturierungsmaßnahmen fordern.[149] Für Portugal regeln die Artt. 356ff des Gesetzes über die Handelsgesellschaften die gemeinsame Wahrnehmung der Rechte von Schuldverschreibungsinhabern und deren Versammlung.[150] Das niederländische und spanische Recht regeln über die Versammlung der Schuldverschreibungsgläubiger hinaus auch die Rechtsstellung eines besonderen Treuhänders für die Schuldverschreibungsgläubiger, der bestimmte Entscheidungen ohne Mitwirkung der Versammlung bzw. vor deren Einberufung treffen kann.[151] Gänzlich der Vertragspraxis überlassen

144 Dazu SCHÄFER, in diesem Band, S. 62, 75ff, zur Frage der Charakterisierung solcher Anleihen als Börsentermingeschäft S. 82ff.
145 Dazu SCHÄFER, in diesem Band, S. 62, 65f.
146 Dazu SCHÄFER, in diesem Band, S. 62, 84f.
147 Oben III.2.
148 BENOÎT-MOURY/CROES, in diesem Band, S. 27, 46.
149 GUYON, in diesem Band, S. 109, 119f sowie auch S. 110; CAMPOBASSO, in diesem Band, S. 127, 143, Fn. 38, S. 145; ALONSO ESPINOSA, in diesem Band, S. 300, 304, 308, 321; weitere Nachweise zur Rechtsvergleichung bei HOPT, FS Steindorff, 1990, S. 341, Fn. 3, S. 345, Fn. 25 = WM 1990, 1733, Fn. 3, 1735, Fn. 25; VAN OMMESLAGHE/VAN RYN, aaO (Fn. 7), S. 112; VOGEL, ZBB 1996, 321, 324ff; ZOBL, SZW/RSDA 1990, S. 129, 133, Fn. 18.
150 ANTUNES, in diesem Band, S. 212, 215.
151 PERRICK, in diesem Band, S. 155, 174f; ALONSO ESPINOSA, in diesem Band, S. 300, 307f, 311.

wird die gemeinsame Wahrnehmung der Rechte von Wandel- und Optionsanleihegläubigern demgegenüber in Schweden.[152]

Eine besonders detaillierte[153] Regelung über die Versammlung der Anleihegläubiger und den Anleihensvertreter enthält das schweizerische Recht.[154] Hier ist die Gläubigergemeinschaft bei Anleihensobligationen in den Artt. 1157–1186 OR und der Verordnung des Bundesrats über die Gläubigergemeinschaft bei Anleihensobligationen vom 9. Dezember 1949 (VGG) geregelt.[155] Die Gläubigergemeinschaft hat nach Art. 1164 Abs. 1 OR die Befugnis, „die geeigneten Massnahmen zur Wahrung der gemeinsamen Interessen der Anleihensgläubiger, insbesondere gegenüber einer Notlage des Schuldners zu treffen". Dazu zählen Änderungen der Anleihebedingungen sowie alle Maßnahmen, die den gemeinsamen Interessen der Anleihegläubiger dienen und den Gleichbehandlungsgrundsatz wahren. Eine Notlage des Schuldners ist im Gegensatz zum deutschen Recht also nicht zwingend erforderlich.[156]

Für einen Eingriff in die Anleihebedingungen ist eine Mehrheit von zwei Dritteln des im Umlauf befindlichen Kapitals erforderlich, wobei über die im Gesetz vorgesehenen Maßnahmen hinaus in den Anleihebedingungen auch die Zulässigkeit anderer Änderungen vorgesehen werden kann. Ein konzerninterner Schuldnerwechsel soll keinen Eingriff in diesem Sinne darstellen.[157] Durch die Anleihensbedingungen oder durch (spätere) Wahl kann ein Anleihensvertreter bestellt werden, dessen Rechtsstellung sich nach Artt. 1158ff OR bestimmt. Er hat die Gläubigerversammlung einzuberufen, deren Beschlüsse zu vollziehen und die Gemeinschaft zu vertreten. Darüberhinaus stehen ihm nach Art. 1160 Abs. 1 OR gewisse Kontrollrechte zu.[158]

In Deutschland können nach dem Gesetz betreffend die gemeinsamen Rechte der Besitzer von Schuldverschreibungen vom 4. Dezember 1899 (SchVG)[159] Gläubiger von Schuldverschreibungen mit „im voraus bestimmten Nennwerthen" Mehrheitsbeschlüsse zur Wahrung ihrer gemeinsamen Rechte fassen, wenn die Schuldverschreibung ein Emissionsvolumen von mehr als dreihunderttausend DM hat.[160] Praktisch bedeutsam ist vor

152 Skog, in diesem Band, S. 242, 255f.
153 So Köndgen/Daeniker, in diesem Band, S. 265, 268.
154 Dazu Köndgen/Daeniker, in diesem Band, S. 265, 287f.
155 Dazu Zobl, SZW/RSDA 1990, 129ff, 130.
156 Vgl. Zobl, SZW/RSDA 1990, 129, 133.
157 Zobl, SZW/RSDA 1990, 129, 135.
158 Dazu Zobl, SZW/RSDA 1990, 129, 136.
159 RGBl. I/1899, S. 691; geändert durch Gesetz vom 14. 5. 1914 (RGBl. I/1914, S. 121) bezüglich der Vertreterbestellung, VO vom 24. 9. 1932 (RGBl. I/1932, S. 447) bezüglich der Abwicklung der Versammlung und der Vertreterbestellung und Gesetz vom 20. 7. 1933 (RGBl. I/1933, S. 523) bezüglich der Anwendbarkeit auf Vergleiche = BGBl. III, Gliederungsziffer 4134-1 (Abkürzungsempfehlung nach Hopt, FS Steindorff, S. 341 = WM 1990, 1733).
160 Dazu Ansmann, Schuldverschreibungsgesetz, 1933; Barella, BB 1952, 764ff; Bruns, WM 1954, 147ff; Hopt, FS Steindorff, S. 341ff = WM 1990, 1733ff; Koenige, Gesetz betreffend die Gemeinsamen Rechte der Besitzer von Schuldverschreibungen, 2. Aufl., 1922; Quassowski/Schmölder, Verordnung über die Rechte der Schuldverschreibungsgläubiger, 1932; Schumann, aaO (Fn. 23), S. 18; Vogel, ZBB 1996, 321, 328ff; Zobl, SZW/RSDA 1990, 129ff.

allem die Möglichkeit einer Aufhebung oder Beschränkung der Gläubigerrechte, die allerdings nach § 11 SchVG nur mit einer Nennwertmehrheit von 3/4 des anwesenden und 1/2 des gesamten Schuldverschreibungskapitals beschlossen werden kann. Ein Verzicht auf Kapitalansprüche kann dabei jedoch nicht beschlossen werden. Schließlich kann die Versammlung einen gemeinsamen Vertreter der Gläubiger bestellen, der zur Geltendmachung von Gläubigerrechten unter Ausschluß der Gläubiger selbst ermächtigt werden kann, § 14 SchVG. Nach der gesetzlichen Vorstellung geht es dabei nur um Sanierungsmaßnahmen, so daß eine Analogie etwa auf Fälle der Prospekthaftung[161] oder anderweitig bedingte Änderungen der Anleihebedingungen ausscheidet.[162]

Das Gesetz gilt für Wandel- und Optionsanleihen heute nur noch insoweit, als es nicht durch das (spätere) Aktiengesetz verdrängt ist. Das heißt, daß es bezüglich der inhaltlichen Reichweite nur für die Schuldverschreibung einer Wandel- oder Optionsanleihe, nicht aber für das damit verbundene Umtausch-/Bezugsrecht gilt; dieses ist heute vor allem durch die Verwässerungsschutzbestimmungen geschützt, nach denen gewisse Beeinträchtigungen der Wandel- oder Optionsgläubiger zwar möglich, aber jedenfalls ausgleichspflichtig sind. Jedenfalls vertraglich kann aber auch über den Anwendungsbereich des Gesetzes hinaus in den Anleihebedingungen ein Gläubigerverband geschaffen werden. So kann ein solcher Verband auch bei Gläubigerrechten *ohne* bestimmten Nennwert,[163] für DM-Auslandsanleihen[164] oder schon mit der Emission gebildet werden. Für andere Papiere, bei denen die Interessenlage der Gläubiger denen der vom SchVG erfaßten gleicht, ist das Gesetz entsprechend anzuwenden. Dies gilt etwa für die Inhaber von Genußscheinen.[165] Ebenso kann schon bei der Emission ein gemeinsamer Vertreter- oder Gläubigerbeirat in Anlehnung an § 14 des Gesetzes bestellt werden.[166] Soweit zwingendes Aktienrecht vorgeht, also etwa bezüglich der Umtausch-/Bezugsrechte, ist eine vertragliche Regelung ausgeschlossen.

Daß die Versammlung der Schuldverschreibungsgläubiger als – der Hauptversammlung ähnliches – Organ kollektiver Interessenwahrnehmung im deutschen Recht kaum bekannt ist,[167] dürfte auch damit zusammenhängen, daß sich die entsprechenden ausländischen Regelungen in den jeweiligen allgemeinen Zivil- bzw. Gesellschaftsgesetzen finden.[168]

161 Vgl. für die Schweiz BG SchweizAG 1988, 76 mit zust. Anm. WIDMER.

162 HOPT, FS Steindorff, S. 341, 349, Fn. 38 (insoweit nicht in WM 1990, 1733); VOGEL, ZBB 1996, 321, 330; abweichend für die Schweiz ZOBL, SZW/RSDA 1990, 129, 133.

163 Vgl. für DM-Auslandsanleihen (die nicht zwingend deutschem Recht unterstehen) HOPT, FS Steindorff, S. 341, 352 = WM 1990, 1733, 1736; für Genußscheine RGZ 132, 199, 204f.

164 Dazu VOGEL, ZBB 1996, 321, 333ff (die Frage dürfte sich durch Einführung des Euro und Abschaffung des § 808a BGB allerdings weitgehend erledigt haben).

165 Dafür HIRTE, ZIP 1991, 1461, 1467ff; abw. BGHZ 119, 305, 313ff = ZIP 1992, 1542 = NJW 1993, 57 – Klöckner.

166 Dazu auch SCHUMANN, aaO (Fn. 23), S. 121ff.

167 So VOGEL, ZBB 1996, 321 (der das sie regelnde Schuldverschreibungsgesetz als „heute weitestgehend in Vergessenheit geratenes Spezialgesetz“ bezeichnet); ähnlich VAN OMMESLAGHE/VAN RYN, aaO (Fn. 7), S. 112; vgl. aber HIRTE, ZIP 1991, 1461, 1467ff.

168 Für Belgien BENOÎT-MOURY/CROES, in diesem Band, S. 27, 46.

Nicht organisiert – da nicht Schuldverschreibungsgläubiger – sind allerdings die Inhaber von *naked warrants*, was dazu führt, daß sie unternehmerischen Maßnahmen, die sie beeinträchtigen, möglicherweise sogar individuell widersprechen können; daraus resultieren in Frankreich Forderungen nach Schaffung einer besonderen Vertretung dieses Personenkreises.[169] Spanien sieht dies allerdings offensichtlich jetzt schon anders.[170] Auch in Deutschland sollte das SchVG jedenfalls bezüglich der formellen Fragen (Notwendigkeit der Abhaltung einer Versammlung; Bestellung eines gemeinsamen Vertreters) auf die Umtausch-/Bezugsrechte entsprechend angewandt werden, und dies auch dann, wenn die Optionsscheine von der Anleihe getrennt oder – sofern man dies als zulässig ansieht – isoliert ausgegeben wurden. Eine Einbeziehung in den gesellschaftsrechtlichen Entscheidungsprozeß wird in Frankreich auch für die Gläubiger von Anleihen für richtig gehalten, bei denen die Gesellschaft ein Rückzahlungswahlrecht in Aktien hat.[171]

2. *Verhältnis zu den Aktionären*

Nach belgischem Recht haben Wandel- und Optionsanleihegläubiger ein eigenständiges Rederecht auf und Teilnahmerecht an der Hauptversammlung.[172] Das französische Recht gewährt Optionsberechtigten ein den Aktionären angenähertes Informationsrecht, Art. 194–9 französisches GesellschaftsG.

Englisches Recht hat die Frage intensiv beleuchtet, inwieweit Gläubiger von Wandel- oder Optionsanleihen für die Frage, ob ein Mehrheitsgesellschafter die Minderheit ausschließen kann, den Gesellschaftern gleichzustellen sind.[173]

3. *Verwässerungsschutz*

Französisches, belgisches, spanisches und portugiesisches Recht sehen für den Fall einer Barkapitalerhöhung einen zwingenden Verwässerungsschutz durch die Möglichkeit vor, das Wandel- oder Optionsrecht in diesem Fall auszuüben.[174] Jedenfalls in Frankreich, Spanien und Portugal gilt dies auch für den Fall einer Ausgabe weiterer Wandel- und Optionsanleihen (desselben Typs) oder bei Auf-

169 GUYON, in diesem Band, S. 109, 121.

170 ALONSO ESPINOSA, in diesem Band, S. 300, 326.

171 GUYON, in diesem Band, S. 109, 120f sowie auch S. 122.

172 BENOÎT-MOURY/CROES, in diesem Band, S. 27, 47.

173 GOULDING, in diesem Band, S. 86, 97f.

174 BENOÎT-MOURY/CROES, in diesem Band, S. 27, 48; GUYON, in diesem Band, S. 109, 120; ALONSO ESPINOSA, in diesem Band, S. 300, 320f, 327; ANTUNES, in diesem Band, S. 212, 236.

lösung von Rücklagen, in Spanien und Portugal auch bei einer Änderung des Nennwerts existierender Aktien. Dieselbe Lösung verfolgt auch das italienische Recht, wobei dort intensiv diskutiert wird, ob ein solches vorgezogenes Umtauschrecht das ursprünglich eingeräumte vertragliche Umtauschrecht ersetzt (mit der Folge seines Wegfalls und anschließender Schutzlosigkeit der nicht vorzeitig Optierenden) oder neben dieses tritt.[175] Bemängelt wird freilich, daß die Entscheidung, das Bezugsrecht bei einer Barkapitalerhöhung oder bei Ausgabe neuer Wandelanleihen auszuschließen, ohne Mitwirkung der schon vorhandenen Wandelanleihegläubiger erfolgen kann.[176] Bestimmte besonders schwerwiegende Eingriffe werden in Frankreich und Portugal als absolut unzulässig angesehen; dazu zählen die Änderung der Gewinnverteilung, die Abgabe eigener Aktien an Aktionäre, die Rückgewähr von Einlagen, die (effektive) Kapitalherabsetzung und die Ausstattung bestehender Aktien mit neuen Rechten.[177] Stimmrechtslose Aktien mit Dividendenvorzug kann eine französische Gesellschaft jedoch nach Maßgabe von Art. 194–5 französisches GesellschaftsG schaffen. Italien und Spanien helfen in allen diesen Fällen (nur) mit einem vorgezogenen Umtauschrecht.[178]

Ein solches vorgezogenes Umtausch- oder direktes Bezugsrecht wird als Verwässerungsschutzmaßnahme bei Kapitalerhöhungen oder Ausgabe neuer Wandel- oder Optionsanleihen auch in Österreich für möglich gehalten.[179] Die Praxis – so wird aber für die Niederlande betont – gewährt Wandel- oder Optionsanleihegläubigern nur gelegentlich ein effektives Bezugsrecht.[180] Und in England wird ein Bezugsrecht für die Inhaber von Wandel- oder Optionsanleihen sogar vollständig verneint.[181] Die Durchführung bestimmter weiterer Umstrukturierungsmaßnahmen verbietet italienisches Recht während der Laufzeit einer Wandelanleihe vollständig.[182] Für den Fall der Auflösung der Gesellschaft verlangt portugiesisches Recht ausdrücklich die vorzeitige Rückzahlung der Anleihe.[183] Bemerkenswert erscheint, daß das österreichische Recht einen Verwässerungsschutz nicht als zwingend ansieht und ihn in den wenigen normierten Fällen sogar als in den Anleihebedingungen abdingbar betrachtet.[184] Dem ent-

175 CAMPOBASSO, in diesem Band, S. 127, 136, 144, 145.
176 CAMPOBASSO, in diesem Band, S. 127, 142; abw. wohl in Spanien, dazu ALONSO ESPINOSA, in diesem Band, S. 300, 321.
177 ANTUNES, in diesem Band, S. 212, 235; zur insoweit deutlich abweichenden Lage in den Vereinigten Staaten (keine absoluten Verbote) VAN OMMESLAGHE/VAN RYN, aaO (Fn. 7), S. 119.
178 ALONSO ESPINOSA, in diesem Band, S. 300, 323.
179 NOWOTNY, in diesem Band, S. 176, 180f.
180 PERRICK, in diesem Band, S. 155, 160.
181 GOULDING, in diesem Band, S. 86, 95.
182 CAMPOBASSO, in diesem Band, S. 127, 144; zu Portugal ANTUNES, in diesem Band, S. 212, 237.
183 ANTUNES, in diesem Band, S. 212, 237.
184 NOWOTNY, in diesem Band, S. 176, 180.

spricht die Lage in den Vereinigten Staaten.[185] In Spanien ist dies nach teilweise vertretener Auffassung für die gesetzlich nicht ausdrücklich geregelten Optionsrechte der Fall.[186] In dieselbe Richtung tendiert offenbar auch das schwedische Recht (und auch das dänische Recht), das ebenfalls keine gesetzliche Regelung zum Verwässerungsschutz enthält und ihn deshalb als eine nur in den Anleihebedingungen zu regelnde Frage ansieht.[187] Bemerkenswert ist in diesem Zusammenhang, daß das schweizerische Recht mangels AGB-Rechts keine effektive Kontrolle mißbräuchlicher Anleihebedingungen kennt.[188]

Das französische Recht erlaubt für börsennotierte Gesellschaften – aber nur für diese – den Verwässerungsschutz statt durch Umtausch-, Bezugs- oder Mitwirkungsrechte durch eine Anpassung der Emissionsbedingungen vorzunehmen, für die die Zustimmung der *C.O.B.* erforderlich ist.[189] Insbesondere die Verwässerungsschutzbestimmungen werden in Frankreich durch Artt. 171 bis 174–6 des Dekrets über die Handelsgesellschaften konkretisiert und ergänzt. Französisches Recht sieht darüber hinaus eine kapitalmarktrechtliche *stand-still*-Regelung vor: bei einer bevorstehenden Kapitalerhöhung, Verschmelzung oder Spaltung der Gesellschaft, auf deren Aktien die Bezugsrechte lauten, darf die Verwaltung dieser Gesellschaft nämlich die Ausübung der Bezugsrechte für einen Zeitraum von bis zu höchstens drei Monaten untersagen, Art. 194–3 Abs. 1 französisches GesellschaftsG.

Ausdrücklich gesetzlich vorgesehen ist eine bloße Anpassung des Umtauschverhältnisses in Österreich für die Kapitalerhöhung aus Gesellschaftsmitteln[190] und im französischen, italienischen, spanischen und portugiesischen Recht sowohl für die Kapitalerhöhung aus Gesellschaftsmitteln wie für die vereinfachte Kapitalherabsetzung.[191] In der Schweiz findet sich eine gesetzliche Verpflichtung zum Verwässerungsschutz, die aber die nähere Ausgestaltung – Anpassung der Bedingungen, Mitwirkung der Anleihegläubiger oder vorzeitiges Umtausch- oder Bezugsrecht – offenläßt.[192]

Bei (noch) mit der Anleihe verbundenen Wandel- und Optionsrechten erlaubt belgisches Recht für den Fall einer (auch teilweisen) Rückzahlung der Anleihe eine Ausübung des Wandel- oder Optionsrechts nur bis zu einen Monat vor der Rückzahlung; damit soll verhindert werden, daß die Gesellschaften die Aus-

185 Dazu VAN OMMESLAGHE/VAN RYN, aaO (Fn. 7), S. 119.
186 ALONSO ESPINOSA, in diesem Band, S. 300, 328.
187 SKOG, in diesem Band, S. 242, 254, zu Dänemark S. 263.
188 Dazu mit überzeugender Kritik KÖNDGEN/DAENIKER, in diesem Band, S. 265, 285 f.
189 GUYON, in diesem Band, S. 109, 120; kritisch dazu ALONSO ESPINOSA, in diesem Band, S. 300, 322.
190 NOWOTNY, in diesem Band, S. 176, 179, 181 f, für Optionsanleihen S. 189 f.
191 CAMPOBASSO, in diesem Band, S. 127, 143, 144; ALONSO ESPINOSA, in diesem Band, S. 300, 322; ANTUNES, in diesem Band, S. 212, 235, 236.
192 KÖNDGEN/DAENIKER, in diesem Band, S. 265, 295.

übung des Optionsrechts durch eine vorzeitige Rückzahlung der Anleihe vereiteln.[193] Ebenso entscheiden das niederländische und das italienische Recht.[194]

VI. Zusammenfassung

Zusammenfassend lassen sich zahlreiche interessante Unterschiede zur Rechtslage in anderen europäischen Ländern hervorheben:

Zunächst variieren die Auffassungen zum Umfang der *Gestaltungsfreiheit* bei Wandel- und Optionsanleihen beträchtlich, wobei sich – jedenfalls im Gesellschaftsrecht – eine allgemeine Tendenz zu größerer Freiheit verzeichnen läßt. Das zeigt sich besonders an der Zulassung von *naked warrants*. Auf der anderen Seite sind gerade Wandel- und Optionsanleihen in besonderem Maße Objekt *kapitalmarktrechtlicher* Regulierung; in manchen Staaten – wie etwa in England – finden sich hier die einzig wesentlichen Vorgaben, die dann sogar über das deutsche Gesellschaftsrecht hinausgehen können.

Bei den *Emissionsvoraussetzungen* fällt einerseits ins Auge, daß manche Staaten hier keine Verbriefung mehr verlangen oder dies zumindest diskutieren. Andererseits sehen mehrere Rechtsordnungen umfangmäßige Grenzen für die Ausgabe von Schuldverschreibungen und zusätzlich rechtsformbezogene Beschränkungen für Wandel- und Optionsanleihen vor. In mehreren, vor allem romanischen Ländern ist bereits die Begebung gewöhnlicher Schuldverschreibungen (teilweise qualifiziert) hauptversammlungspflichtig; entsprechend bestehen teilweise auch Berichtspflichten schon für die Emission gewöhnlicher Schuldverschreibungen und erst recht für die Ausgabe von Wandel- und Optionsanleihen, selbst wenn das Bezugsrecht nicht ausgeschlossen wird. Große Unsicherheiten bestehen freilich beim Gläubigerschutz, insbesondere bezüglich des Zeitpunkts, zu dem das Verbot der *Unter-pari*-Emission greifen soll, und der Frage, inwieweit das Verbot der Zeichnung und das grundsätzliche Verbot des Erwerbs eigener Aktien auf Wandel- und Optionsanleihen entsprechend anzuwenden ist.

In praktisch allen vorgestellten Rechten ist die Ausgestaltung des *Bezugsrechts* umstritten. Mehrere Staaten erstrecken hier das Bezugsrecht ausdrücklich auch auf die von Tochtergesellschaften begebenen Wandel- oder Optionsanleihen. Kontrovers diskutiert wird vor allem die Zulässigkeit eines Bezugsrechtsausschlusses. Unabhängig von den zum Teil unterschiedlichen sachlichen Voraussetzungen eines Bezugsrechtsausschlusses wird teilweise die Möglichkeit einer Delegation der Entscheidung auf den Vorstand insgesamt oder zumindest unter bestimmten Voraussetzungen für unzulässig gehalten. Bemerkenswert sind im englischen Recht die über das deutsche Gesetzesrecht hinausreichenden Vorgaben des Kapitalmarktrechts.

193 Benoît-Moury/Croes, in diesem Band, S. 27, 49.
194 Perrick, in diesem Band, S. 155, 167; Campobasso, in diesem Band, S. 127, 133.

Bei der *Stellung der Wandel- oder Optionsanleihegläubiger* sind zunächst die deutlich größere Bedeutung der Versammlung der Anleihegläubiger und sonstiger Mechanismen gemeinsamer Interessenwahrnehmung im Ausland auffallend. Diese erfassen teilweise auch die Optionsberechtigten, die nicht (mehr) zugleich Gläubiger sind. Gelegentlich steht den Wandel- und Optionsanleihegläubigern ein dem Informationsrecht der Aktionäre entsprechendes Auskunftsrecht und ein Teilnahmerecht an der Hauptversammlung zu. Im Bereich des *Verwässerungsschutzes* ist in vielen der untersuchten Rechte ein Verwässerungsschutz bei Kapitalmaßnahmen in der bezogenen Gesellschaft ausdrücklich gesetzlich vorgesehen; inhaltlich wird nach der Rechtslage mehrerer Staaten auch den Wandel- oder Optionsanleihegläubigern bei Kapitalmaßnahmen ein Bezugsrecht (teilweise in Form eines vorgezogenen Umtausch- oder Bezugsrechts) eingeräumt. In der Schweiz fällt in diesem Zusammenhang das Fehlen einer gesetzlichen Regelung des Rechts der Allgemeinen Geschäftsbedingungen auf. In jedem Fall gibt es hier beträchtliche Unterschiede bei den Schutzmechanismen wie Schutzanlässen. Für die *Bedienung* der Wandel- oder Optionsanleihe erlauben zahlreiche Staaten, anstelle eines „bedingten Kapitals" die Durchführung der gewöhnlichen Kapitalerhöhung zeitlich unbegrenzt hinauszuschieben.

Insgesamt ist bezüglich der gesellschaftsrechtlichen Vorgaben ein deutliches *Regelungsgefälle* zwischen den relativ „strengen" Vorgaben in den romanischen Ländern und den recht „liberalen" Ansätzen Nordeuropas, insbesondere Englands und der Niederlande, zu verzeichnen; Deutschland bewegt sich dabei ebenso wie Frankreich und Belgien in einem Mittelfeld, das freilich eher dem nordeuropäisch-liberalen Ansatz zuzuordnen ist. Zum zweiten sind trotz der Koordinierung des Rechtsbereichs durch Artt. 25 Abs. 4, 29 Abs. 6 der Zweiten Richtlinie[195] *zahlreiche Unterschiede* in den gesetzlichen Regelungen, insbesondere in ihrer Dichte festzustellen; das gilt vor allem bezüglich des Umfangs der Einbindung der Hauptversammlung. Auf der anderen Seite sind aber auch zahlreiche Angleichungen in Bereichen zu verzeichnen, in denen es an gesetzlichen Vorgaben fehlt oder diese sich unterscheiden; das spricht für eine entsprechende vereinheitlichende Kraft des *Kapitalmarkts*. Bemerkenswert ist schließlich, daß auch in der Schweiz als einzigem Nicht-Mitgliedstaat der Europäischen Union (unter den hier vorgestellten Staaten) im wesentlichen dieselben gesellschaftsrechtlichen Standards gelten, sieht man vom Fehlen einer dem allgemeinen Zivilrecht zuzuordnenden AGB-Inhaltskontrolle der Anleihebedingungen ab.

195 AaO (Fn. 76).

Wandel- und Optionsanleihen in Belgien

von

Professor Dr. ANNE BENOÎT-MOURY und CONNY CROES, Lüttich*

Inhaltsübersicht

I. Einführung

Wandelschuldverschreibungen und Optionsanleihen sind auch in Belgien beliebte Schuldtitel. Dennoch findet sich nur wenig tiefergehende Literatur zu diesem Thema. Mit diesem Beitrag soll dieses Defizit ein wenig aufgearbeitet und dem deutschen Leser ein Einblick in die Struktur der Wandelschuldverschreibungen und Optionsanleihen in Belgien vermittelt werden. Der Beitrag stützt sich dabei weitgehend auf die Stellungnahmen der belgischen *Commission Bancaire et Financière* (im folgenden kurz: *Commission*), die von dieser einmal jährlich in niederländischer Sprache herausgegeben werden.

* Der Beitrag wurde übersetzt von Frau Rechtsanwältin *Barbara Brenner*, Bonn, und Frau Ass. iur. *Barbara Krämer*, Münster. Belgien hat seine kaum mehr überschaubaren Änderungen der Lois Coordonnées sur les Sociétés Commerciales (L.C.S.C.) im Jahre 1999 „geglättet“ und – ohne wesentliche materielle Änderungen – einen „Code des Sociétés“ verabschiedet (Moniteur Belge vom 6. August 1999, S. 29440). Dieses Gesetz tritt aber erst im Jahre 2001 in Kraft. Daher verbleibt es hier bei der noch immer gültigen Gesetzesbezeichnung.

1. Begriffsbestimmungen

Unter Wandelschuldverschreibungen (*obligations convertibles*) versteht das belgische Recht Schuldtitel, die von einer Gesellschaft im Rahmen einer Kapitalerhöhung ausgegeben werden und von den Inhabern zu einem festgelegten Zeitpunkt und zu vorab festgelegten Konditionen in neue Aktien der emittierenden Gesellschaft eingetauscht werden können. In Teilen der Lehre[1] und vor allem in den vorbereitenden Arbeiten zu dem einschlägigen Gesetzgebungsverfahren[2] findet sich zwar eine allgemeiner gehaltene Definition, die unseres Erachtens jedoch außer acht läßt, daß es sich bei den Aktien, gegen die die Wandelschuldverschreibungen eingetauscht werden, zwingend um junge Aktien handeln muß.

Optionen (*warrants* oder *droits de souscription*)[3] werden ebenfalls im Wege der Kapitalerhöhung einer Gesellschaft ausgegeben. Sie werden definiert als Titel, die das Recht verbriefen, neue Aktien zu Konditionen zu zeichnen, die zum Zeitpunkt der Emission festgelegt werden[4]. Die Optionen werden unmittelbar nach Beschlußfassung über die Kapitalerhöhung ausgegeben, und zwar gemäß den Vorschriften der Art. 101*bis* ff des Gesetzes über die Handelsgesellschaften (Lois Coordonées sur les Sociétés Commerciales - L.C.S.C.); die beschlossene Kapitalerhöhung wird aber erst durchgeführt, und zwar automatisch, wenn der Inhaber der Option sein Zeichnungsrecht ausübt[5] und bestimmte Bedingungen erfüllt sind, die später noch vorgestellt werden[6]. Optionen im oben genannten Sinne sind nicht nur diejenigen, die nicht mit einem anderen Titel verknüpft sind, sogenannte *„warrants secs"* oder *„warrants autonomes"*, sondern auch solche, die mit Aktien oder Schuldverschreibungen (im folgenden: Optionsanleihen) verbunden sind[7]. Bei letzteren handelt es sich

1 Van Fraeyenhoven, Lois du 18 juillet 1991, portant modification des lois coordonnées sur les sociétés commerciales, in: Réforme du droit des sociétés, lois des 18 et 20 juillet 1991, Pratique notariale et formule d'actes, 1992, S. 126; Van Hille, La société anonyme. Aspects juridiques et pratiques. Complément, 1992, S. 244.

2 Doc. parl., Sén., sess. ord. 1960–1961, Nr. 18, S. 1, und Nr. 1107–3, S. 31

3 Diese Optionen haben nichts gemein mit den Schuldtiteln gleichen Namens, die aufgrund des Gesetzes vom 18. November 1962 eingeführt wurden.

4 Bericht der Commission Bancaire et Financière 1986–87, S. 120; Doc. parl., Sén., sess. ord. 1990–91, Nr. 1107–1, S. 96; Doc. parl., Ch. Représ., sess. ord. 1990–91, Nr. 1645/2, S. 5.

5 Cornelis/Peeters, in: Braeckmans/Wymeersch, Het gewijzigde vennootschapsrecht 1991. Het nieuwe recht van de N.V., B.V.B.A. en de cooperatieve vennootschap na de wetten van 18 en 20 juli 1991, 1992, S. 242; Haelterman, Participatieschema's voor werknemeners, in: Biblo-dossier, Fiscaliteit 15, 1991, S. 33.

6 Siehe unten II. Lemaître, L'application dans le temps de la nouvelle législation sur les sociétés commerciales: droit transitoire et adaptation des statuts, in: D.A.O.R. 1992, Nr. 24, S. 40;

7 Glansdorff/Lemaître, L'application dans le temps de la nouvelle législation sur les sociétés commerciales: droit transitoire et adaptation des statuts, in: D.A.O.R., 1992,

per definitionem um völlig normale Aktien oder Schuldverschreibungen, die dem Inhaber jedoch ein zusätzliches Recht zur Zeichnung neuer Aktien verbriefen[8].

Wandelschuldverschreibungen wie Optionen können also den Erwerb von einfachen Aktien mit oder ohne Stimmrecht oder von Vorzugsaktien vermitteln, soweit deren Ausgabe in der Satzung vorgesehen ist oder wird. Ihnen ist ferner gemeinsam, daß sie ein fristgebundenes Recht zum Erwerb von Aktien vermitteln.

2. *Unterschiede und Gemeinsamkeiten zwischen Wandelschuldverschreibungen, Optionsanleihen und „warrants secs"*

Wie oben bereits beschrieben, sind alle drei Titel aus der Sicht des Unternehmens Mittel zur Kapitalaufbringung. Dem Investor bieten alle drei die Möglichkeit, vom Wertzuwachs der betroffenen Aktie zu profitieren, an einem möglichen Wertverfall der Aktien aber nicht teilzuhaben. Denn sie haben zwar die Möglichkeit, die neuen Aktien zu zeichnen, sind hierzu jedoch nicht verpflichtet. Sollte der Wert der Aktie verfallen, so wäre das Risiko für den Investor auf sein finanzielles Engagement für den Erwerb des Titels beschränkt. Dieses kann bei Wandelschuldverschreibungen und Optionsanleihen deutlich niedriger sein als bei normalen Schuldverschreibungen. Die Wahlmöglichkeit ist für den Investor also bei allen Titeln wesentliches Element[9]. Hieraus folgt auch, daß der Wert aller drei Titel eng mit der Kursentwicklung der Aktie zusammenhängt. Mit diesen Gemeinsamkeiten hat es aber auch schon sein Bewenden.

Die Unterschiede sind demgegenüber erheblich. Wir werden uns im folgenden allerdings auf die Unterschiede beschränken, die für den Investor bedeutsam sind; es sei jedoch darauf hingewiesen, daß es natürlich auch auf gesellschaftsrechtlicher Ebene grundlegende Unterschiede gibt. Während die Wandelschuldverschreibungen und die Optionsanleihen dem Inhaber eine Vergütung für sein finanzielles Engagement gewähren und ihm gleichzeitig die Möglichkeit geben, einen Kursgewinn bei Zeichnung der Aktie zu realisieren, sind die reinen Optionsrechte *(„warrants secs")* keine Schuldtitel; sie geben dem Investor ohne Verpflichtung nur die Möglichkeit, bei Zeichnung der Aktie Kursgewinne mitzu-

Nr. 24, S. 40; TOSSENS, Les titres, in: Le nouveau droit belge des sociétés, K.U.L., Faculté de droit, 1991, S. 17

8 Vgl. Doc. parl., Sén., sess. ord. 1960–61, no. 18, S. 1; Doc. parl., Sén., sess. ord. 1990–91, no. 1101/1, S. 96.

9 RAUCQ/HAINAUT-HAMENDE/BENOIT-MOURY, A., Les Sociétés Anonymes, in: Répertoire notarial, Bd. XII, 1994, S. 267f; vgl. auch: Bericht der Commission Bancaire et Financière 1978–79, S. 123.

nehmen. So wird die eigentliche Investition denn auch erst zum Zeitpunkt der Ausübung der Option vorgenommen[10].

Die Unterschiede zwischen Wandelschuldverschreibungen und Optionsanleihen wiederum ergeben sich daraus, daß erstere ein besonderer Typ von Wertpapier sind, während letztere eine lockere Verbindung von zwei unterschiedlichen Wertpapieren darstellen, nämlich einer herkömmlichen Schuldverschreibung und einem Optionsrecht. Sofern die Emissionsbedingungen nichts anderes vorsehen, ist das Optionsrecht denn auch von der Schuldverschreibung abtrennbar[11]. Dieser Doppelcharakter der Schuldverschreibung mit Optionsmöglichkeit hat zur Folge, daß der Inhaber gegenüber der ausgebenden Gesellschaft aufgrund der Schuldverschreibung eine Stellung als Gläubiger hat; bei Ausübung der Option behält er diese bei und wird zusätzlich Aktionär. Hierfür muß er allerdings Geldmittel aufbringen. Demgegenüber gibt der Inhaber einer Wandelschuldverschreibung beim Eintausch seine bisherige Gläubigerstellung auf und erwirbt statt dessen eine Mitgliedschaftsstellung als Aktionär. Er muß bis auf eine Bearbeitungsgebühr, die in den Ausgabebedingungen vorgesehen sein kann, keine Geldmittel mehr aufbringen[12].

Aus der Abtrennbarkeit der Schuldverschreibung mit Optionsmöglichkeit ergibt sich für den Investor eine Vielzahl von Möglichkeiten:

Er kann

(1) die Option verkaufen und die Schuldverschreibung behalten,
(2) die Option behalten und die Schuldverschreibung verkaufen,
(3) die Option ausüben und die Schuldverschreibung behalten,
(4) die Option ausüben und die Schuldverschreibung verkaufen,
(5) beide Titel behalten und/oder
(6) beide Titel (getrennt oder zusammen) verkaufen[13].

Entsprechend gibt es drei Möglichkeiten, die Schuldverschreibung mit Optionsmöglichkeit an der Börse zu notieren, und zwar die Schuldverschreibung mit Option *(„cum warrant“)*, die Schuldverschreibung ohne Option *(„ex warrant“)* sowie die Option alleine *(„warrant“)*[14].

Demgegenüber kann bei der Wandelschuldverschreibung das Recht, Aktionär zu werden, nicht von der Schuldverschreibung getrennt werden[15]. Der Titel wird nur als solcher notiert und der Inhaber eines solchen Schuldtitels hat nur

10 Doc. parl., Sén., sess. ord. 1990–91, Nr. 1107/1, S. 33; GEENS/VANDEGINSTE, Belgium, Jan-Ronse-Instituut, 1992, S. 75.
11 Doc. parl., Sén., sess. ord. 1990–91, Nr. 1107/1, S. 96–97
12 Vgl. BIRON, Les obligations convertibles ou avec droit de souscription, R.P.S. 1959–60, S. 50f.
13 Vgl. ROUSSEL, De warrant, optie tussen claim en convertible, Travail de fin d'études, Faculté des sciences économiques, 1990, S. 36–40.
14 Doc. parl., Sén., sess. ord. 1990–91, Nr. 1107/3, S. 33.
15 NIEUWDORP, Kapitaal N.V in de praktijk, I.2.4.-1.

begrenzte Wahlmöglichkeiten: Er kann den Titel verkaufen, ihn behalten oder eintauschen. Ebenso verhält es sich mit den *„warrants secs"*.

Diese Unterschiede können allerdings durch die Ausgabebedingungen weitestgehend aufgehoben werden. Dies hat zur Folge, daß eine klare Abgrenzung der verschiedenen Titel oftmals gar nicht mehr möglich ist[16].

3. Unterschiede zwischen Optionsanleihen und Kaufoptionen („options-call")

Die soeben dargestellten Optionsanleihen müssen zudem von sogenannten Kaufoptionen *(„options-call")* unterschieden werden. Hier bestehen durchaus Ähnlichkeiten, aber auch erhebliche Unterschiede. So ähneln sich beide Schuldtitel insofern, als sie beide ihrem Inhaber das Recht einräumen, Aktien zu einem im voraus festgelegten Preis zu zeichnen, ohne daß hierdurch eine Verpflichtung begründet wird, dieses Recht auch tatsächlich auszuüben[17]. Auf diese Weise eröffnen beide Titel die Möglichkeit, vom Wertzuwachs der ursprünglichen Aktie zu profitieren und dabei das finanzielle Verlustrisiko möglichst gering zu halten[18]. Der Wert der Optionsanleihen wie auch der Kaufoptionen hängt von der Kursentwicklung der betroffenen Aktie ab. Beide profitieren zudem von einem Hebeleffekt[19]: Eine Kurssteigerung der Aktie zieht eine verhältnismäßig größere Wertsteigerung der Optionsanleihe bzw. der Kaufoption nach sich.

Neben diesen Gemeinsamkeiten gibt es jedoch auch erhebliche Unterschiede. Der Hauptunterschied besteht darin, daß eine Kaufoption keine jungen Aktien betrifft: Der Investor hat die Möglichkeit, Aktionär zu werden, indem er eine oder mehrere alte Aktien zu einem im voraus bestimmten Preis erwirbt. Die Ausübung des Optionsrechts hat bei der reinen Kaufoption deshalb keinen Verwässerungseffekt *(„effet de dilution")*[20]. Diese Wertpapiere sind eine bloße Kreation des Wertpapiermarktes[21] und unterfallen nicht der oben erwähnten Rege-

16 Beispiele hierfür finden sich in dem Bericht der Commission Bancaire et Financière 1957–58, S. 86, sowie bei Biron, aaO (Fn. 12), S. 52

17 Gunter, Hoe kunnen warrants bijdragen tot de optimalisatie van een portefeuille?, Travail de fin d'études, Faculté des sciences économiques, 1992, S. 14

18 So ist beim Verfall des Aktienkurses das finanzielle Verlustrisiko auf den Preis für den Erwerb des Titels begrenzt: Haelterman, aaO (Fn. 5), I.2.4–2.

19 Gunter, aaO (Fn. 17), S. 14.

20 Gunter, aaO (Fn. 17), S. 14; Lebailly, Les obligations convertibles et avec des warrants en Belgique: le point de vue de l'entreprise émettrice. Etude d'un cas particulier: la FN, Travail de fin d'études, Ecole d' administration des affaires, Universität Lüttich, 1988–89, S. 10; Price, „Warrants, options, convertibles", 1990, 13; Roussel, aaO (Fn. 13), S. 149

21 Vgl. Bamelis, De waardering van converteerbare obligaties: een theoretisch en empirisch onderzoek, Travail de fin d'études, Faculté des sciences économiques, 1988, S. 3.

lung der Art. 101*bis* ff L.C.S.C. Demgegenüber geben die Optionsanleihen ihrem Inhaber das Recht zum Erwerb junger Aktien. Die Ausübung des Optionsrechts erhöht in diesem Fall das Eigenkapital der Gesellschaft und zieht außerdem eine breitere Streuung der Stimmrechte und der Aktiengewinne nach sich[22]. Aus diesem Grunde kann nur die betroffene Gesellschaft selbst über die Emission der Aktien entscheiden; sie hat hierbei die Art. 101*bis* ff L.C.S.C. zu beachten[23].

II. Der gesellschaftsrechtliche und der finanzrechtliche Aspekt

1. Einführung

Wandelschuldverschreibungen und Optionsanleihen sind Wertpapiere, die sich aus Bedürfnissen der Praxis entwickelt haben[24]. Bis zum Jahre 1962 war die Einberufung von zwei Hauptversammlungen zwingende Voraussetzung für die Ausgabe dieser Titel[25]. Dies machte die Ausgabe schwierig. Durch die Einführung der Vorschriften der Artt. 101*bis* ff L.C.S.C. über Wandelschuldverschreibungen und Optionsanleihen mit Gesetz vom 23. Juli 1962 hat der Gesetzgeber versucht, dieses Hindernis zu beseitigen und den Interessen des Kapitalmarktes Rechnung zu tragen.

In den 80er Jahren entwickelten sich die sogenannten „*warrants secs*“[26], deren Status gesetzlich nicht geregelt war. Die *Commission* erklärte, daß sie sich der Emission solcher Titel nicht widersetzen werde, sofern diese nicht gegen die öffentliche Ordnung oder sonstige zwingenden Vorschriften verstoße[27]. Auch die Lehre sprach sich für die Möglichkeit einer Ausgabe von „*warrants secs*“ aus[28], und es wurde mehrfach versucht, diesen Titeln eine gesetzliche Grundlage zu geben[29]. Dies gelang jedoch erst mit dem Gesetz vom 18. Juli 1991[30].

22 Vgl. die in den vorhergehenden Anmerkungen zitierten Arbeiten.

23 Einige weitere Unterschiede benennen: LEBAILLY, aaO (Fn. 20), S. 10; GUNTER, aaO (Fn. 17), S. 14f; PRICE, aaO (Fn. 20), S. 13; ROUSSEL, aaO (Fn. 13), S. 147–149; TOSSENS, aaO (Fn. 7), S. 16.

24 Vgl. LE BRUN, La protection de l'épargne publique et la Commission bancaire et financière, 1979, S. 359.

25 Doc. parl., Sén., sess. ord. 1960–61, Nr. 18, S. 2f; RONSE, T.V.V.S. 1962–63, 205.

26 Zur Geschichte der Optionsanleihe: ROUSSEL, aaO (Fn. 13), S. 3-8.

27 Die *Commission* hat außerdem empfohlen, die Vorschriften über Wandelschuldverschreibungen und Optionsanleihen so weit wie möglich zu beachten: Bericht der Commission Bancaire et Financière, 1987–88, S. 108–109.

28 BLUMBERG, T.R.V. 1989, 122–130; VAN HILLE, La société anonyme. Aspects juridiques et pratiques, 1990, S. 301.

29 Vgl. den Vorschlag des Centre d' Etudes Bancaires et Financières, zitiert bei: VAN OMMESLAGHE, La réforme des sociétés, in: Conférences du Centre d'Etudes Bancaires et Financières, Heft 108, Dez. 1965, S. 18; und das große Gesetzesvorhaben Nr. 387 zur

Gemäß den Art. 101*bis* ff L.C.S.C. können nur Aktiengesellschaften unter Einschluß der Kommanditgesellschaften auf Aktien Wandelschuldverschreibungen und Optionsanleihen emittieren. Mit dem persönlichen Charakter der Personengesellschaft mit beschränkter Haftung (*S.P.R.L.*) sind Titel dieser Art dagegen nicht zu vereinbaren. Die Frage, ob und zu welchen Bedingungen eine Genossenschaft Wandelschuldverschreibungen oder Optionsanleihen ausgeben kann[31], wird in der vorliegenden Abhandlung nicht weiter behandelt, vielmehr beschränken wir uns hier auf die Aktiengesellschaft. Im Falle der Emission der Schuldtitel durch eine Kommanditgesellschaft auf Aktien würde die Geschäftsleitung die ansonsten dem Verwaltungsrat zustehenden Rechte und Pflichten übernehmen[32].

2. *Die in den Gesetzen über die Handelsgesellschaften ausdrücklich geregelten Wandelschuldverschreibungen und Optionsanleihen*

a) Emission

aa) Verfahren

aaa) Das Verfahren im allgemeinen

(1) Optionsanleihen mit Bezug auf den Aktienerwerb gegen Bareinlage und Wandelschuldverschreibungen

(1.1) Die Emission unter Berücksichtigung von vorrangigen Zeichnungsrechten

Über die Ausgabe von Wandelschuldverschreibungen oder Optionsanleihen können sowohl die Hauptversammlung als auch der Verwaltungsrat, letzte-

Änderung der Gesetze über die Handelsgesellschaften (Doc. parl., Ch. repr., sess. ord. 1979–1980, Nr. 387/1, S. 319, Art. 73)

30 Durch dieses Gesetz wurde in den Gesetzen über die Handelsgesellschaften der Begriff „obligations avec droit de souscription" (Schuldverschreibungen mit Optionsrecht) durch den Begriff „droits de souscription" (Optionsrecht) ersetzt. Die Motive zeigen jedoch, daß die Möglichkeit der Ausgabe von Schuldverschreibungen mit Optionsrecht selbstverständlich möglich bleibt: Doc. parl., Sén. sess. ord. 1990–1991, Nr. 1107/1, S. 96. Im Übrigen hatten schon vorher verschiedenste finanzrechtliche Quellen die selbständigen Optionsrechte in ihren Anwendungsbereich eingeschlossen.

31 Van Hulle, A./Hofkens/Van Hulle, K., De coöperatieve vennootschap, 1989, S. 153 sind der Ansicht, daß besagte Titel nicht mit der Rechtsnatur der Genossenschaft vereinbaren sind, bei der die Mitgliedschaft den Charakter „intuitu personnae" darstelle. Dagegen Van Bael, De wet op de cooperative vennotschap, Het gewijzigde vennotschapsrecht, in: Braeckmans/Wymeersch, 1992, S. 388, der der Ansicht ist, daß die Genossenschaft durch ihre Satzung dazu ermächtigt werden könne, Wandelschuldverschreibungen zu emittieren unter der Prämisse, daß die Anleihen auf den Namen lauten und deren Zeichner als virtuelle Gesellschafter anerkannt sind.

32 Doc. parl., Sén., sess. Ord. 1960–61, Nr. 18, S. 3.

rer im Rahmen des genehmigten Kapitals, beschließen. Seit dem Gesetz vom 7. April 1995, in Kraft getreten am 28. Mai 1995, ist es nicht mehr nur möglich, Wandelschuldverschreibungen und Optionsanleihen in Form von Namens- oder Inhaberpapiere auszugeben, sondern auch nicht-materielle Wandelschuldverschreibungen und Optionsanleihen (Art. 101*bis*, § 2 L.C.S.C.). Die Frage, ob Kommanditgesellschaften auf Aktien ebenfalls über diese letztgenannte Möglichkeit verfügen, ist allerdings umstritten[33].

Art. 101*quater* L.C.S.C. bestimmt ausdrücklich, daß bei der Emission die in Art. 34*bis* L.C.S.C. vorgesehenen Regelungen über das Bezugsrecht beachtet werden müssen. Die Wandelschuldverschreibungen und Optionsanleihen müssen daher im Grundsatz vorzugsweise an die Aktionäre entsprechend ihrem Anteil am Gesellschaftsvermögen ausgegeben werden (Art. 34*bis*, § 1 L.C.S.C.). Dieses vorrangige Zeichnungsrecht kann gleichermaßen an Aktien mit als auch an Aktien ohne Stimmrecht gebunden werden, außer in dem Fall, in dem zwei entsprechende Tranchen von Wandelschuldverschreibungen oder Optionsanleihen ausgegeben werden, die jeweils den Erwerb von Aktien mit Stimmrecht bzw. ohne Stimmrecht ermöglichen. In einem solchen Fall wird erstere vorrangig denjenigen Aktionären angeboten, die bereits (Alt-)Aktien mit Stimmrecht halten, letztere den Aktionären, die Aktien ohne Stimmrecht halten[34].

Zuständig für die Beschlußfassung über die Ausgabe der Titel ist in erster Linie die Hauptversammlung. Der Verwaltungsrat hat vor dieser Entscheidung einen Bericht zu erstellen, der Ausführungen zum Inhalt und eine ausführliche Begründung des geplanten Vorgehens enthält (Art. 101*ter*, § 2 L.C.S.C.)[35]. Im Hinblick auf den langen Zeitraum, der zwischen der Abfassung des Berichts und der Emission der Schuldtitel liegen kann, hat die *Commission* es für zulässig gehalten, daß die endgültigen Bedingungen für diese Emission von der Haupt-

33 *J. Tyteca* ist der Ansicht, daß die Kommanditgesellschaft auf Aktien nicht-materielle Effekten ausgeben könne, TYTECA, De dematerialisatie van aandelen en obligaties, De nieuwe vennotschapswetten van 7 en 13 april 1995, Jan Ronse Instituut, S. 61–93. Dagegen TISON, De uitgifte van gedematerialiseerde effecten. Bemerking bijh de wet van 7 april 1995, Documenten van de Studiedag RUG-UIA, 1995, S. 3f. Hinsichtlich näherer Einzelheiten die nicht-materiellen Effekten und die Umwandlungen von Effekten einer Form in Effekten einer anderen Form betreffend verweisen wir auf diese Abhandlungen. An dieser Stelle bleibt nur festzuhalten, daß im Wege des Losverfahrens rückzahlbare Anleihen nicht wieder die nicht-materielle Form annehmen können (Art. 100, § 3 L.C.S.C.).

34 Vgl. TYTECA, Aandelen zonder stemrecht en winstbewijzen. Converteerbare obligaties en warrants, N.V. en B.V.B.A. na de wet van 18 juli 1991, Jan Ronse Instituut, 1992, S. 118.

35 Zu weiteren Details betreffend den Inhalt dieses Berichtes: Doc. parl., Sess. ord. 1960–1961, Nr. 18, S. 4. Vgl. auch: Bericht der Commission bancaire et financière, 1964, S. 114; idem, 1967, S. 178; idem 1978–79, S. 123; idem 1979–1980, S. 120f.

versammlung auch bereits dann festgelegt werden können, wenn in einem nur vorläufigen Bericht ausreichend genaue Informationen enthalten sind, die es den Aktionären ermöglichen, sich im voraus ein Bild von den wirtschaftlichen Auswirkungen der Maßnahme zu machen. Darüber hinaus muß der Hauptversammlung ein Ergänzungsbericht vorgelegt werden, der sich nur mit denjenigen Umständen der Transaktion befaßt, die unmittelbar mit der wirtschaftlichen Entwicklung des Marktes zusammenhängen[36].

Der Bericht des Verwaltungsrates muß mit der Tagesordnung der Hauptversammlung angekündigt werden (Art. 101*ter*, § 2 L.C.S.C.), in der unter anderem der Gegenstand der geplanten Emission und deren Bedingungen aufgeführt sein müssen[37]. Eine Kopie dieses Berichts muß dem Einberufungsschreiben für die Hauptversammlung der Aktionäre beigefügt und zudem denjenigen Personen zugesandt werden, die nach der Satzung ebenfalls zur Teilnahme an der Hauptversammlung zugelassen sind. Darüber hinaus hat jeder Aktionär das Recht, gegen Vorlage seines Berechtigungsnachweises ein kostenloses Exemplar dieses Berichts zu erhalten (Art. 101*ter*, § 2 L.C.S.C.). Die Verantwortung für diesen Bericht und für die Einhaltung der genannten Regeln trägt gemäß Art. 62 L.C.S.C. der Verwaltungsrat[38].

Die außerordentliche Hauptversammlung beschließt anschließend mit derselben Mehrheit, die für eine Satzungsänderung erforderlich ist. Sie ist nur beschlußfähig, wenn bei der Hauptversammlung mindestens die Hälfte des Gesellschaftskapitals vertreten ist. Ist dies nicht der Fall, so muß die Hauptversammlung erneut einberufen werden. Die neu einberufene Hauptversammlung kann dann in jedem Fall eine gültige Entscheidung treffen, unabhängig davon, wie hoch der Anteil des vertretenen Gesellschaftskapitals ist. Die Beschlußfassung erfolgt nach Art. 70 L.C.S.C. mit Dreiviertelmehrheit[39].

Die Emission kann in den Grenzen des genehmigten Kapitals auch vom Verwaltungsrat beschlossen werden (Art. 101*ter*, § 1 L.C.S.C.). Auch hier ist der oben beschriebene Bericht erforderlich (Art. 101*ter*, § 2 L.C.S.C.).

36 Bericht der Commission Bancaire et Financière, 1968–69, S. 156f.

37 Das Verfahren bei der Schaffung von Wandelschuldverschreibungen oder Optionsanleihen ist insgesamt dem einer Satzungsänderung angeglichen worden; vgl. RAUCQ/HAINHAUT-HAMENDE/BENOIT-MOURY, P., Les Sociétés Anonymes, in: Répertoire notarial, Bd. XII, 1994, S. 272.

38 CHAERELS, Verslagen in het vennootschapsrecht, Diegem, Ced. Samson, 1993, S. 37.

39 Die Frage, ob die Satzung niedrigere Quoten oder Mehrheiten zulassen kann als das Gesetz über die Satzungsänderung, ist umstritten; vgl. BRAECKMANS, Vennootschappen en verenigingen, III, Kapitaalvennootschappen, 1990, S. 411 und 417, Anm. 13; LAGA, Statuten, statutenwijziging en reglement von inwendige orde getoest aan algemene beginselen von contractenrecht. Een toepassing op de coöperatieve vennootschap, 1991, S. 64–70.

Das Recht des Verwaltungsrats, eine Kapitalerhöhung durchzuführen, muß in der Satzung niedergelegt sein. Eine solche Ermächtigung ist aber nur fünf Jahre lang gültig; im übrigen muß der Betrag, bis zu dem der Verwaltungsrat die Kapitalerhöhung durchführen kann, dort ebenfalls festgelegt sein. Die *Commission* hat klargestellt, daß die Satzung hierfür zwei verschiedene Klauseln enthalten kann, die zum einen eine unmittelbare Kapitalerhöhung betreffen, zum anderen eine Kapitalerhöhung durch Ausgabe von Wandelschuldverschreibungen oder Optionsanleihen. In diesem Fall gibt es zwei verschiedene Ermächtigungen, und der Betrag jeder Transaktion wird auf den entsprechenden Betrag der anderen angerechnet. Ebenso ist es jedoch möglich, daß eine einzige Klausel in der Satzung einen bestimmten Betrag festlegt. Diese Klausel muß aber ausdrücklich vorschreiben, daß der Verwaltungsrat befugt ist, das Gesellschaftskapital sowohl direkt als auch indirekt durch Ausgabe von Wandelschuldverschreibungen und Optionsanleihen zu erhöhen. Die einzelnen Maßnahmen zur Kapitalerhöhung sind dem festgelegten Höchstbetrag in chronologischer Reihenfolge anzurechnen[40].

Der Verwaltungsrat muß seine Entscheidung über die Emission der Schuldtitel innerhalb der von der Satzung vorgesehenen Frist treffen, spätestens aber innerhalb von fünf Jahren. Die Ausübung der entsprechenden Rechte aus den Titeln, also die Umwandlung bzw. die Ausübung des Optionsrechts, muß dagegen nicht notwendig innerhalb dieser Frist erfolgen[41].

(1.2) Der Ausschluß des vorrangigen Zeichnungsrechts

Die Hauptversammlung kann – mit satzungsändernder Mehrheit – das vorrangige Zeichnungsrecht der Aktionäre ausschließen. Ein solches Vorhaben muß mit der Einberufung der Hauptversammlung angekündigt und in einem detaillierten Bericht erläutert werden, der insbesondere Informationen über den Ausgabepreis sowie über die finanziellen Konsequenzen für die Aktionäre enthalten muß. Gemäß Art. 34*bis*, § 4 L.C.S.C. muß darüber hinaus der *commissaire-réviseur* oder, wenn ein solcher nicht bestellt wurde, ein vom Verwaltungsrat bestimmter oder beim *institut des experts-comptables* eingetragener vereidigter Buchprüfer in einem Bericht darlegen, daß die vom Verwaltungsrat dargelegten finanziellen und buchhalterischen Angaben korrekt sind und ausreichen, um der Hauptversammlung eine Entscheidung über den gemachten Vorschlag zu ermöglichen[42].

Die Entscheidung der Hauptversammlung muß im Gesellschaftsinteresse ergehen; dieser Begriff hat in der Literatur heftige Diskussionen hervorgerufen[43].

40 Bericht der Commission Bancaire et Financière, 1986–87, S. 118–119.
41 Bericht der Commission Bancaire et Financière, 1986–87, S. 118–119.
42 Das Gesetz enthält in Art. 34*bis*, § 4 L.C.S.C. außerdem Vorschriften über die Zusendung und Aufbewahrung dieser Berichte.
43 Eine Beschreibung gibt GEENS, T.R.V., 1988/ Sonderheft, II. 16–19.

Koen Geens hält als Maßstab für das Gesellschaftsinteresse die gleichmäßige Beteiligung der Aktionäre am Gewinn für geeignet[44]. Diese Gleichbehandlung sei dann nicht gegeben, wenn die Maßnahme einigen Aktionären einen persönlichen Vorteil verschafft, sich gegenüber anderen Aktionären dagegen nachteilig auswirkt[45].

Auch der Verwaltungsrat kann im Interesse der Gesellschaft das vorrangige Bezugsrecht der Aktionäre ausschließen, sofern er durch die Satzung entsprechend ermächtigt ist. Die Abfassung und Vorlage der oben beschriebenen Berichte ist auch hier wieder erforderlich (Art. 34*bis*, § 3 L.C.S.C.). Die Hauptversammlung bzw. gegebenenfalls der Verwaltungsrat können bestimmen, daß den Altaktionären ein Vorrang eingeräumt wird.

Sofern das vorrangige Zeichnungsrecht zugunsten einer oder mehrerer bestimmter Personen *(„personnes déterminées")* begrenzt oder aufgehoben wird, die nicht Betriebsangehörige der Gesellschaft oder einer ihrer Tochtergesellschaften sind[46], greifen besondere Vorschriften ein[47]. Hierbei muß zwischen der Ausgabe von Wandelschuldverschreibungen und der Ausgabe von Optionsanleihen unterschieden werden.

Was die Ausgabe von *Wandelschuldverschreibungen* betrifft, so kann diese entweder vom Verwaltungsrat beschlossen werden, sofern die Satzung ihm ein solches Recht einräumt, oder von der Hauptversammlung unter Beachtung der durch Art. 34*bis*, § 4 bis L.C.S.C. vorgeschriebenen zusätzlichen Bedingungen. Der Begriff der *»personnes déterminées«* muß durch königlichen Erlaß noch näher umschrieben werden (Art. 53 des Gesetzes vom 18. Juli 1991), bis dahin aber ist er offen für Interpretationen.

Gemäß Art. 34*bis*, § 4 L.C.S.C. muß der Verwaltungsrat in seinem Bericht die Identität des oder der von der Veränderung des vorrangigen Zeichnungsrechts begünstigten Personen bekannt geben. Für den Fall, daß die Emission von der Hauptversammlung beschlossen wird, muß die Bekanntgabe in der Mitteilung über die Einberufung der Hauptversammlung erfolgen. Der Bericht des Verwaltungsrates muß außerdem Angaben über die Bedeutung der vorgeschlagenen Emission für die Altaktionäre enthalten, und zwar insbesondere, was ihren Gewinnanteil und ihren Eigenkapitalanteil betrifft. Außerdem muß der *commissaire-reviseur* oder gegebenenfalls ein beim *institut des experts-comptables* eingetragener vereidigter Buchprüfer eine detaillierte Stellungnahme zur Berechnungsgrundlage für den Ausgabepreis sowie zur Begründung dieser Berechnungsgrundlage abgeben.

44 Geens, T.R.V., 1988/ Sonderheft, II. 52.

45 Geens, T.R.V., 1988/ Sonderheft, II. 46.

46 Dieser Begriff wird durch den königlichen Erlaß vom 14. Oktober 1991 bestimmt.

47 Vgl. diesbezüglich etwa Bouckaert, Kapitaalverhoging, toegestane kapitaal, voorkeurrecht, recht van voorang, N.V. en B.V.B.A. na de wet van 18 juli 1991, Jan Ronse Instituut, 1992, 22; und Van der Haegen/Gollier, J.T., 1992, 193; Tyteca, l.c., 159; und Cornelis/Peeters, l.c., 249, Fn. 3.

Neben diesen Regelungen enthält Art. 34*bis*, § 4*bis* L.C.S.C. auch Vorschriften, die den Mindestausgabepreis festlegen. Einige Autoren sind der Ansicht, daß aus der Verknüpfung dieser Vorschriften mit Art. 101*quater*, 1° L.C.S.C., der den Art. 34*bis* L.C.S.C. nur für die Ausgabe von Wandelschuldverschreibungen bzw. Optionsanleihen für anwendbar erklärt, nicht aber für die Ausübung der Optionsrechte, zu schließen ist, daß der Ausgabepreis für die aus der Umwandlung von Schuldverschreibungen bzw. der Ausübung von Optionsrechten stammenden Aktien bei börsennotierten Gesellschaften nicht niedriger sein darf als die Hälfte des Kurswertes der Aktien 30 Tage vor Beginn der Ausgabe der Wandelschuldverschreibungen und bei den übrigen Gesellschaften nicht niedriger als der Geldwert der Titel am Tag der Ausgabe der Wandelschuldverschreibungen bzw. der Optionsanleihen. Dieser Wert muß auf der Basis eines Gutachtens eines *commissaire-réviseur* oder, falls ein solcher nicht bestellt wurde, eines Unternehmensprüfers oder eines vereidigten Buchprüfers festgelegt werden[48]. Die Gefahr allerdings, daß der Preis für die Ausübung des Optionsrechts *(„prix d'exercice")* niedriger sein könnte als der Wert der Aktie im Zeitpunkt der Ausübung und daß die Altaktionäre aufgrunddessen einen nicht unerheblichen finanziellen Verlust erleiden könnten, ist jedoch nach wie vor nicht auszuschließen. Dieses finanzielle Risiko läßt sich nur dadurch vermeiden, daß der Ausgabepreis für die Aktien bei der Ausgabe noch offengelassen und vom Wert der Aktien im Zeitpunkt der Umwandlung der Wandelschuldverschreibung oder der Ausübung des Optionsrechts abhängig gemacht wird[49]. Gleichwohl darf man nicht übersehen, daß das Gesetz lediglich einen Mindestpreis vorschreibt. Die Empfehlungen der *Commission* scheinen daher ihre Bedeutung zu behalten[50].

Was die Ausgabe von *Optionsanleihen* betrifft, die im wesentlichen auf eine oder mehrere außenstehende *„personnes déterminées"* beschränkt ist, sind die gesetzlichen Vorgaben strenger. Neben den oben dargelegten Regelungen in Art. 34*bis* L.C.S.C., die auch hier gelten, sind folgende weitere zwingende Voraussetzungen vorgeschrieben[51] (Art. 101*quater*, 2°, 3°, 4° L.C.S.C.): Erstens ist

48 Van der Hagen/Gollier, J.T., 1992, 193; ähnlich Cornelis/Peeters, aaO (Fn. 5), S. 248, die der Auffassung sind, der Preis für die Ausübung dürfe nicht in Abhängigkeit vom Wert der Aktie im Augenblick der Ausübung des Rechts festgelegt, sondern könne frei bestimmt werden. Sie sagen dagegen nicht ausdrücklich, daß der Mindestpreis, wie er von *Van der Haegen* und *Gollier* definiert wird, berücksichtigt werden muß. Tyteca, aaO (Fn. 34), S. 154–155 und 160 meint indessen, daß diese Regeln nicht auf Wandelschuldverschreibungen und Optionsanleihen anwendbar sind.

49 Cornelis/Peeters, aaO (Fn. 5), S. 247–248.

50 Vgl. den Bericht der Commission Bancaire et Financière, 1987–88, S. 103; idem 1988–89, S. 88–91; ähnlich Cornelis/Peeters, aaO (Fn. 5), S. 248; Van der Haegen/Gollier, aaO (Fn. 48), S. 193, Anm. 56

51 Doc. parl., Sén., sess. ord. 1990–1991, Nr. 1107/1, S. 34; CH. repr., sess. ord. 1990- 1991, Nr. 1645/2, S. 5.

für die Ausgabe derartiger Wertpapiere ausschließlich die Hauptversammlung zuständig. Zweitens ist die Laufzeit des Bezugsrechts auf fünf Jahre ab seiner Entstehung beschränkt, wogegen die Laufzeit von Bezugsrechten normalerweise bis zu zehn Jahre dauern kann. Dies gilt allerdings nicht für Titel, die vor Inkrafttreten des Gesetzes vom 18. Juli 1991 (5. August 1991) mit längerer Laufzeit ausgegeben wurden. Diese sind weder nichtig, noch wird ihre Laufzeit verkürzt[52]. Drittens sind Klauseln in den Ausgabebedingungen nichtig, die den Inhaber der Optionsrechte zwingen sollen, diese Rechte auszuüben[53]. Und viertens schließlich sieht das Gesetz vor, daß Aktien, die im Laufe eines öffentlichen Zeichnungsangebotes erworben werden, auf den Namen lauten müssen und innerhalb der nachfolgenden 12 Monate nicht übertragen werden dürfen.

(1.3) Die besondere Regelung für den Fall, daß die Rechte aus Wandelschuldverschreibungen und Optionsanleihen nur im Falle eines öffentlichen Übernahmeangebots oder Mehrheitenwechsels ausgeübt werden können

Gemäß Art. 17*bis* des Gesetzes vom 2. März 1991, eingefügt durch das Gesetz vom 18. Juli 1991, muß die Ausgabe von Wandelschuldverschreibungen oder Optionsanleihen, deren Umwandlung bzw. Bezug von einem öffentlichen Übernahmeangebot (*offre publique d'acquisition, OPA*) oder von einem Wechsel der Aktienmehrheit abhängt, zwingend von der Hauptversammlung beschlossen werden[54]. Darüber hinaus muß diese Entscheidung gemäß Art. 10 L.C.S.C. bei der Geschäftsstelle des zuständigen Handelsgerichts hinterlegt werden. Geschieht dies nicht, so sind die ausgegebenen Titel nichtig.

Die Umwandlung der Wandelschuldverschreibung bzw. die Ausübung des Optionsrechts nach einem öffentlichen Übernahmeangebot bereitet dagegen keinerlei Probleme. Art. 33*bis*, § 4 L.C.S.C. bestimmt, daß die Beschränkungen, die dem Verwaltungsrat im Fall eines öffentlichen Übernahmeangebots auferlegt werden[55], keine Auswirkungen auf Geschäfte haben, die vor dem Zugang der Bekanntgabe eines solchen öffentlichen Übernahmeangebots wirksam getätigt wurden. Ihre Ausführung durch den Verwaltungsrat bleibt erlaubt, allerdings unter der Bedingung, daß das Geschäft von der Gesellschaft unzweifelhaft *in tem-*

52 GLANSDORFF/LEMAÎTRE, aaO (Fn. 7), S. 41–42, die eine überzeugende Begründung liefern. Vgl. auch den Meinungsaustausch: „Régime de titres", Le nouveau droit des sociétés (S.A. und S.P.R.L.). Droit transitoire, Liège, Ed. collection scientifique de la Faculté de Liège, 1992, S. 88.

53 Einige Autoren stellen die Frage, ob man diese Vorschrift nicht eng und wörtlich auslegen muß, in dem Sinne, daß das Verbot nur für die Ausgabebedingungen gilt und daß separate Verträge weiterhin eine derartige Klausel enthalten dürfen: CORNELIS/PEETERS, aaO (Fn. 5), S. 250.

54 Vgl. CORNELIS/PEETERS, aaO (Fn. 5), S. 155.

55 Siehe nachfolgend unter (1.4).

pore non suspecto, also vor dem Zugang der Bekanntgabe des öffentlichen Übernahmeangebots, getätigt wurde[56]. Hieraus folgt, daß Wandelschuldverschreibungen und Optionsanleihen, die wirksam emittiert wurden, noch während eines öffentlichen Übernahmeangebots umgewandelt bzw. ausgeübt werden können, gleich, welches Organ der Gesellschaft über die Ausgabe entschieden hat[57]. Die Entscheidung der Inhaber der entsprechenden Titel kann nicht in Frage gestellt werden, auch nicht unter Berufung auf Gesellschaftsinteressen[58].

(1.4) Emission nach einem öffentlichen Übernahmeangebot

Durch ein öffentliches Übernahmeangebotes wird die Befugnis der *Hauptversammlung,* Wandelschuldverschreibungen oder Optionsanleihen mit oder ohne Vorzugsrecht zu emittieren, nicht beschränkt (Art. 33*bis,* § 3 L.C.S.C.). Die Befugnis des *Verwaltungsrates* dagegen wird in einem solchen Fall erheblich eingeschränkt (Art. 33*bis,* § 3 L.C.S.C.). Dieser kann zwar noch wirksam über die Ausgabe von Wandelschuldverschreibungen oder Optionsanleihen, die mit vorrangigen Zeichnungsrechten verbunden sind, entscheiden. Er kann aber keine Titel mehr ausgeben, die mit einer Beschränkung oder ohne bevorzugtes Zeichnungsrecht versehen sind, soweit diese Titel den Erwerb von Stimmrechtsaktien ermöglichen[59]. Eine Ausgabe derartiger Titel ist demnach der Entscheidung der Hauptversammlung vorbehalten. Diese Kompetenzbeschränkung für den Verwaltungsrat gilt ab dem Tag des Zugangs der Bekanntgabe des öffentlichen Übernahmeangebots durch die *Commission* bis zum Ablauf der Angebotsfrist. Im Einzelfall könnte die Emission von Titeln mit Beschränkung oder Ausschluß des bevorzugten Bezugsrechts auch problematisch sein, soweit sie unmittelbar nach Ablauf der Angebotsfrist erfolgt und den Erwerb von Aktien mit Stimmrecht ermöglichen soll[60].

56 Doc. parl., Sén., sess. Ord. 1990–1991, Nr. 1107/1, S. 41.

57 Bruyneel, J. T., 1990, 168; Geens/Maeijer, in: Maeijer/Geens, Defensive Measures against hostile Take Overs in the Common Market, 1991, S. 28; Nelissen Grade, in: Jan Ronse Instituut, Openbaar bod en beschermingsconstructies. Recente evoluties in wetgeving en praktijk naar Belgisch, Nederlands en Europees recht, 1990, S. 45. Vgl. auch: Doc. parl., Sén. Sess. Ord. 1990–1991, Nr. 1107/1, S. 41.

58 Vgl. Geens, T.R.V., 1988/ Sonderheft, II.26; Ders., in: Maeijer/Geens, Defensive Measures against hostile Take Overs in the Common Market, 1990, S. 75.

59 Es ist anzumerken, daß die Emission durch den Aufsichtsrat unter Streichung des vorrangigen Zeichnungsrechts hinsichtlich von Wandelschuldverschreibungen oder Optionsanleihen, die den Erwerb von Aktien ohne Stimmrecht ermöglichen, während der Dauer eines öffentlichen Erwerbsangebots nicht verboten zu sein scheint: Tyteca, aaO (Fn. 34), S. 156, Anm. 173.

60 Bruyneel, J.T., 1990, 167, Anm. 277.

(1.5) *Der Geschäftsbericht*

Das Gesetz sieht besondere Maßnahmen zur Veröffentlichung vor. Hierzu gehört der Geschäftsbericht des Verwaltungsrates. Dieser muß eine Aufstellung der Emissionen von Wandelschuldverschreibungen oder Optionsanleihen enthalten, die vom Verwaltungsrat während des Geschäftsjahres beschlossen wurden. Der Bericht muß außerdem zutreffende Erläuterungen zu den Bedingungen und Wirkungen einer gemäß Art. 34*bis*, § 3 L.C.S.C. erfolgten Emission enthalten (Art. 74, 4° L.C.S.C.). Die Erklärungen müssen detailliert, konkret und vollständig sein[61].

(2) *Optionsanleihen mit Optionsrecht auf Aktienerwerb gegen Sacheinlage*

Der Grundsatz, wonach das Optionsrecht ausschließlich darauf gerichtet ist, Aktien gegen Bareinlage zu erwerben, gilt so nicht mehr. Vielmehr ist es jetzt auch möglich, Optionsanleihen zu emittieren, die den Erwerb von Aktien gegen Sacheinlage ermöglichen. Bei einer derartigen Emission müssen nicht nur die Art. 101 ff L.C.S.C. beachtet werden, sondern darüber hinaus auch die besonderen Vorschriften über eine Kapitalerhöhung durch Sacheinlage[62].

Im Fall der Emission von Optionsanleihen, die den Erwerb von Aktien gegen Sacheinlage ermöglichen, stellt sich das Problem der Wertermittlung. Die Art. 101*bis* ff L.C.S.C. legen nicht fest, wann das nach Art. 34, § 2 L.C.S.C. erforderliche Gutachten des *commissaire-reviseur* bzw. des Wirtschaftsprüfers erstellt werden muß. Die Rechtslehre nimmt an, daß das Gutachten zu dem Zeitpunkt erstellt werden muß, zu dem über die Emission entschieden wird[63]. *Cornelis* und *Peeters*[64] meinen, daß zwischen zwei Hypothesen unterschieden werden muß:

(1) Der Ausgabepreis ist im Zeitpunkt der Emission der Wandelschuldverschreibung bestimmt oder bestimmbar. Dem Prüfer ist es in diesem Fall möglich, sein Gutachten zu erstellen.
(2) Der Ausgabepreis ist im Zeitpunkt der Emission der Wandelschuldverschreibung nicht bestimmt oder bestimmbar. Der Prüfer kann in diesem Fall sein Gutachten nicht erstellen, so daß sich die Frage stellt, ob überhaupt wirksam über die Emission entschieden werden kann[65].

61 Vgl. den Bericht der Commission Bancaire et Financière, 1985–86, S. 68.
62 So muß beispielsweise der Art. 33*bis*, § 2 L.C.S.C. beachtet werden: Cornelis/Peeters, aaO (Fn. 5), S. 246; Tyteca, aaO (Fn. 34), S. 158.
63 Cornelis/Peeters, aaO (Fn. 5), S. 246; Olivier/Bonte/Deboeck, Vademecum van de bestuurder van naamloze vennootschappen, 1992, S. 100; Raucq/Hainhaut-Hamende/Benoit-Moury, P., aaO (Fn. 37), S. 270; Tyteca, aaO (Fn. 34), S. 157.
64 Cornelis/Peeters, aaO (Fn. 5), S. 246.
65 Cornelis/Peeters, aaO (Fn. 5), S. 246, Anm. 1.

(3) Schuldverschreibungen einer Tochtergesellschaft mit Optionsrecht auf von der Muttergesellschaft zu emittierende Aktien

Art. 101*bis* Abs. 4 L.C.S.C., eingeführt durch das Gesetz vom 18. Juli 1991, sieht vor, daß eine Tochtergesellschaft Schuldverschreibungen emittieren kann, die mit einem Optionsrecht auf solche Aktien versehen sind, die von der Muttergesellschaft auszugeben sind. In einem solchen Fall muß die Emission der Schuldverschreibungen durch die Tochtergesellschaft, die Emission der zu erwerbenden Aktien durch die Muttergesellschaft gestattet sein[66].

Unserer Ansicht nach genügt es, daß die Tochtergesellschaft die Schuldverschreibungen einfach emittiert[67]. Demgegenüber hat die Muttergesellschaft alle in den Art. 101*bis* ff enthaltenen Vorschriften betreffend die Emission von Wandelschuldverschreibungen zu beachten[68]. Die herrschende Lehre räumt ein, daß diese Vorschrift nicht besagt, daß sonstige Arten zusammengesetzter Wertpapiere verboten wären[69].

bbb) Die zusätzliche Verpflichtung für die Gesellschaften, die ihr Kapital am öffentlichen Kapitalmarkt aufnehmen

Die Art. 101*ter*, § 2 und § 3 L.C.S.C. erlegen den Gesellschaften, die ihr Kapital am öffentlichen Kapitalmarkt aufnehmen, eine zusätzliche Verpflichtung auf. Sie schreiben nämlich vor, daß diese Gesellschaften der *Commission* zwei Wochen vor der Einberufung der Hauptversammlung oder des Verwaltungsrates, die jeweils über die Emission von Wandelschuldverschreibungen oder Schuldverschreibungen mit Optionsrecht zu entscheiden haben, eine Kopie des Berichts des Verwaltungsrates sowie eine entsprechende Akte zu übersenden haben.

Dieses Zusatzerfordernis gilt sowohl für öffentliche als auch für private Emissionen solcher Titel durch die entsprechenden Gesellschaften[70], und zwar

66 Die Begriffe „société mère" (Muttergesellschaft) und „société filiale" (Tochtergeselschaft) sind durch den königlichen Erlaß vom 14. Oktober 1991, in Kraft getreten am 24. Oktober 1991, definiert worden.

67 Ebenso CORNELIS/PEETERS, aaO (Fn. 5), S. 244; OLIVIER/BONTE/DEBOECK, aaO (Fn. 63), S. 99; anders dagegen TOSSENS, aaO (Fn. 7), S. 16, der empfiehlt, daß die Art. 33*bis* und 34*bis* L.C.S.C. auf die Tochtergesellschaften Anwendung finden müssen.

68 Ebenso CORNELIS/PEETERS, aaO (Fn. 5), S. 244; OLIVIER/BONTE/DEBOECK, aaO (Fn. 63), S. 99. Für den Fall, daß die Muttergesellschaft ihre Optionsanleihen nicht emittiert hat, MICHEL, „La pratique face à une nouvelle réforme du droit des S.A. et des S.P.R.L. – Loi du 18 juillet 1991, Réforme des sociétés, récyclage organisé le 22 octobre 1991 par la licence en notariat de l' U.C.L., S. 96; OLIVIER/BONTE/DEBOECK, aaO (Fn. 63), S. 100.

69 CORNELIS/PEETERS, aaO (Fn. 5), S. 244; DUPLAT/LAMBERT, Evolution récente du droit des sociétés, Le droit des affaires en évolution. Tendenzen in het bedrijfsleven, 1991, S. 69; TOSSENS, aaO (Fn. 7), S. 17; VAN DER HAGEN/GOLLIER, J.T., 1992, 193.

70 Vgl. z.B. den Bericht der Commission Bancaire et Financière, 1963, S. 111.

unabhängig davon, welches Organ über die Emission entscheidet. Obwohl Art. 101*ter*, § 2 und § 3 L.C.S.C. nur von Wandelschuldverschreibungen oder Schuldverschreibungen mit Optionsrecht sprechen, scheint es uns dennoch juristisch korrekt, der *Commission* den Bericht und die Akte auch bei der Emission von *„warrants secs"* zukommen zu lassen[71].

Der Inhalt der Akte, die die betreffenden Gesellschaften der *Commission* zu übersenden haben, ist nicht geregelt. Die *Commission* verlangt schlicht alle notwendigen bzw. nützlichen Informationen, die im jeweiligen Einzelfall von Bedeutung sind[72]. Sie äußert sich nicht grundsätzlich, sondern beschränkt sich darauf, Anforderungen aufzustellen, Vorschläge und Anmerkungen zu machen und die Exaktheit und Vollständigkeit des Berichtes zu überprüfen, auf den die Aktionäre ihre Entscheidung stützen müssen[73]. Ist die *Commission* der Auffassung, daß der Bericht den Aktionären nicht hinreichend Klarheit verschafft oder sogar irreführend wirken kann, so informiert sie umgehend die Gesellschaft sowie jedes einzelne Mitglied des Verwaltungsrats. Für den Fall, daß die beschriebenen Anforderungen nicht eingehalten wurden, stehen der *Commission* im übrigen zwei Sanktionsmöglichkeiten zur Verfügung: Erstens kann sie die Einberufung, die Beschlußfassung oder die beabsichtigte Emission der Titel suspendieren, und zwar für eine Dauer von bis zu drei Monaten. Die Maßnahme ist mit einer Begründung zu versehen und der Gesellschaft per eingeschriebenem Brief zuzustellen. Die Drei-Monats-Frist beginnt mit dem Tag der Zustellung der Entscheidung der *Commission* durch eingeschriebenen Brief. Zweitens kann die *Commission* ihre Entscheidung veröffentlichen (Art. 101*ter*, § 2 L.C.S.C.).

Das Einschreiten der *Commission* darf in keiner Form in der Veröffentlichung oder den Unterlagen, die sich auf die betreffenden Geschäfte beziehen, erwähnt werden (Art. 101*ter*, § 2 Abs. 4 L.C.S.C.)[74].

In Anbetracht der Tatsache, daß diese Verpflichtung nur für die Gesellschaften gilt, die ihr Kapital am öffentlichen Kapitalmarkt aufnehmen oder aufgenommen haben, ist es wichtig zu wissen, was genau mit „öffentlicher Kapitalmarkt" gemeint ist. Die Gesetze über die Gesellschaften enthielten insofern bislang keine nähere Definition. Das Gesetz vom 18. Juli 1991 enthält einige Vorschriften, in denen dieser Begriff vorkommt. Sein Inhalt war daher Gegenstand leb-

71 In der Tat betrifft die strafrechtliche Sanktion sowohl die Emission von Wandelschuldverschreibungen als auch die Emission von Optionsanleihen. Vgl. auch TYTECA, aaO (Fn. 34), S. 156; CORNELIS/PEETERS, aaO (Fn. 5), S. 242f meinen indessen, daß eine derartige Übertragung nicht erforderlich ist.

72 Zum Mindestinhalt dieses Berichts vgl. NIEUWDORP, aaO (Fn. 15), I.2.4.–5/6 und den Bericht der Commission Bancaire et Financière, 1963, S. 112.

73 Doc. parl., Sén., sess. ord. 1960–1961, Nr. 18, S. 4.

74 RAUCQ/HAINHAUT-HAMENDE/BENOÎT-MOURY, P., aaO (Fn. 37), S. 272 meinen, daß dem Aufsichtsrat in der Hauptversammlung mitgeteilt werden muß, daß der Bericht vorgelegt wurde.

hafter Diskussionen, denen das Gesetz vom 13. April 1995 nunmehr aber glücklicherweise ein Ende gesetzt und in Art. 26 der Gesetze über die Gesellschaften eine genaue Definition aufgenommen hat[75].

ccc) Öffentliche Emission[76]

Der öffentliche Charakter einer Kapitalaufnahme wird durch den königlichen Erlaß vom 9. Januar 1991 definiert[77]. Er enthält eine Aufzählung, die jedoch nicht abschließend ist[78].

Einen Monat vor Beginn der Ausgabe der Titel ist eine vorhergehende Anzeige an die *Commission* erforderlich[79] (Art. 26 des königlichen Erlasses vom 9. Juli 1935[80]). Dieser Anzeige ist eine Akte beizufügen, deren notwendiger Inhalt gesetzlich allerdings nicht vorgeschrieben ist. Die in Art. 35 des Erlasses von 1935 enthaltene Aufzählung stellt nur ein Minimum dar, und die geforderten Angaben werden dem jeweiligen Einzelfall angepaßt[81]. In jedem Fall muß die Akte einen Entwurf des Prospekts über die geplante Ausgabe enthalten. Der Mindestinhalt dieses Prospekts ist durch den königlichen Erlaß vom 31. Oktober 1991 festgelegt[82]. Die *Commission* kann nur die veröffentlichten Angaben überwachen[83]. Ihre Zustimmung zu der Maßnahme, die im übrigen in dem Ausgabeprospekt vermerkt sein muß, beinhaltet keinerlei Aussage darüber, ob die geplante Maßnahme tunlich oder gut geplant ist. Sie gibt auch keinerlei Auskunft über die Situation der ausgebenden Gesellschaft (vgl. Art. 29 § 2 des königlichen Erlasses vom 9. Juli 1935 und Art. 3 des königlichen Erlasses vom 31. Oktober 1991). Gegen die Maßnahmen des *Commission* ist der Rechtsweg eröffnet.

75 Zu dieser Definition siehe etwa DUPLAT/LAMPRECHT, La notion de sociétés faisant ou ayant fait publiquement appel public à l'èpargne, Séminaire du 17 mai 1995. La nouvelle réforme du droit des sociétés. Un examen détaillé de la loi qui vient d'être votée par la chambre le 3 avril 1995; GEENS, Constitutieve neerlegging, winst en sociaal oogmerk, openbaar beroep op het spaarwezen, De nieuwe venootschapswetten van 7 en 13 april 1995, 1996.

76 Es werden lediglich die Grundzüge dargestellt. Eine detaillierte Darstellung gibt WYMEERSCH, in: Schrans/Wymeersch, Financiële herregulering in Belgie 1990, 1991, S. 101–156. Das Buch ist allerdings noch vor dem Arrêté Royal vom 31. Oktober 1991 verfaßt worden.

77 In Kraft seit dem 12. 1. 1991.

78 SWENNEN, Financiële wetgeving 1989–1991, 1991, S. 35.

79 Für die öffentliche Emission von Titeln durch eine Gesellschaft, die nicht einem EG-Mitgliedsstaat angehört, ist eine zusätzliche Genehmigung erforderlich: Art. 4, § 1 des Gesetzes vom 4. Dezember 1990, In Kraft getreten am 22. Dezember 1990, err. M.B., 1. Februar 1991. Im Fall einer öffentlichen Emission durch eine ausländische Gesellschaft muß außerdem Art. 199 L.C.S.C. beachtet werden.

80 In Kraft getreten am 10. Juli 1935.

81 CERFONTAINE, C.B.N.C.R., 1988, 28; WYMEERSCH, aaO (Fn. 76), S. 113.

82 In Kraft getreten am 25. November 1991.

83 SWENNEN, aaO (Fn. 78), S. 40.

Der Ausgabeprospekt muß ferner veröffentlicht werden. Jeder neue Aspekt, der den Wert der Papiere beeinflussen kann und der zwischen der Bestätigung des Prospekts durch die *Commission* und dem endgültigen Schluß der öffentlichen Emission auftritt, muß in einem Zusatz zum Prospekt veröffentlicht werden. Dieser Zusatz unterliegt denselben Bedingungen hinsichtlich Überwachung und Veröffentlichung (vgl. Art. 13 des königlichen Erlasses vom 31. Oktober 1991). In Anbetracht des Gesetzes vom 13. April 1995 wird eine Gesellschaft, die erstmals eine öffentliche Emission im Sinne des Art. 26, § 2 L.C.S.C. startet, im Vorfeld bereits ihre Statuten in der in Art. 26 L.C.S.C. beschriebenen Weise ändern und sich bei der *Commission* eintragen lassen.

bb) Bedingung der Einzahlung des gesamten Nennbetrages der Wandelschuldverschreibungen

Vor der Reform von 1991 schrieb das Gesetz vor, daß nur solche Gesellschaften Wandelschuldverschreibungen oder Schuldverschreibungen mit Optionsrecht ausgeben dürften, deren Gesellschaftsvermögen vollständig eingezahlt ist. Demgegenüber bestand aber keine gesetzliche Bedingung, die die Einzahlung auf den Schuldtitel betraf[84].

Das Gesetz vom 18. Juli 1991 hat die Einzahlung des gesamten Gesellschaftsvermögens als Bedingung abgeschafft. Andererseits hat das Gesetz aber die zusätzliche Bedingung geschaffen, daß der Wert der Wandelschuldverschreibungen vollständig eingezahlt werden muß. Die Möglichkeit, diese Beträge in einzelnen Teilbeträgen einzuzahlen, besteht somit seit dem Inkrafttreten des Gesetzes vom 18. Juli 1991 nicht mehr[85]. Indessen gelten für Schuldtitel, die vor Inkrafttreten dieses Gesetzes emittiert wurden und die in ihren Emissionsbedingungen eine Zahlung in Tranchen vorsehen, die eigenen Emissionsbedingungen dieser Titel (einschließlich der die Zahlung betreffenden Klausel) fort. Das Inkrafttreten des Gesetzes bewirkt also nicht, daß die noch nicht eingezahlten Tranchen nunmehr zu zahlen sind[86].

cc) Emissionsbedingungen

aaa) Ausgabebedingungen

Es gibt keine Standardvorgehensweise bei der Emission von Wandelschuldverschreibungen und Optionsanleihen. Die ausgebende Gesellschaft kann ihre Ausgabebedingungen nach fast völlig freiem Ermessen gestalten. Das Gesetz enthält nur einige wenige Einschränkungen. So darf beispielsweise der Nennwert des

84 Vgl. auch: Bericht der Comission Bancaire et Financière, 1976–1977, S. 120.
85 GLANSDORFF/LEMAITRE, aaO (Fn. 7), S. 40; VAN DER HAEGEN/GOLLIER, J.T. 1992, 192.
86 Vgl. GLANSDORFF/, LEMAITRE, aaO (Fn. 7), S. 40–42.

Titels nicht niedriger als 1000 BFS sein, zumindest dann, wenn er nicht auf eine ausländische Währung lautet (Art. 89*ter* L.C.S.C.). Sofern eine ausländische Gesellschaft in Belgien öffentlich Wandelschuldverschreibungen emittiert und die Anleihe auf eine andere Währung lautet als die des Ursprungslandes der emittierenden Gesellschaft, so wird wegen des dann anwendbaren Procedere auf den Bericht der *Commission*[87] verwiesen. Die Emissionsbedingungen müssen außerdem die genauen Daten festlegen, zu denen die Wandelschuldverschreibungen in Aktien umgewandelt werden oder zu denen die Aktien im Falle der Ausübung des Optionsrechts gezeichnet werden. Sie müssen ferner die Daten bestimmen, zu denen die Inhaber der Titel ihre Entscheidung über die Geltendmachung ihrer Rechte bekanntgeben müssen (Art. 101*bis* L.C.S.C.). Gleichwohl darf dieser Zeitraum der Umwandlung bzw. der Ausübung des Optionrechts zehn Jahre ab der Emission der Titel nicht überschreiten (Art. 101*bis* Abs. 2 L.C.S.C.); er ist sogar auf fünf Jahre begrenzt für den Fall, daß in der Hauptsache Wandelschuldverschreibungen an bestimmte Personen *(„personnes déterminées")* ausgegeben wurden, die nicht Betriebsanghörige der emittierenden Gesellschaft oder einer ihrer Tochtergesellschaften sind (Art. 101*quater* Abs. 2 L.C.S.C.). Die Beschränkung der Abtretbarkeit ist durch Art. 41 L.C.S.C. geregelt. Der Optionscharakter dieser Titel darf nicht durch die Emissionsbedingungen verfälscht werden[88].

bbb) Änderung der Emissionsbedingungen

Die Emissionsbedingungen dürfen im Prinzip nur im Einvernehmen mit allen betroffenen Beteiligten geändert werden[89]. Von dieser Regel gibt es allerdings Ausnahmen. Zum einen kann sich die ausgebende Gesellschaft das Recht zur einseitigen Änderung einer oder mehrerer Emissionsbedingungen vorbehalten. Zum anderen ist die Zustimmung aller Beteiligten zur Änderung der Bedingungen dann nicht mehr erforderlich, wenn die Vollversammlung der Inhaber der Schuldverschreibungen *(„l'assemblée générale des obligataires")*, deren Zuständigkeit sich aus Art. 93 L.C.S.C. ergibt[90], der Änderung zugestimmt hat[91]. Diese zweite Ausnahme hat allerdings nur einen begrenzten Anwendungsbereich: Diejenigen Vorschriften, die die Vollversammlung der Anleihegläubiger

87 Bericht der Commission Bancaire et Financière von 1967, S. 181.

88 RAUCQ/HAINHAUT-HAMENDE/BENOIT-MOURY, P., aaO (Fn. 37), S. 267–268; vgl. zudem den Bericht der Commission Bancaire et Financière, 1978–79, S. 123. Betreffend die Wandelschuldverschreibungen: RAUCQ/HAINHAUT-HAMENDE/BENOIT-MOURY, P., aaO (Fn. 37), S. 287; vgl. zudem auch hier den Bericht der Commission Bancaire et Financière, 1978–79, S. 123.

89 BIRON, aaO (Fn 12), S. 58; vgl. auch OLIVIER/BONTE/DEBOECK, aaO (Fn. 63), S. 238.

90 Die Emissionsbedingungen können ihre Kompetenzen indessen erweitern, vgl. OLIVIER/BONTE/DEBOECK, aaO (Fn. 63), S. 239.

91 BIRON, aaO (Fn 12), S. 58; OLIVIER/BONTE/DEBOECK, aaO (Fn. 63), S. 238.

betreffen, sind weder auf die mit den Schuldverschreibungen verbundenen Optionsrechte anwendbar, die später von diesen getrennt werden können[92], noch auf die *„warrants secs“*.

Die *Commission* erkennt zudem stillschweigend eine dritte Ausnahme an, indem sie gestattet, daß im Fall der einmaligen Ausgabe von Wandelschuldverschreibungen, die in zwei Tranchen im Abstand von einem Jahr auszugeben sind, die zunächst festgelegten Bedingungen, nach denen die Ausgabe der zweiten Tranche nicht mehr gestattet wäre, zu Gunsten der Inhaber beider Tranchen geändert werden können. Die Tragweite dieser Entscheidung muß in dem Bericht des Verwaltungsrates erläutert werden[93]. Diese Ausnahme scheint problemlos auch auf die Ausgabe von Optionsanleihen in zwei Tranchen anwendbar zu sein.

b) Die Rechte der Inhaber von Wandelschuldverschreibungen und Optionsanleihen

Abgesehen von den durch die Emissionsbedingungen gewährten Rechten stehen den Inhabern von Wandelschuldverschreibungen oder Schuldverschreibungen mit Optionsrecht in erster Linie dieselben Rechte zu, die auch den Inhabern einfacher Schuldverschreibungen zustehen. So haben sie ein Teilnahme- und Stimmrecht in der Vollversammlung der Anleihegläubiger sowie ein Akteneinsichtsrecht gemäß Art. 78 L.C.S.C. Sie können außerdem an der Hauptversammlung der Aktionäre teilnehmen und haben dort Rederecht. Sie haben außerdem das Recht, den Verwaltungsratsmitgliedern und *commissaires* Fragen zu stellen sowie das Recht, ihre Meinung zu äußern, Ratschläge und Anregungen zu geben und deren Aufnahme in das Versammlungsprotokoll zu verlangen[94]. Dagegen haben sie nicht das Recht, an der Abstimmung teilzunehmen[95].

Auch die Inhaber der *„warrants secs“* haben ein Akteneinsichtsrecht gemäß Art. 78 L.C.S.C. sowie das Recht, mit beratender Stimme an den Hauptversammlungen der Aktionäre teilzunehmen.

c) Gesellschafts- und finanzrechtliche Schutzvorschriften

aa) Verbot benachteiligender Rechtsgeschäfte

Art. 101*quinquies* L.C.S.C. verbietet es der Gesellschaft, vom Beginn der Emission von Wandelschuldverschreibungen und Optionsanleihen an bis zur Um-

92 Biron, aaO (Fn. 12), S. 58.

93 Bericht der Commission Bancaire et Financière, 1964, S. 115; vgl. auch Van Hille, Aandelen en obligaties in het Belgische recht, 1990, S. 221.

94 Van Hille, aaO (Fn. 28), S. 187.

95 Resteau/Benoit-Moury/Gregoire, Traité des Sociétés Anonymes, III, 1985, S. 319; Van Hille, aaO (Fn. 28), S. 187; Van Ryn, Principes du droit commercial, I, 1954, S. 379.

wandlung bzw. der Ausübung des Optionsrechts Rechtsgeschäfte vorzunehmen, die eine Reduzierung der Vorteile zur Folge hätten, die den Inhabern durch die Emissionsbedingungen oder das Gesetz eingeräumt wurden. Aufgrund der Vielfalt solcher Rechtsgeschäfte hat der Gesetzgeber es vorgezogen, eine allgemeine Schutzformel zu formulieren[96]. Im Fall der Mißachtung dieses Verbots kann der Betroffene Nichtigkeitsklage hinsichtlich des entsprechenden Geschäfts und Schadensersatzklage erheben. Die Nichtigkeit wirkt hierbei allerdings nur relativ[97].

Die Vornahme solcher Rechtsgeschäfte ist allerdings nicht absolut ausgeschlossen, vielmehr bestehen zwei Ausnahmen: Zum einen kann die Gesellschaft unter Beachtung der Vorschrift des Art. 101*sexies* L.C.S.C. eine Kapitalerhöhung gegen Bareinlage durchführen[98]. Zum anderen kann sie sich in den Emissionsbedingungen das Recht zur Vornahme bestimmter Rechtsgeschäfte vorbehalten. In letzterem Fall enthalten die Emissionsbedingungen in der Regel eine Klausel, mit der ein Verwässerungseffekt bezüglich des Aktienbestandes verhindert werden soll *(„clause anti-dilution“)*. Für den Fall, daß die Gesellschaft sich das Recht vorbehält, solche Geschäfte vorzunehmen, enthalten die Emissionsbedingungen normalerweise einen Ausgleich für die Inhaber der entsprechenden Titel. Für den Fall, daß die Gesellschaft eines der vorgesehen Geschäfte vornimmt, erfolgt dieser Ausgleich durch Anpassung des Bezugspreises, der Modalitäten für die Umwandlung oder der Grundlage für die Ausübung der Bezugsrechte. Die Einzelheiten dieser Anpassungsmodalitäten sind in der *clause anti-dilution* enthalten.

bb) Schutzvorschriften im Rahmen einer Kapitalerhöhung (Art. 101sexies L.C.S.C.)

Die Gesellschaft kann jederzeit eine Erhöhung des Gesellschaftskapitals durch Bareinlage vornehmen. Für diesen Fall ist aber eine besondere Schutzmaßnahme zugunsten der Inhaber von Wandelschuldverschreibungen oder Optionsanleihen vorgesehen, die weder durch die Satzung noch durch die Emissionsbedingungen ausgeschlossen werden kann. Die Inhaber der Schuldtitel können die Umwandlung ihrer Titel erreichen bzw. ihr Optionsrecht ausüben und anschließend in derselben Art und Weise wie die Altaktionäre als Aktionäre an der neuen Emission teilnehmen. Sie müssen also wählen zwischen dem Verlust der Zeichnungsfrist zur Ausübung ihrer Rechte und einem eventuell aus der Kapitalerhöhung resultierenden Schaden[99].

96 Doc. parl., Sén. Sess. ord. 1960–1961, Nr. 18, S. 7; vgl. auch: FREDERICQ, Handboek van Belgisch handelsrecht, 1962, S. 9; RONSE, T.V.V.S. 1962–63, 208.
97 Doc. parl., Sén. Sess. ord. 1961–1962, Nr. 247, S. 5.
98 Siehe sogleich unten bb).
99 BIRON, aaO (Fn. 12), S. 59; vgl. GEENS, T.R.V. 1988/ Sonderheft, II. 60; RONSE, T.V.V.S. 1962–63, 209.

Früher galt derselbe Schutz auch für den Fall einer Kapitalerhöhung gegen Sacheinlage. Dies wurde jedoch durch das Gesetz vom 5. Dezember 1984 abgeschafft. Seither fällt eine solche Maßnahme unter die Vorschrift des nachfolgend näher beschriebenen Art. 101*septies* L.C.S.C.[100] und ist nur dann erlaubt, wenn sie in den Emissionsbedingungen bereits vorgesehen ist.

cc) Vorweggenommene Rückzahlung (Art. 101septies L.C.S.C.)

Im Fall einer – auch teilweise – vorweggenommenen Rückzahlung der Anleihe können die Inhaber von Wandelschuldverschreibungen und solchen Optionsanleihen, bei denen das Optionsrecht nicht von der Schuldverschreibung abtrennbar ist, ihr Umwandlungs- bzw. ihr Optionsrecht nur bis zu einem Monat vor dem Datum der Rückzahlung ausüben (Art. 101*septies* L.C.S.C.)[101]. Diese Vorschrift verhindert, daß die Gesellschaften die Ausübung des Umwandlungs- bzw. Optionsrechts durch eine vorweggenommene Rückzahlung vereiteln[102]. Ein solcher Schutz ist dagegen nicht vorgesehen, wenn das Optionsrecht von der Schuldverschreibung abtrennbar ist, denn hier hat die Entscheidung der Gesellschaft keinen Einfluß auf das Optionsrecht, das weiterhin besteht[103]. Es versteht sich von selbst, daß Art. 101*septies* auch dann keine Anwendung findet, wenn die Rückzahlung nach Ablauf der für die Ausübung des Wandlungs- bzw. des Optionsrechts vorgesehenen Frist erfolgt[104].

dd) Schutzvorschriften im Fall eines öffentlichen Übernahmeangebots (OPA)

Der königliche Erlaß vom 8. November 1989 betreffend die öffentlichen Übernahmeangebote und den Mehrheitenwechsel in einer Gesellschaft[105] sieht verschiedene Vorschriften zum Schutz der Inhaber von Titeln der betroffenen Gesellschaft vor.

Eine erste wichtige Vorschrift des Erlasses zum Schutz der Inhaber von Wandelschuldverschreibungen und Optionsanleihen ist Art. 3 des Erlasses, der bestimmt, daß sich das Angebot im Fall eines öffentlichen Übernahmeangebots

100 Van Hille, aaO (Fn. 1), S. 256.

101 Die wohl herrschende Ansicht ist der Auffassung, daß eine vorgezogene Rückzahlung nur möglich ist, sofern sie in einer Klausel ausdrücklich vorgesehen ist, vgl. Van Hille, aaO (Fn. 93), S. 596; Van Rijn, Principes de droit commercial, I, S. 378.

102 Doc. parl., Sén., sess. ord. 1960–1961, Nr. 18, S. 8; vgl. auch: Nieuwdorp, aaO (Fn. 15), S. 209.

103 Geens, T.R.V. 1988/ Sonderheft, II. 59, Anm. 154; Ronse, T.V.V.S. 1962–63, S. 209.

104 Doc. parl., Sén., sess. ord. 1960–1961, Nr. 18, S. 8. Für eine eingehende Darstellung des Vorgehens vgl.: Van Hille, aaO (Fn. 93), S. 298–299.

105 In Kraft getreten am 11. November 1989.

grundsätzlich[106] auf die Gesamtheit der ausgegebenen Titel beziehen muß mit Ausnahme solcher, die bereits von dem Übernehmer gehalten werden. Der Erlaß betrifft einerseits Titel, die dem Inhaber ein Stimmrecht gewähren, und zwar unabhängig davon, ob die Titel gleichzeitig einen Anteil am Gesellschaftskapital vermitteln, aber andererseits auch Titel, die ihm nur ein Zeichnungsrecht, ein Recht zum Erwerb oder zur Umwandlung solcher Titel einräumen (Art. 1, § 3 des königlichen Erlasses vom 8. November 1989).

Dennoch fallen nicht sämtliche Wandelschuldverschreibungen und Optionsanleihen unter den Anwendungsbereich dieses Erlasses. Erstens folgert ein Teil der Rechtslehre zu Recht aus der Formulierung des Erlasses, daß nur solche Titel gemeint sind, die ohne weitere Bedingung ein Recht auf Titel vermitteln, die mit einem Stimmrecht verbunden sind[107]. Zweitens fallen diejenigen Schuldverschreibungen nicht unter den Übernahmezwang, die lediglich ein Recht zum Erwerb von Aktien ohne Stimmrecht geben. Dem Übernehmer ist es natürlich unbenommen, sein Angebot auf diese beiden Ausnahmekategorien auszudehnen. Verpflichtet ist er hierzu aber nicht.

Das gesamte Verfahren, das sich an ein öffentliches Übernahmeangebot anschließt, ist von Vorschriften zum Schutz der Inhaber der betroffenen Titel begleitet[108].

ee) Die Änderung der Beherrschungsverhältnisse

Haben sich die Mehrheitsverhältnisse aufgrund einer oder mehrerer öffentlicher Anleihen verändert, so finden die Schutzvorschriften des 3. Abschnitts des königlichen Erlasses vom 8. November 1989 Anwendung. In Art. 1, § 2 dieses Erlasses wird auch der Begriff „Gesellschaften, die ihr Kapital über den Kapitalmarkt aufnehmen oder aufgenommen haben" definiert.

Sobald eine natürliche oder juristische Person vorhat, durch eine oder mehrere Transaktionen allein oder mit anderen die Aktienmehrheit dieser Gesell-

106 Es gibt eine Ausnahme: Gemäß Art. 3 Abs. 2 und 3 des königlichen Erlasses vom 8. November 1989 ist ein teilweises öffentliches Übernahmeangebot zulässig, wenn nach dem Wortlaut des Angebots der Übernehmer im Falle der erfolgreichen Durchführung der Übernahme nicht mehr als 10% der mit den Titeln verbundenen Stimmrechte behält.

107 Vgl. SWENNEN, aaO (Fn. 78), S. 109, der sich auf den königlichen Erlaß vom 10. Mai 1989 und auf den entsprechenden Bericht an den Königspalast bezieht. Die „OPA" darf z.B. nicht solche Optionsscheine erfassen, deren Ausübung unter der auflösenden Bedingung eines Übernahmeangebots steht. Vgl. hierzu auch: BRUYNEEL, J. T. 1990, 165, Anm. 245; NELISSEN GRADE, aaO (Fn. 57), S. 39.

108 Einzelheiten hierzu bei BRUYNEEL, J. T. 1990, 141–160 und 165–182; NELISSEN GRADE, aaO (Fn. 57), S. 11–75; SWENNEN, aaO (Fn. 78), S. 109–118; VAN GERVEN, T.R.V. 1990, 141–174.

schaft zu übernehmen, hat sie dies offenzulegen (Art. 38 des königlichen Erlasses vom 8. November 1989). Sofern die Kontrolle mit einem Aufgeld erworben wurde, muß der neue Inhaber der Stimmenmehrheit gemäß Art. 41 des königlichen Erlasses vom 8. November 1989 der Öffentlichkeit anbieten, sämtliche noch in ihrem Besitz befindlichen Titel zu dem erhöhten Preis zu kaufen, und zwar entweder im Wege eines öffentlichen Übernahmeangebotes oder indem er dafür sorgt, daß der Kurs auf dem hohen Niveau bleibt[109].

ff) Schutzmaßnahmen im Rahmen einer Verschmelzung

Im Falle einer Verschmelzung müssen die Inhaber von Schuldverschreibungen gemäß Art. 15 der Dritten EG-Richtlinie in der aufnehmenden Gesellschaft zumindest gleichwertige Rechte vorfinden. Das belgische Recht enthält eine solche Vorschrift allerdings nicht, so daß das Problem von den beteiligten Gesellschaften einvernehmlich zu regeln ist[110]. Im Verschmelzungsbericht müssen diese Rechte benannt werden, die die aufnehmende Gesellschaft den Inhabern von Schuldverschreibungen der übertragenden Gesellschaft garantieren[111]. Art. 71 L.C.S.C. regelt den Fall, daß durch die Verschmelzung die mit den Schuldverschreibungen verbundenen Rechte verändert werden, und ist zwingend zu beachten[112]. Die einzelnen Schuldverschreibungsgläubiger beider Gesellschaften können darüber hinaus gemäß Art. 174/12 L.C.S.C. weitere Garantien verlangen[113]. Jedenfalls ist aber eine Entschließung der Vollversammlung der Schuldverschreibungsgläubiger, eine bestimmte Sicherheit zu verlangen, für jeden einzelnen Gläubiger bindend[114]. Die Inhaber von „*warrants secs*" haben dieses Recht allerdings nicht.

109 Es gibt allerdings einige Ausnahmen. Siehe hierzu die einschlägigen gesetzlichen Vorschriften sowie den Bericht der Commission Bancaire et Financière, 1990–91, S. 86f. Eine eingehendere Auseinandersetzung mit diesem Erlaß gibt BRUYNEEL, J.T. 1990, 177–182, GEENS, T.R.V. 1990, 102–119; NELISSEN GRADE, aaO (Fn. 57), S. 64–75.

110 VAN OMMESLAGHE, Fusions et scissions de sociétés, in: Le droit des affaires en évolution. Tendensen in het bedrijfsleven, 1992, S. 137f.

111 Vgl. Art. 174/2, § 2f und Art. 174/19, § 1 L.C.S.C.

112 Vgl. Art. 174/6, § 2 und Art. 179, § 1 L.C.S.C.; GEENS, T.R.V. 1993, 60; DERS., Fusies of openbaar bod? Over de keuze van het overname- instrument en de bescherming van de betrokken belangen, in: Le droit des affaires en évolution. Tendensen in het bedrijfsrecht, Brüssel, Bruylant, 1992, S. 162; VAN OMMESLAGHE, aaO (Fn. 110), S. 137.

113 Vgl. LIEVENS, Fusies en splitsingen. Juridische aspecten, in: Fusies en splitsingen. Juridisch, fiscaal, draaiboeken en modellen, 1993, S. 28; Den Gläubigern steht daneben die actio pauliana zur Verfügung. Eine ausführliche Untersuchung hierzu gibt TILQUIN, Traité des fusions et scissions, 1993, S. 327–334.

114 Vgl. VAN OMMESLAGHE, aaO (Fn. 110), S. 137; TILQUIN, aaO (Fn. 113), S. 325–326.

Darüber hinaus können sich sowohl die Inhaber von Wandelschuldverschreibungen als auch von Optionsanleihen auf den Schutz des Art. 101*quinquies* L.C.S.C. berufen[115].

gg) Die Einziehung von Optionsanleihen oder Wandelschuldverschreibungen gegen den Willen des Inhabers

Das Gesetz vom 24. Juli 1921[116] enthält Schutzvorschriften für den Fall, daß die Schuldtitel ihren Inhabern gegen ihren Willen entzogen werden. Das Gesetz sieht die Möglichkeit eines Widerspruchsverfahrens vor, in dem die Rechte des Inhabers zunächst erhalten bleiben[117].

d) Übertragung

aa) Grundsatz

Grundsätzlich sind Wandelschuldverschreibungen und Optionsanleihen frei übertragbar. Lediglich bei den auf den Namen lautenden Titeln müssen gewisse Formalia beachtet werden, damit die Übertragung gegenüber Dritten wirksam ist[118].

bb) Einschränkungen der freien Übertragbarkeit

Der Grundsatz der freien Übertragbarkeit kennt einige Ausnahmen, von denen die wichtigsten im folgenden erläutert werden.

aaa) Vertragliche Einschränkungen (Art. 41 L.C.S.C.)

Die Übertragbarkeit von Namensaktien, Optionsrechten und Wandelschuldverschreibungen kann durch Zustimmungsklauseln[119] oder Vorkaufsrechte[120] in der Satzung bzw. den Ausgabebedingungen und durch vertragliche Vereinbarungen zwischen den Aktionären begrenzt werden. Dies gilt nicht im

115 Siehe II.2.c)aa).
116 M.B., 10. August 1921
117 Das Verfahren und seine Auswirkungen beschreiben ausführlich: DEOME/POELMANS, Rev. banque 1992, 257–268; vgl. auch VUYE, R.W. 1991–92, 969–984; WYCKAERT, T.R.V. 1992, 333–339.
118 Zur Übertragung von Schuldverschreibungen ausführlich RESTEAU/BENOIT-MOURY/GREGOIRE, Traité des Sociétés Anonymes, III, S. 333 ff.
119 In den Zustimmungsklauseln kann die Übertragung von der Zustimmung sowohl einzelner Personen als auch einzelner Organe der Gesellschaft abhängig gemacht werden.
120 Das Vorkaufsrecht kann zugunsten aller oder einzelner Aktionäre, aber auch zu Gunsten konkret benannter Dritter in die Satzung bzw. Ausgabebedingungen aufgenommen werden.

Falle der Übertragung durch Erbfolge, Auflösung einer ehelichen Gütergemeinschaft oder der rechtsgeschäftlichen Übertragung unter Ehegatten oder Verwandten in auf- und absteigender Linie. Eine solche Beschränkung muß allerdings mit Art. 41, § 2 L.C.S.C. vereinbar sein. Sie verliert demnach ihre Wirkung nach Ablauf von drei Monaten nach Einreichung des Zustimmungsgesuchs oder der Aufforderung zur Ausübung des Vorkaufsrechts. Wird die Zustimmung dagegen verweigert oder wird das Vorkaufsrecht zu dem vom Zedenten vorgeschlagenen Preis nicht ausgeübt, so können die Aktien binnen einer Frist von weiteren drei Monaten von den Aktionären oder von Dritten erworben werden[121]. Diese zweite Frist beginnt einen Monat vor Ablauf der ersten Frist zu laufen. Falls die Parteien sich nicht über einen Preis einigen konnten, wird dieser durch einen Sachverständigen bestimmt, auf den die Parteien sich gemäß Art. 1854 C.C. geeinigt haben. Falls diesbezüglich keine Einigung erzielt werden konnte, wird der Sachverständige durch Beschluß des Präsidenten des Handelsgerichts bestimmt.

Art. 41, § 2 L.C.S.C. war ungenau formuliert und gab daher Anlaß zu vielen Interpretationsproblemen und zahlreichen Diskussionen. So kam beispielsweise die Frage auf, ob andere, die Übertragung von Aktien, Optionsscheinen oder Wandelschuldverschreibungen beschränkende Klauseln noch möglich seien. Das Gesetz vom 13. April 1995 hat insofern Art. 41, § 2 L.C.S.C. „repariert". Demzufolge sind nunmehr alle Beschränkungen betroffen, die die Übertragung von Namens- oder Inhaberaktien, Bezugsrechten und allen sonstigen, das Recht zum Erwerb von Aktien vermittelnden Titel betreffen, also auch Anleihen mit Aktienbezugsrecht oder in Aktien rückzahlbare Anleihen, die in den Statuten, den Emissionsbedingungen für Wandelschuldverschreibungen bzw. Bezugsrechte oder sonstigen Vereinbarungen vorgesehen sind. Die Ausnahmen für den Verkauf im familiären Rahmen wurde zudem aufgehoben. Die Unveräußerlichkeitsklauseln sind zulässig, soweit sie zeitlich limitiert und durch das Gesellschaftsinteresse zu jeder Zeit gerechtfertigt sind.

bbb) Einschränkungen im Zusammenhang mit einem öffentlichen Übernahmeangebot

Von der Bekanntmachung des öffentlichen Übernahmeangebotes an und während seiner gesamten Dauer dürfen die von der betroffenen Gesellschaft und vom Übernehmer ausgegebenen Titel nur an der Börse gehandelt werden, so-

121 Obwohl das Gesetz dies nicht vorsieht, sind einige Autoren der Ansicht, daß im Falle von Zustimmungsklauseln diese Personen von dem zuständigen Organ der Gesellschaft akzeptiert werden müssen; entsprechend sollen sie im Fall einer Vorkaufsrechtsklausel Begünstigte dieses Rechts sein müssen. Vgl. NELISSEN GRADE, in: Jan Ronse Instituut, De N.V. en B.V.B.A. na de wet van 18 juli 1991, 1992, S. 69 und 71.

weit diese Titel amtlich notiert oder zum freien Handel zugelassen sind (Art. 10 des königlichen Erlasses vom 8. November 1989)[122]. Leider sagt der Erlaß nichts darüber aus, was in diesem Fall genau unter dem Begriff „Titel" zu verstehen ist.

Der königliche Erlaß vom 8. November 1989 erlegt dem Übernehmer und den im Zusammenwirken mit diesem handelnden Personen außerdem Beschränkungen bezüglich des Verkaufspreises auf, über den während eines öffentlichen Übernahmeangebotes eine Übereinkunft erzielt werden muß. Dieser Preis darf nicht höher sein als der Preis des öffentlichen Übernahmeangebotes (vgl. Art. 11, § 5 und Art. 30 des königlichen Erlasses vom 8. November 1989).

Eine letzte Beschränkung wird schließlich den Mitgliedern des Verwaltungsrats auferlegt, soweit sie vom Übernahmeangebot erfaßte Titel halten, ferner den Inhabern von Titeln, die von diesen faktisch vertreten werden. Die vom Verwaltungsrat abzugebende Stellungnahme zu dem Angebot muß Angaben darüber enthalten, ob die betroffenen Mitglieder des Verwaltungsrats ihre Titel verkaufen wollen und ob die Aktionäre, die von ihnen vertreten werden, ebenfalls tatsächlich verkaufen wollen (Art. 15, § 2 des königlichen Erlasses vom 8. November 1989). Anschließend müssen sie gemäß den von ihnen gemachten Angaben handeln.

ccc) Die unbefugte Verwendung von Insiderkenntnissen („Le délit d'initié")[123]

Wer über nicht veröffentlichte Informationen über den Emittenten verschiedener Wertpapiere oder sonstiger Finanzierungsmittel oder über diese Wertpapiere oder Finanzierungsmittel selbst verfügt, die hinreichend präzise sind, um im Fall ihrer Veröffentlichung den Kurs dieser Papiere zu beeinflussen („Insiderinformationen"; *„informations priviligées"*), dem sind bestimmte Verhaltensweisen verboten (Art. 181 ff des Gesetzes vom 4. Dezember 1990). Diese Verbotsvorschriften greifen aber nur dann ein, wenn der Informationsträger die Insiderinformation in seiner Eigenschaft als Mitglied eines Organs der ausgebenden Gesellschaft oder als Anteilseigner am Grund- bzw. Stammkapital der Gesellschaft, aufgrund seiner beruflichen Stellung oder Funktion erhalten hat. Dasselbe gilt, wenn er die Information von einer Person erhalten hat, die dank der oben genannten Funktionen über diese Information verfügt. Der Informationsträger muß im letzteren Fall jedoch wissen, daß es sich um eine Insiderinforma-

122 Diese Möglichkeit besteht nicht im Falle des Art. 3 Abs. 2 des königlichen Erlasses (vgl. dort Art. 11, § 6).

123 Das Thema soll nachfolgend nur in groben Zügen behandelt werden. Näheres hierzu findet sich bei GEENS, in: Jan Ronse Instituut, De nieuwe beurswetgeving. Commentaar bij de Wet van 4 december 1990 betreffende de financiële markten en de financiële verrichtingen, 1991, S. 409–446; KREKELS, R.D.C. 1991, 3–445.

tion handelt oder daß dies zumindest nicht ernsthaft auszuschließen ist[124]. Das Gesetz vom 4. Dezember 1990 zählt die von den Verbotsvorschriften betroffenen Rechtsgeschäfte abschließend auf. Voraussetzung für die Anwendung der Verbotsnormen ist, daß diese Rechtsgeschäfte in Belgien oder im Ausland getätigt wurden und Wertpapiere oder sonstige Finanzierungsmittel unter Einschluß von Wandelschuldverschreibungen und Optionsanleihen betreffen. Die Wertpapiere müssen ferner in Belgien börsenfähig sein oder innnerhalb eines sonstigen, vom König bestimmbaren Marktes gehandelt werden können. Betroffen sind aber auch Wertpapiere, die zum Handel an einem reglementierten, von öffentlichen Stellen überwachten und der Öffentlichkeit zugänglichen Markt innerhalb der EU zugelassen sind.

Sind sämtliche oben genannten Voraussetzungen erfüllt, so sind dem Informationsträger der Erwerb oder die Veräußerung von Schuldtiteln oder sonstigen Finanzierungsinstrumenten, sei es für eigene oder für fremde Rechnung, direkt oder indirekt, untersagt. Das Gesetz verlangt weder eine besondere Absicht noch den Nachweis der Kausalität[125]. Die Weitergabe der Information an einen Dritten ist ebenfalls verboten, außer in dem Falle, daß sie im normalen Geschäftsbetrieb in Ausübung einer bestimmten Funktion erfolgt. Auch die auf Grundlage der Insiderinformation erfolgte Empfehlung an einen Dritten, bestimmte Papiere zu kaufen oder verkaufen, ist verboten.

cc) Die Pflicht zur amtlichen Bekanntmachung der Übertragung

In manchen Fällen besteht bei der Übertragung von Wandelschuldverschreibungen und Optionsanleihen eine Informationspflicht.

So müssen bestimmte Geschäfte gemäß dem Gesetz vom 2. März 1989[126] öffentlich bekannt gemacht werden. Diese Informationspflicht betrifft aber nur Übertragungsgeschäfte mit Bezug auf Titel einer Gesellschaft belgischen Rechts, deren Stimmrechtsanteile ganz oder zum Teil zum amtlichen Handel an einer im Inland oder in einem EU-Mitgliedstaat ansässigen Wertpapierbörse zugelassen sind. Gesellschaften, die nicht unter dieses Gesetz fallen, können eine entsprechende Bekanntmachungspflicht aber ganz oder teilweise auch durch Satzung einführen.

Ein Beispiel für ein Rechtsgeschäft, das bekanntgemacht werden muß, ist der Erwerb von Titeln, durch die der Erwerber mehr als 5 % der Stimmrechte erhält[127].

124 Vgl. GEENS, aaO (Fn. 123), S. 425 f.
125 Vgl. GEENS, aaO (Fn. 123), S. 432 ff.
126 M.B., 24. Mai 1989; sofern die ausgebende Person ein Kreditinstitut ist, so kommt darüber hinaus das Gesetz vom 22. März 1993 (B.S., 22. März 1993) zur Anwendung.
127 Einzelheiten bei BRESSELEERS/WOUTERS, R.W. 1989–90, 689 ff; KEUTGEN/DAL, J.T. 1989, 449 ff; LEMAITRE, C.B.N.C.R. 1990, 6 ff; MEULEMANS, T.R.V. 1989, 239 ff;

Eine weitere Bekanntmachung ist erforderlich, wenn 10 %, 15 % usw. überschritten werden, allerdings kann eine Gesellschaft per Satzung hiervon abweichend auch geringere Quoten festlegen[128]. Im Fall einer Überschreitung der 20 %-Grenze muß die Anzeige zusätzlich die Geschäftspolitik beschreiben, im Rahmen derer die Übernahme stattgefunden hat. Eine Anzeige ist ebenfalls erforderlich, wenn Stimmrechtsanteile durch Verkauf unter die genannten Grenzen abfallen.

Werden die Titel einer Gesellschaft erstmalig ganz oder teilweise zum Handel an der Börse eines EU-Mitgliedstaates zugelassen, so muß dieselbe Anzeige von all denjenigen natürlichen und juristischen Personen abgegeben werden, die zu diesem Zeitpunkt über mindestens 5 % der Stimmrechte verfügen. Die Anzeigepflicht gilt auch für den Fall, daß eine natürliche oder juristische Person die Herrschaft über eine andere (Zweit-) Gesellschaft erwirbt oder überträgt, die ihrerseits mindestens 5 % der Stimmrechte einer weiteren (Dritt-) Gesellschaft innehat. Dabei ist es unerheblich, ob die Beherrschung der Zweit-Gesellschaft ganz oder teilweise, juristisch oder rein faktisch besteht. Wird die Gesellschaft von mehreren Personen im Zusammenwirken beherrscht (*„contrôle conjoint"*), so muß jede einzelne dieser Personen die erforderliche Erklärung abgeben[129].

Im Falle eines öffentlichen Übernahmeangebotes besteht gemäß Art. 11 des königlichen Erlasses vom 8. November 1989 eine Anzeigepflicht gegenüber der *Commission* für Kaufgeschäfte die Titel der Zielgesellschaft betreffend und gegebenenfalls auch solcher Tauschgeschäfte, die sich auf Titel des Übernehmers und der Gesellschaft beziehen, deren Titel als Gegenleistung angeboten werden. Diese Bekanntmachungspflicht obliegt dem Übernehmer und der betroffenen Gesellschaft selbst, ihren Vorstandsmitgliedern und sonstigen natürlichen oder juristischen Personen, die gemeinsam mit ihnen handeln, darüber hinaus aber auch jeder Person, die direkt oder indirekt mindestens 1 % der Stimmrechte der übernehmenden Gesellschaft oder der Zielgesellschaft hält.

Eine Person, die sich anschickt, allein oder im Zusammenwirken mit anderen die Herrschaft über eine Gesellschaft zu übernehmen, die ihr Kapital am Kapitalmarkt aufnimmt oder aufgenommen hat, hat gemäß Art. 38 des königlichen Erlasses vom 8. November 1989 die Pflicht, der *Commission* ihre Absichten mindestens fünf Tage im voraus anzuzeigen. Der Anzeige muß eine Akte beigefügt sein. Erfolgt das Übernahmeangebot zu einem Preis, der oberhalb des amtlichen Kurses der Aktien liegt, so ist der Übernehmer gemäß Art. 41 desselben

Van Acker, in: Schrans/Wymeersch, Financiële herregulering in België 1990, 1991, S. 301 ff.

128 Zur Berechnung der Prozentsätze, zum Inhalt der Erklärung u.a. vgl. die Literaturangaben oben Fn. 127.

129 Gemäß Art 1, § 1 Abs. 1 des Gesetzes vom 2. März 1989 und gemäß dem Gesetz vom 18. Juli 1991 sind darüber hinaus vereinzelt auch solche Transaktionen bekanntmachungspflichtig, die sich auf die Übertragung und den Erwerb von stimmrechtslosen Aktien beziehen.

königlichen Erlasses verpflichtet, dieses Angebot auf sämtliche Inhaber auszudehnen. Es würde aber an dieser Stelle zu weit führen, diese Verpflichtung näher zu erörtern.

e) Die Ausübung der Rechte aus Wandelschuldverschreibungen und Optionsanleihen

Der Umtausch der Wandelschuldverschreibungen in Aktien, der Aktienbezug in Ausübung des Optionsrechts sowie die damit einhergehende Erhöhung des Grundkapitals und die entsprechende Anzahl der jungen Aktien werden auf Gesuch des Verwaltungsrats in einer öffentlichen Urkunde bestätigt. Der Verwaltungsrat hat hierzu einen Nachweis über die Ausübung der Umtausch- bzw. Bezugsrechte vorzulegen, der von einem *commissaire-reviseur* bzw. einem Unternehmensprüfer beglaubigt wurde (Art. 101*octies* L.C.S.C.). Ein erneutes Tätigwerden der Hauptversammlung ist demnach nicht erforderlich.

Im Anschluß an die Bestätigung der Transaktionen durch öffentliche Urkunde wird die Satzung im Hinblick auf die Höhe des Grundkapitals und die Zahl der das Grundkapital verkörpernden Aktien geändert. Die Inhaber von Wandelschuldverschreibungen und Optionsanleihen, die ihr Umwandlungs- bzw. Optionsrecht ordnungsgemäß ausgeübt haben, erhalten damit den Status von Aktionären (Art. 101*octies* L.C.S.C.).

Auf die Veröffentlichung dieser Satzungsänderungen finden die Vorschriften des Art. 12 L.C.S.C. Anwendung. Die Inhaber von Wandelschuldverschreibungen oder Optionsanleihen haben ihrerseits die Verpflichtungen zu beachten, die sich aus dem Gesetz vom 2. März 1989 in Verbindung mit dem königlichen Erlaß vom 10. Mai 1989, hier insbesondere Art. 8, für sie ergeben.

Schließlich sei darauf hingewiesen, daß Aktien, die im Rahmen eines öffentlichen Übernahmeangebotes aufgrund einer Ausgabe von Optionsanleihen erworben wurden, die bestimmten Personen vorbehalten waren, die nicht Betriebsangehörige der Gesellschaft oder einer ihrer Tochtergesellschaften sind, auf den Namen lauten müssen und innerhalb der nachfolgenden zwölf Monate nicht übertragen werden dürfen (Art. 101*quater*, Abs. 4 L.C.S.C.).

3. Andere Arten von Wandelschuldverschreibungen und Optionsanleihen

In den Gesetzen, die die Rechtsverhältnisse der Handelsgesellschaften regeln, sind keinerlei Vorschriften enthalten, die die Möglichkeiten der Ausgabe von Titeln durch die Gesellschaften beschränken[130]. Die *Commission* ist der

130 Vgl. BLUMBERG, T.R.V. 1989, 124.

Auffassung, daß die Emission von gesetzlich nicht ausdrücklich vorgesehenen Titeln zulässig ist, solange sie nicht gegen die öffentliche Ordnung oder zwingende Vorschriften verstößt[131]. Solche Titel fallen allerdings nicht unter die Vorschriften der Art. 101*bis* ff L.C.S.C., so daß die durch sie vermittelten Rechte ausschließlich von den Emissionsbedingungen abhängen. Sofern sie zum Erwerb von Aktien führen, empfiehlt die *Commission* allerdings, die gesetzlichen Vorschriften insoweit analog anzuwenden[132]. Über eine derartige Ausgabe muß sorgfältig im Lichte des Gesellschaftsinteresses entschieden werden[133]. Die *Commission* verlangt unter anderem, daß der öffentliche Prospekt über die Emission, insbesondere aber der Teil, der die mit den Titeln verbundenen Rechte betrifft, genauestens ausgearbeitet und formuliert ist[134]. Art und Ausübungsmodalitäten müssen genau beschrieben sein[135].

III. Mögliche Nutzungen von Wandelschuldverschreibungen und Optionsanleihen im engeren Sinn

Wandelschuldverschreibungen und Optionsanleihen waren ursprünglich als reine Finanzierungsinstrumente gedacht[136]. Eine Emission dieser Titel kann eine Alternative sowohl zu einer unmittelbaren Kapitalerhöhung als auch zu einer Emission gewöhnlicher Schuldverschreibungen darstellen. Auch kann eine Muttergesellschaft Optionsanleihen ausgeben, die ausschließlich auf Anleihen der Tochtergesellschaft gerichtet sind, die von dieser auf dem internationalen Kapitalmarkt gehandelt werden.

Indessen sind die Ziele, die mit dieser Praxis verfolgt werden, verschiedenster Art, auch wenn die klassische Funktion eine Finanzierungsfunktion war. So können Wandelschuldverschreibungen und Optionsanleihen auch mit dem Ziel

131 Vgl. die Berichte der Commission Bancaire et Financière 1987–88, S. 109; 1988–89, S. 77; 1990–91, S. 75.

132 Zu den reinen Bezugsrechten („warrants secs"), die zur Zeit nicht den Artt. 101 ff L.C.S.C. unterliegen, vgl. den Bericht der Commission Bancaire et Financière 1987–88, S. 109; 1988–89, S. 77.

133 Wegen der „warrants secs" in diesem Zusammenhang vgl. den Bericht der Commission Bancaire et Financière 1986–87, S. 122.

134 Vgl. die Berichte der Commission Bancaire et Financière, aaO (Fn. 131).

135 Bericht der Commission Bancaire et Financière 1990–91, S. 75.

136 Diese herkömmliche Funktion wurde bereits mehrfach beschrieben, vgl. nur: CREMERS, De rol van de warrant als financieringsvorm voor de onderneming, 1979, S. 200 f; DEWANDELER, De converteerbare obligatie, Travail de fin d'études, Faculté des sciences économiques, K.U.L. 1962, S. 9 ff; LEBAILLY, aaO (Fn. 20), S. 28 ff; ROUSSEL, aaO (Fn. 13), S. 49 ff; VELD/GRAZELL, Motieven voor de uitgifte van converteerbare obligatieleningen en warrantobligatieleningen, 1990, S. 19 f.

ausgegeben werden, die Teilhaberschaft von Betriebsangehörigen am Kapital der Gesellschaft, in der sie arbeiten, zu gewährleisten[137]. Dieses Ziel kann beispielsweise dadurch erreicht werden, daß die Emissionsbedingungen für die Betriebsangehörigen der Gesellschaft vorteilhaft ausgestaltet sind. Die Gesetze über die Handelsgesellschaften sehen in der Tat ein erleichtertes Verfahren für den Fall einer Titelausgabe an Betriebsangehörige der Gesellschaft oder ihrer Tochtergesellschaften vor. Die Art. 34*bis*, § 4*bis* und Art. 101*quater* L.C.S.C., die besondere Anforderungen für den Fall einer Emission von Wandelschuldverschreibungen und Optionsanleihen an bestimmte Personen enthalten, nehmen die Emissionen an Betriebsangehörige der Gesellschaft hiervon aus. So kann der Verwaltungsrat allein über die Ausgabe entscheiden, wenn die Emission ohne Vorzugsrecht an Angehörige der ausgebenden Gesellschaft oder einer ihrer Tochtergesellschaften gerichtet ist[138], während normalerweise eine Emission von Optionsrechten, die sich im wesentlichen an bestimmte Personenkreise richtet, nur von der Hauptversammlung beschlossen werden kann[139].

Anstatt eine Dividende in bar auszuzahlen, kann eine Gesellschaft diese – eventuell auch teilweise – durch Optionsanleihen ersetzen[140]. Die Optionsanleihen können unter anderem einen zusätzlichen Anreiz bei der Emission bestimmter Arten von Aktien bieten[141], als Bezahlung für bestimmte Dienstleistungen angeboten werden[142] oder als Ersatz für Tantiemen dienen[143]. Solche Titel könnten aber auch dazu benutzt werden, die Strafbarkeit der Verwendung von Insiderkenntnissen zu umgehen. Die Umwandlung von Wandelschuldverschreibungen und die Ausübung von Optionsrechten fallen nämlich nicht ausdrücklich unter die Geschäfte, die von dieser Gesetzgebung verboten sind. Eine enge Auslegung dieser Vorschriften kann demnach dazu führen, daß die Ausübung der Rechte bei diesen Titeln aufgrund des Erhalts einer Insiderinformation durch die Vorschriften der Art. 181ff des Gesetzes vom 4. Dezember 1990 nicht sanktioniert

137 Siehe Dubois/Delcour, in: Braeckmans/Wymeersch, Het gewijzigde vennootschapsrecht 1991. Het nieuwe recht van de N.V., B.V.B.A en de coöperatieve vennootschap na de wetten van 18 en 20 juli 1991, 1992, S. 284; Voute, Aandelen voor werknemers. Motivatie door participatie, 1991, S. 97ff.

138 Hierzu ist allein eine Ermächtigung zur Ausgabe von „warrants" ohne Vorzugsrecht nötig; vgl. Geens, in: Jan Ronse Instituut, N.V. en B.V.B.A. na de wet van 18 juli 1991, 1992, S. 47; Nelissen Grade, Kursus vraagstukken vennootschapsrecht, 1992, S. 64.

139 Siehe oben II.2. a) aa) aaa) (1).

140 Siehe Cremers, aaO (Fn. 136), S. 154f; Gunter, aaO (Fn. 17), S. 6; Roussel, aaO (Fn. 13), S. 13.

141 Doc. parl., Ch. représ., sess. ord. 1979–1980, Nr. 387/1, S. 37.

142 Bericht der Commission Bancaire et Financière 1957–58, S. 85.

143 Van Ommeslaghe, aaO (Fn. 29), S. 18.

werden können[144]. Es ist allerdings keinesfalls sicher, daß eine solch restriktive Auslegung akzeptiert werden wird[145].

Die Emissionen von Optionsanleihen als Verteidigungsmittel zum Schutze einer stabilen Zusammensetzung des Aktionärskreises und der Kontinuität der Gesellschaftspolitik verdienen besondere Aufmerksamkeit[146]. Die Emission derartiger Schuldtitel findet in der Regel ohne Vorzugsrechte statt und ist den Aktionären vorbehalten, die eine beherrschende Aktienmehrheit halten. Wenn es sich um Schuldverschreibungen mit Bezugsrecht handelt, beträgt der maximale Kapitalerhöhungsbetrag ein Vielfaches des Nennwertes der Schuldverschreibung. Der Preis für die Ausübung des Bezugsrechts wird normalerweise in Anlehnung an den vor der Ausübung des Optionsrechts bestehenden Börsenkurs bestimmt. Im übrigen lauten die Titel regelmäßig auf den Namen, eine Börsennotierung wird nicht gefordert, und die Gesellschaft schließt mit den Inhabern der Optionsrechte eine vertragliche Vereinbarung, die die freie Übertragbarkeit der Titel ausschließt oder begrenzt und in der die Umstände vereinbart werden, unter denen die Bezugsrechte ausgeübt werden können[147].

Im Fall eines öffentlichen Übernahmeangebotes oder einer Übernahme garantiert die Ausübung dieser Bezugsrechte, die übrigens auch noch im Anschluß an ein Übernahmeangebot stattfinden kann (die sogenannten *„poison pills“*)[148] in der Praxis denjenigen Aktionären, die die Aktienmehrheit halten, die Beibehaltung ihrer Mehrheit und bewirkt eine Verwässerung der Macht, die mit den vom Anbieter oder dem Übernehmer gehaltenen Aktien verbunden war.

Die *Commission* hat sich der Benutzung von Optionsanleihen als Schutzmittel nicht entgegengestellt. Sie hat indessen darüber gewacht, daß die Gleichheit der Aktionäre durch die Vermeidung eines Vermögensvorteils für die Inhaber der Optionsrechte gewährleistet bleibt. Darüber hinaus verlangt sie, daß die Bedingungen, unter denen die Optionsrechte ausgeübt werden können, genau definiert werden[149]. Die Entscheidung, solche Titel auszugeben, muß selbstverständlich im Gesellschaftsinteresse getroffen werden.

144 Zu den sogenannten *„warrants empoisonnés“* vgl. VAN HULLE/GEENS, The poison warrant: a powerful poison pill, 1992, S. 6 und 8; VAN HULLE, C., in: Openbaar bod en beschermingsconstructies. Recente evoluties in wetgeving en praktijk naar Belgisch, Nederlands en Europees recht, 1990, S. 121.

145 VAN HULLE/GEENS, aaO (Fn. 144), S. 6.

146 Siehe DAL/KEUTGEN, R.P.S. 1989, 224ff; SIMONT, in: Schrans/Wymeersch, Financiële herregulering in België 1990, 1991, S. 574ff; vgl. hierzu auch Doc. parl., Sén., sess. ord. 1990–1991, S. 80ff sowie den Bericht der Commission Bancaire er Financière 1987–88, S. 100ff. Zur Abwehr von feindlichen Übernahmen durch Wandelschuldverschreibungen im Ausland vgl. auch MAEIJER/GEENS, Defensive measures against hostile Take Overs in the Common Market, 1990, S. 230f.

147 Bericht der Commission Bancaire et Financière 1987–88, S. 100ff.

148 Siehe oben II.2.a) aa) aaa).

149 Bericht der Commission Bancaire et Financière 1987–88, S. 102f; 1988–89, S. 88f.

Das Gesetz vom 18. Juli 1991 hat zwar einerseits eine gesetzliche Grundlage für die *„warrants secs"* geschaffen, es hat aber andererseits versucht, die Benutzung von Optionsrechten als Verteidigungsmittel zu mäßigen[150]. Dennoch bleibt die Emission von sogenannten „poison warrants" ein sehr wichtiges und effektives Schutzmittel[151].

Auch Wandelschuldverschreibungen können als Verteidigungsmittel ausgegeben werden. Die Emission dieser Schuldtitel als Verteidigungsmittel stellt jedoch einen großen Nachteil gegenüber den *„warrants secs"* dar, weil sie den Berechtigten im Augenblick der Emission eine bedeutende finanzielle Anstrengung abverlangt.

IV. Schlußbetrachtung

Das Recht der Wandelschuldverschreibungen und Optionsanleihen ist in Belgien recht detailliert geregelt. Eine Untersuchung ihres rechtlichen Rahmens verlangt die Hinzuziehung von drei Rechtsquellen. Zum einen finden sich in den Gesetzen über die Handelsgesellschaften verschiedene Artikel zu diesen Schuldtiteln. Eine zweite Rechtsquelle bezüglich der Optionsanleihen und Wandelschuldverschreibungen sind die Empfehlungen der *Commission Bancaire et Financière*. Schließlich ist die Beschäftigung mit dem Finanzrecht unerläßlich für die Untersuchung von Wandelschuldverschreibungen und Optionsanleihen.

Auch wenn die Untersuchung dieses Rechtsgebietes im Rahmen dieser Studie sicherlich nicht erschöpfend möglich war, so hat sich doch bereits herausgestellt, daß gerade auf diesem Gebiet zahlreiche Probleme entstehen. Man hat manchmal den Eindruck, als habe der Gesetzgeber in seinem Bestreben, die Dinge möglichst umfassend zu regeln, einfach bestimmte Regelungen auf Optionsanleihen und Wandelschuldverschreibungen ausgedehnt, ohne sich wirklich Gedanken zu machen.

150 Vgl. die oben bereits angesprochenen Art. 101*quater* L.C.S.C. sowie Art. 17*bis* des Gesetzes von 2. März 1989.

151 Vgl. die besonders interessante Studie hierzu von VAN HULLE/GEENS, aaO (Fn. 144), S. 11f.

Wandel- und Optionsanleihen in Deutschland

– Praxisprobleme von Equity-linked-Emissionen –

von

Dr. FRANK A. SCHÄFER, LL.M., Düsseldorf

Inhaltsübersicht

I. Einführung

1. Begriffsbestimmung

Seit der sogenannten „Restliberalisierung" des deutschen Kapitalmarktes Mitte der 80er Jahre und der wirtschaftlich auf eine Zulassung von Derivaten hinauslaufenden Einführung der Börsentermingeschäftsfähigkeit aller Kapitalmarktteilnehmer 1989 ist eine Vielzahl von neuartigen Finanzprodukten in Deutschland eingeführt worden. Diese als „Finanzinnovationen" bezeichneten neuartigen Finanzprodukte betrafen auf der Passivseite der Bilanz zunächst überwiegend die Position „Fremdkapital"[1]. Durch die nunmehr seit einigen Jahren

1 Zum Begriff der Finanzinnovation vgl. ausführlich BÜSCHGEN, ZfB 56 (1986), 301 ff; FRANZEN, Die Bank 1988, 18 ff; SCHÄFER, in: Schwintowski/Schäfer, Bankrecht, 1997, S. 909 f.

anhaltende Phase niedriger Zinsen, die ihrerseits mitursächlich ist für den langfristigen Trend zu steigenden Aktienkursen[2], bezieht sich eine zunehmende Anzahl von Finanzinnovationen auch auf das Eigenkapital von Aktiengesellschaften. Dieser Trend zur Einbeziehung der Eigenkapitalposition dürfte sich durch die mit dem KonTraG vorgenommene Novellierung des Aktienrechts weiter verstärken. Nicht ausschließlich als klassische Kapitalerhöhung durchgeführte Emissionen mit Bezug zum Eigenkapital werden zusammenfassend als Equity-linked-Emissionen bezeichnet.

Equity-linked-Emissionen werfen im Aktienrecht ebenso wie im Kapitalmarktrecht eine Reihe von Fragen auf. Gleichzeitig sind sie ein weiteres Beispiel für die enge Verbundenheit zwischen beiden Rechtsgebieten und die Aus- und Wechselwirkungen, die die Liberalisierung und Internationalisierung des Kapitalmarktrechts auf das Aktienrecht hat.

Klassische equity-linked Emissionen sind die Wandel- und Optionsanleihen, wie sie von § 221 AktG vorgesehen sind. Neben dieser sollen aus der Vielzahl der im Gesetz bisher nicht vorgesehenen Neuerungen hier fünf Formen eingehender behandelt werden, nämlich die Going-Public-Optionsanleihe, die Warrant-Anleihe, die Anleihe mit Rückzahlungswahlrecht in Aktien, die Hucke-Pack-Emission sowie Naked Warrants. Nicht behandelt werden die sogenannten strukturierten Anleihen, die keinen Bezug zum Eigenkapital des Emittenten oder eines anderen Unternehmens aufweisen, insbesondere also nicht die sogenannten Synthetic Repackagings, die Asset-Backed Securities, Project Bonds und Credit Linked Notes[3]. Ebenfalls nicht behandelt werden sogenannten „Tracking Stocks", die den Aktionär nur an dem Gewinn eines bestimmten Teilbereichs einer Gesellschaft beteiligen[4], da diese bisher auf dem deutschen Kapitalmarkt nicht angeboten werden.

2. *Grundstrukturen*

a) *Going-Public-Optionsanleihe*

Bei einer bisher vorwiegend am Schweizer Kapitalmarkt verwendeten Going-Public-Optionsanleihe begibt ein Unternehmen, dessen Aktien bisher nicht an einer Börse gehandelt werden, eine verzinsliche Anleihe. Der Zinssatz der Anleihe liegt erheblich unter dem Marktzinssatz. Neben dem Zinscoupon ist der Anleihe ein Optionscoupon beigefügt, der den Anleger berechtigt, sich im Falle eines

2 Hierfür sind auch ursächlich steigende Unternehmensgewinne, die Reform des deutschen Kapitalmarktes mit der Angleichung auf ein internationales Anlegerschutzniveau sowie die verstärkte Altersvorsorge in Form von Investitionen in Eigenkapital.
3 Vgl. umfassend zu strukturierten Anleihen KAMLAH, WM 1998, 1429 ff.
4 Vgl. dazu MÜLLER, WiB 1997, 57 ff m.w.N.; SIEGER/HASSELBACH, BB 1999, 1277 ff.

Going-Public des Emittenten zum Emissionspreis am Going-Public zu beteiligen. Der Anleger muß also im Falle einer Überzeichnung nicht darauf hoffen, daß er eine Zuteilung erhält, sondern er hat ein Recht auf den Erwerb. Meist wird dem Anleger sogar das Recht eingeräumt, die entsprechenden Beteiligungspapiere zum Emissionspreis über zwei Jahre, beginnend mit dem erstmaligen öffentlichen Angebot, zu erwerben (Optionsfrist). Jedoch bereits bei dem Going-Public des Emittenten muß sich der Anleger entscheiden, ob er an dem Going-Public teilnehmen möchte. Denn rechtstechnisch berechtigt die Anleihe den Anleger, im Zeitpunkt des Going-Public zunächst einen selbständig handelbaren Optionsschein zu erwerben, der erst in einem zweiten Schritt zum Erwerb der Aktien berechtigt. Entscheidet sich der Anleger gegen eine Teilnahme am Going-Public oder erfolgt während der Laufzeit der Anleihe überhaupt kein Going-Public, wird die Anleihe nicht zu pari, sondern zu einem Satz über pari zurückgezahlt, der dem Anleger rückwirkend eine annähernd marktmäßige Verzinsung gewährt. Entscheidet sich der Anleger für eine Teilnahme am Going-Public, erhält er Optionsscheine mit einer Laufzeit von zwei Jahren, die ihn zum Bezug von Aktien des Unternehmens berechtigen und die er während der Laufzeit der Optionsscheine ausüben kann. Die Anleihe wird in diesem Fall bei Fälligkeit vom Emittenten zu pari zurückgezahlt[5].

b) Warrant-Anleihen

Warrant-Anleihen unterscheiden sich von den Optionsanleihen des § 221 AktG dadurch, daß einer Anleihe Optionsscheine angefügt sind, die zum Bezug von Aktien berechtigen, die nicht von der Emissionsgesellschaft, sondern von einer anderen Aktiengesellschaft (der Optionsrechts-AG) stammen. Diese Warrant-Anleihen werden ebenso wie die herkömmlichen Optionsanleihen sowohl von ausländischen Tochtergesellschaften deutscher Aktiengesellschaften begeben[6], als auch von nicht miteinander verbundenen deutschen Unternehmen. Optionsanleihen einer Tochtergesellschaft, die zum Bezug von Aktien der Muttergesellschaft berechtigen, werden jeweils im Zusammenhang mit den herkömmlichen Optionsanleihen behandelt. Mit dem Vordringen von Optionsscheinen, die zum Bezug oder der Veräußerung von Aktien von nicht mit dem Emittenten der Optionsscheine verbundenen Aktiengesellschaften berechtigen, wird diese Anleiheform nur noch selten genutzt und soll hier nicht vertieft werden.

5 Beispiele hierfür sind etwa die SFr. 30 Mio. 3 % GP-Optionsanleihe 1988/93 der Moos Holding AG; SFr. 25 Mio. 3 $^1/_4$ % GP-Optionsanleihe 1988/1993 der ABS Pumpen AG; weitere Emittenten waren die Aluteam KGaA und die Thesing AG; vgl. auch Sommer-Prager, ÖBA 1990, 376ff mit weiteren Beispielen.

6 Etwa mit dem Ziel, ausländische Kapitalmärkte zu erschließen, die Pflicht zur Einbehaltung von Kapitalertragsteuer zu vermeiden und früher auch, um die 1991 abgeschafften staatlichen Genehmigungserfordernisse der §§ 795, 808a BGB (BGBl. I/1990, S. 2839) zu umgehen.

c) *Anleihen mit Rückzahlungswahlrecht und Wandelanleihen mit Wandlungspflicht*

In der letzten Zeit wieder starke Beachtung hat die Anleihe mit Rückzahlungswahlrecht des Emittenten in Aktien gefunden. Bei dieser erwirbt der Anleger eine Anleihe, deren Verzinsung erheblich über dem Marktniveau liegt (was angesichts der Niedrigzinsphase die Attraktivität zum Teil begründet). Die erhöhte Verzinsung stellt die Gegenleistung dafür dar, daß der Emittent bei Fälligkeit der Anleihe berechtigt ist, diese entweder zu pari zurückzuzahlen oder aber statt der Rückzahlung Aktien eines anderen Unternehmens oder auch eigene Aktien zu liefern[7]. Von diesem Rückzahlungswahlrecht wird der Emittent immer dann Gebrauch machen, wenn der Marktwert der alternativ lieferbaren Aktien unter dem zurückzuzahlenden Nominalwert der Anleihe liegt. Wirtschaftlich hat der Anleger mit dem Erwerb der Anleihe gleichzeitig eine Put-Option an den Emittenten verkauft, ist also Stillhalter im Geld[8,9], und erhält den Verkaufspreis in Form eines erhöhten Zinssatzes.

Zwischen den herkömmlichen, dem Anleger ein Wandlungsrecht einräumenden Wandelanleihen gemäß § 221 AktG und den Anleihen mit Rückzahlungswahlrecht des Emittenten steht die Wandelanleihe mit Wandlungspflicht. Bei dieser hat der Erwerber der Anleihe wie bei einer herkömmlichen Wandelanleihe das Recht, während der Laufzeit die Anleihe in Aktien des emittierenden Unternehmens zu wandeln. Wirtschaftlich erwirbt der Anleger ein ihn einseitig berechtigendes Optionsrecht durch eine unter dem Marktniveau liegende Verzinsung der Wandelanleihe. Eine Wandelanleihe mit Wandlungspflicht weist gegenüber der herkömmlichen Wandelanleihe die Besonderheit auf, daß im Falle der Nichtausübung der Wandlungsoption durch den Anleger diesen eine Pflicht zur Wandlung bei Laufzeitende trifft. Anders als bei einer Anleihe mit Rückzahlungswahlrecht des Emittenten ist dieser also nicht berechtigt, seinerseits zu wählen, ob er die Anleihe in Geld zurückzahlen oder Aktien liefern will. Vielmehr ist zwingend vorgesehen, daß der Anleger seine Wandeloption ausüben muß und dementsprechend seitens des Emittenten Aktien zu liefern sind. Von Sonderfällen wie etwa der vorzeitigen Kündigung oder der Insolvenz des Emittenten abgesehen entspricht eine Wandelanleihe mit Wandlungspflicht daher wirtschaftlich einem Festgeschäft über den

7 Soweit ersichtlich sind Anleihen mit Rückzahlungswahlrecht bisher nur mit einem Wahlrecht zur „Rückzahlung" mit Aktien von Drittunternehmen begeben worden. Aus Sicht der emittierenden Gesellschaft kann eine solche Anleihe auch eine Möglichkeit für die Verwertung eines Bestandes an eigenen Aktien zu einem Mindestpreis (Nominalwert der Anleihe) sein.

8 Zur Terminologie vgl. SCHÄFER, aaO (Fn. 1), S. 872f.

9 Beispiel für eine Anleihe mit Rückzahlungswahlrecht ist etwa die Euro 50 Mio. 9 % Anleihe 1999/2000 der Trinkaus & Burkhardt KGaA mit Rückzahlungswahlrecht in Aktien der Daimler Benz AG.

Bezug von Aktien mit Zeitpunktoption für den Erwerber der Anleihe[10]. Im angloamerikanischen Bereich werden derartige Anleihen als equity notes oder mandatory convertible instruments bezeichnet[11,12].

d) Hucke-Pack-Emissionen

Hucke-Pack-Emissionen sind der Begriff für Aktienemissionen, die mit einer Emission von Optionsscheinen desselben Unternehmens gekoppelt sind. Der emittierten Aktie ist ein Optionsschein beigegeben, der zum Bezug weiterer Aktien der emittierenden Gesellschaft berechtigt[13]. Das „Paket" aus Aktie und Optionsschein zum Bezug weiterer Aktien erleichtert die Plazierung der Aktie, erfüllt also ebenso wie bei der herkömmlichen Optionsanleihe die Funktion, die Kapitalbeschaffung zu erleichtern. Anders als bei der Optionsanleihe wird hier jedoch die Beschaffung von Eigen- und nicht Fremdkapital unterstützt[14]. Regelmäßig werden die Optionsscheine unverzüglich nach der Emission von den Aktien getrennt (das „Paket" entschnürt) und sind wie die Optionsscheine einer Optionsanleihe selbständig handelbar.

e) Naked Warrants

Bei Naked Warrants begibt der Emittent Optionsscheine, die zum Bezug von Aktien des Emittenten berechtigen (sogenannte Call-Optionsscheine), nicht in Verbindung mit einer Anleihe (Optionsanleihe) oder in Verbindung mit eigenen Aktien (Hucke-Pack-Emission), sondern ohne jegliche sonstigen Wertpapiere[15]. Wirtschaftlich nutzt das Unternehmen seine Emissionsfähigkeit für die eigenen Aktien als „Stillhalter in Papieren" und verbessert dadurch den Erlös aus der Emission der Aktien, wenn der Inhaber den Optionsschein ausübt[16,17].

10 Vgl. Rozijn, ZBB 1998, 77, 84f.

11 Dipplinger/Loistl/Neufeld, Die Bank 1998, 120.

12 Beispiel für eine Wandelanleihe mit Wandlungspflicht ist etwa die Daimler-Benz-AG-Wandelanleihe mit Pflichtwandlung 1997/2002.

13 Fuchs, AG 1995, 433, 437 m.w.N.; neuestens auch Optionsscheine zum Bezug von Aktien einer Tochtergesellschaft, deren Going-Public vorgesehen ist, so der AHAG Wertpapierhandelshaus AG im Dezember 1999 auf Aktien der Schnigge-AHAG Venture Capital AG.

14 Beispiel einer jüngst (Sommer 1998) erfolgten Hucke-Pack-Emission ist die Emission von 3,5 Mio. Namensaktien der Münchener Rückversicherungs-Gesellschaft AG in Verbindung mit einem Optionsschein mit einer Laufzeit bis zum Jahre 2002.

15 Vgl. Fuchs, AG 1995, 433ff.

16 Keine Fragen des Eigenkapitalbezuges – und daher hier nicht zu erörtern – werfen die zahlreich emittierten Optionsscheine auf, die zum Bezug von Aktien von Drittgesellschaften, mit denen der Emittent nicht verbunden ist, berechtigen.

Bisher nicht praktiziert, aber grundsätzlich denkbar wären Naked Warrants, die nicht als sogenannte call-warrants ausgestaltet sind, also zum Bezug von Aktien des emittierenden Unternehmens berechtigen, sondern als put-warrants. Bei Naked-put-Warrants würde sich der Emittent verpflichten, eigene Aktien zu einem Mindestpreis von dem Inhaber der Optionsscheine zu beziehen. Im Rahmen von – seit dem KonTraG grundsätzlich leichter möglichen[18] – Aktienrückkaufprogrammen könnte ein Emittent ein zusätzliches kursstabilisierendes Element einführen und zugleich das eigene Aktienrückkaufprogramm verbilligen.

II. Fragen zur Hauptversammlung, zum Bezugsrecht und der Sicherstellung von Wandlungs- und Optionsrechten

1. Herkömmliche Wandel- und Optionsanleihen

a) Beteiligung der Hauptversammlung an innovativen Elementen

Die Begebung von herkömmlichen Wandel- und Optionsanleihen wird hinsichtlich der Begebung der Anleihen durch § 221 AktG geregelt. Nach § 221 Abs. 1 Satz 1 AktG dürfen derartige Anleihen nur aufgrund eines Beschlusses der Hauptversammlung ausgegeben werden. Üblich ist, daß die Hauptversammlung nicht die sofortige Begebung beschließt, sondern den Vorstand ermächtigt, die Anleihe zu einem späteren Zeitpunkt zu begeben. Für diesen Fall sieht § 221 Abs. 2 Satz 1 AktG vor, daß die Ermächtigung höchstens für die Dauer von fünf Jahren erteilt werden kann. Der Hauptversammlungsbeschluß muß nach herrschender Lehre den Gesamtnennbetrag der auszugebenden Anleihe festsetzen[19]. Die weitere Ausgestaltung der Anleihebedingungen durch den Hauptversammlungsbeschluß ist zwar üblich, jedoch nicht zwingend, da es sich insoweit grundsätzlich um eine dem Vorstand obliegende Geschäftsführungsmaßnahme handelt[20].

17 In der Schweiz emittieren Unternehmen naked warrants auf eigene Aktien gelegentlich neben oder anstatt einer Dividende; in diesem bisher in Deutschland – soweit ersichtlich – noch nicht praktizierten Fall werden die emittierten Optionsscheine auch Dividend Warrants genannt.

18 Vgl. dazu ZIMMER, NJW 1998, 3521, 3528ff m.w.N.

19 HÜFFER, ZHR 161 (1997), 214, 225; DERS., Komm. z. AktG, 4. Aufl., 1999, § 221 Rdn. 10; KAROLLUS, in: Geßler/Hefermehl/Eckardt/Kropff, Komm. z. AktG, 1994, § 221 Rdn. 60; a.A. wohl HAPP, Aktienrecht, 1995, Nr. 11.08 Rdn. 2ff; KRIEGER, in: Münchener Handbuch des Gesellschaftsrecht, Bd. IV, Aktiengesellschaft, 2. Aufl., 1999, § 63 Rdn. 10.

20 KRIEGER, aaO (Fn. 19), § 63 Rdn. 11.

Die meisten derzeit bestehenden Ermächtigungen von Vorständen bestimmen – als fakultativer Inhalt des Beschlusses – die Laufzeit, den Ausgabekurs, das Umtauschverhältnis, den Optionspreis etc.[21].

Typischerweise wird zur Sicherung der Ansprüche der Inhaber aus Wandel- und Optionsanleihen für den Fall der Begebung der Anleihe durch den Vorstand von der zur Begebung ermächtigenden Hauptversammlung gleichzeitig ein Beschluß über die Bereitstellung eines bedingten Kapitals zur Bedienung der Ansprüche der Anleihegläubiger gefaßt. Zwingender Inhalt dieses Beschlusses über die bedingte Kapitalerhöhung ist die Festlegung des Erhöhungsbetrages (Nennbetrag des bedingten Kapitals), der Nennbeträge und der Art der Aktien, der Zweck der bedingten Kapitalerhöhung, der Kreis der Umtausch- und Bezugsberechtigten sowie der Ausgabebetrag oder die Grundlagen seiner Errechnung, § 193 Abs. 2 AktG. Darüber hinaus kann der Erhöhungsbeschluß fakultativ die Bezugs- und Umtauschrechte inhaltlich ausgestalten, insbesondere die Begebung der Rechte unter Bedingungen stellen[22].

Die meisten von Hauptversammlungen beschlossenen Ermächtigungen des Vorstandes zur Begebung von Wandel- oder Optionsanleihen und die korrespondierenden Beschlüsse über die Zurverfügungstellung von bedingtem Kapital sehen zwar wirtschaftliche Parameter der Anleihen beziehungsweise des bedingten Kapitals vor[23]. Probleme ergeben sich jedoch dann, wenn die Wandel- oder Optionsanleihe mit Elementen versehen werden soll, die im Zeitpunkt der Beschlußfassung der Hauptversammlung – zumindest für derartige Anleihen – bisher unbekannt waren oder jedenfalls von der Hauptversammlung nicht in Erwägung gezogen wurden. Beispielhaft sei hier genannt, daß die Wandelanleihe nicht verzinslich, sondern als Null-Kupon-Anleihe begeben werden soll. Noch weiterreichend kann etwa die Unterwerfung der Rechte der Gläubiger der Anleihe unter Bedingungen sein wie etwa eine auflösende Bedingung (Knock-out-Element) dergestalt, daß das Wandlungs- oder Optionsrecht erlischt, wenn der Aktienkurs unter ein bestimmtes Niveau fällt oder eine Höchstmarke übersteigt, oder Veränderungen des Bezugspreises bei bestimmten Kursänderungen eintreten (Step-Up oder Step-Down Elemente).

Grenze der Einführung solcher Elemente ist sicherlich der Wortlaut des Beschlusses, etwa des Berechnungsmodus des Bezugspreises bei der Optionsanleihe. Häufig wird dieser jedoch nicht direkt berührt, da die Berechnungsmodi sehr allgemein gehalten sind und z.B. eine auflösende Bedingung für das gesamte Bezugsrecht gar nicht in Erwägung gezogen worden ist.

Weitere Grenze neben dem Wortlaut ist der erkennbare Wille der Hauptversammlung. Soweit dieser durch Auslegung des Hauptversammlungsbeschlusses

21 HÜFFER, Komm. z. AktG, 4. Aufl., 1999, § 221 Rdn. 10.
22 BGH NJW 1957, 1279; LUTTER, Kölner Komm. z. AktG, 2. Aufl., 1995, § 192 Rdn. 25 und § 197 Rdn. 6; KRIEGER, aaO (Fn. 19), § 57 Rdn. 19.
23 Vgl. etwa das Muster von HAPP, aaO (Fn. 19), 11.08.

deutlich erkennbar ist, kann der Vorstand sich nicht darauf berufen, daß die Ausgestaltung der Anleihe eine Geschäftsführungsmaßnahme darstellt. So wird häufig vorgegeben, daß der Ausgabekurs nach dem Börsenkurs einer bestimmten Anzahl von Tagen vor einem Stichtag zu bestimmen ist. Step-Up oder Step-Down Elemente dürften hiermit kaum vereinbar sein; offen ist dies jedoch für Drop-Out oder Drop-In Elemente als auflösende oder aufschiebende Bedingungen. Ebenfalls unberührt bleibt ein Zins-Element bzw. dessen Fehlen im Falle von Null-Kupon-Wandelanleihen. Allein daraus, daß ein Optionspreis bzw. Umtauschverhältnis oder dessen Berechnungsmodus von der Hauptversammlung festgelegt worden ist, läßt sich kein Wille der Hauptversammlung entnehmen, das Wandlungs- oder Optionsrecht nicht zu bedingen.

Widerspricht ein neuartiges Element weder dem Wortlaut des Hauptversammlungsbeschlusses noch der unzweideutig festzustellenden Absicht der Hauptversammlung, ist darauf zu rekurrieren, daß die nähere Ausgestaltung der Bedingungen eine dem Vorstand obliegende Geschäftsführungsmaßnahme ist[24]. Da der notwendige Inhalt eines ermächtigenden Hauptversammlungsbeschlusses gering ist und die typischerweise weitergehenden Beschlüsse der geübten Praxis und nicht einer rechtlichen Notwendigkeit entsprechen, ist der Vorstand grundsätzlich als ermächtigt anzusehen, durch neuere Entwicklungen auf dem Kapitalmarkt entstehende „Lücken“ des Hauptversammlungsbeschlusses zu schließen und sich dem Unternehmen bietende Möglichkeiten wahrzunehmen.

b) Bezugsrechtsfragen

Bis zur Einfügung von § 186 Abs. 3 Satz 4 AktG[25] stellten sich bei Wandel- und Optionsanleihen spezifische Bezugsrechtsfragen nicht mehr. Es war geklärt, daß auch bei der Emission einer Optionsanleihe über eine ausländische Tochtergesellschaft in analoger Anwendung von § 221 Abs. 1 AktG die Hauptversammlung der Muttergesellschaft der Begebung der Anleihe durch die Tochtergesellschaft zustimmten mußte, und daß den Aktionären der Muttergesellschaft in analoger Anwendung von § 221 Abs. 4 AktG ein Bezugsrecht zusteht, das nur unter den Voraussetzungen des § 186 a.F. AktG ausgeschlossen werden kann[26,27].

24 KRIEGER, aaO (Fn. 19), § 63 Rdn. 11; HÜFFER, aaO (Fn. 21), § 221 AktG Rdn. 10; HAPP, aaO (Fn. 19), 11.08 Rdn. 5, 10; HENN, Handbuch des Aktienrechts, 6. Aufl., 1998, Rdn. 1290, LUTTER, aaO (Fn. 22), § 221 AktG Rdn. 38.

25 Eingefügt durch Gesetz für die Kleine AG und zur Deregulierung des Aktienrechtes vom 2. 8. 1994, BGBl I/1994, S. 1961.

26 LUTTER, aaO (Fn. 22), § 221 AktG Rdn. 171 ff.

27 Zu der Sonderfrage, ob eine Optionsanleihe, die nicht zum Bezug von Aktien der Gesellschaft, sondern lediglich zu einer Barzahlung von Differenzen zwischen dem Kurs

Streitig ist nunmehr jedoch, ob bei der Begebung von Wandel- und Optionsanleihen durch die Mutter- oder Tochtergesellschaft ein Bezugsrechtsausschluß nach §§ 221 Abs. 4 Satz 2, 186 Abs. 3 Satz 4 AktG zulässig ist. Der Streit entzündet sich daran, daß die Verweisung von § 221 Abs. 4 Satz 2 AktG auf die sinngemäßte Geltung von § 186 AktG auch dessen Abs. 3 Satz 4 umfaßt, der Wortlaut von § 186 Abs. 3 Satz 4 AktG jedoch als Voraussetzung für einen Bezugsrechtsausschluß eine Kapitalerhöhung gegen Bareinlagen, die 10% des Grundkapitals nicht übersteigt, erfordert und daß der Ausgabebetrag den Börsenpreis nicht unwesentlich unterschreitet. Da bei Optionsanleihen per definitionem vor ihrer Ausgabe kein Börsenpreis besteht, an dem sich der Ausgabepreis orientieren könnte, will die wohl herrschende Meinung § 186 Abs. 3 Satz 4 AktG auf die Begebung von Wandel- und Optionsanleihen nicht anwenden[28]. Eine stark im Vordringen befindliche Meinung will dagegen § 186 Abs. 3 Satz 4 AktG sinngemäß anwenden[29]. Dabei soll sich der Begriff des Börsenpreises nach diesem Teil der Literatur auf den Wandlungspreis als dem maßgeblichen Parameter[30] oder auf den theoretisch zu berechnenden Wert der Optionsanleihe als solcher[31] beziehen.

Die Unsicherheit über die Anwendbarkeit von § 186 Abs. 3 Satz 4 AktG auf Wandel- oder Optionsanleihen führt dazu, daß die auf die Vermeidung von Anfechtungsklagen ausgerichtete Praxis zumindest bis zu einer höchstrichterlichen Entscheidung auf einen Bezugsrechtsausschluß aus anderen sachlichen Rechtfertigungsgründen rekurrieren oder ein Bezugsrecht gewähren wird[32].

c) *Sicherstellung des Wandlungs- oder Optionsrechts*

Die von der Gesellschaft emittierten Wandel- oder Optionsanleihen berechtigen zum Bezug von Aktien der Gesellschaft. Zur Sicherung der Erfüllbarkeit der schuldrechtlichen Ansprüche der Anleihegläubiger auf Erwerb der Mitgliedschaft

von Aktien der Gesellschaft und einem strike price berechtigt, vgl. WOHLFARTH/BRAUSE, WM 1997, 397, 399 ff; sowie BUSCH, AG 1999, 58, 63.

28 Hüffer, aaO (Fn. 21), § 221 AktG Rdn. 43a; DERS., ZHR 161 (1997), 214, 226 f; Bericht des Rechtsausschusses des Deutschen Bundestages, BT-Drucks. 12/7848, S. 17; LUTTER, aaO (Fn. 22), Nachtrag § 186 AktG Rdn. 39; DERS., AG 1994, 429, 445; GROSS, DB 1994, 2431, 2436 f; SEIBERT/KÖSTER/KIEM, Die kleine Aktiengesellschaft, 3. Aufl., 1996, S. 124 f; ZEIDLER NZG 1998, 789, 795; offen gelassen von OLG Braunschweig WM 1998, 1929, 1931 = NZG 1998, 814, 815.

29 GROSS, DB 1994, 2431, 2438; MARSCH-BARNER, AG 1994, 532, 539; HÖLTERS/DEILMANN, Die „kleine" AG, 1997, S. 113 f; BUSCH, AG 1999, 58, 60 f.

30 So insbesondere MARSCH-BARNER, AG 1994, 532, 538 f; GROSS, DB 1994, 2431, 2435 ff.

31 So insbesondere BUSCH, AG 1999, 58, 60 f.

32 Vgl. KOHLER, ZHR 161 (1997), 246, 161 f zu Optionsanleihen für Führungskräfte; sowie als Beispiele OLG Braunschweig NZG 1998, 814 (VW) und OLG Stuttgart NZG 1998, 822 (Daimler Benz).

gegen die Emittentin wird diese regelmäßig genügend Aktien bereithalten[33]. Dies kann durch ein genehmigtes Kapital gemäß § 202 AktG erfolgen, wenn das Bezugsrecht der Aktionäre ausgeschlossen ist. In der Praxis üblich ist jedoch die Sicherstellung der Ansprüche der Anleihegläubiger durch eine bedingte Kapitalerhöhung nach §§ 192 Abs. 1, 193 AktG, da hier kein gesetzliches Bezugsrecht der Aktionäre besteht und mithin kein Bezugsrechtsausschluß erforderlich ist[34].

Die Emittentin kann die Wandlungs- und Optionsrechte grundsätzlich auch dadurch sicherstellen, daß sie eigene im Eigenbestand befindliche Aktien zur Unterlegung verwendet oder daß sie mit Dritten Optionen über den Bezug von Aktien zur Deckung ihrer Position eingeht. Die Position an eigenen Aktien, die zur Unterlegung der Wandlungsrechte bzw. Call-Optionen der Anleihegläubiger dient, wird zukünftig vermutlich im wesentlichen auf der Nutzung der Ausnahmevorschrift zum Erwerb eigener Aktien des § 71 Abs. 1 Satz 1 Nr. 8 AktG beruhen[35]. Die im Rahmen eines Aktienrückkaufprogramms von der Gesellschaft erworbenen Aktien dürfen nach § 71 Abs. 1 Satz 3 AktG jedoch nur unter Beachtung der Pflicht zur Gleichbehandlung aller Aktionäre nach § 53a AktG wieder veräußert werden. Da bei der Unterlegung einer Optionsanleihe durch eigene Aktien keine Veräußerung über die Börse erfolgt, was nach § 71 Abs. 1 Satz 4 AktG der Gleichbehandlungspflicht des § 53a AktG Genüge tun würde, muß die Veräußerung durch die Hauptversammlung beschlossen werden. Dies wird zur Konsequenz haben, daß die über die Begebung der Optionsanleihe beschließende Hauptversammlung auch über die Veroptionierung des Bestandes an eigenen Aktien der Gesellschaft zur Sicherung der Bezugsrechte aus der Optionsanleihe beschließen wird. Das im Falle der Wiederveräußerung der eigenen Aktien der Gesellschaft bestehende Bezugsrecht der Aktionäre nach §§ 71 Abs. 1 Satz 5 2. HS, 186 Abs. 3, 4 AktG wird berechtigterweise ausgeschlossen, wenn die Voraussetzungen des § 186 Abs. 3 AktG vorliegen, insbesondere also ein sachlicher Rechtfertigungsgrund besteht. Dieser dürfte regelmäßig in der Bedienung der Optionsrechte aus einer Optionsanleihe bestehen, da über diese die Hauptversammlung unter den Schutzvorschriften des § 221 AktG beschließt.

Erfolgt die Sicherstellung des Wandlungs- oder Optionsrechts durch den Abschluß einer Gegenoption durch die emittierende Gesellschaft, fällt der Ab-

33 Eine Rechtspflicht hierzu soll nicht bestehen, vgl. LUTTER, aaO (Fn. 22), § 187 AktG Rdn. 21; SCHWARK, Komm. z. BörsG, 2. Aufl., 1994, Einl. §§ 50–70 Rdn. 26; a.A. wohl WIEDEMANN, in: Großkomm. z. AktG, 4. Aufl., 1995, § 187 Rdn. 9, der in den Umtausch- bzw. Bezugsrechten einen Verstoß gegen § 187 AktG sieht, wenn kein bedingtes Kapital gestellt wird.

34 KRIEGER, aaO (Fn. 19), § 63 Rdn. 18; HÜFFER, aaO (Fn. 21), § 221 AktG Rdn. 60; ZEIDLER, NZG 1998, 789, 791.

35 Dabei wird hier unterstellt, daß die Veräußerung der zunächst im Rahmen eines Programms zum Aktienrückkauf erworbenen Aktien nicht zu dem von § 71 Abs. 1 Satz 2 AktG verbotenen Zweck des Handels in eigenen Aktien erfolgt.

schluß dieser Gegenoption nicht unter §§ 71, 71a AktG, da zunächst noch keine Aktien erworben werden[36]. Da jedoch grundsätzlich die Ausübung der Option zu einem unzulässigen Erwerb der Aktien führen würde, wird hierfür regelmäßig ein Treuhänder eingeschaltet, der seinerseits bei Ausübung des Optionsrechts durch einen Anleihegläubiger die ihm übertragene Option ausübt und den Anleihegläubiger befriedigt[37].

2. *Organkompetenzen und Rechtsformerfordernisse bei Going-Public-Optionsanleihen*

Nach einer kurzen Blüte Ende der 80er Jahre vorwiegend auf dem Schweizer Kapitalmarkt sind Going-Public-Anleihen – soweit ersichtlich – in den 90iger Jahren in den Hintergrund gerückt. Intendiert wird mit einer Going-Public-Anleihe, die mit einem Going-Public für das Unternehmen verbundenen positiven Effekte[38] schon vorher nutzbar zu machen. Dabei scheinen in der praktischen Umsetzung nicht immer alle Voraussetzungen beachtet worden zu sein. Zunächst stellt sich die Frage, welche Organe bei einer Aktiengesellschaft über die Begebung einer Going-Public-Anleihe zu beschließen haben, sowie darüber hinausgehend, ob auch bereits eine GmbH eine Going-Public-Anleihe begeben kann.

a) Eine Going-Public-Anleihe räumt dem Anleger das Recht ein, im Falle eines Going-Public entweder einen Optionsschein zu beziehen, der seinerseits zum Bezug von Aktien der Gesellschaft innerhalb einer bestimmten Frist berechtigt, oder unmittelbar zum Bezug von Aktien der Gesellschaft. In beiden Fällen ist die emittierende Aktiengesellschaft Schuldnerin des Anlegers. Durch die Anleihe wird die Verpflichtung der Gesellschaft zu Maßnahmen begründet, die ihr Eigenkapital betreffen. Im Falle des Rechtes zum Bezug von Aktien im Falle eines Going-Public ist § 221 Abs. 1 Satz 1 AktG bereits nach seinem Wortlaut einschlägig. Aber auch insoweit, als die Gesellschaft „nur" verpflichtet wird, Optionsscheine zu begeben, die ihrerseits zum Bezug der Aktien berechtigen, liegt eine Optionsanleihe im materiellen Sinne vor, so daß § 221 AktG zumindest analog anzuwenden ist[39]. – Going-Public-Optionsanleihen sind daher nach § 221 AktG wie herkömmliche Wandel- oder Optionsanleihen unter Beachtung des Bezugsrechts der Aktionäre von der Hauptversammlung zu beschließen. Ein Bezugsrechtsausschluß kann gegebenenfalls dadurch begründet sein, daß es dem berechtigten Interesse der Mehr-

36 Unstrittig, vgl. nur HÜFFER, aaO (Fn. 21), § 71 AktG Rdn. 5 m.w.N.; gleiches gilt für den Erwerb von eigenemittierten Wandel- oder Gewinnobligationen, Optionsscheinen und Genußscheinen mit Wandlungsrechten, Bezugsrechten etc. durch die Gesellschaft.

37 Vgl. BUSCH, AG 1999, 58, 66 mit Beispiel in Fn. 52.

38 Vgl. zu diesen ZIEGENHAIN/HELMS, WM 1998, 1417ff.

39 LUTTER, aaO (Fn. 22), § 221 AktG Rdn. 190.

heit der Aktionäre und der Gesellschaft entspricht, daß ein Going-Public über eine Going-Public-Anleihe zu optimalen Bedingungen vorbereitet wird.

Auch für eine Going-Public-Anleihe muß ein bedingtes Kapital zur Verfügung gestellt werden, wenn die bedingten Ansprüche der Gläubiger der Anleihe gesichert werden sollen. Da es der Gesellschaft grundsätzlich freisteht, ob und wie sie die Ansprüche der Gläubiger einer Optionsanleihe sichert[40], könnte eine Going-Public-Anleihe grundsätzlich auch ohne Zurverfügungstellung von bedingtem Kapital erfolgen. Dies kann insbesondere dann für die Gesellschaft in Betracht kommen, wenn die bisherigen Großaktionäre bereit sind, einen Teil der von ihnen gehaltenen Aktien zur Bedienung der Ansprüche der Anleihegläubiger zur Verfügung zu stellen. In einem solchen Fall ist jedoch die Einschaltung eines Treuhänders für die Bedienung der Ansprüche der Gläubiger über einen Treuhänder erforderlich[41]. Hier sollte jedoch für die Anleihegläubiger ersichtlich sichergestellt sein, daß die Großaktionäre zur Abgabe der erforderlichen Anzahl von Aktien bereit sind. Sollten die Ansprüche der Anleger weder durch ein bedingtes oder genehmigtes Kapital der Gesellschaft[42] noch durch die Lieferung von Aktien von Großaktionären gesichert sein, wird hierauf besonders eindringlich in dem Verkaufsprospekt für die Anleihe hinzuweisen sein.

Sollte der Vorstand einer AG eine Going-Public-Anleihe ohne wirksamen Beschluß der Hauptversammlung begeben, wäre die Begebung der Anleihe als solche gültig und verpflichtete die Aktiengesellschaft[43], da § 221 AktG nur die Geschäftsführungsbefugnis des Vorstandes, nicht jedoch seine Vertretungsmacht beschränkt. Eine Nichtigkeit ergibt sich auch nicht aus § 187 Abs. 2 AktG, denn die Begebung einer Optionsanleihe begründet keine Zusicherung von Rechten auf den Bezug neuer Aktien im Sinne von §§ 193 Abs. 1 Satz 3, 187 Abs. 2 AktG[44]. Andererseits kann die Hauptversammlung eine ohne ihre Einwilligung oder Ermächtigung begebene Optionsanleihe nicht nachträglich genehmigen[45], da § 93 Abs. 4 AktG dies untersagt. Sollte der Vorstand ohne Ermächtigung der Hauptversammlung eine Going-Public Anleihe für die Gesellschaft verpflichtend begeben haben, fehlt es allerdings an einer Absicherung der bedingten Wandlungs- oder Optionsrechte der Anleihegläubiger[46], es sei denn, daß eine Befriedigung der

40 Vgl. dazu oben bei II.1.c).
41 Vgl. dazu oben bei II.1.c).
42 Vgl. dazu LUTTER, aaO (Fn. 22), § 221 AktG Rdn. 97.
43 Unstrittig, vgl. KAROLLUS, aaO (Fn. 19), § 221 AktG Rdn. 69f; LUTTER, aaO (Fn. 22), § 221 AktG Rdn. 114; HÜFFER, ZHR 161 (1997), 214, 224f.
44 Herrschende Lehre, vgl. LUTTER, aaO (Fn. 22), § 187 AktG Rdn. 21; HÜFFER, aaO (Fn. 21), § 187 AktG Rdn. 2; a.A. WIEDEMANN, aaO (Fn. 33), § 187 AktG Rdn. 9 (der deshalb die Stellung eines bedingten Kapitals für erforderlich hält).
45 Unstrittig, vgl. nur LUTTER, aaO (Fn. 22), § 221 AktG Rdn. 115; HÜFFER, aaO (Fn. 21) § 221 AktG Rdn. 250.
46 Und vermutlich wird auch ein Verstoß gegen das Verkaufsprospektgesetz vorliegen.

Gläubigerrechte durch Lieferung von Aktien des Großaktionärs über eine Treuhänderregelung vorgesehen ist.

b) Fraglich ist, ob bereits eine GmbH eine Going-Public-Anleihe begeben kann. Diese würde sich von einer Going-Public-Anleihe einer Aktiengesellschaft dadurch unterscheiden, daß die Rechte aus der Anleihe zusätzlich bedingt sind durch die vor dem Going-Public erforderliche Umwandlung der GmbH in eine AG. Bei einer derartigen Anleihe verpflichtete ein die GmbH vertretender Geschäftsführer eine (zumindest in dieser Rechtsform) noch nicht bestehende Aktiengesellschaft und würde zudem (zumindest mittelbar) die Organe der Aktiengesellschaft zu bestimmten Handlungen verpflichten.

Mit derselben Begründung wie bei § 221 AktG könnte hier argumentiert werden, daß der Geschäftsführer der GmbH diese aufgrund seiner Vertretungsmacht rechtsgeschäftlich wirksam verpflichten kann. Zwar kann er nicht die Hauptversammlung der späteren AG rechtsgeschäftlich gegenüber den Anleihegläubigern verpflichten, doch eine rechtsgeschäftliche Verpflichtung unter der Bedingung eingehen, daß ein derartiger Beschluß überhaupt gefaßt wird. – Eine solche Argumentation vermag jedoch im Ergebnis nicht zu überzeugen. Bei Umwandlung der GmbH in eine AG entstünde automatisch ein bedingter Anspruch der Gläubiger der Going-Public-Anleihe, ohne daß überhaupt die Mechanismen des AktG über Kompetenzverteilung zwischen Organen und die Sicherungsmechanismen eingreifen könnten. Will sich die Gesellschaft nicht schadensersatzpflichtig machen, bleibt ihr nur die Möglichkeit, das Kapital für die Bedienung der Ansprüche zur Verfügung zu stellen. Eine AG wird vor einer derartigen Zwangslage durch § 187 AktG geschützt. Dieser in § 187 AktG enthaltene Schutz der Aktiengesellschaft entfaltet jedoch noch keine Wirkung bei der GmbH. Während eine Aktiengesellschaft mangels Vertretungsmacht durch den Vorstand nicht wirksam zu einer Kapitalerhöhung verpflichtet werden kann und dementsprechend die Entscheidungsfreiheit der Hauptversammlung nicht tangiert wird, besteht eine § 187 AktG entsprechende Norm im GmbH-Gesetz nicht. Das Recht der GmbH kennt weder ein genehmigtes noch ein bedingtes Kapital[47]. Die Frage der Begebung von mit bedingten Geschäftsanteilen unterlegten Optionsrechten durch den Geschäftsführer einer GmbH stellt sich somit nicht. Begibt ein GmbH-Geschäftsführer jedoch eine Optionsanleihe, so bewirkt er indirekt, daß die für den Beschluß über ein bedingtes oder genehmigtes Kapital allein zuständige Hauptversammlung in ihrer Entscheidung nicht mehr frei ist. Die Entscheidungsfreiheit der Hauptversammlung läßt sich nur schützen, indem spätestens ab dem Zeitpunkt der Entstehung der AG der Rechtsgedanke

47 ZÖLLNER, in: Baumbach/Hueck, Komm. z. GmbHG, 16. Aufl., 1996, § 55 Rdn. 6; unstrittig.

des § 187 Abs. 2 AktG durchschlägt mit der Folge, daß eine entsprechende Zusicherung als der Gesellschaft gegenüber unwirksam gilt[48].

Eine GmbH muß daher im Ergebnis als nicht zur Ausgabe von Going-Public-Anleihen fähig angesehen werden. Hierin liegt auch keine ungebührliche Beschränkung der Möglichkeiten einer GmbH. Eine GmbH ist keine für den öffentlichen Kapitalmarkt vorgesehene Rechtsform. Wenn die Gesellschaft die sich auf dem Kapitalmarkt bietenden Möglichkeiten wahrnehmen will, kann sie ihre Rechtsform in die einer Aktiengesellschaft wandeln. Sodann stehen ihr sämtliche vom Aktienrecht vorgehaltenen Möglichkeiten offen.

3. *Anleihen mit Rückzahlungswahlrecht in eigenen Aktien*

a) *Beteiligung der Hauptversammlung*

Anleihen mit Rückzahlungswahlrecht des Emittenten sind nur insoweit Equity-linked-Emissionen, als sich das Rückzahlungswahlrecht auf eigene Aktien des Emittenten bezieht. Praktisch wird dies wohl nur in den Fällen werden können, in denen aufgrund eines Aktienrückkaufprogramms die Gesellschaft im Rahmen von § 71 Abs. 1 Nr. 8 AktG eigene Aktien bis zu 10 vom Hundert des Grundkapitals erworben hat[49]. Dabei soll hier davon ausgegangen werden, daß die Verwertung eigener Aktien nicht gegen § 71 Abs. 1 Satz 2 AktG verstößt, also nicht zum „Zweck des Handels in eigenen Aktien" erfolgt[50]. Durch die Begebung einer Anleihe mit Rückzahlungswahlrecht in eigenen Aktien begibt eine Gesellschaft eine „umgekehrte" Optionsanleihe. Anders als bei den Optionsanleihen des § 221 AktG ist hier nicht der Anleiheinhaber der Optionsberechtigte, sondern vielmehr die Gesellschaft selbst. Für die Gesellschaft kann sich hierdurch die Möglichkeit einer flexiblen Verwertung eigener Aktienbestände bei Fälligkeit der ihr zunächst schon die Liquidität verschaffenden Anleihe bieten. Sie garantiert dem Emittenten einen Mindestverwertungspreis für die eigenen Aktien, da der Anleger wirtschaftlich Stillhalter im Geld ist, reduziert jedoch die Kosten für das korrespondierende Kapital für die Dauer der Laufzeit der Anleihe auf die Fremdkapitalkosten (Marktzins und Optionsprämie).

48 Da § 187 AktG „Vorwirkung" auf einen Zeitpunkt entfaltet, in dem § 221 AktG noch keine Anwendung findet, kann insoweit unberücksichtigt bleiben, daß bei Aktiengesellschaften Optionsanleihen grundsätzlich nicht als eine Zusicherung i.S.d. § 187 AktG verstanden werden; vgl. auch Happ, aaO (Fn. 19), Nr. 11.07 Rdn. 11.

49 Vgl. dazu Claussen, DB 1998, 177, 179f; Martens, AG 1997, 83ff.

50 Zu dieser fragwürdigen Einschränkung vgl. Wiese, DB 1998, 609; Lingemann/Wasmann, BB 1998, 853, 860f; Martens, AG 1997, Sonderheft, S. 83, 85ff; Claussen, DB 1998, 177, 179f; Kraft/Altvater, NZG 1998, 448, 450.

Fraglich ist zunächst, ob die Begebung solcher „umgekehrten" Optionsanleihen eines vorangehenden Hauptversammlungsbeschlusses bedarf. Anleihen mit Rückzahlungswahlrecht in Aktien gewähren dem Schuldner (Emittenten) ein Tilgungswahlrecht i.S.d. § 262 BGB oder eine Ersetzungsbefugnis (facultas alternativa)[51]. In jedem Fall bedarf es bei Fälligkeit der Anleihe einer Entscheidung der Gesellschaft, ob der Nominalbetrag der Anleihe oder Aktien der Gesellschaft zur Tilgung der Forderung des Anleihegläubigers verwendet werden sollen. Die Frage der Involvierung der Hauptversammlung kann sich somit sowohl auf den Zeitpunkt der Begebung der Anleihe mit Rückzahlungswahlrecht des Emittenten wie auch auf die Entscheidung über die Andienung von eigenen Aktien beziehen.

Nach § 71 Abs. 1 Nr. 8 Satz 3 AktG gilt sowohl für den Erwerb wie die Veräußerung eigener Aktien § 53a AktG[52]. Als Erfüllung des Gleichbehandlungsgrundsatzes soll nach § 71 Abs. 1 Nr. 8 Satz 4 AktG der Erwerb und die Veräußerung „über die Börse" genügen. Damit ist gemeint, daß die eigenen Aktien von der Gesellschaft nicht einzelnen Aktionärsgruppen oder Anlegern sollen angeboten werden dürfen, sondern im Sinne eines öffentlichen Angebotes jeder beteiligungswillige Aktionär über die Börse die Chance zum Erwerb der Aktien erhalten soll. Insoweit handelt es sich jedoch um die Regelung einer Verhaltenspflicht der Aktiengesellschaft und nicht um eine die Kompetenzverteilung zwischen Hauptversammlung und Vorstand regelnde Norm. Allerdings sieht § 71 Abs. 1 Nr. 8 Satz 5 AktG vor, daß eine andere – d.h. nicht über die Börse vorgenommene – Veräußerung (nur) durch die Hauptversammlung beschlossen werden kann. Eine Andienung der Aktien bei Fälligkeit der Anleihe begründet grundsätzlich eine Veräußerung i.S.v. § 71 Abs. 1 AktG. Der Kreis derjenigen, denen die Aktien angeboten werden können, ist jedoch beschränkt auf die Gläubiger der Anleihe, während die Aktionäre der Gesellschaft von einem Bezug ausgeschlossen sind. Eine Andienung der eigenen Aktien durch die Gesellschaft an die Gläubiger der Anleihe mit Rückzahlungswahlrecht ohne vorherige Zustimmung der Hauptversammlung verstieße daher gegen den Gleichbehandlungsgrundsatz des § 53a AktG, wenn sich nicht bereits aus dem Begebungsvorgang der Anleihe eine Rechtfertigung herleiten läßt[53].

Bei der Begebung der Anleihe könnte den Aktionären ein Bezugsrecht auf diese zustehen. Dieses könnte seinerseits eine Rechtfertigung dafür darstellen,

51 Unstrittig, vgl. nur RÜMKER, FS Beusch, 1993, S. 739, 741 f.

52 MARTENS, AG 1997, Sonderheft, S. 83, 85 weist zu Recht darauf hin, daß der Hinweis auf den Gleichbehandlungsgrundsatz überflüssig ist, weil dessen Anwendung außer Zweifel steht.

53 In der Gläubigerstellung kann kein eine Ungleichbehandlung rechtfertigendes Differenzierungskriterium gesehen werden, da Gläubiger auch Nichtaktionäre sein können; vgl. auch MICK, DB 1999, 1201, 1205.

im Falle der Andienung der eigenen Aktien durch die Gesellschaft auf eine Plazierung über die Börse zu verzichten, ohne einen Verstoß gegen die Gleichbehandlungspflicht des § 53a AktG zu riskieren. Der Rechtsgedanke wäre insoweit der gleiche wie bei § 221 AktG. Dieser ist jedoch von seinem Wortlaut her nicht anwendbar, denn er spricht nur von Gläubigerwandlungs- und Gläubigeroptionsrechten (Gläubigerbezugsrechten), nicht jedoch von entsprechenden Schuldnerrechten. Ein Bezugsrecht der Aktionäre der Gesellschaft auf Bezug der Anleihe mit Rückzahlungswahlrecht führte jedoch dazu, daß im Falle einer Andienung von Aktien an die Gläubiger der Anleihe kein Aktionär – aufgrund des vorgängigen Bezugsrechts für die Anleihe – ungleich behandelt würde. Das Bezugsrecht auf die Anleihe eröffnete ihm die Entscheidungsfreiheit, im Falle der Andienung von Aktien eine entsprechende Position zu erhalten. Seine Situation ist somit die gleiche wie im Falle einer herkömmlichen Optionsanleihe. Es erscheint daher angebracht, bei den „umgekehrten" Optionsanleihen, den Anleihen mit Rückzahlungswahlrecht, § 221 AktG analog anzuwenden. Wirtschaftlich stellt die Andienung eigener Aktien durch die Gesellschaft eine Kapitalerhöhung durch Ausgabe von Aktien dar[54]. Bei analoger Anwendung von § 221 AktG entfällt im Falle der Andienung von eigenen Aktien durch den Vorstand ein Verstoß gegen § 71 Abs. 1 Nr. 8 AktG.

Für die Anleihen mit Wandlungspflicht muß § 221 AktG erst recht zumindest analog gelten, da es bei diesen nicht einmal im Ermessen des Vorstands steht, ob Aktien der Gesellschaft angedient werden, sondern deren Andienung bereits bei Begebung feststeht[55].

b) Bezugsrecht der Aktionäre?

Aus der unmittelbaren oder zumindest analogen Anwendung von § 221 AktG ergibt sich zwingend, daß die Aktionäre grundsätzlich ein Bezugsrecht auf die Anleihen mit Rückzahlungswahlrecht bzw. Wandelanleihen mit Wandlungspflicht haben. Dieses kann lediglich unter den Voraussetzungen des § 186 AktG ausgeschlossen werden.

54 Vgl. zu den bilanziellen Auswirkungen des Erwerbs sowie der erneuten Ausgabe der Aktien Oser, DB 1999, 1125ff; Thiel, DB 1998, 1583ff; Klingberg, BB 1998, 1575ff.

55 § 221 AktG sollte aufgrund des Optionsrechts der Gläubiger bis zur Wandlungspflicht nicht nur analog, sondern bereits unmittelbar gelten; so auch Rozijn, ZBB 1998, 77, 89ff.

4. *Zulässigkeit der Begebung von Hucke-Pack-Emissionen und Naked Warrants*

Bei den Optionsanleihen des § 221 AktG werden einer Anleihe Optionsscheine beigegeben, die zum Bezug von Aktien der die Anleihe emittierenden Gesellschaft berechtigen. Ob die Emission derartiger Optionsscheine in Verbindung mit einer Ausgabe von Aktien (Hucke-Pack-Emission) oder gänzlich ohne jegliche andere Wertpapiere der Gesellschaft (Naked Warrants) zulässig ist, ist in der Literatur sehr streitig. In seinem grundlegenden Aufsatz hat *Fuchs*[56] die Zulässigkeit der Begebung derartiger Optionsscheine sowie ihrer Absicherung durch eine bedingte Kapitalerhöhung nach § 192 Abs. 2 Nr. 1 AktG (analog) ausführlich und überzeugend begründet. Dieser Meinung hat sich eine zunehmende Anzahl von Stimmen in der Literatur angeschlossen[57]. Die wohl noch herrschende Meinung sieht jedoch zumindest die Unterlegung von nackten Optionsscheinen mit bedingtem Kapital de lege lata für unzulässig an[58] und schließt in der Regel daraus auf eine generelle Unzulässigkeit der Begebung von nackten Optionsscheinen. Die diesbezügliche Diskussion hat sich intensiviert durch die Überlegung, nackte Optionsscheine als Aktienoptionen für Führungskräfte zu begeben[59].

Obwohl die Begebung von nackten Optionsscheinen in der Praxis bereits mehrfach durchgeführt wurde[60], kann die Stellung von einem bedingten Kapital zur Sicherung der Optionsrechte aus nackten Optionsscheinen nicht als „anfechtungssicher" bezeichnet werden. Dies dürfte insbesondere dann gelten, wenn das gesetzliche Bezugsrecht der Aktionäre auf den nackten Optionsschein[61] ausge-

56 Fuchs, AG 1995, 433, 445ff; Ders., DB 1997, 661ff mit der Qualifizierung der nackten Optionsscheine als atypische Genußrechte, was unproblematisch zu einer Anwendung von § 221 AktG führt.

57 Karollus, aaO (Fn. 19), § 221 AktG Rdn. 27ff; Krieger, aaO (Fn. 19), § 63 Rdn. 22; Steiner, WM 1990, 1776ff; Wohlfarth/Brause, WM 1997, 397ff; Wolf, WiB 1997, 505, 509ff; wohl auch Schwark, aaO (Fn. 33), Einl. §§ 50–70 BörsG Rdn. 26; Claussen, Bank- und Börsenrecht, 1996, S. 373f; Paefgen, AG 1999, 67, 70; vgl. auch Baums, FS Claussen, 1997, S. 3, 35.

58 Lutter, aaO (Fn. 22), § 192 AktG Rdn. 9, § 221 AktG Rdn. 185; Ders., ZIP 1997, 1, 7; Hirte, WM 1993, 2067, 2068; Martens, FS Stimpel, 1985, S. 621, 629f; Ders., AG 1989, 69, 71ff; Ders., AG 1996, 337, 347; Schumann, Optionsanleihen, 1990, S. 42f; unentschieden: Hüffer, ZHR 161 (1997), 214, 223; Ders., aaO (Fn. 21), § 192 AktG Rdn. 9, § 221 AktG Rdn. 75f; Baums, FS Claussen, S. 3, 35; Zeidler, NZG 1998, 789, 791; von einer Unzulässigkeit geht ohne Diskussion der Frage das LG Stuttgart ZIP 1998, 422, 425 aus.

59 Vgl. Paefgen, AG 1999, 67ff; Weiss, WM 1999, 353, 356ff; Kuhnberger/Kessler, AG 1999, 453, 463.

60 So etwa von der Trinkaus & Burkhardt KGaA, WKN 877 630; der Deutsche Bank AG 1990/1991, WKN 804 022; Hypo-Bank 1995/1997 WKN 802 145 (Call) bzw. WKN 802 146 (Put).

61 Dazu Fuchs, AG 1995, 433, 445ff m.w.N.

schlossen werden soll. Dies gilt umso mehr, als der Gesetzgeber in Kenntnis der Diskussion um die nackten Optionsscheine lediglich die Stellung von bedingtem Kapital für „isolierte" Optionsrechte für Vorstand und leitende Mitarbeiter der Aktiengesellschaft bei gleichzeitigem Bezugsrechtsausschluß der Aktionäre nach § 192 Abs. 2 Nr. 3 n.F. AktG eingeführt hat. Hieraus könnte man im Umkehrschluß herleiten, daß er zumindest nicht in die juristische Diskussion darum eingreifen wollte, ob bedingtes Kapital für Naked Warrants in analoger Anwendung von § 192 Abs. 2 Nr. 1 AktG zur Verfügung gestellt werden kann, was auf Zweifel des Gesetzgebers an deren Zulässigkeit schließen lassen könnte[62].

Anders als bei den Naked Warrants sieht die herrschende Meinung Hucke-Pack-Emissionen als zulässig an[63]. § 192 Abs. 2 AktG hat grundsätzlich abschließenden Charakter. In engen Grenzen soll jedoch eine Analogie möglich sein, die von der herrschenden Lehre bei der Begebung von Naked Warrants zwar als überschritten angesehen wird, nicht jedoch bei der Begebung von Optionsscheinen in Verbindung mit einer Aktienemission[64]. Der Grund für eine Analogiefähigkeit zumindest für die Hucke-Pack-Emissionen ist darin zu sehen, daß § 221 AktG Optionsscheine zur Verbesserung der Emissionsfähigkeit von Fremdkapitalaufnahmen (Anleihen) für zulässig erklärt. Wenn mit bedingtem Kapital unterlegte Optionsscheine eine Fremdkapitalaufnahme erleichtern dürfen, ist nicht einzusehen, warum eine Eigenkapitalaufnahme nicht mehr in den – zumindest analogen – Anwendungsbereich von § 192 Abs. 2 AktG fallen soll.

Für die Praxis ist die Begebung von Hucke-Pack-Emissionen daher als relativ abgesicherte Equity-linked-Emission anzusehen. Bedauerlicherweise kann dies für nackte Optionsscheine noch nicht konstatiert werden. Für die Begebung von Naked Warrants ist die Praxis daher auf die Begebung einer Anleihe mit geringem Nominalbetrag und vielen anhängenden Optionsscheinen verwiesen. Die Notwendigkeit derartiger Umgehungsmaßnahmen beeinträchtigt die Akzeptanz eines wirtschaftlich sinnvollen Eigenkapitalinstruments der Gesellschaft[65], das sich besonders für die Wiederverwertung von im Rahmen eines Aktienrückkaufprogramms von der Gesellschaft erworbenen Aktien sinnvoll einsetzen ließe.

62 So wohl auch LUTTER, ZIP 1997, 1; a.A. WOLF, WiB 1997, 505, 511 „KonTraG beläßt alles beim alten".

63 Vgl. die in Fn. 57 genannten sowie MARTENS, AG 1989, 69, 73ff; HAPP, aaO (Fn. 19), 11.08 Rdn. 1; wohl auch HÜFFER, aaO (Fn. 19), § 221 AktG Rdn. 76.

64 A.A. LUTTER, aaO (Fn. 22), § 221 AktG Rdn. 186 m.w.N., der auch insoweit die Analogiefähigkeit ablehnt.

65 Vgl. dazu ausführlich FUCHS, AG 1995, 433, 445ff; DERS., DB 1997, 661ff.

III. Equity-linked-Emissionen als Börsentermingeschäfte

1. Unterscheidung von Optionsscheinen

Für die Plazierbarkeit von Equity-linked-Emissionen ist es von erheblicher Bedeutung, ob die innovative Emission als Börsentermingeschäft zu qualifizieren ist, potentielle Privatanleger also zunächst nach § 53 Abs. 2 BörsG termingeschäftsfähig werden müssen, oder ob eine derartige Einschränkung nicht besteht. Muß zunächst eine Termingeschäftsfähigkeit des Anlegers nach § 53 Abs. 2 BörsG herbeigeführt werden, behindert dies naheliegenderweise die Plazierbarkeit einer Emission.

Zwar ist der Begriff des Börsentermingeschäfts gesetzlich nicht definiert, doch hat sich seit der Einführung der Termingeschäftsfähigkeit kraft Information durch das Erste Finanzmarktförderungsgesetz vom 11. Juli 1989[66] inzwischen durch die Vielzahl der höchstrichterlichen Entscheidungen zumindest für Teilbereiche eine gewisse Rechtssicherheit eingestellt[67,68].

Die reichhaltigste höchstrichterliche Rechtsprechung ist bisher zu Optionsscheinen ergangen[69]. Optionsscheine, die zum Bezug von Aktien einer anderen Gesellschaft berechtigen, sind danach unabhängig davon, ob der Emittent einen „Deckungsstock" vorhält (sogenannte Covered Warrants), immer Börsentermingeschäfte[70]. Stammen die Optionsscheine jedoch von einer Optionsanleihe i.S.d. § 221 AktG, so sollen sie wegen ihrer Nutzung zur Beschaffung von Fremdmitteln zu unter dem Marktzins liegenden Zinssätzen nicht als Börsentermingeschäfte zu qualifizieren sein (sogenannte abgetrennte Aktienoptionsscheine)[71]. Zusätzlich soll die Stellung des Emittenten von Optionsscheinen als eines „geborenen" Stillhalters in Papieren seine Situation wirtschaftlich und rechtlich nicht mit der eines Emittenten von eigenständig mit oder ohne Deckung begebenen Optionsscheinen vergleichbar sein lassen, da er kein Risiko trägt und keine Risikoprämie erhält[72]. Gleiches soll auch für Anleihen von ausländischen Aktiengesellschaften gelten, selbst wenn das ausländische Recht die Begebung

66 BGBl. I/1989, S. 1412.

67 Ohne daß damit gesagt werden soll, daß die Entscheidungen immer „stimmig" sind.

68 Zum Begriff des Börsentermingeschäfts und seiner Entwicklung vgl. ausführlich Irmen, in: Schäfer, WpHG, BörsG, VerkProspG, 1999, vor §§ 50–70 Rdn. 21ff; Rosset, WM 1999, 574ff.

69 Vgl. den Überblick bei Ellenberger, WM 1999, Sonderbeilage Nr. 2, S. 3ff.

70 BGH WM 1994, 2232f; WM 1996, 545, 546; WM 1996, 1620, 1621; WM 1998, 2331, 2332; WM 1998, 2524, 2525.

71 BGH WM 1991, 982ff.

72 Was wirtschaftlich wenig überzeugt, da der niedrigere Zinssatz der Anleihe das wirtschaftliche Äquivalent für die Risikoprämie aus der Begebung der Optionsscheine darstellt.

von Optionsanleihen i.S.v. § 221 AktG nicht gesetzlich regelt[73], und sogar die Beifügung von Währungsoptionsscheinen zu DM-Auslandsanleihen soll kein Börsentermingeschäft darstellen, da diese abgetrennten Währungsoptionsscheine den abgetrennten Aktienoptionsscheinen gleichzustellen sein sollen[74]. Dabei verkennt der BGH nicht, daß die auf § 221 AktG für die abgetrennten Aktienoptionsscheine gestützte Argumentation auf abgetrennte Währungsoptionsscheine nicht zutrifft. Vielmehr stellte er einzelfallspezifisch darauf ab, daß die Emittentin in US-Dollar bilanzierte, aber eine DM-Auslandsanleihe begab und ein etwaiger Kursgewinn der Emittentin auf der Anleihe über die Dollar Call Warrants an die Gläubiger der Optionsscheine weitergegeben wurde.

Rechtsprechung zu Optionsscheinen aus Hucke-Pack-Emissionen oder Naked Warrants ist bisher – soweit ersichtlich – noch nicht ergangen. Wie bei der Begründung der Verringerung der Fremdfinanzierungskosten führte dieses Argument auch bei Optionsscheinen aus Hucke-Pack-Emissionen dazu, daß sie nicht als Börsentermingeschäfte zu qualifizieren sind, da sie parallel zur Beschaffung von Fremdmitteln der günstigen Beschaffung von Eigenmitteln dienen. Dieses Argument trägt jedoch nicht bei der Begebung von nackten Optionsscheinen, da bei diesen Eigenmittel erst im Falle der Ausübung der Optionsscheine enstehen. Allerdings fließt dem emittierenden Unternehmen statt der niedrigeren Kapitalbeschaffungskosten ein Verkaufserlös aus den Optionsscheinen zu, und es trifft die Emittenten – wie bei der Optionsanleihe – kein Kursrisiko. Konsequenterweise werden daher Optionsscheine aus Hucke-Pack-Emissionen und Naked Warrants von der Literatur nicht als Börsentermingeschäfte, sondern Kassageschäfte angesehen[75].

Auch Stock Options für Führungskräfte können keine Termingeschäfte darstellen, denn in der Regel wird es sich bei dem emittierenden Unternehmen nicht um ein Unternehmen handeln, das „einer gesetzlichen Aufsicht über Kreditinstitute, Finanzdienstleistungsinstitute oder Börsen" untersteht und das daher die Führungskräfte nicht kraft Information termingeschäftsfähig machen kann. Wollte man diese Stock Options als Termingeschäfte qualifizieren, liefe der Zweck des Gesetzes zur Kontrolle und Transparenz im Unternehmensbereich[76] praktisch leer. Da es dem Unternehmen jedoch freisteht, die Stock Options in verbriefter oder unverbriefter Form zu begeben, sie jedoch in verbriefter Form

73 BGH WM 1996, 1620, 1622.

74 BGH WM 1998, 274, 275.

75 Irmen, aaO (Fn. 68), vor §§ 50–70 Rdn. 71; Fuchs, AG 1995, 433, 439 in Fn. 47; Müller, in: Schäfer/Müller, Haftung für fehlerhafte Wertpapierdienstleistungen, 1999, Rdn. 399; Jaskulla, Die Einführung derivativer Finanzinstrumente an den deutschen Wertpapierbörsen als Regelungsproblem, 1995, S. 176, Fn. 846 und S. 191, Fn. 908; Schäfer, aaO (Fn. 1), S. 889 ff; wohl auch Drygala, ZHR 159 (1995), 686, 701 ff; a.A. Tilp, in: Allmendinger/Tilp, Börsentermin- und Differenzgeschäfte, 1998, S. 47.

76 Vom 27. 4. 1998, BGBl. I/1998, S. 786.

Naked Warrants für eine bestimmte Käufergruppe darstellen, ist auch hieraus zu entnehmen, daß der Gesetzgeber Naked Warrants und Stock Options nicht als Termingeschäfte qualifiziert.

Wegen der Vergleichbarkeit von herkömmlichen Optionsanleihen und Going-Public-Optionsanleihen und der folgerichtigen Anwendung von § 221 AktG hierauf[77] können Optionsscheine aus Going-Public-Optionsanleihen gleichfalls nur als Kassageschäfte gewertet werden.

Soweit Optionsscheine aus Hucke-Pack-Emissionen und Going-Public-Optionsanleihen, Naked Warrants sowie Stock-Options für Führungskräfte keine Börsentermingeschäfte darstellen[78], sind sie auch nicht als Differenzgeschäfte i.S.d. § 764 BGB zu qualifizieren. In der Literatur ist streitig, wie der Begriff des Differenzgeschäftes außerhalb des Bereichs der Börsentermingeschäfte zu fassen ist[79]. Bei allen vorstehend genannten Fallgruppen kann es sich jeweils nur um ein verdecktes Differenzgeschäft[80] handeln, da eine effektive Lieferung vereinbart wird. Bei verdeckten Differenzgeschäften ist Voraussetzung für die Erhebung des Differenzeinwands, daß der andere Teil die Absicht des Anlegers erkennt oder erkennen muß, aus dem vereinbarten Preis und dem Börsenpreis zum Lieferzeitpunkt einen Differenzgewinn zu erzielen. Darüber hinaus ist unstreitig, daß „wirtschaftlich berechtigte Differenzgeschäfte" im Sinne einer teleologischen Reduktion des § 764 BGB nicht dem Differenzeinwand unterliegen[81]. Bei den hier in Rede stehenden Optionsscheinen steht zumindest die wirtschaftliche Berechtigung der Emission außer Zweifel[82], so daß im Ergebnis trotz Verneinung des Börsentermingeschäftscharakters ein Differenzeinwand gegen diese Optionsscheine nicht in Betracht kommt.

2. *Anleihen mit Rückzahlungswahlrecht oder Wandlungspflicht*

Bei den herkömmlichen Optionsscheinen hat die zahlreiche höchstrichterliche Rechtsprechung der letzten zehn Jahre zu einer in der Praxis weitgehenden Rechtssicherheit geführt, ohne daß letzte dogmatische Klarheit gewonnen wurde. In Anlehnung an die gefestigte Rechtsprechung läßt sich die Qualifizie-

77 Vgl. oben bei II.2.

78 Handelt es sich um Börsentermingeschäfte, sorgt § 58 BörsG für einen Gleichlauf von Termin- und Differenzeinwand, vgl. Irmen, aaO (Fn. 68), § 58 BörsG Rdn. 3

79 Vgl. dazu Tilp, aaO (Fn. 75), S. 13f m.w.N.

80 Vgl. zur Terminologie Palandt/Sprau, Komm. z. BGB, 58. Aufl., 1999, § 764 Rdn. 2ff.

81 Vgl. BGHZ 105, 263ff; Erman/Seiler, Komm. z. BGB, 9. Aufl., 1993, § 764 Rdn. 4ff m.w.N.

82 Ist diese – wie bei den Optionsscheinen von Optionsanleihen gemäß § 221 AktG – doch z.T. auch Begründung für die Verneinung des Börsentermingeschäftscharakters.

rung von Sonderformen von Optionsscheinen relativ sicher vornehmen[83]. Demgegenüber läßt sich die Qualifizierung von Anleihen mit Rückzahlungswahlrecht oder mit Wandlungspflicht nicht in Anlehnung an eine gefestigte Rechtsprechung zu sehr nahestehenden Finanzinnovationen entwickeln. Wirtschaftlich entspricht die Anleihe mit Rückzahlungswahlrecht einem Termingeschäft[84]. Trotzdem hat sich zwischenzeitlich eine deutliche Literaturmeinung etabliert, die die Einordnung als Börsentermingeschäft ablehnt, ohne daß sich diese auf eine einheitliche dogmatische Grundlage, insbesondere über den Begriff des Börsentermingeschäftes, hätte einigen können.

Rümker[85] begründet auf der Basis der herkömmlichen Definition des Börsentermingeschäfts durch die Rechtsprechung[86] die Qualifizierung einer Anleihe mit Tilgungswahlrecht als ein Kassageschäft insbesondere damit, daß der Anleger in erster Linie eine verzinsliche Anleihe erwerben und sich der Emittent zinsgünstiges Fremdkapital beschaffen möchte. Das Wahlrecht des Emittenten soll demgegenüber zurücktreten, da es nur die Modalitäten der Rückzahlung regelt. Die nicht im Synallagma stehende Pflicht zur Rückzahlung sei eine Abwicklungspflicht, die auf den Zeitpunkt der Endfälligkeit der Anleihe hinausgeschoben ist. Auch bestehe keine Beziehung zu einem Terminmarkt, der eine jederzeitige Glattstellung ermögliche[87]. Und selbst wenn man ein Börsentermingeschäft annehmen wolle, sei dieses nach § 57 BörsG von Anfang an verbindlich, da der Anleihegläubiger mit der Zeichnung bzw. dem Erwerb der Anleihe die ihm obliegende Leistung der Kaufpreiszahlung bereits im voraus erbracht hat. Dem hat sich *Irmen*[88] auf der Basis der Qualifizierung des Begriffs des Börsentermingeschäfts als Typus unter Hinweis darauf angeschlossen, daß die Fremdkapitalbeschaffung besonders deshalb im Vordergrund stehe, weil seitens des Anlegers weder eine Kursspekulation noch eine Kurssicherung bezweckt sei. *Müller*[89] verneint den Termingeschäftscharakter von Anleihen mit Rückzahlungswahlrecht in Aktien wegen des regelmäßig fehlenden termingeschäftsspezifischen Risikos.

Wohlfarth und *Brause*[90] wollen anstelle der herkömmlichen Definition des Börsentermingeschäfts durch die Rechtsprechung oder des Typusbegriffs des Börsentermingeschäfts diesen Begriff als „Kunstwort" für eine wertende Betrach-

83 So sind Optionsscheine trotz – aus Sicht des Anlegers – identischer wirtschaftlicher Funktion rechtlich keine Termingeschäfte, soweit gemäß § 221 AktG emittiert, und nur insoweit rechtlich Termingeschäfte, soweit sie zum Bezug von Aktien von Drittunternehmen berechtigen.

84 Vgl. oben bei I.2.c).

85 Rümker, FS Beusch, S. 739, 742ff.

86 Vgl. BGHZ 114, 177, 179; BGHZ 92, 317, 319.

87 Rümker, FS Beusch, S. 739, 744ff.

88 Irmen, aaO (Fn. 68), vor §§ 50–70 Börsen Rdn. 73f.

89 Müller, aaO (Fn. 75), Rdn. 399 Fn. 63.

90 Wohlfahrth/Brause, WM 1998, 1859ff.

tungsweise verstehen. Dabei soll „Börsentermingeschäft" als eine Zone gesteigerten Risikos zu verstehen sein, die über eine Zone erlaubten Risikos hinausgeht. Die Zone des gesteigerten Risikos soll allein durch eine Hebelwirkung („Leverage") erreicht werden[91]. Für Anleihen mit „Aktien-Risiko" kommen sie daher zu dem Ergebnis, daß keine Risikoerhöhung gegenüber einem unmittelbaren Erwerb der Aktien eintritt, weshalb sie diese als Kassageschäfte qualifizieren[92].

Für die Anleihe mit Wandlungspflicht verweist *Rozijn*[93] überwiegend auf der Basis des herkömmlichen Begriffs des Börsentermingeschäfts darauf, daß der Zeichner bzw. Erwerber der Anleihe kein termingeschäftsspezifisches Risiko eingeht. Weder soll er eine unüberschaubare Verpflichtung eingehen, da seine Verpflichtung auf den Nennbetrag der Anleihe beschränkt ist, noch soll eine Hebelwirkung vorliegen, da nicht wie bei einem herkömmlichen Börsentermingeschäft der Kapitaleinsatz im Verhältnis zum Basiswert gering ist, da praktisch keine nennenswerte Differenz zwischen dem Kapitaleinsatz und dem Basiswert besteht[94].

Der bisher fast einhelligen Lehre ist zuzustimmen. Neben den bereits vorstehend referierten Argumenten zeigt auch ein Vergleich mit den Optionsscheinen von Optionsanleihen, daß es sich bei den Anleihen mit Wandlungspflicht oder Rückzahlungswahlrecht zwar wirtschaftlich, aber nicht rechtlich um Börsentermingeschäfte handelt. Bei der Anleihe mit Wandlungspflicht hat der Anleger wie bei der herkömmlichen Options- bzw. Wandelanleihe das Recht, während der Laufzeit der Anleihe die Option auszuüben. Dieses Optionselement kann die Anleihe daher nicht zu einem Börsentermingeschäft werden lassen, da es insoweit identisch ist mit dem Optionsrecht aus einer kein Börsentermingeschäft begründenden herkömmlichen Optionsanleihe. Für den Zeitpunkt der Fälligkeit der Anleihe sieht diese vor, daß der Anleger verpflichtet ist, von seinem Optionsrecht Gebrauch zu machen und eine Wandlung damit zwingend erfolgt. Lediglich die Pflicht zur Ausübung bei Fälligkeit der Anleihe oder aber das Recht der Gesellschaft zur Andienung im Falle der Anleihe mit Rückzahlungswahlrecht kann eine andere Qualifikation der beiden Anleiheformen als die der Optionsanleihe rechtfertigen. In beiden Fällen handelt es sich jedoch nur um Modifikationen der vom Gesetzgeber vorgesehenen Anleiheformen des § 221 AktG. Auf beide Anleiheformen findet § 221 AktG Anwendung. Es wäre inkonsequent, wollte man einen Teil der unter diese Norm fallenden Anleihen als Kassageschäfte und einen anderen Teil als Börsentermingeschäfte qualifizieren.

91 Hierauf stellt schwerpunktmäßig auch KLEINSCHMITT, Das Informationsmodell bei Börsentermingeschäften, 1992, S. 41 f ab sowie ROSSET, WM 1999, 574, 582: „Börsentermingeschäfte sind liquide Risikokontrakte".

92 WOHLFAHRTH/BRAUSE, WM 1998, 1859, 1867 – dies müßte gleichermaßen für Anleihen mit Wandlungspflicht gelten, ohne daß diese jedoch ausdrücklich angesprochen werden.

93 ROZIJN, ZBB 1998, 77, 96ff.

94 Zustimmend IRMEN, aaO (Fn. 68), vor §§ 50–70 BörsG Rdn. 76; a.A. Krieger, aaO (Fn. 19), § 63 Rdn. 23.

Selbst im Falle einer Qualifizierung als Börsentermingeschäft hindert der Rechtsgedanke des § 57 BörsG die Erhebung des Börsentermineinwandes, da der Anleger seine Leistung durch die Zeichnung bzw. den Erwerb der Anleihe bereits bewirkt hat[95].

Im Ergebnis bleibt festzuhalten, daß sämtliche unter § 221 AktG fallenden Erscheinungsformen von Optionsscheinen und strukturierten Anleihen keine Börsentermingeschäfte i.S.d. § 50 BörsG darstellen.

95 Vgl. RÜMKER, FS Beusch, S. 739, 742ff.

Convertible Securities in England and Wales

by

SIMON GOULDING, B.A., LL.M., Lecturer in Law, barrister, Norwich

Contents

I. Introduction

A company registered in England with a share capital under the Companies Acts can raise funds for the purpose of its business by issuing shares or by borrowing such funds. A company has always been able to issue shares to shareholders, either existing or new shareholders, to raise a sum of money generally known by company lawyers as „capital“. In the case of a company limited by shares the memorandum of association must state the maximum amount of share capital which the company can raise by using shares[1]. This is known as the nominal or authorised capital. There are now significant controls on the allotment of shares by directors which will be considered below.

Every share has to have a stated nominal value and in no circumstances can the share be allotted for less than this sum[2]. Often the shares will be allotted at a price in excess of the nominal value and this will be termed „a premium“. The capital raised by the allotment of shares (including the premium) is then subject to considerable statutory control (the capital maintenance rules) which prevents the directors of the company from redistributing the money to the shareholders[3]. This would be known as an unlawful return of capital[4].

1 Companies Act 1985, s. 2(5)(a).
2 *Trevor v. Whitworth* (1887) 12 App Cas 409. See now Companies Act 1985, s. 100.
3 Companies Act 1985, Part V.
4 See, eg *Re Halt Garage* [1982] 3 All ER 1016.

1. Debentures

Where a company has raised money by borrowing as opposed to allotting shares, the money so raised is known as „loan capital" rather than „share capital" and the document or instrument under which the borrowing is affected and acknowledged is known as a „debenture". Companies have either had express powers to borrow and to give charges to secure that borrowing in the objects clauses of their memorandum of association or those powers have been implied as being reasonably incidental to the attainment of the objects of the company[5] The term „debenture" is not a technical term[6] but in modern commercial practice a debenture will refer to an instrument issued by a company and providing for the repayment of, or acknowledging the indebtedness to another person, in a specified sum at a fixed date with interest. Usually the instrument will give a charge, either fixed or floating or both, over the company's property as security for the money borrowed but this is not necessary for the instrument to be a debenture. The term debenture is wide enough to include circumstances where an instrument gives another person a bond[7]. So, a debenture under seal is a bond[8]. A bond can be defined in English law as „an instrument … by which one person known as ‚the obligor' binds himself to pay another person, known as ‚the obligee' a specified sum of money, either immediately or at a fixed future date"[9], although the word bond by itself denotes only unsecured liability and without express intention to the contrary will not constitute a charge or security[10].

The registered company has, in addition, always been able to issue what in essence amounts to a hybrid between shares and debentures. This is the convertible debenture. Again, these debentures may be secured or unsecured although they are normally unsecured[11]. Under the terms of the instrument the lender has the option, within a specified period, to convert all or part of the loan into shares, either preference or ordinary shares. A holder of convertible debentures is not a member of the company and remains a creditor of the company until such time as the holder elects to exercise the option to convert. Where the lender does not exercise the option then the right to convert is lost and the money borrowed by the company is repayable in the way provided for in the instrument.

5 *A.G. v. Great Eastern Railway Co Ltd* (1880) 5 App Cas 473.

6 *British India Co v. IRC* (1881) 7 QBD 165 at 172; *Levy v. Abercorris Co* (1887) 37 ChD 260 at 264.

7 *Gardner v. London, Chatham & Dover Rly* (1867) LR 2 Ch App 201.

8 *British India Steam Navigation Co v. IRC* (1881) 7 QBD 165.

9 Encyclopedia of Forms and Precedents, 5th edn (Butterworths), Vol. 4, para. 801.

10 *Re Florence Land and Public Works Co, ex p Moor* (1878) 10 ChD 530 at 548 and see GOUGH, Company Charges, 2nd edn (Butterworths, 1996) at p. 653.

11 T.W. TAYLOR, The Financing of Industry and Commerce (Heinemann, 1985), p. 138.

Practice shows that the rate of interest carried on convertible debentures is higher than the dividends which are paid to shareholders on the equity share capital but not as high as the interest under ordinary non-convertible debentures because of the advantage of future participation in the company's profits.

Convertible securities are subject to the Public Offer of Securities Regulations 1995[12] and the Listing Rules of the London Stock Exchange[13]. The former apply where there is an offer to the public of securities and the company does not have a listing nor will be seeking one. The latter applies to listed companies. Both of these sets of regulations set down requirements and conditions for disclosure in prospectuses and listing particulars for convertible securities[14].

2. *Warrants and Options*

Companies also issue warrants or options. These give rights to the holder to subscribe a certain sum of money for the company's securities at a fixed price for a stated period. Usually the securities concerned will be ordinary equity shares but sometimes will be preference shares. Companies will rarely issue warrants or options for case, rather they are issued by way of bonus issues or as a free sweetener attached to loan stock or bonds. The price which the warrant holder has to pay for the shares can be paid out of the proceeds of the redemption of the bond. They are used to „spice-up" a capital-raising exercise with the advantage that there is no extra cost to the company. They will usually become detached from the bonds with which they were initially issued and traded as securities in their own right. The market for these securities is, however, regarded as speculative[15].

II. The growth and use of convertible securities in England and Wales

The use of convertible loan stock has been a common method of financing corporations in the U.S.A. and on the Continent but it was not until after the Second World War that they became important in U.K.-companies carrying out speculative activities outside the jurisdiction in the post-war era and became the subject of great interest when used by I.C.I. in 1957. The original use of convertible loan stock was as a kind of bridging finance on short-term ventures which were commercially risky. A lender could be attracted to advance money to fund a project which, if successful, would lead to the lender exercising the right to

12 S.I. 1995 No. 1537.

13 See Chapter 5 and 13 of the Listing Rules.

14 See p. 91, 99 et seq.

15 Bank of England Review 1986, p. 16.

convert. If the project was unsuccessful then the lender would still have the right to full repayment of the sum advanced.

When convertibles first became common in the U.K. the period during which conversion could take place was around two years. But during the 1960's this period lengthened to between five and eight years. The period of maturity for convertible loan stock is presently about 25 years with the conversion normally taking place between the third and seventh year.

The link between the completion of the project financed and the timing of conversion was broken in the mid to late 1960's as a result of two main reasons. First, Corporation Tax, introduced in 1965, made fixed interest borrowing „less expensive" than share capital so that there was an incentive to delay conversion in any event. Secondly, convertible securities were employed in takeovers in the late 1960's. A corporate takeover bidder might not be able to find the cash to pay for a target company's shares and might be reluctant to dilute the existing shareholder's interests by issuing new shares with which to accomplish share swaps. Further if the takeover bidder financed the purchase of shares by issuing straightforward bonds, the value could be eroded by inflation. Convertible loan stocks gave the target shareholder the security of a regular income, postponement of capital gains tax liability and a fixed date of repayment. The bidder had the advantage of lower interest payments than under normal loan stock and time to consolidate the merger of it and reap the benefits before conversion or repayment[16].

The use of convertible loan stock by U.K. companies varies considerably from year to year with peak use being experienced in times of market uncertainty (1964), periods of high numbers of takeovers and bank interest rates are high so that the lower interest rate is attractive to borrowers (1985) or when profits are expected to rise (1981, when £ 373.5 million of convertible debt was issued, 80 % of all debt for that year)[17].

More recently with the exception of 1994, the use of convertible has proportionately declined. The figures for capital issues (net of redemptions) by UK industrial and commercial companies show that in 1994 some £ 1 billion was raised by the issue of convertible loan stock, in a year when of the total £ 13.5 billion raised £ 10 billion was by the issue of ordinary shares. But in 1998 this figure had dropped to £ 418 million. The total raised for 1998 being £ 14 billion with only £ 4 billion being raised by the issue of ordinary shares. The shortfall being accounted for by the growth of fixed rate loans both sterling and in overseas currencies[18].

16 W. A. THOMAS, The Finance of British Industry 1918–1976 (Methuen 1978), p. 156 et seq.

17 This should be seen in context. The total loan debt was still only 16 % of the total value of the issued securities in that year.

18 Financial Statistics (Office for National Statistics), September 1999, No. 449.

III. Convertible securities and capital maintenance

The terms of issue of the convertible debenture must comply with the capital maintenance rules in particular the rule against issuing shares at a discount against their nominal value. In an early case, *Mosely v. Koffyfontein Mines Ltd*[19] a company proposed to issue debentures to its existing shareholders. The debentures were to be issued at 80% in various denominations thus a shareholder could have issued to him a debenture for £ 100 having only lent the company £ 80. The debenture also contained a clause which stated that „(d)ebenture-holders will have the right at any time prior to 1/5/09 to exchange their debentures for fully paid shares in the company at the rate of one £ 1 fully paid share for every £ 1 of the nominal amount of the debentures". It was held by the Court of Appeal (reversing Buckley J at first instance) that an injunction should be granted to prevent the company from issuing these debentures. Vaughan Williams LJ stated:

> „I think that the real question is: Does this bargain give to the company that which the company as business men *[sic]* might fairly regard as money's worth for the full nominal value of the shares? It is not sufficient for the company to say that the bargain was made in good faith. The company must at least establish that there is no obvious money measure on the face of this bargain showing that the shares were issued at a discount"[20].

The Court of Appeal were of the opinion that this was a borderline case but were forced to admit that the structure of this scheme would offend against the capital maintenance rule preventing shares being issued at a discount which by then had been laid down by the House of Lords in *Ooregum Gold Mining Company of India v. Roper*[21].

The nominal or authorised capital of the company as stated earlier is contained in the memorandum and sets out the maximum of share capital that can be issued. The „issued capital" is the total nominal value of shares which have actually been issued to shareholders where the shareholders have paid or agreed to pay for them in cash or in kind. In no case can the issued capital exceed the nominal or authorised capital. If it becomes necessary to increase the nominal capital s. 121 (2)(a) provides that if a company is authorised by its articles to alter the memorandum in respect of its share capital then it may increase its capital by new shares of such amount as it thinks expedient. The power conferred by this section must be exercised by the passing of an ordinary resolution in general meeting.

In circumstances where a convertible debenture holder exercises his right to convert and this results in the issue to him of a sufficient number of shares to ex-

19 [1904] 2 Ch 108.
20 Ibid at 116.
21 [1892] AC 136 (see now Companies Act 1985, s. 100).

ceed the authorised nominal capital, which in practice is unlikely to occur, the procedure under s. 121 would have to be invoked by the company. This power to raise the authorised nominal share capital can only be exercised by the passing of an ordinary resolution in general meeting. But where a company has a listing on the Stock Exchange and is therefore bound by the Listing Rules of the London Stock Exchange the company must at all times maintain sufficient unissued share capital to be able to satisfy all outstanding conversion rights.

IV. Power to issue securities generally

In England and Wales the power to decide whether and when to issue unissued shares and give debentures is, like most other powers of management, usually vested in the board of directors of the company by virtue of the articles of association[22]. The powers of the board can, and normally will in practice, be delegated to one or more managing directors or a committee of managing directors[23].

If the shares are to be issued on special terms or, prior to the Companies Act 1980 which implemented the 2nd Directive, if more than a prescribed amount of shares were to be issued, the articles may require or have required the approval by ordinary resolution of a general meeting to be obtained[24]. Traditionally however these matters were for the board of directors and the only role for the general meeting in these cases was to approve the increase in the nominal capital if a new issue of shares decided upon the directors exceeded the company's existing authorised capital[25].

Before 1980 the directors' use of the company's powers given to them under the articles was controlled by the principle developed through case law that directors should only use their powers for the proper purposes for which they were given. In a line of cases culminating in *Howard Smith Petroleum Ltd v. Ampol Petroleum Ltd*[26] this principle was strictly adhered to in relation to the allotment of shares. So, the courts determine what is the proper purpose for which a power is given and investigate to see whether the exercise of the power challenged in a particular case was substantially for that proper purpose. If not the exercise of the power is itself improper. In the case of the allotment of securities the courts determined that the proper purpose was to raise capital for the company so the use of the power, for example, to vest control of the general meeting through voting

22 See e.g. Table A, article 70.
23 See e.g. Table A, article 72.
24 See for example Table A, articles 2 and 3.
25 Companies Act 1985, s. 121; see section III. above.
26 [1974] AC 821.

power was deemed unlawful and the allotment voidable[27]. There has not been a case decided directly on the question of the allotment of convertible securities but in principle it would seem that restriction on the ability to issue such securities would apply since otherwise there would be an obvious way for directors to avoid this rule.

Since December 22nd 1980 when the relevant provisions of the Companies Act 1980 came into force the directors power to allot shares has been restrained by the need to have or obtain *authority* to utilize the power. Section 80(1) of the Companies Act 1985 states that the directors of a company shall not exercise any power of the company to allot „relevant securities“ unless they are in accordance with s. 80 or s. 80A authorised to do so by an ordinary resolution of the shareholders in general meeting or by the company's articles. This provision implements article 25 of the 2nd Directive. For the purposes of this section „relevant securities“ means shares and any right to subscribe for, or to convert any security into, shares in the company[28]. This includes convertible debentures and debentures with subscription warrants attached. The allotment of relevant securities includes the grant of such a right but not the allotment of shares pursuant to such a right[29].

Shares which are not included within the meaning of relevant securities and therefore fall outside the s. 80 controls are shares allotted in pursuance of an employees' share scheme defined by s. 743 as a scheme for encouraging or facilitating the holding of shares or debentures in a company by or for the benefit of either the bona fide employees or former employees of the company, the company's subsidiary or holding company or a subsidiary of the company's holding company or the wives, husbands, widows, widowers or children or step-children under the age of 18 of such employees or former employees. These share schemes, which also enjoy tax advantages, are obviously designed to encourage employees to take a stake in their companies. Also outside the definition of relevant securities are shares which have to be allotted to the subscribers of the memorandum in satisfaction of their obligation to take up the shares for which they have therein subscribed on the incorporation of the company.

The authority given under s. 80 can be given for a particular exercise of the power or for the exercise of the power generally and may be given unconditionally or subject to conditions[30]. The authority given must state the maximum amount of relevant securities that may be allotted under it and the date on which it will expire which in any case cannot be more than five years from the relevant

27 *Punt v. Symons Ltd [1903] 2 Ch 506; Hogg v. Cramphorn Ltd* [1967] Ch 254; *Bamford v. Bamford* [1970] Ch 212. The latter two cases show that the unlawful allotment can be ratified and approved by the majority of existing shareholders in general meeting.

28 Companies Act 1985, s. 80(2).

29 Companies Act 1985, s. 80(2).

30 Companies Act 1985, s. 80(3).

date[31]. The relevant date where the authority is given in the company's articles at the time of its incorporation is the date of that incorporation. The relevant date in any other case is the date on which the resolution is passed giving the authority. Any authority given, even authority given in the company's articles, can be revoked or varied by an ordinary resolution of the shareholders in general meeting. This is the most notable exception to the general rule that the terms of the company's articles of association can only be altered by special resolution (i.e. majority of those attending and voting on a resolution of which at least 21 days notice has been given)[32]. But nevertheless s. 380(4) of the Companies Act 1985 applies which requires that a copy of any resolution to give, vary, revoke or renew the authority of directors to allot shares must be sent to the Registrar within 15 days of being passed. The failure by a company to do so is a criminal offence and the company and every officer of the company who is in default is liable to a fine and, for continued contravention, to a daily fine[33].

The authority may be renewed by an ordinary resolution of the shareholders in general meeting but the resolution must state (or if relevant restate) the amount of relevant securities which may be allotted under the authority (or as the case may be, remaining to be allotted under it in a case where the authority is varied) and it must state the date on which the authority will expire[34].

The directors may allot relevant securities after the expiry of the authority, if they are allotted in pursuance of an offer or agreement made by the company before the authority expired and the authority allowed the company to make an offer or agreement which would or might require relevant securities to be allotted after the authority expired[35].

A director who knowingly and wilfully contravenes or permits or authorises a contravention of s. 80 commits a criminal offence and is liable to a fine[36]. But the validity of an allotment of relevant securities in contravention of s. 80 is not affected and is valid notwithstanding it has been made without authority.

The Companies Act 1989 inserted a new s. 80A into the Companies Act 1985. This section allows a private company to elect by elective resolution in accordance with s. 379A (also inserted by the Companies Act 1989) that the provisions of s. 80A will apply instead of those in s. 80(4) and (5) in relation to the giving or renewal of an authority under s. 80. An elective resolution is one which has been agreed to at a general meeting (in person or by proxy) of which at least 21 days notice has been given, by *all* the members of the company entitled to at-

31 Companies Act 1985, s. 80(4).
32 Companies Act 1985, s. 9.
33 Companies Act 1985, s. 80(5).
34 Companies Act 1985, s. 80(5).
35 Companies Act 1985, s. 80(7).
36 Companies Act 1985, s. 80(9).

tend and vote. An elective resolution can be revoked at any time by the passing of an ordinary resolution to that effect at a general meeting. If s. 80A is used the authority given to the directors by s. 80 may be for an *indefinite* period or for a fixed period. But in either case an authority may still be revoked or varied by the company in general meeting. If an election under this section ceases to have effect, an authority then in force which was given for an indefinite period or for a fixed period of more than five years will, if given for five years or more before the election ceases to have effect, expire immediately, and otherwise will have effect as if it had been given for a period of five years.

V. Rights of pre-emption and convertible securities

A right of pre-emption is the right of an existing shareholder to have allotted to him a proportionate part of a new issue of shares. This right will prevent the existing shareholder from having his existing holding in the company proportionately diluted as a result of the issue of new shares. Pre-emption rights could have been contained in a company's articles of association and can be still found there, but in any event section 89 of the Companies Act 1985 which was first enacted in the Companies Act 1980 to comply with the 2nd Directive provides statutory rights of pre-emption for shareholders.

Section 89 provides, subject to various exemptions, where a company, public or private, is proposing to allot equities securities for cash it shall not allot any of them on any terms to any person unless it has made an offer to each person who holds relevant shares to allot to him on the same terms or more favourable terms a proportion of those securities which is as nearly practicable equal to the proportion in nominal value held by him of the aggregate of relevant shares. Further, the company shall not allot any of those securities to a person unless the period during which an offer to existing shareholders may be accepted has expired, unless the company has received notice of acceptance or refusal of every offer to shareholders. The offer period must be of at least 21 days and it cannot be withdrawn before the end of that period.

The proportionate offer made to the existing shareholders is made to the holders of shares on a day selected by the company within 28 days immediately before the date of the offer[37].

The offer must be in writing and made to the holder of shares either personally or by sending it by post (i.e. by pre-paying and posting a letter containing the offer) to him or to his registered address[38]. Where the shares are held by

37 Companies Act 1985, s. 95(7).

38 Companies Act 1985, s. 90(2). If sent by post, the offer is deemed to be made at the time at which the letter would be delivered in the ordinary course of the post.

two or more persons jointly, the proportionate offer may be made to the joint holder first named in the register of members in respect of the shares[39].

Where the shares were held by a person who is now dead or bankrupt the offer may be made by sending it by post in a prepaid letter addressed to the persons claiming to be entitled to the shares in consequence of the death or bankruptcy of the deceased or (until such an address has been so supplied) by giving the notice in any manner in which it might have been given if the death or bankruptcy had not occurred[40].

If the holder of the shares has no registered address in the United Kingdom and has not given to the company an address in the United Kingdom for the service of notices on him, or is the holder of a share warrant the offer may be made by causing it, or a notice specifying where a copy of it can be obtained or inspected, to be published in the London Gazette[41].

The term „securities" is defined by s. 94(2) to include a relevant share in the company or a right to subscribe for or to convert securities into relevant shares of the company and „allotment of equity securities" is similarly so construed. Therefore, debentures convertible into any such shares or carrying the right to subscribe for them and subscription options for these shares do have to be offered for pre-emption and are subject to the obligatory proportionate offers to existing shareholders.

But when any such rights to subscribe for or to convert securities into equity securities are exercised, it is not necessary for the company to make a proportionate offer of the equity shares to the existing shareholders. To offer these shares to the existing shareholders would be a breach of the contract between the debenture holder or the option holder and the company. „Relevant shares" are not defined so as to include rights to convert into shares therefore convertible debenture holders do not themselves enjoy these statutory pre-emption rights contained in s. 89[42].

There are, however, important ways in which these statutory pre-emption rights can be avoided. Firstly, s. 91 allows in the case of a *private* company for the pre-emption right to be excluded by a provision to that effect in the memorandum or articles of association of the company. Secondly, in relation to all companies, by s. 95 where the directors are generally authorised for the purposes of s. 80, they may be given power by the articles of association, or by a special resolution of the company to allot equity securities pursuant to that authority as if

39 Companies Act 1985, s. 90(3).
40 Companies Act 1985, s. 90(4).
41 Companies Act s. 90(5).
42 Companies Act 1985, s. 94.

(a) the statutory pre-emption rights did not apply to the allotment, or
(b) that the statutory pre-emption rights applied to the allotment with such modifications as the directors may determine.

A similar but more restricted disapplication of the statutory pre-emption rights can be used in relation to a specified allotment of equity securities where the directors are authorised generally or otherwise for the purposes of s. 80.

A special resolution can only be proposed under s. 95 if it is recommended by the directors and there has been circulated, with the notice of the meeting at which the resolution is proposed, to the members entitled to have notice a written statement by the directors setting out their reasons for making the recommendation, the amount to be paid to the company in respect of the equity securities to be allotted and the directors' justification of that amount.

If equity securities are allotted by a company in contravention of the rights of existing shareholders under s. 89 the allotment is nevertheless not void, but the company and its officers who authorised or permitted the contravention are liable to compensate any person who was entitled to avail himself of the pre-emption rights for any loss or expense incurred. Any action for compensation must be brought within two years after the delivery to the registrar of companies of the return of the allotment in question. There is no remedy given to the equity shareholder, let alone the holder of convertible securities, against the persons to whom the equity securities have been improperly allotted.

VI. Takeovers

Where a company (the offeror) makes a takeover bid for another company (the offeree) by making an offer to purchase all the shares of the latter (or the whole of a class of shares of the latter) and the offer is accepted by the holders of 90% in nominal value of the shares (or the class of shares), the offeror may use the procedures laid down in sections 428 to 430F to acquire compulsorily the shares from those shareholders who have not accepted the offer, known as the dissenting shareholders. Conversely, these provisions also give a minority shareholder the right to require the offeror to buy them out on the same terms as those contained in the original offer where the offer has been accepted by 90% of the other shareholders.

If the offeror has „by virtue of acceptances of the offer acquired or contracted to acquire not less than nine-tenths in value of the shares to which the offer relates" it can serve a notice on the shareholders who have not accepted that it desires to acquire their shares. Where a company has divided its shares into different classes the 90% threshold must be met for each class before the offeror can serve an acquisition notice for that class. An acquisition notice cannot be served unless the necessary 90% threshold has been acquired within a four month period of the offer being made and the acquisition notice must be served within two months of meeting that threshold requirement.

In order for a shareholder who has not accepted the offer made for all the shares in the offeree company or for all the shares in a class of that company to invoke the right to have his shares purchased by the offeror he must show that the offeror has acquired or contracted to acquire not less than nine-tenths in value of the shares of the company or nine-tenths of the shares in that class. Not surprisingly, in many cases it will be of crucial importance to determine whether or not the offeror has acquired sufficient numbers of shares to take it over the threshold to be able to invoke these procedures. In particular, for this specific purpose the question arose of the position in relation to:

1. debentures which are converted into shares during the offer period and acquired by and transferred to the offeror;
2. debentures which are converted with the name of the offeror directly; and
3. debentures which could have been converted during the offer period but were not so converted.

These questions arose for judicial consideration in *Re Simo Securities Trust Ltd*[43]. It was held that a debenture holder in category 3 above remained a creditor of the company and therefore was neither an approving nor a dissenting shareholder for the purposes of s. 428 and therefore any shares which could have been converted but were not so converted during the offer period were ignored for the purposes of the threshold determination. But the shares in categories 1 and 2 were to be included.

The Financial Services Act 1986 made significant reforms to the original provisions contained in the Companies Act 1985. In particular a new s. 430F was inserted into the 1985 Act which deals specifically with the question of convertible securities. It provides that for the purposes of Part XIIIA of the Companies Act 1985 (ss. 428–430F) securities of a company shall be treated as shares in the company if they are convertible into or entitle the holder to subscribe for such shares. But, this provision is not to be construed as requiring any such securities to be treated either as shares of the same class as those into which they are convertible or for which the holder of the securities is entitled to subscribe or as shares of the same class as other securities by reason only that the shares into which they are convertible or for which the holder is entitled to subscribe are of the same class.

In effect this means that all convertible debentures are to be regarded as shares in the company but as a class of shares separate from non-convertible shares. Since the 90% threshold has to be satisfied in relation to each class of

43 [1971] 1 WLR 1455.

shares before the rights under s. 429 and s. 430A can be invoked the result is that convertible debentures whether converted or not do not effect the threshold calculation and the effect of the *Simo Securities* decision on this point is reversed by this statutory provision.

Takeover and merger transactions are controlled and regulated in the United Kingdom by the City Code on Takeovers and Mergers. This applies to all offers for the securities of listed and unlisted public companies (and certain private companies) to be resident in the United Kingdom, Channel Islands or the Isle of Man. The Panel which administers the code will normally consider a company to be resident only if it is incorporated in the United Kingdom, Channel Islands, the Irish Republic and has its head office and place of central management in one of those jurisdictions. The Code and the Panel operate principally to ensure fair and equal treatment of all shareholders in relation to takeovers. The Code also provides a framework within which takeovers must be conducted. The Code does not have the force of law but the Panel is able to deal with transgressors in a variety of ways which make it difficult for that person or company to continue to operate in the City of London. Threatened publicity of the transgression is often enough to ensure compliance.

The Code lays down General Principles followed by a number of specific rules to achieve those aims. Rule 15 deals with the position of convertible securities issued by an offeree or target company. The rule provides that when an offer is made by a takeover bidder for the equity share capital of an offeree company and that company has convertible securities outstanding, the offeror must make an appropriate offer or proposal to the holders of these securities to ensure that their interests are safeguarded. Overall equality of treatment is required. The board of directors of the offeree company must obtain competent independent advice on the offer or proposal which is made to the holders of the convertible securities and the substance of that advice must be made known to them, together with the board's views on the offer or proposal. Whenever practicable, the offer or proposal should be despatched to security holders at the same time as the offer document is posted to equity shareholders. The offer or proposal required by Rule 15 should not normally be made conditional on any particular level of acceptances. If the holders of convertible securities are able to exercise their rights during the course of the takeover bid and are then able to accept the offer in respect of the resulting shares, their attention should be drawn to this fact in the relevant documents.

If an offeree company has options or subscription rights outstanding, the provisions of Rule 15 apply to them *mutatis mutandis*.

Securities Regulation of Convertible Securities in the United Kingdom

by

Boris Kasolowsky, B.A. (Oxon), M.A. (London), solicitor,
London/Jena

Contents

I. Introduction

This article seeks to explain the securities regulation relevant to convertible securities.

Securities regulation regulates public offers and issues of securities. Where the securities are to be listed on a securities exchange it sets out the conditions for listing and the requirements which need to be complied with on a continuing basis. The main theme of securities regulation is investor protection through information. In the UK this area is regulated by Part IV of the Financial Services Act 1986 and insofar as securities listed on the London Stock Exchange[1] are concerned, by the Listing Rules (also referred to as the „Yellow Book"). The

1 Its full title is International Stock Exchange of the United Kingdom and the Republic of Ireland Ltd but it will be referred to simply as the London Stock Exchange or the Stock Exchange.

Public Offers of Securities Regulation 1995[2] (the „POS Regulations") regulates public offers which are not to be listed on the Official List. Securities which are to be traded on the Alternative Investment Market (A.I.M.) and securities for which alternative trading arrangements are made may only be offered to the public in accordance with the POS Regulations.

Public offers of securities must be preceded by the publication of a prospectus or listing particulars. Listing particulars are used in relation to securities to be listed on the Official List of the London Stock Exchange but where a company applies for the first time to have its securities listed, the document is referred to as a prospectus.[3] The POS Regulations which apply to securities which are not to be listed on the Official List, require the publication of a prospectus. The contents required by the POS Regulations are also needed under the Listing Rules but they require a higher standard of disclosure and additional information. Both sets of rules implement the provisions of Council Directive 89/298[4] (the Prospectus Directive).

The Listing Rules, however, go further than setting out the contents of prospectuses or listing particulars. They state the requirements for admission to the Official List and the continuing obligations for a company to remain on the list. The continuing obligations require, essentially, that the market is kept informed of major developments via the Company Announcements Office and that the shareholders are informed of particularly significant measures by circulars (particularly, where these require shareholder approval). No such continuing obligations exist in relation to securities which are not on the Official List.

Securities regulation defines convertible securities as „securities which are convertible into or exchangeable for other securities or securities accompanied by warrants or options to subscribe or purchase other securities".[5] Convertible securities to be listed on the Official List of the London Stock Exchange also need to be issued in accordance with the Listing Rules. Convertible securities which are otherwise offered to the public need to comply with the POS Regulations. The POS Regulations apply to convertible securities which are strictly speaking not „listed" (i.e. not on the Official List of the London Stock Exchange) but instead traded on the A.I.M. and also to convertible securities for which alternative trading arrangements are made.

2 S.I. 1995 No. 1537 (as amended by the Public Offers of Securities (Amendment) Regulations 1999 (S.I. 1999 No. 734) and Public Offers of Securities (Amendment) (No. 2) Regulations 1999 (S.I. 1999 No. 1146).

3 Listing Rules, para. 5.1(a).

4 [1989] O.J. L124/8.

5 See Financial Services Act 1986, Schedule 1 para.s 2, 4 and 5 and „convertible securities" as defined in the Listing Rules.

In this article I shall first explain the meaning of „offers to the public". Offers which are not made to the public will neither be subject to the Listing Rules nor the POS Regulations. No prospectus or listing particulars will therefore need to be published. In the next part I will deal with the Listing Rules requirements relevant to convertible securities. In particular, I will discuss the measures taken to prevent directors awarding themselves options. In the final part I will briefly look at the POS Regulations.

II. „Offers to the public"

In general, all offers made to persons which are professionals or for some other reason understand the relevant risks, are not „offers made to the public". For instance, offers to no more than fifty persons[6], offers made to governments[7] and securities offered in connection with a takeover[8] are not made to the public. It would therefore seem to be quite easy for securities to be offered in such a way as to avoid making an offer to the public. However, even if the offer is not made to the public but the securities are to be listed on the London Stock Exchange's Official List then listing particulars are required.[9] Because in that case the securities are publicly tradable.

The exemption from the prospectus requirements is, however, relevant where the securities are not to be offered to the public and to be admitted to the A.I.M. or where other trading arrangements are made. Any such offer for securities does not require the publication of a prospectus. It is only subject to the regulatory regime applicable to „investment advertisements" and a person authorised by a relevant regulatory body must approve the investment advertisement.[10]

6 Financial Services Act 1986, Schedule 11A para. 3(1)(b).
7 Financial Services Act 1986, Schedule 11A para. 3(1)(f).
8 Financial Services Act 1986, Schedule 11A para. 3(1)(j).
9 As a result of Council Directive 89/298 [1989] O.J. L124/8 (known as the „Prospectus Directive"), Art. 7 of the prospectus requirements are the same as the requirements for listing particulars set out in Council Directive 80/390 [1980] O.J. L100/1 (the „Listing Particulars Directive") „subject to the adaptations appropriate to the circumstances of a public offer". This is implemented by the Financial Services Act 1986, s. 154A and Listing Rules, para. 5(1)(d).
10 See Financial Services Act 1986, s. 57; contravention of the prohibition can give rise to criminal penalties including imprisonment and fines; moreover, the agreement may be unenforceable at the instance of the issuer.

III. Convertible Securities and the Listing Rules

The Listing Rules apply to offers of securities to be listed on the Official List. This includes convertible securities and also warrants and options entitling the holder to subscribe for shares or debentures.[11] Section 144 of the Financial Services Act 1986 requires as a condition of admission firstly, that a prospectus be submitted to and be approved by the „competent authority". The competent authority in the UK is the London Stock Exchange. Secondly, the prospectus must be in the form required and contain the information specified in the Listing Rules. Thirdly, the prospectus must be published.

The Stock Exchange is responsible for devising the rules relevant to the admission and continued listing of securities. But it must do so in accordance with Directive 80/390 (the Listing Particulars Directive)[12], as applied by Article 7 of Directive 89/298 (the Prospectus Directive)[13] as well as Directive 82/121 (the Interim Reports Directive)[14] and Directive 79/279 (the Admissions Directive)[15]. The Stock Exchange is, however, free to impose higher standards where the relevant Directive expressly permits such variations.[16]

1. Conditions for listing convertible securities

The London Stock Exchange imposes certain pre-conditions for the listing of securities. Failure to comply with the conditions may mean that the Stock Exchange does not approve the listing particulars and prohibits the listing of the securities.

There are two particular conditions in relation to convertible securities. Firstly, the Listing Rules require that „the issue of warrants or options to subscribe for equity shares must be limited to no more than 20% of the issued equity share capital of the applicant at the time of issue of the warrants and options. Rights under employees' share schemes will not be included for the purpose of this 20% limit".[17]

A further relevant condition is that options or warrants accompanied by other securities (i.e. convertible securities) may be admitted to listing only if the

11 Financial Services Act 1986, Schedule 1.
12 [1980] O.J. L100/1.
13 [1989] O.J. L124/8; see P.L. Davies, Gower's Principles of Modern Company Law, 6th edition, 1997, p. 406.
14 [1982] O.J. L48/26.
15 [1979] O.J. L66/21.
16 See P.L. Davies, aaO (Fn. 13), p. 407.
17 Listing Rules, para. 3.23.

securities into which they are convertible are already or will become at the same time: (a) listed securities or (b) securities listed on a regulated, regularly operating, recognised open market.[18] But exceptionally, the Stock Exchange may admit convertible securities to listing which are not convertible into listed securities or securities listed on a regulated, regularly operating, recognised open market provided „that it is satisfied that the holders have at their disposal all the information necessary to form an opinion concerning the value of the underlying securities to which such [convertible] securities relate".[19] In other respects the conditions for an application of listing of convertible securities are the same as would apply to a listing of securities to be subscribed.[20]

2. *Information on application for listing*

Listing particulars or a prospectus for convertible securities must contain the same information as listing particulars for securities generally.

But neither listing particulars nor prospectus are required for issues of shares by an issuer whose shares are already listed resulting from the conversion of listed convertible securities.[21] Some information must, however, be published in the same manner as listing particulars.[22]

3. *Notification to the Company Announcements Office*

A company is obliged to inform the Company Announcements Office without delay of any major new developments in its sphere of activity which are not public knowledge.[23] This includes measures relating to the capital of the company. For instance, the effect of any issue of further securities on the terms of the exercise of rights under options, warrants and convertible securities must be notified to the Company Announcements Office.[24]

A failure to comply with the general obligation of disclosure may not only be a breach of the Listing Rules (which can, for instance, lead to suspension from the Official List or cancellation of the listing) but may also amount to a misleading

18 Listing Rules, para. 3.25.
19 Listing Rules, para. 3.26.
20 Listing Rules, para. 3.24.
21 Listing Rules, para. 5.27.
22 See Listing Rules, para. 5.28; the information to be published is set out in Listing Rules, para.s 6B.1–6B.6.
23 Listing Rules, para. 9.1; see Admissions Directive Sch. C para. 5(a).
24 Listing Rules, para. 9.10(i).

statement or practice within section 47 of the Financial Services Act 1986. Breach of section 47 is a criminal offence and may lead to imprisonment and/or a fine.[25]

4. *Information to shareholders*

Companies must communicate certain matters to their shareholders. This is done by way of circulars. The Listing Rules specify the circumstances in which circulars need to be published and their contents.[26] These circulars must explain adequately the subject matter and provide all information necessary to enable investors to make a properly informed decision particularly, if it relates to a matter requiring voting or any other shareholder action.

Circulars are required when shareholders vote on whether to grant options to directors and before pre-emption rights are to be disapplied (which is dealt with in the next section).

5. *Pre-emption rights*

The protection of pre-emption rights in section 89 of the Companies Act 1985 is repeated in para. 9.18 of the Listing Rules.

The Listing Rules allow for a company to exclude pre-emption rights in certain limited circumstances. Firstly, pre-emption rights may be excluded where securities representing fractional entitlements are concerned. A company may, for instance, decide to increase its issued share capital by one share for every ten shares already issued. The existing shareholders insofar as they hold ten shares (or a multiple thereof) would have to be offered one share (or a multiple thereof, one for every ten shares). But where a shareholder holds less than ten shares (or a number not being a multiple of ten) the company would need to issue fractions of shares. As this is highly inconvenient, the Listing Rules permit for fractional entitlements to be ignored for the purpose of rights issues or open offers.[27]

Secondly and more controversially is the exemption of pre-emption rights where „the directors of the company consider necessary or expedient to exclude [certain shareholders] from the offer on account of either legal problems under the law of any territory, or the requirements of a regulatory body".[28] The provi-

25 See Financial Services Act 1986, s. 47(6).

26 See Listing Rules, chapter 14.

27 Listing Rules, para. 9.19(a). The same exclusion of pre-emption rights is probably permitted by Companies Act 1985, s. 89 (1) because pre-emption rights are only required to be „as nearly as practicable" equal to a shareholder's proportion.

28 Listing Rules, para. 9.19(b).

sion is designed to deal with the situation in which some of the company's shareholders are resident in the US. In that case an offer of securities would need to comply with the highly complex US securities regulation and be subject to the scrutiny of the Securities and Exchange Commission. In order to avoid these legal difficulties shareholders resident in the US can be excluded from such offers. This practice was challenged by US shareholders but upheld in *Mutual Life Insurance of N.Y. v Rank Organisation*.[29] A critic has suggested that it would be fairer to sell the pre-emption rights for the benefit of the US shareholders rather than exclude them completely.[30]

Pre-emption rights may, however, be specifically excluded. The exclusion of pre-emption rights in accordance with section 95 of the Companies Act 1985 is repeated in para. 9.20 of the Listing Rules. In practice, many listed companies effect a general disapplication of the statutory pre-emption rights (and therefore of the pre-emption rights contained in the Listing Rules) at each annual general meeting.[31] But generally, this disapplication is limited. Pre-emption rights are usually only excluded in relation to relatively small issues and issues which are broadly proportionate to relative shareholdings without necessarily strictly complying with section 89 of the Companies Act 1985 and para. 9.20 of the Listing Rules. The disapplication allows companies to issue securities without having to comply strictly with section 89 and para. 9.20 and thus to avoid litigation as in the *Mutual Life* case.

A circular in connection with a resolution proposing to disapply the statutory pre-emption rights under section 89 must be published and include (a) a statement of the maximum amount of equity securities which the disapplication will cover and (b) in the case of a general disapplication in respect of equity securities for cash made otherwise than to existing shareholders in proportion to their existing holdings, the percentage which the amount generally disapplied represents of the total ordinary share capital in issue as at a date not more than one month prior to the date of the circular.[32]

The increasingly influential institutional investors[33], however, have felt that their relative shareholdings were not sufficiently protected. To prevent their shareholdings from being diluted they have therefore agreed informal guidelines with the London Stock Exchange. The guidelines are known as the IPC guidelines.[34]

29 [1985] B.C.L.C. 11.

30 See P.L. Davies, aaO (Fn. 13), p. 311, note 66; pre-emption rights can be sold for money because they usually entitle the shareholders to purchase shares at a discount to the current market price.

31 N. Lewin, Corporate Finance: Public Companies and the City, 1999, p. 82.

32 Listing Rules, para. 14.8.

33 The two most influential institutional investor associations in the UK are the Association of British Insurers (ABI) and the National Association of Pension Funds (NAPF).

34 IPC stands for Investment Protection Committees.

According to these guidelines, institutional shareholders vote in favour of disapplying pre-emption rights, provided the company in question limits the number of shares to be issued on a non pre-emptive basis to 5 per cent of the issued capital of the company in any one year and to 7.5 per cent in any period of three years.[35] In addition, a company must restrict its discount on the securities to be issued to 5 per cent of the market price.[36]

Two further Listing Rules provisions relate to pre-emption rights in the context of groups of companies. Thus, where a subsidiary company has listed equity shares and its parent company proposes to participate in future issues of equity capital by the subsidiary company not made to existing shareholders in proportion to their existing holdings, the proposal must be authorised by the subsidiary company in general meeting. The parent company must abstain from voting on the relevant resolution and such authority, if granted, must terminate within twelve months.[37]

The second provision relates to issues of securities by major subsidiary undertakings. The shareholders of the parent company need to approve any issue for cash of equity securities by a major subsidiary undertaking which has the effect of materially diluting the parent company's percentage interest in the equity shares of that subsidiary undertaking.[38]

6. *Purchase of own securities*

The purchase of own securities is dealt with in a separate chapter in the Listing Rules.[39] The provisions require mainly the notification of proposed and actual purchases of a company's own securities. Notifications need to be made to the Company Announcements Office before any purchases are made[40] and shareholders must be informed by a circular.[41] The contents of the circular vary depending on whether the securities are equity shares or not and the percentage of the issued securities which are to be repurchased.[42]

One particular provision is relevant only to the purchase by a company of its own convertible securities. Thus, unless the company makes the offer to all holders of the particular class of securities on the same terms, purchases must not

35 See P.L. Davies, aaO (Fn. 13), p. 312.
36 See P.L. Davies, aaO (Fn. 13), p. 312.
37 Listing Rules, para. 9.21.
38 Listing Rules, para. 9.22.
39 Listing Rules, chapter 15.
40 See Listing Rules, para. 15.9, 15.13 and 15.15.
41 See Listing Rules, para. 15.4, 15.5, 15.10, 15.11 and 15.14.
42 See Listing Rules, para. 15.4, 15.5, 15.10, 15.11 and 15.14.

be made at a price more than 5 per cent above the average of the market values for the securities for the five business days immediately preceding the date of purchase.[43]

7. Directors

The practice of rewarding directors with convertible securities, especially with options, has been controversial; particularly the exercise of options by the executive directors of the recently privatised utilities. This has more or less directly led to the investigation of and report on directors' remuneration. The report known as the Greenbury Report was incorporated into the Combined Code of Principles of Good Governance and Code of Best Practice. The Combined Code does not form part of the Listing Rules but is annexed to the Listing Rules. The Listing Rules require that the annual report contains a report on directors' remuneration.[44] The report must, in particular, contain information on share options for each director by name.[45] The report must also include a statement of the company's policy on the granting of options or awards under its employees' share schemes[46] and other long-term incentive schemes[47] and an explanation and justification of any departure from that policy in the period under review and any change in the policy from the preceding year[48]. The remuneration committees, to be set up in accordance with the Combined Code, are meant to consider carefully whether convertible securities and in particular, traditional share option schemes are more appropriate than other long-term incentive schemes.[49] Broadly, the Combined Code seeks to restrict remuneration packages and incentive schemes which award options.

In certain circumstances, the Listing Rules require shareholder approval of a decision to grant or award convertible securities to directors. Shareholders must approve by an ordinary resolution (i.e. by simple majority) the grant to a director or employee of the issuer (or of any subsidiary undertaking of the issuer) of an option or other similar right to subscribe for shares in the capital of the issuer (or any of its subsidiary undertakings), if the price per share payable on the exercise of such an option or other similar right to subscribe is less than:

43 Listing Rules, para. 15.17.
44 Listing Rules, para. 12.43A; it was introduced into the Listing Rules in June 1998.
45 Listing Rules, para. 12.43A(c)(ii).
46 Listing Rules, para. 12.43A(c)(iii).
47 Listing Rules, para. 12.43A(c)(iv).
48 Listing Rules, para. 12.43A(c)(viii).
49 Combined Code, Schedule A – Provisions on the Design of Performance Related Remuneration, para. 2.

(a) the market value of the share on the date when the exercise price is determined;
(b) the market value of the share on the business day before such date; or
(c) the average of the market values for a number of dealing days within a period not exceeding 30 days immediately preceding such date.[50]

An ordinary shareholder resolution is not, however, required where the grant of options or other similar rights to subscribe for shares in the capital of the issuer or any of its subsidiary undertakings is under an employees' share scheme.[51] The same holds true for the grant of options or other similar rights to subscribe for shares following a take-over or reconstruction, in replacement for options or other similar rights to subscribe for shares held immediately prior to the take-over or reconstruction in respect of shares in either a company of which the issuer thereby obtains control or in any of that company's subsidiary undertakings.[52]

Where the shareholders' approval is required a circular must be issued to the shareholders which must contain the usual contents of circulars, as well as the details of the persons to whom the options or other similar rights are to be granted and a summary of the principal terms of the options or other similar rights.[53]

The Company Announcements Office must also be notified of the details relating to the convertible securities. Thus, it will need to be informed of disclosures of interests of directors, including interests in convertible securities.[54] These are disclosures already necessary as a result of sections 324 and 328 of the Companies Act 1985. In addition, all interests of employees which would have been registrable had they been directors, also need to be notified to the Company Announcements Office.[55] Most importantly, the Company Announcements Office will need to be notified of the price, amount and class of securities concerned.[56]

IV. POS Regulations

The POS Regulations can be dealt with briefly. They contain more or less the same provisions as the Listing Rules insofar as the contents of prospectus and listing particulars are concerned. This is due to, as mentioned above, the POS Regulations implementing the Prospectus Directive which is also implemented by the Listing Rules.

50 Listing Rules, para. 13.30
51 Listing Rules, para. 13.31(a).
52 Listing Rules, para. 13.31.
53 Listing Rules para. 13.32.
54 See Listing Rules, para. 16.13–17.
55 Listing Rules, para. 16.13(b).
56 Listing Rules, para. 16.13(a)(iii).

Wandel- und Optionsanleihen in Frankreich*

von

Professor YVES GUYON**, Paris

Inhaltsübersicht

I. Arten von Wertpapieren, die eine spätere Teilhabe am Gesellschaftsvermögen ermöglichen

1. Früher und bis vor relativ kurzer Zeit konnten Aktiengesellschaften lediglich drei Arten von Effekten ausgeben. Ihre Merkmale waren klar unterschieden:

Aktien (*actions*) waren Gesellschaftsrechte, die einen Teil des Gesellschaftsvermögens verkörperten. Ihre Inhaber hatten das Recht zur Stimmabgabe in Hauptversammlungen und Anspruch auf Dividende in variabler Höhe.

Schuldverschreibungen (*obligations*) waren Gläubigerrechte und verbrieften Langzeitdarlehen des Inhabers an die Gesellschaft. Sie begründeten das Recht auf eine feste Verzinsung, nicht aber echte mitgliedschaftliche Rechte an der Gesellschaft. Mitgliedschaftsähnliche Rechte entstanden lediglich indirekt über die

* Der folgende Beitrag ist die aktualisierte und überarbeitete Fassung des Aufsatzes, den Verf. in ZGR 1995, 208 ff veröffentlicht hat.

** Professor an der Universität Paris I (Panthéon-Sorbonne). Autor und Herausgeber danken Frau Dr. *Karen Ilka Mössle*, LL.M. für die Übersetzung.

Gruppe der Schuldverschreibungsgläubiger, die mit Verordnung vom 30. Oktober 1935 institutionalisiert wurde.

Gründeranteile (*parts de fondateurs*) waren schließlich wie Aktien Papiere mit variabler Dividende. Wie Schuldverschreibungen verbrieften sie jedoch kein Recht auf Mitgliedschaft an der Gesellschaft außerhalb der Gruppe (vgl. Gesetz vom 23. Januar 1929)[1]. Die Gründeranteile bargen große Mißbrauchsgefahren, weshalb das Gesetz vom 24. Juli 1966 zur Regelung der Handelsgesellschaften deren Neuausgabe untersagte und den Rückkauf und die Umwandlung bereits kursierender Gründeranteile in Aktien erleichterte (Art. 264 des Gesetzes vom 24. Juli 1966; Art. 8 des Gesetzes vom 23. Januar 1929)[2].

Diese Dreiteilung war jedoch zu starr. Die Finanzierungsbedürfnisse der Gesellschaften waren differenzierter, ebenso die Interessen von individuellen Sparern und institutionellen Anlegern[3]. Das französische Recht erfuhr daher eine rasche und tiefgreifende Entwicklung hin zu einer größeren Bandbreite an Wertpapieren. Danach wurde es den Gesellschaften ermöglicht, Papiere auszugeben, die die Vorteile von Schuldverschreibungen und Aktien derart in sich vereinten, indem sie Anlegern, die zunächst reine Gläubigerrechte hatten, die Möglichkeit eröffneten, später Aktionäre zu werden. Diese Papiere wurden „kombinierte" Wertpapiere (*valeurs composées* oder *complexes*) genannt, denn sie verbrieften Gläubigerrecht und Anteil am Gesellschaftskapital zugleich. Zunächst wurden sie schrittweise in Spezialgesetzen verankert; erst später ließ der Gesetzgeber ihre freie vertragliche Ausgestaltung in den Bezugsbedingungen zu[4].

2. Ein Gesetz vom 25. Februar 1953 gab den Anstoß zu der oben beschriebenen Entwicklung. Es ließ die Emission von Schuldverschreibungen zu, die nach Ablauf einer bestimmten Frist in Aktien umgewandelt werden konnten (*obligations convertibles en actions à un moment donné*)[5]. Nach Fristablauf, in der Regel zwei bis sechs Jahre, hatte der Gläubiger innerhalb einer relativ kurzen Zeitspanne von üblicherweise drei Monaten die Wahl zwischen der Erhaltung seines Schuldverschreibungstitels und der Umwandlung in Aktien. Der Gläubiger war so partiell gegen die Risiken des Geldwertverlusts gesichert, denn zu dem Zeitpunkt, in dem die Option ausgeübt werden konnte, war der Handelswert der Aktie in der Regel höher als der Nominalwert der Schuldverschreibung.

1 HAMEL/LAGARDE, Trait´de droit commercial, Bd. I, 1. Aufl., Rdn. 566.

2 Com. 16. Dezember 1969: Rev. soc. 1970, 470 mit Anm. J. H.; J.C.P. 1970, II, 16367 mit Anm. BERNARD; 21. Mai 1973, D. 1974 89 mit Anm. GUYON, R.T.D. Com. 1974, 107 mit Anm. HOUIN.

3 LAURE, Le trio entreprise-actionnaire sous les feux croisés du fise et de l'inflation, Banque 1986, 313.

4 BONNEAU, La diversification des valeurs mobilières, R. T. D. Com. 1988, 535; GUYON, Traité des contrats, Sociétés, LGB 1997, Rdn. 70.

5 DALSACE, Les obligations convertibles en actions, D. 1953, 146 und 423.

Trotz ihrer Vorteile wurde diese Form der Anleihe jedoch nur begrenzt von der Praxis angenommen. Sie brachte eine Lähmung der Gesellschaftstätigkeit mit sich und verhinderte insbesondere jegliche kapitalrelevante Maßnahme, soweit sie zu einer Verwässerung des Wertes jener Aktien führte, die im Wege der Umwandlung für die Schuldverschreibung erlangt werden konnten. Darüber hinaus war der Vorteil für die Anleger begrenzt, denn die Umwandlungsoption mußte wenige Jahre nach Erwerb und binnen kurzer Überlegungsfrist ausgeübt werden. Gleichwohl wurde diese Form von Wertpapieren in Art. 195 des Gesetzes von 1966 beibehalten.

Art. 200 des Gesetzes vom 24. Juli 1966 suchte die oben geschilderten Nachteile zu verhindern, indem er statt der Umwandlung den Tausch von Anleihen gegen Aktien vorsah (*obligations échangeables contre des actions*)[6]. Das Verfahren ist komplex. In dem Moment, in dem die Schuldverschreibungen offeriert werden, gibt die Gesellschaft in gleichem Umfang Aktien aus, die von einem Kreditinstitut gezeichnet werden[7]. Das Kreditinstitut verpflichtet sich zum Umtausch der von ihr gezeichneten Aktien gegen die zeitgleich ausgegebenen Anleihen auf Anforderung des Gläubigers. Diese Form der Wandelschuldverschreibung konnte allerdings nur von börsennotierten Gesellschaften ausgegeben werden. Das Gesetz vom 6. Januar 1969 weitete die Gestaltungsmöglichkeiten aus, indem es (zusätzlich) die *obligations convertibles en actions à tout moment*, das sind jederzeit in Aktien wandelbare Schuldverschreibungen, schuf[8]. Aus Sicht des Gläubigers bieten diese neuen Papiere den Vorteil unbeschränkter Konvertibilität, die grundsätzlich so lange fortbesteht wie die Wandelschuldverschreibung selbst; sie erlauben dem Inhaber, die Umwandlung in dem Moment zu fordern, der ihm selbst am vorteilhaftesten erscheint. Aus Sicht der ausgebenden Gesellschaft werden spätere Kapitalerhöhungen nicht ausgeschlossen, und es wird die Handlungsfreiheit der Gesellschaft nicht beschränkt. Gegen Beeinträchtigungen der Aktionärsrechte ist Vorsorge getroffen worden[9].

Trotz ihrer Vorteile hatten diese neuen Papiere den Nachteil, daß sie den Investor zu einer endgültigen Wahl zwangen; waren Umwandlung oder Umtausch einmal durchgeführt, verlor er seine Gläubigerstellung und wurde nur und ausschließlich Aktionär.

3. Das Gesetz vom 3. Januar 1983, das in das Gesetz vom 24. Juli 1966 als Art. 194ff eingefügt wurde, führte schließlich die Optionsanleihe (*obligations*

6 Einige Banken hatten derartige Anleihen bereits vor dem Gesetz von 1966 angeboten. Aber die Zulässigkeit war streitig, denn das Wertpapierrecht war grundsätzlich zwingend.

7 ROBLOT/GERMAIN, Droit commercial, Bd. I, 14. Aufl., 1991, Rdn. 1467.

8 SERRA, Le droit de conversion des obligations convertibles à tout moment, R.T.D. Com. 1971, 570.

9 Siehe unten III.3.

avec bons de souscription d'actions, OBSA) ein[10]. Diese Papiere fügen der herkömmlichen Schuldverschreibung ein Bezugsrecht hinsichtlich einer oder mehrerer Aktien an. Nach Ende der Laufzeit besitzt der Inhaber sowohl eine Anleihe als auch das Bezugsrecht, das er ausüben oder aber (selbständig) verkaufen kann. Da der Bezugspreis der Aktien bei Erwerb des Wertpapiers vereinbart wird, geht der Investor kein Risiko ein. Er wird die Aktien nur zeichnen oder das Bezugsrecht verkaufen, wenn der Preis niedriger ist als der Börsenwert, er also die Differenz zum Bezugspreis als Gewinn verbuchen kann. Andernfalls wird er die Option verfallen lassen und einfacher Gläubiger bleiben. Der Inhaber einer Optionsanleihe ist folglich gleichzeitig unmittelbarer Gläubiger und potentieller Aktionär, wie dies auch bei den älteren Formen der Wandelschuldverschreibung der Fall war. Im Unterschied zu diesen behält der Optionsinhaber jedoch die Gläubigerstellung und kann sie mit der Stellung eines Aktionärs kumulieren. Hierin liegt der unbestreitbare Vorzug der Optionsanleihe, insbesondere in Zeiten wirtschaftlicher Instabilität. Der Gesellschaft ermöglicht sie die Ausschüttung einer im Vergleich zur herkömmlichen Schuldverschreibung geringeren Dividende[11].

4. Diese bemerkenswerte Entwicklung fand ihren Abschluß mit dem Gesetz vom 14. Dezember 1985, das in die Art. 339-1ff des Gesetzes vom 24. Juli 1966 eingearbeitet wurde. Für den hier interessierenden Bereich enthält das Gesetz zwei *grundlegende Neuerungen*:

Zum einen können die Gesellschaften nunmehr Wertpapiere jedweder Art anbieten, die dem Inhaber das Recht auf späteren Erwerb einer Aktie oder Kapitalbeteiligung vermitteln (Gesetz vom 24. Juli 1966, Art. 339-1)[12]. Die Neuerung ist grundsätzlicher Art, denn seither kann die Gesellschaft Papiere ausgeben, deren Rahmenbedingungen nicht mehr umfassend gesetzlich festgeschrieben sind, sondern im Ausgabevertrag geregelt werden können. In der Sprache des Schuldrechts gesprochen ist man vom Enumerationsprinzip zum Grundsatz der Vertragsfreiheit übergegangen[13]. Die vertraglichen Regelungen wirken auf das Gesellschaftsrecht zurück, das ursprünglich diese Vertragsregelung ausschließen wollte. Einige Beschränkungen bleiben freilich. Die wichtigste besteht darin, daß die Wandelschuldverschreibung zwar den Übergang von Schuldtitel zu Kapitalanteil, nicht aber umgekehrt ermöglichen darf. Die Umwandlung einer Aktie in eine Schuldverschreibung würde dem Grundsatz vom

10 Bertel/Jeantin, Droit de l'ingénierie financiére, 1990, Rdn. 132.

11 Die Ausgabe solcher Papiere durch die Firma Moët-Hennessy im Jahr 1987 war Ausgangspunkt eines „Justizfortsetzungsromans" in mehreren Akten. Der Prozeß betraf jedoch nicht in erster Linie die Rechtsnatur der Papiere (Com. 15. Juli 1992; Rev. Soc. 1992, 752 mit Anm. Le Cannu).

12 Hovasse, Les augmentations de capital à souscription conditionnelle, 1988.

13 Guyon, Droit des affaires, Bd. I, 9. Aufl., 1996, Rdn. 772-2.

festen Grundkapital widersprechen, da sie zu einer unzulässigen Kapitalherabsetzung führen würde. Bestimmungen, die die Ausgabe solcher Papiere vorsehen oder gestatten, sind daher nichtig (Gesetz vom 24. Juli 1966, Art. 339-1 Abs. 4).

Auf der anderen Seite können Gesellschaften isolierte Bezugsrechte oder Optionsscheine (*bons secs*) ausgeben (Gesetz vom 24. Juli 1966, Art. 339-5)[14]. Das sind Papiere, die den Anspruch auf Zeichnung von Aktien oder Schuldverschreibungen bei einer späteren Ausgabe verkörpern. Ihr Inhaber erwirbt also eine Art Einkaufsrecht in die Gesellschaft unter den vertraglich geregelten Bedingungen und innerhalb bestimmter Fristen. Er ist jedoch kein Schuldverschreibungsgläubiger. Die rechtliche Einordnung dieser Papiere ist umstritten[15]. Da sie eine Handlungspflicht der Gesellschaft und einen korrespondierenden Anspruch ihrer Inhaber verkörpern, scheinen die Gutscheine unter die Definition der Wertpapiere zu fallen, wie sie in Art. 12 des Gesetzes vom 23. Dezember 1988 geregelt ist.

5. Während sich die Formen der Schuldverschreibungen und Erwerbsrechte vervielfältigen, entwickelten sich auch differenziertere Formen von Aktien.

Insbesondere schaffte der Gesetzgeber neben den herkömmlichen Aktien die Vorzugsaktien ohne Stimmrecht (*actions à dividende prioritaire*; Gesetz vom 13. Juli 1978) und die Investmentzertifikate (*certificats d'investissement*; Gesetz vom 3. Januar 1978), die dem Inhaber ausschließlich die finanziellen Vorteile eines Aktionärs gewähren[16]. Die Bandbreite der Möglichkeiten wurde zudem um die sogenannten Anteilscheine (*titres participatifs*) erweitert. Das sind letztrangige Anleihen, die erst nach den übrigen Konkursgläubigern und häufig erst nach Auflösung der ausgebenden Gesellschaft befriedigt werden (Gesetz vom 24. Juli 1966, Art. 283-6ff, angefügt mit Gesetz vom 3. Januar 1983)[17]. Sie können allerdings nur von Aktiengesellschaften ausgegeben werden, die entweder in staatlicher Hand oder als Genossenschaft organisiert sind.

Nach allem ist es unmöglich, eine vollständige Liste aller „kombinierten" Wertpapiere, also Wandelschuldverschreibungen und Optionsanleihen, zu erstellen. Die einzige Beschränkung für Gesellschaften bei der Emission solcher Papiere besteht darin, daß sich der Wandel von Schuldverschreibung zu Aktie, und nicht umgekehrt vollziehen muß (Gesetz vom 24. Juli 1966, Art. 339-1, Abs. 4). Die nachfolgende Auflistung gibt einen Überblick über die gängigsten Formen.

14 Guyenot, Les bons de souscription, D. 1987, 287.

15 Bertel/Jeantin, aaO (Fn. 10), Rdn. 184.

16 Jauffret-Spinosi, Les actions à dividende prioritaire sans droit de vote, J.C.P. 1983, II, 14117.

17 Bouloc, Les nouvelles valeurs mobilières: les certificats d'investissement et les titres participatifs, Rev. Soc. 1983, 501; Lafourcade, L'orginalité de titres participatifs, Gaz. Pal. 1985, doc. 408.

Hauptformen der Wandelschuldverschreibung und Optionsanleihen in Frankreich

- Actions à bons de souscription d'actions (A.B.S.A.).
- Actions à bons de souscription d'actions remboursable (A.B.S.A.R.)[18].
- Actions à bons de souscription d'obligations convertibles en actions (A.B.S.O.C.A.).
- Actions assorties de bons d'acquisition d'actions d'une filiale.
- Actions assorties de bons d'échange contre des bons de souscription d'actions.
- Certificats d'investissements assortis de bons d'échange contre des bons de souscription d'actions d'une filiale.
- Certificats d'investissements privilégiés assortis de bons de souscription à d'autres certificats privilégiés.
- Obligations convertibles avec des bons de souscription d'actions (O.C.A.B.S.A.).
- Obligations convertibles à bons d'acquisition d'actions.
- Obligations convertibles avec clause de rembursement au grié du porteur (P.U.T.).
- Obligations à bons de souscription d'actions rachetables (O.B.S.A.R.)[19].
- Obligations remboursables en actions (O.R.A.).
- Obligations remboursables en actions à bons de souscription d'actions (O.B.S.A.R.).
- Obligations remboursables en certificats d'investissement (O.R.C.I.).
- Obligations à bons de souscription d'actions (O.B.S.A.).
- Titres subordonnés à bons de souscription d'obligations remboursables en actions.
- Titres participatifs convertibles en actions (T.S.C.).
- Titres subordonnés remboursables, convertibles en certificats d'investissements avec bons de souscription de certificats d'investissement.

II. Voraussetzungen für die Ausgabe von Wandelschuldverschreibungen und Optionsanleihen

Wandelschuldverschreibungen und Optionsanleihen setzen immer ein Primärpapier voraus, also eine Schuldverschreibung oder ein Bezugsrecht, auf das sich der Anspruch auf Zuteilung von Wertpapieren nach Umwandlung, Umtausch, Rückzahlung oder Vorlage eines Optionsscheins stützt. Unter welchen Voraussetzungen dürfen diese Papiere nun aber ausgegeben werden? Neben all-

18 Bei diesem Papier ist nicht die Aktie selbst, sondern der „Gutschein" rückzahlbar bzw. verkäuflich.

19 Siehe Fn. 18.

gemeinen Anforderungen[20] gibt es hier spezielle Bestimmungen für Papiere, bei denen zur öffentlichen Zeichnung aufgerufen wurde[21].

1. *Die allgemeinen Voraussetzungen*

a) Da das Primärpapier in Form einer Anleihe ausgegeben wird, läge es nahe, die Zuständigkeit für die Entscheidung über die Ausgabe bei der Jahreshauptversammlung anzusiedeln. Gemäß Art. 286 des Gesetzes vom 24. Juli 1966 entscheidet über die Ausgabe von Anleihen nämlich die Hauptversammlung. Diese Lösung würde jedoch außer acht lassen, daß die Schuldverschreibung oder Option die Zustimmung zu einer Kapitalerhöhung bedingt, die letztlich von der Gesellschaft umgesetzt werden muß. Zwar steht der Zeitpunkt für diese Kapitalerhöhung nicht notwendigerweise fest. Aber über das „Ob" ist endgültig entschieden: Die Gesellschaft wird in der Zukunft ihr Kapital erhöhen müssen, damit sie die Gläubiger befriedigen, d.h. sie zu Aktionären machen kann. Demnach ist die Ausgabe der Primärpapiere notwendigerweise mit der festen Zusage einer Kapitalerhöhung verbunden[22]. Daraus ergeben sich zwei wichtige Konsequenzen.

b) Zunächst darf über die Ausgabe eines Primärpapiers, das Anspruch auf Kapitalbeteiligung begründet, ausschließlich in einer außerordentlichen Hauptversammlung beschlossen werden. Dies ist explizit geregelt für die Schuldverschreibungen mit Optionsscheinen (Gesetz vom 24. Juli 1966, Art. 194-1), die Wandelschuldverschreibungen (Art. 195), die gegen Aktien austauschbaren Schuldverschreibungen (Art. 201) und die Gutscheine, die ihren Inhabern selbständige Subskriptionsrechte geben (Art. 339-5).

Die Entscheidung der außerordentlichen Hauptversammlung ergeht aufgrund eines Berichts des Verwaltungsrats oder des Direktoriums (*directoire*) und eines Sonderberichts der Bilanzprüfer. Erforderlich ist eine Mehrheit von zwei Dritteln der Stimmen. Die außerordentliche Hauptversammlung tagt nur rechtsgültig, wenn bei der ersten Einberufung mindestens ein Drittel und bei der zweiten Einberufung mindestens ein Viertel aller Aktionäre anwesend oder vertreten sind (Gesetz v. 1966, Art. 153, geändert durch Gesetz vom 8. August 1994). Die Verwaltung trifft drei Entscheidungen:

(1) Sie autorisiert die Ausgabe der Schuldverschreibungen oder Optionsscheine, besser gesagt, sie delegiert die für die Umsetzung notwendigen Kompetenzen an Verwaltungsrat bzw. Direktorium. Sie kann die Umsetzungsmaßnahmen natürlich auch selbst treffen, aber das geschieht selten. Früher mußte diese

20 Hierzu unten II.1.
21 Hierzu unten II.2.
22 Hovasse, aaO (Fn. 12), Rdn. 13.

Delegierung für jeden Titel extra erteilt werden. Die Hauptversammlung war also gezwungen, eine Vielzahl von gleichartigen Beschlüssen zu fassen. Mit dem Gesetz vom 8. August 1994, und hier Art. 25, ist eine Vereinfachung dergestalt eingeführt worden, daß eine globale Ermächtigung möglich wurde, so daß der Verwaltungsrat bzw. das Direktorium bis zum Schluß selbst entscheiden können, welche Art von Titeln ausgegeben werden sollen und unter welchen Bedingungen diese Zugang zum Kapital gewähren. Das französische Recht hat sich damit dem autorisierten Kapital, vergleichbar den angelsächsischen Ländern, angenähert.

(2) Sie bestimmt die Rahmenbedingungen der Umwandlung oder des Umtauschs bzw. den Subskriptionspreis, d.h. die Anzahl der Aktien, die die Investoren erwerben können sollen.

(3) Schließlich brauchen sich die Inhaber von Schuldverschreibungen oder Gutscheinen nicht am Bezugsrecht der Aktionäre bei Kapitalerhöhungen zu stören. Denn die Autorisation der Ausgabe des Primärpapiers beinhaltet naheliegenderweise den Verzicht der Aktionäre auf ihr Bezugsrecht bezüglich der Aktien, die bei Umwandlung, Umtausch, Rückzahlung oder Vorlage eines Optionsscheins ausgegeben werden.

c) Zum zweiten darf die Ausgabe von Papieren, die das Recht auf Zuteilung von Aktien begründen, nicht indirekt das Recht der Aktionäre beeinträchtigen, ihren Kapitalanteil auch nach Kapitalerhöhungen zu erhalten. Folglich haben die Aktionäre ein vorrangiges Bezugsrecht bezüglich weiterer Aktien entsprechend ihrem Kapitalanteil (Gesetz vom 24. Juli 1966, Artt. 194-1, 195, 201, 339-1 und 339-5)[23].

Dieses Vorzugsrecht kann sich indirekt als hinderlich erweisen, vor allem, wenn die Schuldverschreibungen oder Optionsscheine sämtlich von einem Anleger gezeichnet werden, der nicht bereits Gesellschafter ist. Die außerordentliche Versammlung kann sich daher im Rahmen der allgemeinen Gesetze ihrer vorrangigen Bezugsrechte begeben, vorausgesetzt, die Gesellschafter sind über die Bedeutung dieses Verzichts hinreichend aufgeklärt[24].

Um den Aktionären jedoch die regelmäßig vorteilhafte Anlagemöglichkeit zu erhalten, hat sich in der Praxis die sogenannte „vorrangige Bezugsfrist" (*délai préférentiel de souscription*) herauskristallisiert[25]. Dieser Weg ist gegenüber dem „normalen" Bezugsrecht weniger einschneidend, weil die Frist, innerhalb derer der Aktionär ein Bezugsrecht geltend machen kann, regelmäßig kurz ist und es nicht um ein Papier geht, das separat handelbar ist. Trotzdem ist es für die Ge-

23 Jauffret, La modification du capital émis dans les sociétés anonymes, notamment du point du vue des droits de souscription préférentielle, R.T.D. Com., 1974, S. 183.

24 Guyon, aaO (Fn. 14), Rdn. 432.

25 Vasseur, De la priorité reconnue aux actionnaires ayant renoncé à leur droit préférentiel de souscription en cas d'émission d'obligations convertibles, J.C.P. 1974, I, 2665.

sellschafter manchmal verblüffend, daß sie auf ihr Vorzugsrecht verzichten, sich im Gegenzug aber eine vorrangige Subskriptionsfrist bewilligen sollen.

d) Das – bereits komplexe – Ausgabeverfahren wird noch schwieriger, wenn der Primärtitel, der von der Gesellschaft ausgegeben wird, den Zugriff auf das Kapital der Muttergesellschaft ermöglicht (Gesetz vom 24. Juli 1966, Art. 339-3).

Diese sogenannten „gekreuzten" Ausgaben (*émissions croisées*) sind für die Tochtergesellschaften deshalb vorteilhaft, weil diese so von der Kreditwürdigkeit und dem guten Ruf der Mutter profitieren können. Der Anleger, der eine von der Tochter angebotene Wandelschuldverschreibung oder Optionsanleihe erwirbt, weiß, daß er in der Zukunft Kapitalanteile der Muttergesellschaft erwerben kann, wenn er dies wünscht. Die Muttergesellschaft braucht bei der Ausgabe der Primärpapiere auch keine Garantieübernahme erklären, auf die der Anleger vielleicht bestanden hätte, wenn die Tochtergesellschaft die Transaktion allein durchgeführt hätte.

Der Gesetzgeber hat den Fall, daß die Tochtergesellschaft über die Ausgabe dieser Papiere entscheidet, nicht vorhergesehen. Da das Kapital der Tochter nicht erhöht werden muß, wäre die Einberufung einer außerordentlichen Hauptversammlung sinnlos[26]. Wenn der Primärtitel eine Schuldverschreibung ist, kann über die Ausgabe entsprechend den allgemeinen Regelungen daher in der Jahreshauptversammlung entschieden werden (Gesetz vom 24. Juli 1966, Art. 286). Handelt es sich um eine Optionsanleihe, so ist die Rechtslage unklar. Zweifelhaft ist, ob dann die Unternehmensführung oder die Jahreshauptversammlung entscheidet.

Einfacher ist die Beurteilung der Rechtslage auf Seiten der Muttergesellschaft. Über die Ausgabe der Papiere durch die Tochtergesellschaft muß in einer außerordentlichen Hauptversammlung der Muttergesellschaft entschieden werden. Die Billigung beinhaltet dann automatisch den Verzicht der Aktionäre auf ihr gesetzliches Bezugsrecht (Gesetz vom 24. Juli 1966, Art. 339-3 Abs. 2). Diese Regelungen sind einleuchtend, denn es ist das Kapital der Mutter, das bei Umwandlung, Umtausch oder Rückzahlung des Primärtitels erhöht werden muß.

Wegen ihrer Komplexität bringt die gekreuzte Ausgabe von Wandelschuldverschreibungen und Optionsanleihen zahlreiche Fragestellungen mit sich. So dürfte der französischen Tochter einer Auslandsgesellschaft diese Form der Ausgabe wohl nur offen stehen, wenn das auf die Muttergesellschaft anwendbare Auslandsrecht eine Vorschrift entsprechend der Regelung in Art. 339-3 des Gesetzes vom 24. Juli 1966 kennt.

26 Gegen LAMY, Sociétés commerciales, Rdn. 6504.

Auch ist es wohl unzulässig, wenn die Muttergesellschaft Wandelschuldverschreibungen oder Optionsanleihen ausgibt, die Kapitalbeteiligungen an der Tochter ermöglichen[27]. Diese Frage ist freilich umstritten, doch würde die Zulassung derartiger Papiere die Interessen von Minderheitsaktionären in der Tochtergesellschaft gefährden.

2. *Die zusätzlichen Bestimmungen bei öffentlichem Aufruf zur Zeichnung*

Für die Ausgabe von Wertpapieren durch Aufruf zur öffentlichen Zeichnung gibt es keine Spezialregelungen. Wir werden kurz die wichtigsten Punkte zusammenfassen: Da das Gesetz keine umfassende Definition enthält, muß als erstes geklärt werden, wann ein Aufruf zur öffentlichen Zeichnung vorliegt und wann nicht[28]. Unzweifelhaft liegt ein Aufruf zur öffentlichen Zeichnung dann vor, wenn der Verkauf über Börsenmakler, an der Börse, am zweiten Börsenmarkt oder unter Zuhilfenahme von Kreditanstalten erfolgt (vgl. Gesetz vom 24. Juli 1966, Art. 72)[29].

Darüber hinaus kann ein Aufruf zur öffentlichen Zeichnung auch darin bestehen, daß kaufmännisch geworben wird, etwa über Zeitungsanzeigen, Plakate an öffentlichen Orten, Radiospots, Minitel (E-Mail) etc. Andererseits liegt ein Aufruf zur öffentlichen Zeichnung nicht schon dann vor, wenn die Gesellschaft sich an Personen wendet, mit denen bereits früher Geschäftsbeziehungen bestanden oder wenn sie sich darauf beschränkt, die gesetzlichen Publizitätsbestimmungen einzuhalten (Verordnung vom 23. März 1967, Art. 57). Um Abgrenzungsprobleme zu vermeiden, nimmt das Börsenaufsichtsamt (Commission des Opérations de Bourse, C.O.B.) hier eine rein quantitative Abgrenzung vor. Sobald mehr als 300 Personen angesprochen werden, soll eine tatsächliche Vermutung für einen Aufruf zur öffentlichen Zeichnung sprechen (Regeln der C.O.B. 88/04, Art. 1). Freilich ist diese Vermutung widerlegbar. Ein zum Zeitpunkt der Fertigstellung des Manuskripts (April 1998) gerade im Parlament diskutierter Gesetzesentwurf sieht die nähere Begriffsbestimmung des Aufrufs zur

27 Pellier, Les emprunts obligataires assortis de mécanismes d'accès au capital d'une filale de l'émetteur, Rev. dr. bancaire 1993, 40.

28 Granier, La notion d'appel public à l'épargne, Rev. soc. 1992, 687.

29 Art. 72 lautet (in deutscher Übersetzung):
„Als Gesellschaften, die zur öffentlichen Zeichnung aufrufen, gelten:
1. diejenigen, deren Wertpapiere an der Börse oder am zweiten Börsenmarkt zugelassen sind, ab Zulassung oder
2. diejenigen, die zur Ausgabe von Wertpapieren jedweder Art die Hilfe von Kreditanstalten oder von den in Art. 99 des Gesetzes Nr. 84-46 vom 24. Januar 1984 über die Tätigkeit und Kontrolle von Kreditanstalten genannten Anstalten oder von Börsenmaklern in Anspruch nehmen oder die sonstige Publizitätsmaßnahmen oder Kundenmaßnahmen betreiben."

öffentlichen Zeichnung vor. Insbesondere das Wenden an benannte Kapitalanleger wäre nicht als Aufruf zur öffentlichen Zeichnung anzusehen.

Die Ausgabe von Wertpapieren durch Aufruf zur öffentlichen Zeichnung muß im Amtsblatt (Bulletin Officiel des Annonces Légales Obligatoires; BALO) angezeigt werden (Verordnung vom 23. März 1967, Artt. 156 Abs. 3 und 159). Der Verkauf ist erst nach Erstellung eines Emissionsprospekts zulässig, der vom Aufsichtsamt gebilligt werden muß (Verordnung vom 28. September 1967, Art. 6). Der Billigungsvermerk ist weder autorisierender Verwaltungsbescheid noch Bestätigung finanzieller Seriosität der Gesellschaft oder geringer Risiken für den Anleger[30]. Sein Zweck besteht allein darin, dem Aufsichtsamt die Kontrolle zu ermöglichen, ob dem Anleger alle gesetzlich vorgeschriebenen Informationen über die anbietende Gesellschaft und über die Rahmenbedingungen der Ausgabe der Wandelschuldverschreibung oder Optionsanleihe zur Kenntnis gebracht wurden. In der Praxis untersucht die C.O.B. minutiös den Entwurf des Informationsprospekts, weshalb die Erlangung des Billigungsvermerks oftmals erhebliche Zeit in Anspruch nimmt (Mitteilung der C.O.B. vom 2. Februar und vom 31. Juli 1987). Wird vor der Billigung durch das Aufsichtsamt zur öffentlichen Zeichnung aufgerufen, so kann die C.O.B. gerichtlich feststellen lassen, daß die anbietende Gesellschaft zur Rückzahlung des Subskriptionspreises verpflichtet ist, wenn der Anleger dies fordert[31].

Um die Entwicklung eines europäischen Marktes zu erleichtern, sieht eine Richtlinie der Europäischen Union vom 22. Juni 1987 vor, daß ein Bestätigungsvermerk der Behörden eines Mitgliedstaates in den übrigen europäischen Staaten anzuerkennen ist.

III. Rechte der Inhaber von Wandelschuldverschreibungen und Optionsanleihen

1. Bis zu dem Zeitpunkt, in dem Wandelschuldverschreibungen oder Optionsanleihen den Zugriff auf das Gesellschaftsvermögen ermöglichen, ist die rechtliche Stellung ihrer Inhaber oftmals unklar.

Im Gesetz vom 24. Juli 1966 ist ausdrücklich nur der Fall eines Wertpapiers geregelt, das späteren Zugriff auf das Gesellschaftsvermögen ermöglicht, weil es nach Umwandlung, Umtausch, Rückzahlung oder einem beigefügten Optionsschein Anspruch auf Zuteilung von Aktien gibt. Ansonsten hat das Gesetz jedoch die Gruppe der Gläubiger institutionalisiert. Diese muß gehört werden, wenn eine finanzielle Transaktion der Gesellschaft die Rechte der Gläubiger berührt. Die Betroffenen sind also bereits durch das allgemeine, auch bei einfachen

30 Paris, 18. November 1977, J.O.doc.administ. 1979, 732.

31 Paris, 28. März 1988, D. 1989, mit Anm. DECOOPMAN; Rev.soc. 1988 somm. 443; R.T.D. Com. 1990, 222, mit Anm. ALFANDARI und JEANTIN.

Verbindlichkeiten der Gesellschaft anwendbare Recht geschützt[32]. Insbesondere muß die Gruppe der Gläubiger bei Änderungen des Unternehmensgegenstandes oder der Gesellschaftsform, bei Fusionen und bei Emission neuer Anleihen unter Vorzugsbedingungen ihre Zustimmung erklären. Erheben die Gesellschafter Widerspruch, kann die Gesellschaft die Transaktion nur mit der Maßgabe durchführen, daß sie auf Antrag die Forderungen der Gläubiger erstattet oder aber hinreichende Sicherheiten bietet (Gesetz vom 24. Juli 1966, Art. 321-1 und 380). In anderen Fällen (Änderung der Tilgungsbedingungen, des Zinssatzes etc.) kann sie sich über den Widerstand der Gläubiger von vornherein nicht hinwegsetzen; sie muß ihr Vorhaben aufgeben.

2. Darüber hinaus gibt es spezielle Schutzvorschriften zugunsten von Wertpapieren, die ein Recht auf Zuteilung eines Kapitalanteils vermitteln. Die Einzelheiten der sehr komplexen und in sich wenig kohärenten Regelungen sollen hier nicht erörtert werden. Zu erwähnen sind lediglich zwei Hauptregelungen betreffend die Fälle, in denen die Gesellschaft ihr Kapital erhöht, weitere „kombinierte" Wertpapiere ausgibt oder ihre Reserven auflöst. Die Inhaber von Schuldverschreibungen und Optionsscheinen können dann entweder vorzeitig ihr Recht auf Teilhabe am Gesellschaftsvermögen verwirklichen oder gleich einem Aktionär über die Transaktion mitentscheiden (Gesetz vom 24. Juli 1966, Artt. 194-5, 196 Abs. 2 und 206).

Bei börsennotierten Gesellschaften kann der Ausgabevertrag darüber hinaus die Anpassung der vertraglichen Grundlagen für Umwandlung, Tausch oder Zuteilung vorsehen. Die Anpassung wird unter Aufsicht der C.O.B. durchgeführt (Gesetz vom 24. Juli 1966, Art. 174-2). In der Praxis besteht hier die Gefahr der Anfechtung durch Minderheitsaktionäre oder Inhaber von Primärpapieren, weshalb die Inanspruchnahme solcher Rechte besser vermieden werden sollte.

Die eben skizzierten Regelungen sind zwar höchst kompliziert; sie haben jedoch den Vorzug, daß sie den Stillstand des Gesellschaftslebens vermeiden. Wenn sich nach der Ausgabe von Schuldverschreibungen oder Optionsanleihen Änderungen ergeben, die neue finanzielle Transaktionen notwendig machen, so sind diese fast immer auch durchführbar.

Wünschenswert wäre ein weitergehender Schutz allerdings, soweit es die Rechte der Inhaber von Schuldverschreibungen angeht, die in Aktien rückzahlbar sind (*obligations remboursables en actions*, ORA). Anders als bei den übrigen „kombinierten" Wertpapieren, bei denen der Zugriff zum Kapital lediglich fakultativ ist, werden die Inhaber der ORA's zwingend zu Aktionären, ohne eine Verzichtsmöglichkeit zu haben[33]. Sie sind also Aktionäre der Zukunft. Es wäre richtig, sie enger in die Entscheidungen der Gesellschaft einzubeziehen als die

32 Roblot/Germain, aaO (Fn. 7), Rdn. 1424.
33 Siehe unten IV.3.

Inhaber der übrigen Papiere, die ja darauf verzichten können, Aktionäre zu werden, wenn ihnen die Entwicklung der Gesellschaft nicht gefällt. Die Rechtsprechung geht jedoch nicht in diese Richtung. Sie sieht Inhaber von ORA's vor der Veränderung wie alle anderen Inhaber von Schuldverschreibungen an[34].

3. In anderen Fällen ist die Rechtslage noch unbilliger. Für den Fall, daß die Gesellschaft isolierte Subskriptionsrechte ausgibt, hat der Gesetzgeber eine kollektive Organisation der Inhaber solcher Papiere nicht vorgesehen. Folglich müßten spätere finanzielle Maßnahmen, die die isolierten Bezugsrechte potentiell beeinträchtigen, nur bei einstimmiger Billigung durch die Inhaber dieser Papiere möglich sein. Da eine einstimmige Entscheidung jedoch kaum erreicht werden kann, insbesondere wenn die Papiere weit gestreut sind, riskiert die Gesellschaft hier ihre – bereits deutlich eingeschränkte – Handlungsfähigkeit.

Die Situation ist vergleichbar, wenn Papiere ausgegeben wurden, die Zugriff auf das Kapital der Muttergesellschaft ermöglichen. Zwar existiert hier eine Gruppe der Gläubiger. Doch sind die Rechte dieser Gruppe auf Maßnahmen der Tochtergesellschaft begrenzt. Für die Inhaber der Schuldverschreibungen wäre jedoch die Interessenwahrung bei der Muttergesellschaft wichtig, deren Gesellschafter sie werden wollen. Auch hier ist folglich der Stillstand des Gesellschaftslebens bei der Muttergesellschaft zu befürchten. Kein Verfahren scheint diese Nachteile völlig vermeiden zu können. Es sind nur schwer Regelungen in einem Emissionsvertrag vorstellbar, durch die eine Gruppe der Inhaber isolierter Bezugsrechte oder Rechte der Erwerber von Schuldverschreibungen der Tochtergesellschaft im Verhältnis zur Muttergesellschaft geschaffen werden. Eine solche Gruppe könnte nur in Form einer Vereinigung gebildet werden. Der Eintritt in eine solche Vereinigung ist nach französischem Recht jedoch immer freiwillig[35]. Darüber hinaus würde der Eintritt einem Verzicht auf bestehendes Recht gleichkommen. Er würde zur Folge haben, daß bislang einstimmig zu treffende Entscheidungen plötzlich dem Mehrheitsentscheid zugänglich wären. In diesem Zusammenhang ist eine Gesetzesreform geplant, durch die die kollektive Vertretung der Inhaber aller Formen „kombinierter" Wertpapiere eingeführt werden soll[36].

Gegenwärtig empfiehlt es sich, isolierte Bezugsrechte und Bezugsrechte auf Kapitalbeteiligungen an der Muttergesellschaft zeitlich zu begrenzen. Die Gefahr der Paralysierung des Gesellschaftslebens wird dadurch nicht gebannt. Aber die Nachteile sind gemildert, da sich kapitalrelevante Transaktionen zeitlich aufschieben lassen, ohne daß die Gesellschaft für immer lahmgelegt ist.

34 Cass. Com., 13. Juni 1995, JCP 1995, II, 22522 mit Anm. GUYON; Rev. soc. 1995, 737 mit Anm. P. DIDIER.

35 Bezüglich einer Jagdvereinigung: Trib. inst. Valence, 28. Juni 1989, D. 1990, 93 mit Anm. ROMI; R.T.D. Com. 1990, 222 mit Anm. ALFANDARI und JEANTIN.

36 BISSARA, La modernisation du régime des émissions de titres de capital: Rapports et avis du Consail National du Patronat Français (CNPF), April 1993.

IV. Zugriff auf das Gesellschaftskapital

1. Die Bestimmung des Primärpapiers ist es, Zugang zum Gesellschaftskapital zu gewähren. Art. 339-1 des Gesetzes vom 24. Juli 1966 enthält eine nicht abschließende Aufstellung der wichtigsten Formen dieses Zugriffs. Diese sind:
- die Umwandlung: Durch sie verwandelt sich die Schuldverschreibung in eine Aktie;
- der Tausch: Der Inhaber gibt die Schuldverschreibung an ein von der Gesellschaft beauftragtes Geldinstitut zurück und erhält im Gegenzug eine Aktie (Art. 1702 C.civ.). Die Schuldverschreibung geht also nicht unter, sondern wechselt lediglich ihren Inhaber;
- die Rückzahlung: Die Anleihe wird statt in Geld durch Zuteilung einer Aktie zurückerstattet;
- die Vorlage eines Optionsscheins, der isoliert oder einer Schuldverschreibung beigefügt sein kann (OBSA). Im letzteren Fall geht die Schuldverschreibung weder unter, noch wechselt sie den Inhaber. Der Obligationär, der sein Bezugsrecht ausübt, ergänzt seine Gläubigerstellung mit der Stellung eines Gesellschafters.

2. All diese Verfahren setzen eine Kapitalerhöhung voraus, die für die das Primärpapier ausgebende Gesellschaft zwingend und unausweichlich ist. Die Gesellschaft muß die Kapitalerhöhung innerhalb der Fristen und in Übereinstimmung mit den Regelungen im Emissionsvertrag umsetzen, und zwar so, daß jeder Inhaber einer Wandelschuldverschreibung oder eines Optionsscheins eine oder mehrere Aktien erwerben kann. Diese Kapitalerhöhung wird von der außerordentlichen Hauptversammlung übrigens gleichzeitig mit der Entscheidung über die Ausgabe der Primärpapiere beschlossen (Gesetz vom 24. Juli 1966, Artt. 339-2 und 339-5). Der Verwaltungsrat oder der Aufsichtsrat setzen diesen Beschluß um.

Die Weigerung der Gesellschaft, ihr Kapital zu erhöhen, würde eine Erfüllungsverweigerung des Emissionsvertrags darstellen. Sie würde die Inhaber der Primärwertpapiere zu Schadensersatz berechtigen, gerichtet auf das positive Interesse. Doch könnten die Inhaber auch einen gerichtlichen Titel erwirken, der die Gesellschaft zur Kapitalerhöhung verpflichtet? Einerseits mündet jede Handlungspflicht nach französischem Recht in einer Schadensersatzverpflichtung, weshalb die Zwangsvollstreckung ausgeschlossen scheint (Art. 1142 C.civ.). Andererseits tendieren die Gerichte zunehmend dahin, die Zwangsvollstreckung bei Handlungspflichten zuzulassen, sofern sie den Schuldner nicht unverhältnismäßig belassen. Damit könnte man vorliegend zur Möglichkeit der Zwangsvollstreckung kommen[37]. Das

37 Jeandidier, L'exécution forcée des obligations contractuelles de faire: R.T.D.C. 1976, 700; Viney, Droit civil, La responsabilité, Effets, Rdn. 33.

Gericht könnte in Vollzug der Vollstreckungsmaßnahme einen ad-hoc-Verwalter bestellen, dessen Aufgabe der Beschluß der geschuldeten Kapitalerhöhung an Stelle von Verwaltungsrat oder Direktorium wäre[38].

3. Aus Sicht des Inhabers einer Wandelschuldverschreibung oder eines Optionsscheins ist die Zeichnung des erhöhten Kapitals dagegen grundsätzlich fakultativ. Der Betroffene kann nach seinem Ermessen Zugriff auf das Kapital nehmen oder verzichten. Seine Entscheidung wird von den finanziellen Bedingungen im Entscheidungszeitpunkt diktiert sein.

Selbstverständlich wird etwa der Inhaber einer Wandelschuldverschreibung mit festem Marktwert kein Interesse haben, den Umtausch in Aktien von niedrigerem Wert zu fordern. Hier wird die Gefahr deutlich, die mit einer Kapitalerhöhung bei fakultativem Zeichnungsrecht verbunden ist. Die Gesellschaft geht eine feste Verpflichtung ein, während der Inhaber eines „kombinierten" Wertpapiers einer solchen Verpflichtung nicht unterliegt.

Anders ist die Sachlage dagegen, wenn die Gesellschaft in Aktien rückzahlbare Schuldverschreibungen (ORA) emittiert hat. In diesem Fall ist der Obligationär ein Aktionär der Zukunft. Beim Umtausch der Anleihe hat er keine Wahl zwischen der Beibehaltung der Gläubigerstellung und deren Umwandlung in eine Stellung als Aktionär. Die Rückzahlung in Aktien ist für ihn obligatorisch. Darin offenbart sich die rechtliche Zwitterstellung der ORA zwischen Aktie und Schuldverschreibung, der der Gesetzgeber besser Rechnung tragen sollte[39].

V. Resümee

Eine gewisse Komplexität des französischen Rechts der Wertpapiere, die Anspruch auf Zuteilung von Aktien geben, war kaum vermeidbar, berücksichtigt man die komplizierten Mechanismen des Finanzwesens, die kaum in einfachen Texten erfaßt werden können. Gleichwohl wäre der Versuch einer Vereinfachung wünschenswert. Wie so häufig vollzog sich die Gesetzgebung in diesem Bereich sukzessiv; es fehlte an einer übergreifenden Koordination, wenn ein neues Gesetz in die alten Regelungen eingefügt wurde. Insbesondere gibt es keinen nachvollziehbaren Grund dafür, daß die Wandelschuldverschreibungen und die Optionsanleihen Regelungen unterliegen, die nicht in allen Punkten übereinstimmen[40].

38 Für diese Verfahrensweise in Fällen mißbräuchlichen Verhaltens der Minderheit siehe Com. 9. März 1993, D. 1993, 363 mit Anm. GUYON, Rev. soc. 1993, 403 mit Anm. MERLE.

39 PELTIER, La nature juridique des obligations remboursables en actions, JCP 1992, éd. E., I, 155.

40 Diese Unterschiede zeigen sich hauptsächlich bei der Reichweite der Entscheidungen der Jahreshauptversammlung, dem Umfang der Kompetenzen, die den Funktionsträ-

Es ist daher an der Zeit, ein einheitliches Recht für die Wertpapiere mit Recht auf Zuteilung von Aktien zu schaffen. Die Zeichner von Wertpapieren könnten so besser geschützt und den Gesellschaften ein hinreichender Handlungsspielraum bei der Suche nach geeigneten Finanzierungsinstrumenten belassen werden. Dabei wird es gleichwohl immer Differenzierungen zwischen den verschiedenen Arten geben müssen. Die Inhaber isolierter Bezugsrechte können nicht wie Schuldverschreibungsgläubiger behandelt werden, denn nur die letzteren gewähren der Gesellschaft eine Anleihe. Auch sollten die Inhaber von Schuldverschreibungen, die in Aktien rückzahlbar sind (ORA) als zukünftige Aktionäre vom Zeitpunkt der Ausgabe an mehr Rechte haben als die Erwerber von Papieren, die nur den fakultativen Erwerb von Aktien ermöglichen.

Mit dem Gesetz vom 8. August 1994 ist eine Vereinheitlichung und Vereinfachung des Rechts angestrebt worden. Leider beschränkt sich sein Anwendungsbereich auf die Ausgabe von zusammengesetzten Wertpapieren und sieht keinerlei kollektive Vertretung der Inhaber dieser Titel vor. Eine umfassende Reform bleibt daher wünschenswert.

VI. Anhang

1. Emittierte Schuldverschreibungen der Jahre 1995 und 1996 im Vergleich (Bericht der COB 1996, 230)

	1996		1995		Variation 96/95	Structure (%)	
Millions de Francs	Montant	[1]	Montant	[1]	%	1996	1995
Emprunts Obligataires	**450744,10**	**87**	**347428,02**	**94**	**+29,7**	**93,7**	**94,9**
– à taux fixe.	134355,29	67	89876,98	78	+49,5	27,9	24,6
– à coupon zéro			4210,00	6	-100,0		1,2
– à taux progressif	101,20	2	702,85	2	-85,6	0,0	0,2
– à taux variable	14851,62	17	5157,19	7	+188,0	3,1	1,4
Obligations pouvant donner accès au capital	**16797,26**	**13**	**6530,34**	**8**	**+157,2**	**3,5**	**1,8**
- OCA	11324,93	10	6530,34	8	+73,4	2,4	1,8
- ORA							
- OBSA	5433,93	2				1,1	
- OCABSA	38,40	1				0,0	

gern der Gesellschaft bei der Ausgabe von Papieren zustehen, den Modalitäten des Verzichts der Aktionäre auf ihr vorrangiges Bezugsrecht, den Eintragungen im Subskriptionsregister, dem Nießbrauch an „kombinierten“ Wertpapieren etc.

Millions de Francs	1996 Montant	1996 [1]	1995 Montant	1995 [1]	Variation 96/95 %	Structure (%) 1996	Structure (%) 1995
Titres subordonnés	**9865,31**	**20**	**5176,20**	**12**	**+90,6**	**2,1**	**1,4**
- TSDI	490,00	1				0,1	
- TSR	9375,31	19	5176,20	12	+81,1	1,9	1,4
Titres subordonnés pouvant donner accès au capital	**900,00**	**1**				**0,2**	
- TSDICA	900,0	1				0,2	
Obligations à prix de remboursement indexé	**900,0**	**5**	**776,21**	**5**	**+15,9**	**0,2**	**0,2**
- sur l'indice CAC 40	100,00	1	470,81	3	-78,8	0,0	0,1
- sur un ou plusieurs autres indices boursiers			185,40	1	-100,0		0,1
- sur le cours de l'action de l'émetteur	800,00	4	120,00	1	+566,7	0,2	0,0
Autres emprunts à caractéristiques spécifiques	**1995,40**	**1**	**6050,00**	**1**	**-67,00**	**0,4**	**1,7**
- OBSO	1995,40	1				0,4	
- autres			6050,00	1	-100,0		1,7
Total	**481202,07**	**127**	**365960,76**	**120**	**+31,5**	**100,0**	**100,0**
dont emprunts d'état	301436,00	1	247481,00	**+21,8**		62,6	67,6

2. Emittierte Aktien der Jahre 1995 und 1996 im Vergleich (Bericht der COB 1996, 208)

Millions de Francs	1996 Montant	1996 [1]	1995 Montant	1995 [1]	Variation 96/95 %	Structure (%) 1996	Structure (%) 1995
Premier marché	37223,85	157	**33955,84**	152	+9,6	87,8	**94,5**
Règlement mensuel	35351,32	113	**29285,11**	111	+20,7	83,4	**81,5**
- de numéraire	12652,03	39	6654,98	39	+90,1	29,8	18,5
- avec ape (appel public á l'épargne)	7403,03	4	2890,17	5	+156,1	17,5	8,0
- réservées aux salariés	3904,14	34	2647,83	33	+47,4	9,2	7,4
- salariés	1935,61	19	1842,12	13	+5,1	4,6	5,1
- FCPE	1968,53	17	805,71	22	+144,3	4,6	2,2

	1996		1995		Variation 96/95	Structure (%)	
Millions de Francs	**Montant**	[1]	**Montant**	[1]	**%**	**1996**	**1995**
– autres réservées	1344,86	2	1116,98	3	+20,4	3,2	3,1
– paiement du dividende en actions	16025,07	51	20485,63	55	–21,8	37,8	57,0
– exercice de bons de souscription	3550,07	21	766,51	24	+363,1	8,4	2,1
– levées d'options	3124,15	85	1377,99	80	+126,7	7,4	3,8
Comptant	**1872,53**	**44**	**4670,73**	**41**	**–59,9**	**4,4**	**13,0**
– de numéraire	579,50	6	3918,64	10	–85,2	1,4	10,9
– avec APE	272,28	2	670,65	6	–59,4	0,6	1,9
– réservées aux salariés	8,96	3	11,51	4	–22,1	0,0	0,0
– salariés	2,55	1				0,0	
– FCPE	6,41	2	11,51	4	–44,3	0,0	0,0
– autres réservées	298,25	1	3236,49	2	–90,8	0,7	9,0
– paiement du dividende en actions	450,80	12	504,04	16	–10,6	1,1	1,4
– exercice de bons de souscription	308,52	9	5,54	4	+5467,0	0,7	0,0
– levées d'options	533,71	25	242,51	17	+120,1	1,3	0,7

Wandelanleihen, Optionsanleihen und Anleihen mit Optionsrechten in Italien*

von

Professor GIAN FRANCO CAMPOBASSO, Neapel**

Inhaltsübersicht

I. Entwicklung und gesetzliche Regelung

In Italien ist die Ausgabe von Anleihen durch Aktiengesellschaften in den Art. 2410ff des Codice Civile von 1942 geregelt. Bis 1974 fehlten allerdings be-

* Der folgende Beitrag ist die aktualisierte und überarbeitete Fassung des Aufsatzes, den Verf. in ZGR 1995, 529ff veröffentlicht hat.

** Die Übersetzung aus dem Italienischen besorgte Professor Dr. *Heribert Hirte*, LL.M. (Berkeley), Jena.

sondere Regelungen zu den Wandelanleihen und zu den Anleihen mit Optionsrechten (oder mit *warrants*), obwohl beide Finanzierungsinstrumente bereits vor der Verkündung des Codice Civile auf dem italienischen Finanzmarkt bekannt waren[1].

In der Nachkriegszeit wurde die Emission von Wandelanleihen seit den 50er Jahren wieder aufgenommen, allerdings nur in geringem Umfang. Optionsanleihen wurden demgegenüber vom italienischen Markt lange Zeit ignoriert, und bis zu Beginn der 80er Jahre sind größere Emissionen nicht bekannt geworden. Dies trug dazu bei, daß sowohl der Gesetzgeber als auch die italienischen Juristen den beiden Anleihetypen unterschiedliche Aufmerksamkeit schenkten.

Auch heute noch gibt es keine ausdrückliche Regelung für Anleihen mit Optionsrecht. Die italienische Rechtswissenschaft hat demgegenüber noch unlängst ihr Interesse an diesem Thema bekundet, und zwar im Zusammenhang mit der jüngsten Emission von *warrants* (nicht immer verbunden mit Aktien) seitens einiger bedeutender Gesellschaften[2].

Ganz anders stellt sich demgegenüber die Lage bei den Wandelanleihen dar, die nach italienischer Erfahrung in zwei tatsächlichen Erscheinungsformen auftreten:

a) das sogenannte *procedimento diretto* (direktes Vorgehen), von dem man spricht, wenn die Wandelanleihen in Aktien derselben Gesellschaft umgewandelt werden können. Bei Aktien, in die umgewandelt wird, ist weiter zu unterscheiden:

aa) *nach zukünftig auszugebenden* Aktien, die von den Anleihegläubigern im Moment der Ausübung ihres Wandelrechts gezeichnet werden,

bb) *schon existierenden* Aktien, die sich im Besitz der Gesellschaft befinden und zu deren Übertragung auf die Anleihegläubiger sich die Gesellschaft bei Ausübung des Wandelrechts verpflichtet;

b) das sogenannte *procedimento indiretto* (indirektes Vorgehen), von dem man spricht, wenn die von einer Emittentin (Gesellschaft oder Kreditinstitut)

1 In den dreißiger Jahren machte die Staatsholding „IRI" (*Instituto per la ricostruzione industriale*) in erheblichem Umfang von der Möglichkeit einer Ausgabe von Wandelanleihen Gebrauch, um Aktienpakete auf dem Markt zu plazieren, die für einen Erhalt der Kontrolle über die betreffende Gesellschaft nicht erforderlichen waren. In derselben Zeit emittierten auch einige wichtige italienische Industrieunternehmen Wandelanleihen (so Fiat, Ilva, Pirelli) oder Anleihen mit beigefügtem Optionsrecht auf Aktien (so Fiat, Montecatini, Isotta Fraschini, Breda).

2 Nach einem ersten Hinweis auf die Materie bei MINERVINI, Riv. dir. comm 1946, I, 499ff, wurden die Rechtsfragen im Zusammenhang mit Optionsanleihen in großer Breite ausgearbeitet von CAMPOBASSO, in: Colombo/Portale, Trattato delle società per azioni, Bd. V, 1988, S. 483ff; BUSSOLETTI, Riv. dir. comm 1988, I, 281ff – Siehe auch MARCHETTI, Riv. soc. 1984, 203ff, wo auch die Ausgabebedingungen einiger Emissionen wiedergegeben sind; GUERRERA, I warrants azionori nelle operazioni di aumento di capitale, 1995.
Zum wirtschaftlichen Hintergrund MONTI/ONADO, Il mercato monetario e finanziario in Italia, 1985, S. 236ff.

ausgegebenen Anleihen in Aktien einer anderen Gesellschaft umgetauscht werden können. Auch hier läßt sich unterscheiden, ob es sich bei den zu beziehenden Aktien handelt um:

aa) Aktien aus einer zukünftigen Emission oder

bb) bereits ausgegebene Aktien, die sich im Vermögen des Wandelanleiheschuldners befinden.

Ein Verstoß gegen gesetzliche Bestimmungen wurde für den zuletzt genannten Anleihetyp unter Geltung des Codice Civile von 1942 von der herrschenden Meinung im wesentlichen verneint, da es sich bei den Bezugsaktien um bereits ausgegebene und ordnungsgemäß eingezahlte Aktien handele. Und in der Tat war bis zur Mitter der 70er Jahre das sogenannte indirekte Vorgehen bei der Emission von Wandelanleihen für den italienischen Markt bestimmend[3].

Die juristische Auseinandersetzung dieser Zeit konzentrierte sich demgegenüber auf das sogenannte direkte Vorgehen, bei dem sich das Wandlungsrecht auf neue Aktien richtete[4].

Dabei war zum einen umstritten, ob dieses Vorgehen mit den geltenden Regelungen über die Kapitalerhöhung zu vereinbaren war, zum anderen wurde nach Lösungen für die komplizierten Regelungen gesucht, die im Zusammenhang mit der Emission derartiger Anleihen auftauchen. Dabei ging es im einzelnen um folgende Fragen:

(1) mögliche Konflikte mit den Regeln über Kapitalaufbringung und -erhaltung galt es zu vermeiden;

(2) es mußte sichergestellt werden, daß das Wandelrecht auch tatsächlich ausgeübt werden kann, indem der Gesellschaft eine Verpflichtung auferlegt wurde, gleichzeitig eine Kapitalerhöhung zur Bedienung des Wandeldarlehens zu beschließen;

(3) die vorhandenen Aktionäre waren durch ausdrückliche Erstreckung des Bezugsrechts (Art. 2441 C.C.) auch auf die Ausgabe von Wandelanleihen zu schützen;

(4) und die Inhaber von Wandelanleihen mußten davor geschützt werden, daß die Gesellschaft während des Bestehens ihres Wandelrechtes Maßnahmen beschließt (Veränderungen des Grundkapitals, Verschmelzung, Umwandlung, vorzeitige Auflösung der Gesellschaft etc.), die sich unmittelbar und negativ auf den Wert der zu beziehenden Aktien auswirken würden[5].

3 Vgl. insoweit zum wirtschaftlichen Hintergrund VELO, Le obbligazioni convertibili, 1974, wo auch die Ausgabebedingungen der wichtigsten Emissionen wiedergegeben sind.

4 Oben a) aa).

5 Diese Fallgruppen werden besonders deutlich herausgearbeitet in den Beiträgen von MINERVINI, Riv. dir. comm. 1946, I, 449ff; VISENTINI, Rass. ass. banc. 1947, 337ff; COLUSSI, Riv. dir. civ. 1967, I, 42ff.

Wie bereits erwähnt, fanden diese Probleme im Jahre 1974 eine teilweise gesetzliche Regelung. Das Gesetz Nr. 216 vom 7. Juni 1974 hat den genannten Themenkreis geregelt, indem es in den Codice Civile einen neuen Art. 2420 *bis* einfügte und den das Bezugsrecht regelnden Art. 2441 änderte. Geringfügig geändert wurden diese Regelungen durch das Gesetzesdekret Nr. 22 vom 16. Januar 1991 (im Zusammenhang mit der Umsetzung der EG-Verschmelzungs- und Spaltungsrichtlinien) durch Einfügung eines neuen Art. 2503 *bis* in den Codice Civile.

Damit gibt es nur eine teilweise gesetzliche Regelung des Problemkreises. Die eingefügten gesetzlichen Regelungen erfassen lediglich das sogenannte direkte Vorgehen mit einem Umtausch der Wandelanleihe in neu auszugebende Aktien[6], während sie andere Formen der Wandelanleihe ungeregelt lassen. Dies ist sicherlich die auffälligste Lücke der italienischen Regelung, die auf der anderen Seite zahlreiche Interpretationsprobleme hervorgerufen hat und eine breite und andauernde Auseinandersetzung ausgelöst hat, die nicht frei von Kritik für die vom Gesetzgeber gewählten Lösungen war[7]. Die Debatte wurde zusätzlich dadurch angeheizt, daß die Emission von Wandelanleihen in den vergangenen Jahren – sowohl im direkten als auch im indirekten Verfahren – deutlich an Bedeutung gewonnen hat[8].

Nach dieser zusammenfassenden Beschreibung der Entwicklung des italienischen Rechts sollen im folgenden zunächst die gesetzlichen Vorschriften vorgestellt werden, die die Ausgabe von Wandelanleihen mit einem Umtauschrecht in neu auszugebende Aktien regeln. Sodann sollen die Probleme angesprochen werden, die sich bei den nicht gesetzlich geregelten Typen ergeben. Zuletzt werden wir uns dann den Optionsanleihen zuwenden.

II. Die Wandelanleihen. Der Hauptversammlungsbeschluß

In Italien fällt die Entscheidung über die Ausgabe von Anleihen jeder Art, und damit auch die Entscheidung über die Ausgabe von Wandelanleihen in die Zuständigkeit der Hauptversammlung (Art. 2365 und 2420 *bis* Abs. 1 C.C.). Die

6 Oben a) aa).

7 Nach 1974 wurden drei Monografien (CAVALLO BORGIA, Le obbligazioni convertibili in azioni, 1978; CASELLA, La obbligazioni convertibili in azioni, 1983; DOMENICHINI, Le obbligazioni convertibili in azioni, 1993) sowie zahlreiche kleinere Beiträge dem Problemkreis der Wandelanleihen gewidmet.

8 In manchen Jahren, die durch eine besonders günstige Börsenentwicklung gekennzeichnet waren (zum Beispiel die drei Jahre von 1985 bis 1987), überschritt der Umfang der ausgegebenen Wandelanleihen den der gewöhnlichen Anleihen. Statistische Angaben und eine wirtschaftliche Analyse der besonders bedeutsamen Emissionen bei BANFI, Le obbligazioni convertibili in azioni, 1990, S. 147ff.

Entscheidung bedarf der Bestätigung („omologazione") durch das Landgericht und der Eintragung in das Handelsregister. Sie kann erst nach Eintragung in das Handelsregister ausgeführt werden[9].

Die Hauptversammlungskompetenz hat ihren zwingenden Charakter heute jedoch verloren. Art. 2420*ter* C.C.[10] erlaubt nämlich, in der Gründungssatzung oder durch spätere Satzungsänderung der Verwaltung die Möglichkeit einzuräumen, auch Wandelanleihen auszugeben. Eine solche Ermächtigung muß den Höchstbetrag der auszugebenden Anleihen festlegen und kann für höchstens fünf Jahre erteilt werden, doch kann ihre Geltungsdauer durch einen erneuten Hauptversammlungsbeschluß verlängert werden.

Der Beschluß der Verwaltung über die Anleiheausgabe muß von einem Notar beurkundet werden; er bedarf der Bestätigung von seiten des Landgerichts und der Eintragung in das Handelsregister. Daneben sind die allgemeinen Voraussetzungen für die Ausgabe von Anleihen zu beachten[11].

Besondere Vorschriften regeln nun den Beschluß (von Hauptversammlung oder Vorstand) über die Ausgabe von Wandelanleihen mit dem Ziel, für den Zeichner einer Wandelanleihe auch die tatsächliche Möglichkeit der Ausübung seines Rechts zum vereinbarten Zeitpunkt zu gewährleisten.

a) Der Beschluß über die Ausgabe der Wandelanleihe muß neben den normalen Anleihebedingungen (Betrag, Laufzeit, Zinssatz etc.) auch „das Umtauschverhältnis sowie Zeitraum und Bedingungen des Umtausches" festlegen (Art. 2420*bis* Abs. 1 C.C.). Insbesondere muß er die Gattung von Aktien (Stamm-, Vorzugs- oder Sparaktien) bestimmen, in die die Wandelanleihen umgetauscht werden können[12].

9 Die börsennotierten Gesellschaften mußten die Consob (*Commissione nazionale per le società e la borsa* = staatliche Börsenaufsichtsbehörde, entsprechend dem jetzt in Deutschland geschaffenen Bundesamt für den Wertpapierhandel) mindestens 45 Tage vor der Hauptversammlung, die über die Ausgabe befinden soll, vom Vorhaben einer Anleiheemission unter Beifügung eines erläuternden Berichts der Verwaltung unterrichten. Darüber hinaus mußte der Consob der die Anleiheausgabe betreffende Beschluß der Hauptversammlung innerhalb von dreißig Tagen nach Beschlußfassung mitgeteilt werden (Art. 4 Nr. 2 und 3 des Gesetzes Nr. 216 vom 7. Juni 1974). Diese Mitteilungspflichten sind inzwischen durch Art. 214 des Gesetzesdekrets Nr. 58 vom 24. Februar 1998, in Kraft getreten am 1. Juli 1998, abgeschafft worden.

10 Eingefügt durch Präsidialdekret Nr. 30 vom 10. Februar 1986.

11 Dazu unten III.

12 Besonders weit verbreitet ist in Italien die Ausgabe von Anleihen, die in *„azioni di risparmio"* („Sparaktien") gewandelt wurden können. Bei diesem zunächst in Art. 14–16 des Gesetzes Nr. 216 vom 7. Juni 1974, jetzt ersetzt durch Art. 145–147 des Gesetzesdekrets Nr. 58 vom 24. Februar 1998, geregelten Aktientyp handelt es sich um Aktien ohne Stimmrecht, die mit einem Vorzug bei den vermögensmäßigen Rechten ausgestattet sind. Bisweilen ist auch die Wandlung in ein gemischtes „Aktienpaket" aus Stamm- und Sparaktien vorgesehen. Zu statistischen Angaben BANFI, aaO (Fn. 8), S. 178ff.

b) Darüber hinaus muß die Aktiengesellschaft *gleichzeitig* eine Erhöhung des Kapitals um einen Betrag beschließen, der dem Nennbetrag der aufgrund des Wandelrechts zu gewährenden Aktien entspricht (Art. 2420*bis* Abs. 2 C.C.).

Die so beschlossene Kapitalerhöhung wird nur in dem jeweiligen Umfang ausgeübt, in dem die Anleihegläubiger ihr Wandelrecht ausüben. Sie ist daher notwendig „elastisch" und wird kontinuierlich und in unterschiedlichem Umfang ausgeführt. Zweitens muß die Gesellschaft sie abweichend von den allgemeinen Regeln über die Kapitalerhöhung (Art. 2349 Abs. 2 C.C.) unabhängig von der vollständigen Aufbringung des Kapitals ausführen. Schließlich kann man beruhigt feststellen, daß der Beschluß über die Kapitalerhöhung zugunsten von Wandelanleihegläubigern unwiderruflich ist.

Da der Beschluß über die Kapitalerhöhung und derjenige über die Ausgabe einer Wandelanleihe gleichzeitig gefaßt werden müssen, wird die Freiheit der Gesellschaft zur Festlegung des Umtauschverhältnisses (oder Wandelpreises) indirekt beschränkt. Es ist also notwendig, daß der *Höchst*betrag des Grundkapitals, der in Ausübung des Wandelrechts gezeichnet werden kann, *von Anfang an* bestimmbar ist und für diesen Betrag eine entsprechende Erhöhung des Grundkapitals vorgenommen wird. Das bedeutet, daß bei der Festlegung des Umtauschkurses nicht auf den *Marktwert* der Aktien und/oder der Anleihen im Zeitpunkt des Umtausches Bezug genommen werden kann.

In Italien muß daher das Umtauschverhältnis notwendigerweise in Form einer *Zahl von Aktien* eines bestimmten *Nennbetrages* ausgedrückt werden, die gegen eine bestimmte Anzahl von Anleihen eines bestimmten Nennbetrages eingetauscht werden können (zum Beispiel: zehn Anleihen von nominal Lire 1000 umtauschbar in fünf Aktien von nominal Lire 1000). Solange das Wandelrecht besteht, kann das Umtauschverhältnis schließlich von seiten der emittierenden Aktiengesellschaft auch nicht einseitig verändert werden.

Unbedenklich ist es demgegenüber, daß *im Zeitpunkt der Emission* verschiedene Umtauschverhältnisse festgelegt werden, je nachdem, zu welchem Zeitpunkt das Wandelrecht ausgeübt wird[13].

Keinen inhaltlichen Schranken unterliegt die Gesellschaft allerdings, was die Festlegung der Wandlungsfrist und die Modalitäten des Umtausches angeht, sofern sie nur im Ausgabebeschluß festgelegt sind. Das Verfahren der Ausgabe von Bezugsaktien[14] erlaubt in Italien insbesondere den sogenannten kontinuierlichen

13 So – gegen die teilweise im Schrifttum geäußerten Zweifel – CAMPOBASSO, aaO (Fn. 2), S. 453; DOMENICHINI, aaO (Fn. 7), S. 97f. Und in der Tat gibt es nach italienischer Erfahrung – wenn auch selten – Fälle von Umtauschverhältnissen, bei denen der Umfang der Aktien, in die umgetauscht werden kann, nach im vorhinein bestimmten Intervallen herabgesetzt wird, vgl. BANFI, aaO (Fn. 8), S. 166. Diese Technik hat zum Ziel, den Anleiheinhaber zu einem relativ schnellen Umtausch zu bringen.

14 Siehe unten VIII.

Umtausch, also die Ausübung des Wandelrechts während der gesamten Laufzeit der Anleihe. Häufiger ist jedoch, daß Beginn und Ende einer Frist festgelegt werden, während derer kontinuierlich gewandelt werden kann, oder daß im vorhinein ein oder zwei Zeiträume pro Jahr festgelegt werden, während derer die Anleihe in Aktien umgetauscht werden kann.

Häufig ist schließlich eine Bestimmung in den Umtauschbedingungen, die die Gesellschaft berechtigt, ein vorzeitiges Ende der Wandelungsfrist zu bestimmen. Dies geschieht regelmäßig dann, wenn auch eine vorzeitige Kündigung der Anleihe erlaubt ist[15].

III. Bedingungen der Ausgabe

Bei der Ausgabe von Wandelanleihen sind drei wesentliche Voraussetzungen zu beachten.

Als erste Voraussetzung ist – wie für jede Anleihe – die in Art. 2410 C.C. allgemein festgelegte umfangmäßige Grenze zu beachten. Auf der Grundlage dieser Bestimmung können Aktiengesellschaften und Kommanditgesellschaften auf Aktien (die als einzige berechtigt sind, Anleihen auszugeben) keine Anleihen ausgeben, seien es Namens- oder Inhaberschuldverschreibungen, sofern die Anleihesumme „das *eingezahlte* und nach der letzten bestätigten Bilanz *vorhandene* Kapital übersteigt".

Diese Grenze, die trotz einiger kritischer Stimmen auch für die Wandelanleihen gilt[16], wird daher gebildet durch den jeweils geringsten Betrag von gezeichnetem Nominalkapital, dem eingezahlten Kapital und dem vorhandenen Kapital; dabei wird letzteres in der Weise ermittelt, daß vom eingezahlten Kapital die sich aus der letzten geprüften Bilanz ergebenden Verluste abgezogen werden[17]. Wenn etwa das gezeichnete Kapital 100 beträgt, das zur Hälfte (= 50) ein-

15 Zur Gültigkeit dieser Klausel, die zu den Standardklauseln italienischer Wandelanleihen gehört, Campobasso, aaO (Fn. 2), S. 342f, 454; Domenichini, aaO (Fn. 7), S. 250f.

16 So unter anderem Cavallo Borgia, aaO (Fn. 7), S. 81; Campobasso, Diritto commerciale, Bd. II: Diritto delle società, 1999, S. 482; Domenichini, aaO (Fn. 7), S. 81; aus der Rechtsprechung: App. Firenze, Urteil vom 27. April 1982, Giur. comm 1983, II, S. 100 mit Anm. Montano; Trib. Cosenza, Urteil vom 22. Dezember 1982, Società 1983, 1036.
Abweichend lediglich De Donno, Riv. dir. comm. 1988, II, 391ff; App. Napoli, Urteil vom 6. April 1983, Società 1983, 1395 mit kritischer Anm. Landolfi.

17 Es ist freilich nicht erforderlich, daß es um die letzte geprüfte *Jahresabschluß*bilanz handelt. Daher ist anerkannt, daß es sich auch um einen Zwischenabschluß handeln darf. Auf eine solche Zwischenbilanz ist insbesondere zurückzugreifen, wenn es für die Zwecke der Berechnung des möglichen Ausgabevolumens noch auf eine Kapitalerhöhung (effektiv oder aus Gesellschaftsmitteln) ankommt, die nach der Prüfung der letz-

gezahlt ist und sich aus der letzten Bilanz Verluste in Höhe von 10 ergeben, kann die Gesellschaft Anleihen für einen Betrag von 40 begeben.

Diese Grenze – deren Zweck unsicher ist und die vielleicht vom Gesetzgeber ohne besondere nachteilige Auswirkungen für die Anleihegläubiger und für den Erhalt des finanziellen Gleichgewichts der Gesellschaft gestrichen werden könnte – darf mit staatlicher Genehmigung überschritten werden oder wenn die Anleihen durch besondere Grundpfandrechte gesichert sind (Art. 2410 Abs. 2 C. C.). Von einer Beachtung der Grenzen sind darüber hinaus *ex lege* Banken entbunden (Art. 12 der bereinigten Fassung der Gesetze über das Kreditwesen von 1993)[18].

Für die Ausgabe von Wandelanleihen sind darüber hinaus zwei weitere Voraussetzungen zu beachten, die von Art. 2420 *bis* eingeführt wurden:

a) Die Gesellschaft kann die Ausgabe von Wandelanleihen nicht beschließen, wenn das im Zeitpunkt der Beschlußfassung gezeichnete Grundkapital nicht *vollständig eingezahlt* ist;

b) Die Wandelanleihen dürfen nicht zu einem geringeren Wert als ihrem Nennwert ausgegeben werden.

Mit diesen Vorschriften soll verhindert werden, daß durch die spätere Ausgabe der Bezugsaktien die Vorschriften über die effektive Kapitalaufbringung umgangen werden. Daher verlangt der italienische Gesetzgeber im wesentlichen, daß bereits bei der Ausgabe von Wandelanleihen die Vorschriften der Art. 2346 und 2438 C.C. über die Ausgabe junger Aktien eingehalten werden.

Die vom Gesetzgeber gewählte Lösung hat indes einige Auslegungszweifel aufgeworfen. So wurde insbesondere die Frage aufgeworfen, ob die unter a) genannte Voraussetzung der Gesellschaft weitere Kapitalerhöhungen oder Emissionen von Wandelanleihen verbietet, solange die Wandelungsfrist der bereits ausgegebenen Wandelanleihen noch nicht abgelaufen ist. Von der überwiegenden Ansicht wird dies verneint[19].

ten Jahresabschlußbilanz durchgeführt wurde. Vgl. vor allem Mignoli, Riv. dir. civ. 1961, I, 509ff; Campobasso, aaO (Fn. 2), S. 400ff, auch zu den weiteren Auslegungsfragen, die diese Regelung aufwirft.

18 Die kürzlich verkündete bereinigte Fassung der Gesetze über das Bank- und Kreditwesen sieht auch vor, daß das CICR (*Comitato interministeriale per il credito ed il risparmio* = interministerielle Aufsichtsgruppe für das Spar- und Kreditwesen) Gesellschaften, deren Anteile auf einem geregelten Markt gehandelt werden, allgemein von einer Beachtung der in Art. 2410 Abs. 1 C.C. festgelegten Grenzen befreien kann (Art. 11 Abs. 4 lit. d des Gesetzesdekrets Nr. 385 vom 1. September 1993).

19 Es wird allerdings darauf hingewiesen, daß sich das Verbot auf das *schon gezeichnete* Kapital und nicht auf lediglich *beschlossene* Kapitalerhöhungen bezieht, wie dies typischerweise bei Kapitalerhöhungen zur Bedienung von Wandelanleihen der Fall ist. So Casella, aaO (Fn. 7), S. 174; Campobasso, aaO (Fn. 2), S. 449f; Domenichini, aaO (Fn. 7), S. 88ff; App. Firenze, Urteil vom 6. Juli 1979, Giur. Comm. 1980, II, 438 mit Anm. Pedani.

Zweitens und vor allem wird kritisiert, daß das Verbot einer Ausgabe der Wandelanleihen *unter pari* für sich genommen ungeeignet sei, um das Verbot der Ausgabe von Aktien *unter pari* im Zeitpunkt der Wandelung zu verhindern. Notwendig (und ausreichend) sei vielmehr, daß die gesamte von den Anleihegläubigern erbrachte Einlageleistung den Nominalbetrag der im Zeitpunkt der Wandelung erhaltenen Aktien nicht unterschreite. Daher hat sich die Ansicht durchgesetzt, daß auch die Ausgabe von Wandelanleihen zu *pari* (bzw. mit Aufgeld) als verboten angesehen werden müsse, wenn die Ausgabebedingungen (und insbesondere das Umtauschverhältnis) eine Verletzung von Art. 2346 C.C. (Verbot der Ausgabe von Aktien *unter pari*) im Zeitpunkt der Ausübung des Wandelrechts bewirken[20].

Ein Teil der Lehre geht schließlich soweit, auch die Ausgabe von Wandelanleihen *unter pari* zuzulassen, wenn die Differenz zum Nominalbetrag der Aktien durch freie Rücklagen gedeckt ist, oder wenn sonst das Verbot einer Ausgabe von Aktien unter dem Nennbetrag nicht verletzt ist[21]. Damit gelangt man zu einer Lösung, die der in § 199 Abs. 2 des deutschen Aktiengesetzes ausdrücklich geregelten entspricht. Es ist allerdings zweifelhaft, ob die klare Formulierung des italienischen Gesetzestextes für eine solche Lösung wirklich Raum läßt. Und in der Tat sind in der jüngsten Vergangenheit in Italien keine Wandelanleihen unter *pari* ausgegeben worden.

IV. Das Bezugsrecht der Aktionäre

Art. 2441 Abs. 1 C.C.[22] gewährt den Aktionären ausdrücklich ein Bezugsrecht auf neu ausgegebene Wandelanleihen. Dadurch wird den (Vermögens- und Herrschafts-)Interessen der Altaktionäre bei einer Finanzierungsmaßnahme, die mittelbar zu einer Erhöhung des Grundkapitals führen kann, angemessen Rechnung getragen.

Obwohl das Gesetz hierzu nicht ausdrücklich Stellung nimmt, wird daraus stillschweigend geschlossen, daß den so geschützten Aktionären kein Bezugs-

20 Daraus folgt insbesondere, daß der Nominalwert der Bezugsaktien nicht höher sein darf als der Nominalwert der zum Umtausch hingegebenen Anleihen, es sei denn, es ist eine im Zeitpunkt der Wandlung zu zahlende Zuzahlung in Geld vorgesehen. So muß beispielsweise beim Umtausch einer Anleihe von nominal Lit. 1000 in eine Aktie von nominal Lit. 2000 eine dem Kapital zuzuführende Zuzahlung von (mindestens) Lit. 1000 vorgesehen werden. Vgl. dazu NOBILI/VITALE, La riforma delle società per azioni, 1975, S. 226; CASELLA, aaO (Fn. 7), S. 104ff; CAMPOBASSO, aaO (Fn. 2), S. 451.

21 So NOBILI/VITALE, aaO (Fn. 20), S. 227; CAVALLO BORGIA, aaO (Fn. 7), S. 106ff; DOMENICHINI, aaO (Fn. 7), S. 139ff. Abweichend CASELLA, aaO (Fn. 7), S. 192ff; CAMPOBASSO, aao (Fn. 2), S. 451f.

22 In der durch das Gesetz Nr. 216 von 1974 geänderten Fassung.

recht bei der Erhöhung des Grundkapitals zur Bedienung der Wandelrechte zusteht.

Nach herrschender Meinung finden auch die Grundsätze des Bezugsrechts gem. Art. 2441 im übrigen Anwendung, auch wenn sich die entsprechenden Vorschriften – wahrscheinlich aufgrund fehlender gesetzlicher Abstimmung – nach wie vor allein auf die Ausgabe neuer *Aktien* beziehen[23]. Daraus folgt insbesondere, daß auch das Bezugsrecht auf Wandelanleihen wie das Bezugsrecht auf neue Aktien:

a) *ex lege* ausgeschlossen ist, wenn die Wandelanleihen gegen andere Einlagen als Geld ausgegeben werden (z.B. an vorhandene Gläubiger der Gesellschaft für ihre Zustimmung zu einer „Konsolidierung" der Verbindlichkeiten)[24];

b) von der Hauptversammlung (mit den erhöhten Mehrheitsanforderungen des Art. 2241 Abs. 5 und 8) ausgeschlossen oder beschränkt werden kann, wenn das Gesellschaftsinteresse dazu zwingt oder die Aktien den Arbeitnehmern der Gesellschaft oder eines sie beherrschenden oder von ihr beherrschten Unternehmens (Art. 134 des Gesetzesdekrets Nr. 58 vom 24. Februar 1998) zum Bezug angeboten werden.

Ein Bezugsrecht bei Barkapitalerhöhungen und bei der Ausgabe (weiterer) Wandelanleihen wird schließlich ausdrücklich auch den Inhabern von Wandelanleihen zuerkannt[25].

V. Behördliche Kontrolle der Ausgabe

Um die Stabilität der Wertpapiermärkte sicherzustellen, unterliegt die Ausgabe jeder Art von Anleihen, sobald sie eine bestimmte Summe übersteigt, einer behördlichen Kontrolle.

23 So CAVALLO BORGIA, aaO (Fn. 7), S. 119ff; CASELLA, aaO (Fn. 7), S. 201ff; DOMENICHINI, aaO (Fn. 7), S. 106ff. Abweichend – unter Berufung auf das Schweigen des Gesetzgebers – jedoch RIVOLTA, Riv. dir. civ. 1975, I, 542f; ROSAPEPE, L'esclusione del diritto di opzione degli azionisti, 1988, S. 125f.

24 Wenn bei Zeichnung der Wandelanleihen keine Leistung in Geld zu erbringen ist, ergibt sich das schwierige und vom Gesetzgeber nicht gelöste Problem, ob insoweit die gesetzlichen (Art. 2343 C.C.) Regelungen über die Prüfung der Sacheinlage anwendbar sind, um zu vermeiden, daß die Ausgabe derartiger Anleihen zu einem unter ihrem Nominalbetrag liegenden Betrag erfolgt und daher einen Weg darstellen könnte, um die Vorschriften zum Schutz der effektiven Kapitalaufbringung zu unterlaufen.
Bejaht wird dies von GERACI, Riv. soc. 1990, 805ff, der es daher für erförderlich hält, daß eine Bewertung der Sacheinlagen oder Kredite, die als Einlage für die Wandelanleihen geleistet werden, durch einen vom Präsidenten des Landgerichts bestellten Sachverständigen stattfindet. Abweichend DOMENICHINI, aaO (Fn. 7), S. 134ff, der eine Bewertung durch den Vorstand der Gesellschaft für ausreichend (und erforderlich) hält.

25 Dazu unten VII.2.

Bis Ende September 1993 war insoweit die vorherige Einholung einer *Genehmigung* durch das Schatzministerium erforderlich (Art. 21 des Gesetzes Nr. 281 vom 4. Juni 1985, der die zuvor geltenden Bestimmungen ersetzt hatte). Unlängst wurden diese Vorschriften durch Art. 129 der bereinigten Fassung der Gesetze über das Bank- und Kreditwesen[26] erheblich geändert.

Nach den neuen Vorschriften muß die Ausgabe jedweder Art von Anleihen (einschließlich der Ausgabe ausländischer Anleihen in Italien) lediglich vorab der Banca d'Italia *mitgeteilt* werden, wenn sie einen von ihr festgesetzten Betrag überschreiten, der größer als 10 Mrd. Lire sein muß. Die Mitteilung ist auch dann erforderlich, wenn mehrere Emissionen beschlossen oder die Ausgabe einer Wandelanleihe in mehreren Tranchen beschlossen wird, sofern die festgelegte Grenze innerhalb von zwölf Monaten überschritten wird.

Eine Ausgabe der Anleihe darf erst erfolgen, wenn nach Zugang der Anleihe bei der Banca d'Italia 20 Tage vergangen sind. Innerhalb dieser Frist darf die Banca d'Italia Änderungen der geplanten Finanzierungsmaßnahme anordnen oder sie auch verbieten, um die Stabilität der Wertpapiermärkte herzustellen, wobei sie die von CICR[27] festgelegten allgemeinen Grundsätze und Bedingungen zu beachten hat.

Dies bedeutet im Ergebnis, daß bei Schweigen der Behörde die Genehmigung innerhalb von 20 Tagen nach Zugang der Mitteilung als erteilt gilt.

VI. Plazierung der Anleihe und Börsennotierung

Die Ausführung des Beschlusses über die Ausgabe einer Wandelanleihe (Plazierung und Begebung der Anleihe) obliegt der Geschäftsführung der Gesellschaft, die je nach Aufnahmefähigkeit des Marktes und der in Aussicht genommenen Zielgruppe für die Plazierung der Wandelanleihen zwischen verschiedenen Verfahren wählen kann.

Der Codice Civile von 1942 verzichtete auf eine gesetzliche Regelung der Emission auch für den am weitesten verbreiteten Fall einer Plazierung durch „öffentlichen Sparaufruf" (*appello al pubblico risparmio*). Diese bedauerliche Lücke wurde jedoch in den Jahren seit 1983 durch mehrere Gesetzgebungsakte, teilweise zurückgehend auf Richtlinien der EG, gefüllt. Der Bereich wurde bis zum Inkrafttreten der neuen Bestimmungen zum „Vertrieb von Kapitalanlagen", eingeführt durch Art. 94–101 des Gesetzesdekrets Nr. 58 vom 24. Februar 1998 geregelt

26 Gesetzesdekret Nr. 385 vom 1. September 1993.
27 Siehe Fn. 18.

a) von den Regelungen über das öffentliche Angebot von Wertpapieren *jeder Art* (die damit auch die gewöhnlichen Schuldverschreibungen umfaßt) in den Art. 18ff des Gesetzes Nr. 216 vom 7. Juni 1974[28];

b) durch die mit Art. 1–8 des Gesetzes 149 vom 18. Februar 1992 eingeführten zusammenfassenden Regelungen betreffend das öffentliche Angebot zur Zeichnung und zum Verkauf von Wertpapieren, die *zum Erwerb von Stimmrechten berechtigen* (was daher auch alle Arten von Wandel- und Optionsanleihen umfaßt).

Dieses Recht betrifft sämtliche Aktiengesellschaften (börsennotierte und nicht börsennotierte) und gesteht der Consob weitreichende Regelungs- und Kontrollbefugnisse zu mit dem Ziel, eine ausreichende und wahrheitsgemäße Information des Marktes sicherzustellen[29]. Die Grundzüge des für die Ausgabe von Wandel- und Optionsanleihen anwendbaren Rechts können dabei wie folgt zusammengefaßt werden:

a) Das Angebot zur Zeichnung mit „öffentlichem Sparaufruf" muß zuvor der Consob mitgeteilt werden; dabei sind zahlreiche Angaben zu Umfang und Ausstattung der angebotenen Titel sowie zur geplanten Durchführung der Sache zu machen (Art. 18 Abs. 1 des Gesetzes Nr. 216 von 1974 und Regolamento Consob Nr. 6243 vom 3. Juni 1992).

b) Vor jedem Angebot an das Publikum zur Zeichnung *ist ein Prospekt* zu veröffentlichen, der den von der Consob vorgeschriebenen Mustern entspricht und vor einer Veröffentlichung von der Consob zu überprüfen ist (Art. 18 Abs. 1 des Gesetzes 216 aus 1974 und Regolamento Consob Nr. 6430 vom 26. August 1992).

c) Das Angebot darf erst bekanntgegeben und Zeichnungen dürfen erst entgegengenommen werden, wenn seit Mitteilung der entsprechenden Absicht an die Consob fünf Tage vergangen sind; dabei ist die Consob heute berechtigt, die Richtigkeit und Vollständigkeit der dem Publikum gegebenen Informationen auch noch während der Abwicklung des Plazierungsverfahrens zu überwachen (z.B.: Presseerklärung zu laufenden Verfahren; Ergänzungen eines Prospekts)[30].

d) Der Anbieter ist schließlich gehalten, einige Verhaltensregeln zu beachten (festgelegt im Gesetz Nr. 149 aus dem Jahre 1992 und in der entsprechenden

28 In der durch Gesetz Nr. 77 von 1983 und durch Gesetzesdekret Nr. 85 von 1992 eingeführten Fassung.

29 Zur Entwicklung und kritischen Erörterung dieses Themenkreises sei besonders verwiesen auf FERRARINI, in: Colombo/Portale, Trattato delle società per azioni, Bd. X/2, 1993, S. 3ff.

30 Die bis hier genannten Vorschriften der Consob finden keine Anwendung auf Kapitalerhöhungen durch nicht börsennotierte Gesellschaften, die unter Wahrung des Bezugsrechts plaziert werden. Bei börsennotierten Gesellschaften muß demgegenüber in diesem Fall eine „Informationsschrift" („*documento informativo*") verfaßt werden, die kürzer ist als ein Plazierungsprospekt und nicht der vorhergehenden Kontrolle durch die Consob unterliegt. Vgl. dazu FERRARINI, aaO (Fn. 29), S. 127ff.

Ausführungsverordnung der Consob), um die Gleichbehandlung der Adressaten des Angebots zu gewährleisten und sie vor Schädigungen durch Spekulationen zu schützen. Dabei ist insbesondere vorgesehen, daß: (1) der Preis der angebotenen Papiere gleich sein muß und während der Laufzeit des Angebots nicht verändert werden darf; (2) ein vorzeitiges Ende des öffentlichen Zeichnungsangebotes erst zehn Tage nach einer entsprechenden Ankündigung zulässig ist (Art. 3 Abs. 4), während eine Verlängerung der Angebotsfrist zulässig ist, wenn die Zahl der Annahmeerklärungen bei Ablauf der ursprünglich gesetzten Frist hinter dem Umfang des Angebotes zurückbleibt (Art. 4 Abs. 2); (3) die Annahmeerklärungen unwiderruflich sein müssen und ein Anleger das öffentliche Angebot nur bei einem Mitglied des eventuellen Emissionskonsortiums zeichnen darf (Art. 4 Abs. 3); (4) das Angebot nur dann hinfällig wird, wenn die Zahl der Zeichnungserklärungen hinter dem Umfang des Angebots zurückbleibt, sofern sich der Anbieter diese Möglichkeit ausdrücklich vorbehalten hat (Art. 4 Abs. 1), während für den Fall, daß die Zahl der Zeichnungserklärungen den Umfang des Angebots überschreitet, sie verhältnismäßig zu repartieren sind (Art. 4 Abs. 4). Schließlich ist in einer besonders wichtigen Vorschrift festgelegt, daß die Emittenten und die von ihnen beherrschten Unternehmen während der Laufzeit des Zeichnungsangebots „keine Maßnahmen durchführen dürfen, die geeignet sind, ihr Kapital oder Vermögen zu verändern", sofern dies nicht von der Consob genehmigt wird, die bei Erteilung einer solchen Genehmigung „den Schutz des Gesellschaftsvermögens sicherzustellen hat" (Art. 7 Abs. 1). Dieser Bereich wird jedoch demnächst von einer von der Consob auf der Grundlage von Art. 95 als Gesetzesdekret Nr. 58/1998 zu erlassenden Verordnung geregelt werden.

Auf die Zeichnung des Darlehens folgt die Begebung der Schuldverschreibungsurkunden, die auf den Namen oder den Inhaber lauten können und die neben den in Art. 2413 C.C. vorgesehenen Angaben weitere Angaben über das Umtauschverhältnis und die Art und Weise des Umtausches enthalten müssen (Art. 2420 *bis* Abs. 7). Der Betrag der ausgegebenen Schuldverschreibungen muß sich aus einem dazu bestimmten besonderen „Schuldverschreibungsbuch" (*libro delle obbligazioni*) ergeben, in dem auch der Betrag der jeweils getilgten Anleihen enthalten sein muß (Art. 2421 Nr. 2 C.C.).

Für die Zulassung zum Börsenhandel gelten die Regelungen über den Handel von Mitgliedschaftsrechten entsprechend. Die diesbezüglichen Fragen werden zur Zeit von Art. 3 des Gesetzes Nr. 216 vom 7. Juni 1974, vom Präsidialdekret Nr. 138 vom 31. März 1975 (seither mehrfach geändert, auch zur Umsetzung von EG-Richtlinien) sowie von einem besonderen Regolamento der Consob[31] geregelt[32].

31 Regolamento Nr. 4088 vom 24. Mai 1989, teilweise geändert in den Jahren 1991 und 1992.

32 Ausführliche Untersuchung der Norm und ihres historischen Hintergrundes durch Ferrarini, aaO (Fn. 29), S. 184ff.

Die allgemeinen Voraussetzungen für die Zulassung zum Börsenhandel werden von der Consob festgelegt und betreffen sowohl die Emittenten der Papiere[33] als auch ihre Ausgestaltung. Für Anleihen wird dabei unter anderem verlangt, daß der Betrag der Anleihe den Betrag von fünf Milliarden Lire überschreitet, und daß die Wertpapiere frei übetragbar und ausreichend im Publikum gestreut sind. Für die Notierung von Wandel- oder Optionsanleihen ist darüber hinaus Voraussetzung, daß die Aktien, auf die sich das Wandel- bzw. Optionsrecht bezieht, vorher oder gleichzeitig ebenfalls zum offeiziellen Handel zugelassen wurden (Art. 11 Regolamento Consob).

Die Consob bestimmt auch, welche Unterlagen und Informationen ihr zusammen mit dem Antrag auf Börsenzulassung übermittelt werden müssen. Für die Stellung dieses Antrags bedarf es eines (gewöhnlichen) Hauptversammlungsbeschlusses, wenn die Gesellschaft noch nicht an der Börse notiert ist; anderenfalls reicht ein Beschluß der Geschäftsleitung aus (Art. 14 Regolamento Consob)[34].

Die Zulassung zum Börsenhandel wird sodann von der Consob verfügt, doch muß vor dem Beginn der Notierung noch ein Börsenzulassungsprospekt veröffentlicht werden, der der Überprüfung durch die Consob unterliegt.

Die Consob kann auch die Notierung *von Amts wegen* zulassen, wenn es sich um „häufig und in breitem Umfang gehandelte Wertpapiere“ handelt (Art. 3d des Gesetzes Nr. 216/1974 und Art. 25 des Regolamento Consob).

Schließlich kann die Zulassung zur Notierung von der Consob ausgesetzt oder widerrufen werden, wenn die in Art. 8 Abs. 7 des Gesetzes 137/1985 und im Regolamento Consob niedergelegten Voraussetzungen vorliegen.

Für die Zulassung von Wandelanleihen zum sogenannten „Zweiten Markt“ gelten im wesentlichen die gleichen Verfahrensvorschriften. Auf diesem im Jahre 1977 eingeführten Markt werden die Papiere gehandelt, deren Streuungsgrad nicht ausreicht, um an der Börse zugelassen zu werden. Selbstverständlich sind die Zulassungsanforderungen an Emittenten und Wertpapiere weniger streng, wenn die Zulassung an einem Markt beantragt wird, auf dem nur Kassage-

33 Verlangt wird unter anderem, daß die emittierende Gesellschaft über ein Netto-Vermögen von nicht weniger als 10 Mrd. Lire (bei Kreditinstituten und Versicherungen sowie ihren Muttergesellschaften erhöht auf 50 Mrd. Lire) verfügt und daß die Bilanz der drei letzten Geschäftsjahre, von denen mindestens die letzte geprüft sein muß, mit einem Gewinn abschließt und einen Überschuß aus der gewöhnlichen Geschäftstätigkeit ausweist (Art. 6 des Regolamento Consob).

34 In Wahrheit legt Art. 14 des Regolamento Consob nicht fest, ob der erstmalige Antrag auf Börsenzulassung eines Beschlusses von der normalen oder der außerordentlichen Hauptversammlung der emittierenden Gesellschaft gefaßt werden muß; in der Lehre ist die Frage umstritten. Die Praxis der Consob folgt allerdings der erstgenannten Auffassung. Siehe dazu, auch zu den Standpunkten der Debatte FERRARINI, aaO (Fn. 29), S. 220ff.

schäfte getätigt werden können. Dann ist es z.B. ausreichend, daß der Anleihebetrag eine Summe von nur 500 Mio. Lire überschreitet (Art. 5 Regolamento Consob Nr. 233 vom 24. Juni 1977 mit mehreren späteren Änderungen). Auch dieser Bereich wird jedoch mit dem Inkrafttreten der neuen Regelungen der Art. 113–118 des Gesetzesdekrets Nr. 58/1998 beträchtliche Änderungen erfahren.

VII. Wandelanleihen und Änderungen der gesellschaftsrechtlichen Verhältnisse

1. Allgemeines

Der Schutz der Wandelanleihegläubiger während der Wandlungsfrist ist zweifelsfrei der kritischste und komplizierteste Punkt bei der Regelung dieser Anleiheform. Denn zahlreich sind die Maßnahmen der Gesellschaft, die – direkt oder indirekt – auf den wirtschaftlichen Wert des Wandlungsrechts einwirken können. Unterschiedlich und verschieden kombinierbar sind auf der anderen Seite, wie der Rechtsvergleich zeigt, die vom Gesetzgeber zum Schutz der Wandelanleihegläubiger einsetzbaren Instrumente: ein absolutes Verbot bestimmter Maßnahmen, eine Anpassung des Umtauschverhältnisses, eine vorzeitige Wandlung oder die Anerkennung von Rechten, die denen der Aktionäre gleichwertig sind.

Die in diesem Bereich festgeschriebenen Grundentscheidungen des italienischen Gesetzgebers sind eindeutig geprägt von der Notwendigkeit, einen Ausgleich vorzunehmen zwischen dem Schutz der Anleihegläubiger und der Notwendigkeit, der Entscheidungsfreiheit und Refinanzierungsfähigkeit der emittierenden Gesellschaft keine übermäßigen Hindernisse in den Weg zu stellen.

In der Tat schützt das Gesetz nur vor Maßnahmen, die direkt oder indirekt zu Veränderungen des Grundkapitals führen, sowie vor Verschmelzung und Spaltung. Nicht berücksichtigt werden demgegenüber andere Änderungen der gesellschaftsrechtlichen Verhältnisse, die in der zuvor geführten wissenschaftlichen Auseinandersetzung als mögliche Beeinträchtigungen der Stellung der Wandelanleihegläubiger ausgemacht worden waren (z.B. Umwandlung der Gesellschaft, Änderung des Unternehmensgegenstandes, Verlegung des Gesellschaftssitzes ins Ausland). Gegen solche Veränderungen können daher nur eventuelle Verwässerungsschutzklauseln in den Anleihebedingungen Schutz gewähren. Vor dem Hintergrund des gesetzgeberischen Schweigens und dem Zweck, der der jetzigen Gesetzesfassung zugrunde liegt, überwiegt allerdings die Auffassung, daß die Gesellschaft nach einer Ausgabe von Wandelanleihen nicht an der Fassung der genannten Beschlüsse gehindert ist[35].

35 In diesem Sinne CASELLA, aaO (Fn. 7), S. 252ff; CAMPOBASSO, aaO (Fn. 2), S. 470ff; DOMENICHINI, aaO (Fn. 7), S. 217ff. Es ist indes anerkannt, daß die Umwandlung der Gesellschaft in eine andere Gesellschaftsform als die Kommanditgesellschaft auf Aktien

Zudem ist keine der vom Gesetz erfaßten Maßnahmen vollständig verboten; der Schutz der Wandelanleihegläubiger wird vielmehr durch ein gesetzliches Schutzsystem gewährleistet, das nicht wenige Probleme hervorgerufen hat.

2. *Insbesondere: Barkapitalerhöhung und Ausgabe von Wandelanleihen*

Erhöht die Gesellschaft während der Wandlungsfrist ihr Kapital gegen Bareinlagen oder gibt sie neue Wandelanleihen aus, so werden die Inhaber bereits vorhandener Wandelanleihen dadurch geschützt, daß sie den Aktionären der Gesellschaft gleichgestellt werden. Ihnen wird daher auf der Grundlage des Umtauschverhältnisses von Gesetzes wegen ein Bezugsrecht auf die neuen Wertpapiere gewährt, wobei sie in Konkurrenz zu den schon vorhandenen Aktionären stehen (Art. 2441 Abs. 1).

Diese Lösung hat mehr Kritik als Zustimmung erfahren, denn sie verlangt den Anleihegläubigern, die den relativen Umfang ihrer zukünftigen Beteiligung an der Gesellschaft unverändert halten wollen, eine verfrühte und belastende Entscheidung ab. Zudem führt sie zu einer ungerechtfertigten Beschränkung des Bezugsrechts der gegenwärtigen Aktionäre zugunsten von Personen, die keine Gesellschafter sind und es vielleicht nie werden. Und in der Tat wäre es zum Schutz der Wandelanleihegläubiger richtiger, eine Anpassung des Umtauschverhältnisses vorzusehen oder lediglich für die Wandelanleihegläubiger, die von ihrem Umtauschrecht Gebrauch machen werden, einen Teil der neu ausgegebenen Aktien zu reservieren[36]. Diese Lösungen sind indes heute mit den gesetzlichen Vorgaben nicht vereinbar, die von dem Bestreben getragen werden, die Aufbringung von neuem Risikokapital seitens der Gesellschaft nicht zu behindern oder zu verzögern.

Die Vorschrift führt zu weiteren schwierigen Rechtsfragen, wenn die Gesellschaft einen Ausschluß oder eine Beschränkung des Bezugsrechts nach Art. 2441 Abs. 5[37] beschließt, da die Inhaber von Wandelanleihen an dieser Entscheidung nicht beteiligt sind. Das Gesetz sieht andererseits insoweit keinen besonderen Schutz vor. Insbesondere verlangt es nicht, daß ein solcher Gesell-

eine vorzeitige Beendigung des Darlehensvertrages zur Folge hat, da in Italien nur die Aktiengesellschaft und die Kommanditgesellschaft auf Aktien Anleihen emittieren können.

36 Zu diesen schwierigen Fragen siehe vor allem PORTALE, Giur. comm. 1975, I, 212; CAVALLO BORGIA, aaO (Fn. 7), S. 153ff; BUSSOLETTI, Riv. dir. comm. 1980, I, 47f; DOMENICHINI, aaO (Fn. 7), S. 155f.

37 Siehe hierzu oben IV.

schafterbeschluß einer Zustimmung der Versammlung der Wandelanleihegläubiger bedürfe[38].

Daher ist umstritten, ob man zu einem solchen Ergebnis auf dem Auslegungswege gelangen kann, indem man den Ausschluß des Bezugsrechts einer Änderung der Anleihebedingungen gleichstellt[39]. Überwiegend scheint dies jedoch verneint zu werden. Den Inhabern von Wandelanleihen, deren Bezugsrecht ausgeschlossen ist, werden daher regelmäßig nur die normalen vertraglichen Rechtsbehelfe wegen Nicht- oder Schlechterfüllung zugestanden, sofern deren Voraussetzungen vorliegen (wenn z.B. das Gesellschaftsinteresse fehlt, das einen Ausschluß des Bezugsrechts rechtfertigen kann)[40].

3. *Insbesondere: Kapitalerhöhung aus Gesellschaftsmitteln und Kapitalherabsetzung*

Eine Anpassung des Umtauschverhältnisses zum Schutz der Anleihegläubiger sieht der italienische Gesetzgeber bei zwei Maßnahmen vor: der Kapitalerhöhung aus Gesellschaftsmitteln und der Kapitalherabsetzung (Art. 2420 *bis* Abs. 6).

Es ist selbstverständlich, daß im ersten Fall eine Anpassung des Umtauschverhältnisses in der Weise vorzunehmen ist, daß die Zahl oder der Nominalwert der bei Wandlung zu gewährenden Aktien erhöht wird, je nachdem, ob die Kapitalerhöhung aus Gesellschaftsmitteln (Umwandlung von Rücklagen in Kapital) in der einen oder anderen Weise durchgeführt wird (Art. 2442 Abs. 2 und 3 C.C.). Gleichzeitig mit der Kapitalerhöhung aus Gesellschaftsmitteln muß die Gesellschaft daher entweder ein neues Umtauschverhältnis festlegen oder ihr Grundkapital zur Bedienung der Wandelanleihe entsprechend erhöhen. Beschließt sie eine Kapitalerhöhung, so müssen insoweit Rücklagen oder andere freie Mittel zur Verfügung stehen, die insoweit in Kapital verwandelt werden, als von dem Wandlungsrecht Gebrauch gemacht wird[41].

38 Es sei daran erinnert, daß in Italien von Gesetzes wegen eine Organisation der Schuldverschreibungsgläubiger vorgesehen ist (mit Gläubigerversammlung und gemeinsamer Vertretung) und daß es zu den Zuständigkeiten der Gläubigerversammlung gehört, über Änderungen der Anleihebedingungen abzustimmen.

39 So Modica, Riv. soc. 1979, 82ff; Bussoletti, Riv. dir. comm. 1980, I, 271f.

40 In diesem Sinne Campobasso, aaO (Fn. 2), S. 459ff, nach dem darüber hinaus ein Hauptversammlungsbeschluß als unwirksam anzusehen ist, der isoliert nur das Bezugsrecht der Wandelanleihegläubiger und nicht das der Aktionäre ausschließt; Domenichini, aaO (Fn. 7), S. 160ff; Geraci, Riv. soc. 1990, 819ff, der auch eine Anwendbarkeit der vertraglichen Rechtsbehelfe gegen Nichterfüllung nicht für gegeben hält.

41 Vgl. zu den verschiedenen in diesem Zusammenhang verwendbaren Techniken Nobili/Vitale, aaO (Fn. 20), S. 246f; Campobasso, aaO (Fn. 2), S. 461f.

Umstrittener ist demgegenüber die Auslegung der Vorschrift für den Fall der Kapitalherabsetzung zur Deckung von Verlusten (Art. 2446 bis 2447 C.C.). Dabei scheint es sich jedoch als herrschende Meinung herauszubilden, daß die Gesellschaft den Nominalwert oder die Zahl der bei Ausübung des Wandlungsrechts zu beziehenden Aktien verhältnismäßig *reduzieren* kann. Damit wird verhindert, daß derjenige, der von seinem Wandlungsrecht Gebrauch macht, einen größeren relativen Anteil an der Gesellschaft erhält, als es ihm bei Ausgabe der Wandelanleihe zugesagt worden war[42].

Eine Mindermeinung vertritt demgegenüber die Auffassung, daß sich die Verluste, die sich während der Dauer der Wandlungsfrist verwirklichen, nicht auf die Rechtsstellung des Anleihegläubigers auswirken dürften. Sie gelangt daher zu der entgegengesetzten Schlußfolgerung, daß die Zahl der bei Ausübung des Wandelrechts zu beziehenden Aktien *erhöht* werden müsse, um so die Herabsetzung ihres Nennwertes auszugleichen[43].

Umstritten ist jedoch weiterhin, ob eine Verringerung des Umtauschverhältnisses auch dann vorzunehmen ist, wenn die Anleihen in bei der Verlustverteilung nachrangige Aktien umzutauschen sind, wie dies bei Sparaktien der Fall ist[44].

4. *Insbesondere: Der Schutz durch vorzeitiges Wandelrecht*

Ausdrückliche Regelungen hat der italienische Gesetzgeber schließlich vorgesehen für Beschlüsse über die effektive Kapitalherabsetzung mit Ausschüttungen an die Gesellschafter (Art. 2445 C.C.), für Beschlüsse, mit denen die Bestimmungen der Satzung über die Gewinnverteilung geändert werden, sowie für die Verschmelzung und Spaltung, sofern diese während des Laufes der Wandlungsfrist gefaßt bzw. beschlossen werden (Art. 2420 *bis* Abs. 5, bezüglich Verschmelzung und Spaltung ersetzt durch die Art. 2503 *bis* und 2504 *novies*, eingefügt durch Gesetzesdekret Nr. 22 vom 16. Januar 1991).

Die Gesellschaft kann derartige Beschlüsse nicht fassen, solange die Frist für die Ausübung des Wandelrechts noch nicht abgelaufen ist. Dieses Verbot hat allerdings keinen absoluten Charakter; es kann nämlich außer Kraft gesetzt werden, wenn die Gesellschaft den Anleiheinhabern die Möglichkeit einräumt, ihr Wandelrecht auszuüben, bevor die entsprechenden Beschlüsse gefaßt werden. Diese zweite Möglichkeit wird von den vorgenannten Vorschriften jetzt neu geregelt[45].

42 So Campobasso, aaO (Fn. 2), S. 462ff; Casella, aaO (Fn. 7), S. 231ff; Cavallo Borgia, aaO (Fn. 7), S. 167f; Domenichini, aaO (Fn. 7), S. 177ff.

43 So Ferri, Le società, 1985, S. 575; Valcavi, Riv. dir. civ. 1983, II, 425ff.

44 Zu den Standpunkten der diesbezüglichen Debatte Domenichini, aaO (Fn. 7), S. 180f; Geraci, Riv. soc. 1990, 846ff.

45 Bei einer effektiven Kapitalherabsetzung mit Ausschüttungen an die Gesellschafter und einer Satzungsänderung bezüglich der Regelungen über die Gewinnverteilung muß

Die gesetzliche Regelung des Jahres 1974 ließ demgegenüber ein Problem offen: Hat die vorgezogene Wandlungsfrist außerordentlichen Charakter und ergänzt sie damit die ursprünglich in den Anleihebedingungen vorgesehenen Termine bzw. – im Gegenteil – ersetzt sie sie mit der Folge, daß das Wandelrecht für alle diejenigen verloren geht, die von der Möglichkeit eines vorzeitigen Umtausches keinen Gebrauch machen?

Der Reformgesetzgeber des Jahres 1991 hat die Frage für den Bereich der Verschmelzung und Spaltung ausdrücklich im ersten Sinne entschieden. Art. 2503 *bis* Abs. 3 bestimmt demgemäß, daß den Anleihegläubigern, die von der Möglichkeit vorzeitigen Umtausches keinen Gebrauch machen, Rechte einzuräumen sind, die denen vor Verschmelzung oder Spaltung gleichwertig sind. Dies gilt nicht, wenn die Versammlung der Schuldverschreibungsgläubiger einer Veränderung ihrer Rechte zustimmt.

Unklar war und ist demgegenüber, ob in den anderen von Art. 2420 *bis* Abs. 5 vorgesehenen Fällen das vorgezogene Umtauschrecht ersetzenden oder zusätzlichen Charakter hat. Soweit das vorgezogene Umtauschrecht als zusätzlich angesehen wird, besteht Uneinigkeit darüber, wie sich die Durchführung einer Kapitalherabsetzung mit Ausschüttungen an die Gesellschafter oder die Änderung der Satzungsbestimmungen über die Gewinnverteilung auf den Inhalt des fortbestehenden Wandelrechts auswirken[46].

Was Änderungen bei der Gewinnverteilung betrifft, ist darüber hinaus unsicher, ob ein vorgezogenes Umtauschrecht auch bei der Ausgabe von Aktien eingeräumt werden muß, die bei der Gewinnverteilung bevorrechtigt sind, oder ob der Schutz der Wandelanleihegläubiger in diesem Fall allein durch die Anerkennung eines Bezugsrechts auf die jungen Aktien zu gewährleisten ist, wie es in Art. 2441 vorgesehen ist.

mindestens drei Monate vor der Einberufung der entsprechenden Hauptversammlung ein Hinweis darauf im „Busarl" (*Bollettino ufficiae delle società per azioni e a responsabilità limitata* = Amtsblatt der Aktiengesellschaften und Gesellschaften mit beschränkter Haftung) veröffentlicht werden, daß innerhalb eines Monats nach der Veröffentlichung der Mitteilung ein Umtausch möglich ist.
Für Verschmelzung und Spaltung muß der Hinweis auf die Möglichkeit einer innerhalb von einem Monat nach der Veröffentlichung möglichen Wandlung demgegenüber mindestens drei Monate vor der Bekanntmachung des entsprechenden Vorhabens in der „*Gazzetta ufficiale della Repubblica*" abgedruckt werden.

46 Zu den Standpunkten in dieser Debatte siehe CAMPOBASSO, aaO (Fn. 2), S. 465ff in dem Sinne, daß der vorzeitige Umtausch „ersetzenden" Charakter hat; COSTA, Riv. soc. 1980, 74ff und DOMENICHINI, aaO (Fn. 7), S. 189ff, beide im Sinne der zweiten Möglichkeit, aber mit unterschiedlichen Lösungen, was den Schutz der Anleihegläubiger angeht, die nicht von der Möglichkeit des vorgezogenen Umtauschrechts Gebrauch machen.

VIII. Die Ausübung des Wandelrechts

Das Wandelrecht kann von den Anleihegläubigern in den Fristen und unter den Voraussetzungen ausgeübt werden, die in den Anleihebedingungen festgelegt sind[47]. Die Zeichnung der Bezugsaktien mit der Folge, daß aus dem Anleihegläubiger ein Aktionär wird, wird mit dem Erhalt der Wandelerklärung (der die Schuldverschreibungsurkunden beigefügt sein müssen) seitens der Gesellschaft wirksam, ohne daß es einer Annahme durch die Gesellschaft bedürfte.

Dabei handelt es sich um eine Folge der heute selbstverständlichen Qualifikation des Wandelrechts als eines vertraglichen Optionsrechts (Art. 1331 C.C.), die sich heute deutlich aus den gesetzlichen Bestimmungen ergibt und insbesondere aus dem Erfordernis, die Erhöhung des Grundkapitals zur Bedienung der Wandelanleihe gleichzeitig mit der Ausgabe der Anleihe zu beschließen[48]. Die Wandelerklärung stellt daher die Annahme eines unwiderruflichen Angebots der Gesellschaft dar und beendet das komplizierte, durch die Wandelabrede begründete Rechtsverhältnis aus Erlöschen der Darlehensbeziehung einerseits und Begründung der Gesellschafterstellung andererseits.

Die Tatsache, daß die für die Zeichnung der Bezugsaktien notwendige Einlageleistung bereits mit Zeichnung der Anleihen in das Vermögen der Gesellschaft übergegangen ist, schließt auf der anderen Seite aus, daß die Wandlung als eine Aufrechnung der Einlageschuld mit dem Rückzahlungsanspruch des Schuldverschreibungsgläubigers (Einlage einer Forderung) anzusehen ist[49]. Es herrscht vielmehr die Auffassung vor, daß das komplizierte Vorgehen eher einer Novation der Rechtsbeziehung zwischen den Vertragsparteien gleicht (Art. 1230 C.C.): aus der Stellung eines Schuldverschreibungsgläubigers wird eine Beteiligung als Aktionär[50].

Sobald die Zeichnung der Aktien vollzogen ist, folgt die Ausgabe der neuen Aktienurkunden nach dem in Art. 2420*bis* Abs. 6 vorgesehenen Verfahren, das zum Ziel hat, die notwendigen Schritte zusammenzufassen und zu vereinfachen. Auf der Grundlage dieser Vorschriften muß die Verwaltung im ersten Monat des Halbjahres die Aktien an die Anleihegläubiger ausgeben, die im zuvor abgelaufenen Halbjahr die Wandlung erklärt hatten. Im Folgemonat hat sie eine Erklärung über die Durchführung der Kapitalerhöhung zum Handelsregister einzureichen.

47 Siehe oben 2.

48 Siehe statt aller Campobasso, aaO (Fn. 2), S. 444 und 472; Domenichini, aaO (Fn. 7), S. 259ff; sowie für die Diskussion, die sich zu dieser Frage vor 1974 entwickelt hat, Casella, aaO (Fn. 7), S. 79ff.

49 So jedoch Cavallo Borgia, aaO (Fn. 7), S. 269ff; Casella, aaO (Fn. 7), S. 116 und S. 180.

50 So statt vieler Campobasso, aaO (Fn. 2), S. 445ff; Bussoletti, Riv. dir. comm. 1988, I, 263ff; Domenichini, aaO (Fn. 7), S. 260ff.

Schließlich ist darauf hinzuweisen, daß die Gesellschaft zwar unstreitig (unbegrenzt) eigene Wandelanleihen kaufen kann, daß aber umstritten ist, ob sie aus diesen Anleihen auch das Wandelrecht ausüben kann. Wer insoweit das Verbot der Zeichnung eigener Aktien anwendet (Art. 2357*quater* C. C.), muß zu einer absoluten Verneinung gelangen[51]. Zahlreiche Anhänger hat jedoch auch die Auffassung, daß insoweit die weniger einschneidenden Regelungen über den Erwerb eigener Aktien (Art. 2357) anwendbar seien mit der Folge, daß die Gesellschaft in den in dieser Vorschrift festgelegten Grenzen die in ihrem Besitz befindlichen Anleihen wandeln kann[52].

IX. Andere Formen von Wandelanleihen

1. Allgemeines

Wie bereits angedeutet, liegt der auffälligste Mangel des italienischen Rechts im Bereich der Wandelanleihen darin, daß Regelungen zu anderen Erscheinungsformen dieses Rechtsinstituts in der Praxis fehlen[53].

Rechtsprechung und Lehre sind sich jedoch heute darüber einig, daß aus dem Schweigen des Gesetzgebers nicht ein Verbot anderer Formen von Wandelanleihen abzuleiten ist. In der Zwischenzeit ist man jedoch bemüht, die Lücke des Gesetzes im Wege der Analogie zu füllen, um zu verhindern, daß der Rückgriff auf andere Arten von Wandelanleihen ein Ausweg wird, um die zum Schutz der Zeichner und der Aufbringung des Kapitals zwingende Norm des Art. 2420*bis* zu unterlaufen.

Dieses Problem wird für das sogenannte indirekte Vorgehen (*procedimento indiretto*) bei der Emission im Hinblick auf dessen weite Verbreitung als besonders bedeutsam angesehen. Der Umtausch in bereits ausgegebene eigene Aktien wird demgegenüber heute deutlich behindert durch die für den Erwerb eigener Aktien gezogenen Schranken und insbesondere durch das 1986 eingeführte Verbot, eigene Aktien in einem Umfang zu besitzen, der 10 % des Grundkapitals übersteigt (Art. 2357 C. C.).

Es ist daher selbstverständlich, daß auch die Ausgabe dieses Typs von Wandelanleihen die Einhaltung der in Art. 2420*bis*[54] für die Ausgabe von Wandelanleihen festgelegten Bedingungen voraussetzt. Da die zur Bedienung des Wandelrechts bestimmten Aktien bereits ausgegeben sind und vollständig eingezahlt

51 So Campobasso, aaO (Fn. 2), S. 448, Fn. 16; Geraci, Riv. soc. 1990, 834; Piscitello, Riv. soc. 1992, 208 ff.

52 So Piazza, Contratto e impresa 1987, 781 ff; Domenichini, aaO (Fn. 7), S. 247 ff.

53 Vgl. oben I.

54 Dazu oben III.

sein müssen (Art. 2357 Abs. 1), fehlt es in der Tat an einer erst in der Zukunft auszuführenden Erhöhung des Grundkapitals.

Das Wandlungsrecht ist darüber hinaus durch die Möglichkeit des Anleihegläubigers geschützt, die Gesellschaft auf Schadenersatz in Anspruch zu nehmen (Art. 1516 C.C.), wenn die Gesellschaft im Zeitpunkt des Umtausches die versprochenen Aktien nicht mehr in ihrem Portefeuille hat oder sonst ihre Verpflichtung zum Umtausch nicht erfüllt. Das zuletzt genannte Risiko wird andererseits durch die Praxis deutlich verringert, die versprochenen Bezugsaktien treuhänderisch (in *„gestione speciale"*) bei einer Treuhandgesellschaft zu hinterlegen. Der treugebenden Gesellschaft ist es damit verwehrt, die Bezugsaktien bis zum Ablauf der Umtauschfrist zu veräußern oder über sie in anderer Weise zu verfügen[55].

Besondere Schwierigkeiten stehen einer Anwendung der Vorschriften zum Schutz des Anleihegläubigers während des Bestehens eines Umtauschrechts daher nicht entgegen. Der einzig wesentliche Streitpunkt, der überwiegend bejahend beantwortet wird, ist, ob auch solche Wandelanleihen den gegenwärtigen Aktionären und den Inhabern zuvor ausgegebener Wandelanleihen zum Bezug angeboten werden müssen[56].

2. *Insbesondere: Das indirekte Vorgehen (procedimento indiretto)*

Beim sogenannten indirekten Vorgehen (*procedimento indiretto*) sind die Emittentin der Schuldverschreibungen und die Gesellschaft, in deren Aktien diese umtauschbar sind, nicht identisch.

Das Fehlen gesetzlicher Regelungen führt nur zu geringen Schwierigkeiten, wenn sich die Bezugsaktien bereits im Portefeuille der Emittentin der Wandelanleihen befinden. Von diesem Vorgehen wird häufig in Konzernen nach folgendem Schema Gebrauch gemacht: das herrschende Unternehmen, das an einer Finanzierung der Tochtergesellschaft interessiert ist, zeichnet die Kapitalerhöhung der Tochter und gibt selbst eine Wandelanleihe aus, die umtauschbar ist in Aktien der Tochtergesellschaft. Manchmal wird bei diesem Verfahren auch ein Kreditinstitut eingeschaltet, das die Wandelanleihe ausgibt, während die Muttergesellschaft des Konzerns die in ihren Händen befindlichen Aktien der Tochtergesellschaft zur Sicherung des Darlehens sperrt. Schließlich können auch – in einem allerdings weniger verbreiteten Verfahren – die Aktien der Gesellschaft, die an einer Kapitalzuführung interessiert ist, unmittelbar von einem Kreditinstitut

55 Zu den Arten der sogenannten *„gestione speciale"* siehe PAVONE LA ROSA, Riv. soc. 1963, 894ff; BUONCORE, Giur. comm. 1974, 280ff.

56 Vgl. CAMPOBASSO, aaO (Fn. 2), S. 478, Fn. 8; DOMENICHINI, aaO (Fn. 7), S. 105, Fn. 88.

gezeichnet werden, das sich verpflichtet, sie gegen die von ihm selbst ausgegebenen Wandelanleihen einzutauschen. Gebräuchlich ist schließlich in allen diesen Fällen die Einbringung der Bezugsaktien in „*gestione speciale*".

Aus den im vorhergehenden Abschnitt dargelegten Gründen unterliegt die Emission von Wandelanleihen dieses Typs nicht den Regelungen des Art. 2420*bis* zum Schutz der Kapitalaufbringung und zum Schutz des Wandelrechts in der dort beschriebenen, besonderen Form. Wie bereits bei den Anleihen, die zu einem Umtausch in bereits ausgegebene eigene Aktien berechtigen, fehlt es auch hier an einer erst in der Zukunft auszuführenden Erhöhung des Grundkapitals.

Zudem ist anerkannt, daß dieser Typ von Wandelanleihen nicht den Aktionären der Gesellschaft, die das Darlehen aufnimmt, zum Bezug angeboten werden muß, da deren Rechtsstellung durch die Maßnahme nicht berührt wird[57].

Möglich ist jedoch eine entsprechende Anwendung der Vorschriften zum Schutz der Anleihegläubiger während der Dauer des Wandelrechts, sofern die Anleihebedingungen keine gleichwertigen oder strengeren Regelungen vorsehen[58]. Aus zwei Gründen sind insoweit jedoch Anpassungen nötig, und zwar weil: a) die im Gesetz festgelegten Verhaltensregeln sich an die Gesellschaft bzw. das Kreditinstitut richten, das die Wandelanleihen ausgegeben hat; b) Maßnahmen zum Schutz ihrer Inhaber nur notwendig sind, wenn die benachteiligenden Beschlüsse von der Gesellschaft gefaßt werden, die die zum Bezug bestimmten Aktien ausgegeben hat. So muß z.B. die Gesellschaft, die die Wandelanleihe ausgegeben hat, ein Recht zum vorzeitigen Umtausch einräumen, wenn die andere Gesellschaft eine Verschmelzung oder Spaltung beschließt[59].

Umstritten ist demgegenüber, wie sich die Schuldnerin der Anleihe zu verhalten hat, wenn die Gesellschaft, auf deren Aktien sich das Wandelrecht richtet, ihr Kapital gegen Einlagen erhöht. Insoweit werden verschiedene Vorschläge gemacht: (1) die Bezugsrechte schon jetzt dem Anleiheinhaber, dem sie zustehen, anzubieten; (2) sie zu verkaufen und den Erlös zugunsten der Wandelanleihegläubiger zu hinterlegen, die später ihr Wandelrecht ausüben; (3) das Bezugsrecht auszuüben und einen Teil (entsprechend dem Marktwert der Bezugsrechte) der neuen Wertpapiere oder alle neuen Papiere zugunsten der Anleihegläubiger in treuhänderischer Verwaltung (*gestione speciale*) zu hinterlegen. Im zweiten Fall müssen die Anleihegläubiger im Zeitpunkt des Umtausches die geleistete Einlage zuzüglich Zinsen erstatten[60].

57 So Casella, aaO (Fn. 7), S. 281; Campobasso, aaO (Fn. 2), S. 479 Fn. 10; Domenichini, aaO (Fn. 7), S. 106.

58 Zu den in Italien am häufigsten verwendeten Klauseln Banfi, aaO (Fn. 8), S. 144ff.

59 Vgl. dazu Campobasso, aaO (Fn. 2), S. 479ff; Domenichini, aaO (Fn. 7), S. 235ff.

60 Die insoweit in den Emissionsbedingungen enthaltenen Bedingungen sind im übrigen nicht einheitlich. Vgl. dazu, auch zur Auseinandersetzung im Schrifttum, Casella, aaO (Fn. 7), S. 209ff; Campobasso, aaO (Fn. 2), S. 480; Domenichini, aaO (Fn. 7), S. 236f, der alle diese Lösungen für im wesentlichen gleichwertig hält.

Weitaus wichtiger ist die Notwendigkeit einer analogen Anwendung von Art. 2420*bis* auf das „indirekte Vorgehen“, wenn die Wandelanleihen in erst zukünftig auszugebende Aktien gewandelt werden sollen. Insoweit liegt die größere Nähe zu dem vom Gesetz geregelten Sachverhalt auf der Hand. Auch hier handelt es sich nämlich um eine Kapitalerhöhung, die kontinuierlich und in unterschiedlichem Umfang ausgeführt wird, nur daß eine andere Gesellschaft, als diejenige, welche die Wandelanleihen ausgegeben hat (normalerweise ein Kreditinstitut von hoher Bonität), sie beschließt.

Daher ist im Grundsatz anerkannt, daß insoweit die inhaltlichen und verfahrensmäßigen Voraussetzungen anzuwenden sind, wie sie Art. 2420*bis* für die Ausgabe von Wandelanleihen vorsieht.

Die Gesellschaft, auf deren Aktien sich das Umtauschrecht bezieht, muß daher zeitlich mit dem Beschluß über die Ausgabe der Wandelanleihen eine Kapitalerhöhung in Höhe des Nennbetrages beschließen, zu dem Aktien höchstens zugeteilt werden können[61]. Auch diese Wandelanleihen können darüber hinaus nicht zu einem geringeren als ihrem Nennbetrag ausgegeben werden. Vollständig eingezahlt werden müssen demgegenüber nur die Aktien sein, die von der Kapitalerhöhung beschließenden Gesellschaft zuvor ausgegeben wurden.

Was das Bezugsrecht angeht, so ist sicher, daß es nicht den Aktionären der Gesellschaft zusteht, die das Darlehen aufnimmt. Andererseits hält man es für ausgeschlossen, daß der Wortlaut von Art. 2441 gestattet, den Aktionären der Gesellschaft, in deren Aktien umzuwandeln ist, ein Bezugsrecht zu gewähren[62].

Die Durchführung dieser Finanzierungsmaßnahme verlangt daher, daß das Bezugsrecht der Aktionäre dieser Gesellschaft ausgeschlossen wird, soweit die Kapitalerhöhung zur Bedienung des Wandelrechts erforderlich ist. Insoweit ist umstritten, ob das Bezugsrecht als *ex lege* ausgeschlossen angesehen werden muß, oder ob es eines ausdrücklichen Beschlusses zum Ausschluß des Bezugsrechts bedarf, der mit den erhöhten Mehrheitsanforderungen des Art. 2441 Abs. 5 zu fassen ist. Zur Begründung der ersten Ansicht wird vorgetragen, daß die jungen Aktien gegen Sacheinlagen ausgegeben würden (Einlage der Forderung gegen die Gesellschaft, die die Wandelanleihe ausgegeben hat)[63]. Vertreter

61 So, mit der Forderung, daß der Kapitalerhöhungsbeschluß vor dem Beschluß über die Ausgabe der Anleihe gefaßt werden müsse, CASELLA, aaO (Fn. 7), S. 283; CAMPOBASSO, aaO (Fn. 2), S. 482; Trib. Napoli, Urteil vom 5. Oktober 1989, Società 1990, 63. Dagegen ist DOMENICHINI, aaO (Fn. 7), S. 110 der Ansicht, daß der Kapitalerhöhungsbeschluß auch erst später gefaßt werden darf, wobei er allerdings zugibt, daß er vor der Ausgabe der Anleihe gefaßt werden muß.

62 So ausdrücklich DOMENICHINI, aaO (Fn. 7), S. 106, Fn. 90. In Wahrheit ist diese Frage nicht ausreichend vertieft, und aus der *ratio* des Art. 2441 können sich begründete Zweifel zu dieser Auffassung ergeben.

63 So, wenn auch mit Unterschieden im einzelnen, CASELLA, aaO (Fn. 7), S. 283ff; CAMPOBASSO, aaO (Fn. 2), S. 481, Fn. 13.

der zweiten Ansicht meinen demgegenüber, daß die im Zuge der Wandlung gezeichneten Aktien als gegen Bareinlagen ausgegeben anzusehen seien. Die Vertreter der zweiten Ansicht halten allerdings einen Beschluß zum Ausschluß des Bezugsrechts dann nicht für erforderlich, wenn auf der Grundlage einer Absprache zwischen den beteiligten Gesellschaften den Aktionären ein Bezugsrecht auf die Wandelanleihen eingeräumt wird[64].

Einer entsprechenden Anwendung der Vorschriften zum Schutz der Anleihegläubiger während des Bestehens des Wandelrechts steht demgegenüber nichts entgegen. Dies setzt voraus, daß die dort genannten Maßnahmen von der Gesellschaft vorgenommen werden, die eine Erhöhung ihres Grundkapitals zur Bedienung der Anleihen beschlossen hat. Diese Lösung wird nunmehr regelmäßig in den Anleihebedingungen festgeschrieben.

X. *Anleihen mit Bezugsrecht auf Aktien. Typologie*

1. *Allgemeines*

Anleihen mit einem Bezugsrecht auf Aktien (oder mit *warrant*) gewähren ihrem Inhaber das Recht, innerhalb einer im voraus festgelegten Frist und zu einem festgelegten Preis Aktien der Gesellschaft, die die Anleihe begeben hat, oder einer anderen Gesellschaft zu zeichnen oder zu erwerben.

Wie bereits angedeutet, ist diese Form der Anleihe in Italien nicht geregelt und hat erst in der jüngeren Vergangenheit eine große Bedeutung erlangt. Dies ergibt sich aus einigen Stellungnahmen zu diesem Themenkomplex, nach denen sie im wesentlichen die Wandelanleihen zurückdrängen[65].

Die Optionsklausel kann vor allem ein Recht zur Zeichnung junger Aktien (Zeichnungsrecht) einräumen, und zwar entweder auf Zeichnung von Aktien der Gesellschaft, die die Schuldverschreibungen ausgegeben hat, oder – häufiger – auf Aktien einer anderen Gesellschaft, regelmäßig einer von der ersten Gesellschaft abhängigen Gesellschaft. Gleichzeitig mit der Ausgabe der Anleihe wird in diesem Fall das Grundkapital zur Bedienung der Optionsrechte erhöht, wobei das Bezugsrecht der vorhandenen Aktionäre (und Inhaber von Wandelanleihen) der Gesellschaft, auf deren Aktien sich die Optionsrechte richten, ausgeschlossen wird.

Einen anderen und weiter verbreiteten Typ von Anleihen mit Optionsrecht bilden die Anleihen mit einem Erwerbsrecht (oder mit Optionsscheinen). Dem

64 So FENGHI, Riv. soc. 1980, 485ff und, wenn auch mit Unterschieden, DOMENICHINI, aaO (Fn. 7), S. 110ff sowie Trib. Napoli, Urteil vom 5. Oktober 1989, Societa 1990, 63.
65 Eine zusammenfassende Darstellung der Besonderheiten einiger Emissionen mit Bezugsrecht findet sich bei CUCINOTTI, Banca e banchieri 1984, 1056ff.

Anleihegläubiger wird in diesem Fall das Recht eingeräumt, zu einem im vorhinein festgelegten Preis entweder bereits ausgegebene Aktien der Anleiheschuldnerin zu erwerben, die sie in ihrem Portefeuille hält, oder – und häufiger – Aktien einer anderen Gesellschaft, die der Darlehensschuldnerin (herrschendes Unternehmen oder Kreditinstitut) gehören[66]. Zum Schutz der Anleihegläubiger werden die Aktien, auf die sich das Bezugsrecht richtet, bei einer Treuhandgesellschaft in treuhänderischer Verwaltung (*gestione speciale*) hinterlegt; hinsichtlich Ausgestaltung und Wirkung entspricht dieses Verfahren dem bei den Wandelanleihen beschriebenen Vorgehen[67].

Verbreitet sind schließlich auch Anleihen, die neben einem Wandelrecht das Recht zum Erwerb einer gewissen Anzahl weiterer Aktien auf der Grundlage eines *warrant* einräumen.

Optionsanleihen einer italienischen Gesellschaft, die mit einem *warrant* auf eine von dieser beherrschten ausländischen Gesellschaft ausgestattet waren, sind in Italien bisher nicht in nennenswertem Umfang zu verzeichnen; entsprechendes gilt für Emissionen von Tochtergesellschaften, die mit einem Optionsrecht auf Aktien ihrer italienischen Muttergesellschaft verbunden sind. In der (begrenzten) Behandlung der mit Optionsanleihen verbundenen Rechtsfragen fehlt daher eine Auseinandersetzung mit den damit verbundenen besonderen Problemen.

2. *Insbesondere: Rechtsnatur und rechtliche Regelung*

Was die Rechtsnatur der Optionsanleihen angeht, ist anerkannt, daß es sich um ein Schuldversprechen *mit Einräumung eines vertraglichen Optionsrechts* (Art. 1331 C.C.) handelt, das ein Angebot zur Zeichnung oder zum Verkauf von Aktien seitens der anbietenden Gesellschaft zum Gegenstand hat[68].

Das Angebot der Gesellschaft hat unwiderruflichen Charakter, was sich zudem aus Emissionsbeschluß und Anleihebedingungen ergibt. Der Anleihegläubiger erlangt seinerseits ein Potestativrecht, dessen Ausübung (innerhalb der

66 Es gab auch Fälle, in denen die Anleihen von einem Kreditinstitut ausgegeben wurden, während der *warrant* direkt von dem herrschenden Unternehmen des Unternehmens ausgegeben wurde, das selbst unmittelbar an einer Finanzierung interessiert war. Zum Beispiel: 4-%-Anleihe der *Mediobanca* 1993–1999, versehen mit einem *warrant* auf Sparaktien der Alleanza Assicurazioni, die ihrerseits von Assicurazioni Generali ausgegeben wurden.

67 Dazu oben unter IX.1.

68 Daher ist die rechtliche Behandlung der Finanzierungsseite bei Wandel- und Optionsanleihen identisch, auch wenn der Inhalt der Optionsabrede offensichtlich unterschiedlich ist; vgl. Marchetti, Riv. soc. 1984, 204; Campobasso, aaO (Fn. 2), S. 484; Guerrera, aaO (Fn. 2), S. 42f.

Fristen und nach den Bedingungen, die von der emittierenden Gesellschaft festgelegt wurden) den Zeichnungsvertrag oder den Kaufvertrag über die Aktien zustandebringt, ohne daß es einer weiteren Willenserklärung seitens der Gesellschaft bedurfte. Daraus folgt, daß auch der Beschluß zur Erhöhung des Grundkapitals zur Bedienung von Anleihen mit Optionsrechten auf Zeichnung junger Aktien unwiderruflichen Charakter hat, wie auch die Einbringung vorhandener Aktien in treuhänderische Verwaltung (*gestione speciale*) zur Bedienung von Anleihen mit einem Optionsrecht zum Erwerb vorhandener Aktien nicht rückgängig gemacht werden kann.

Das Optionsrecht kann als von der Schuldverschreibung nicht abtrennbar ausgestaltet werden; in diesem Fall kann es nur zusammen mit der Schuldverschreibung gehandelt werden. Häufiger ist es jedoch, daß das Optionsrecht in Form eines besonderen Scheins oder auf den Inhaber lautenden Abschnitts verbrieft ist, der auch isoliert vom Hauptpapier gehandelt werden kann und es gestattet, den wirtschaftlichen Wert des Optionsrechts zu realisieren, ohne die Schuldverschreibung selbst verkaufen zu müssen. In diesem Fall bilden der Optionsschein (*warrant*) ein echtes selbständiges Wertpapier[69], das auch getrennt an der Börse notiert sein kann[70].

Die Anleihen mit Optionsrecht unterscheiden sich insoweit von den Wandelanleihen, als sie das Recht zum Umtausch in Kapital *kumulativ* und nicht alternativ gewähren: anders als bei den Wandelanleihen behält der Gläubiger einer Anleihe mit Optionsrecht seine Stellung als Anleihegläubiger und die entsprechende Forderung auch nach der Ausübung des Optionsrechts bei. Andererseits setzt die Zeichnung oder der Erwerb der zur Option angebotenen Aktie die Zahlung zusätzlicher Mittel voraus; eine Umwidmung des bereits bei Zeichnung der Anleihe an die Gesellschaft gezahlten Betrages ist nicht möglich.

Die Ausgabe von Anleihen mit einem Optionsrecht auf Zeichnung führt daher nicht zu den Problemen bei der Aufrechterhaltung der effektiven Kapitalaufbringung, wie sie den Wandelanleihen eigen sind, die ein Recht auf Umtausch in erst noch zu schaffende junge Aktien begründet. Für die zur Option angebotenen Aktien ist vielmehr eine Einlage in (regelmäßig) Geld aufzubringen, die mindestens dem Nominalbetrag der zu zeichnenden Aktien entsprechen muß. Dieser Grundsatz gilt auch dann, wenn die Anleihebedingungen vorsehen, daß der Optionspreis teilweise oder in Gänze durch Rückgabe der Wandelanleihe beglichen werden kann.

69 So – statt aller – BUSSOLETTI, Riv. dir. comm. 1988, I, 284ff; GUERRERA, Banca, borsa, tit. cred. 1995, II, 227ff.

70 Die Vorschriften über die Zulassung zum Börsenhandel entsprechen im wesentlichen den vorgestellten Vorschriften für die Wandelanleihen. Gleiches Recht gilt darüber hinaus auch für die behördliche Kontrolle der Emission und für die Plazierung auf dem Markt durch öffentlichen Aufruf zur Zeichnung (dazu oben unter V. und VI.).

Die Unterschiede zwischen Wandelanleihen und Anleihen mit *warrant* schließen indes nicht aus, daß sich die Probleme beim Schutz der gegenwärtigen Aktionäre und Anleihegläubiger bei beiden Anleihetypen entsprechen. Auf der Grundlage dieser Annahme stimmt die italienische Rechtswissenschaft, nicht zuletzt ermutigt durch rechtsvergleichende Untersuchungen, darin überein, daß die vom Gesetzgeber im Bereich der Schuldverschreibungen mit *warrant* gelassenen Lücken durch eine entsprechende Anwendung der für die Wandelanleihen geschaffenen Vorschriften gefüllt werden können[71].

Insbesondere ist anerkannt, daß die Vorschriften zum Schutz der Aktionäre und der Gläubiger von Wandelschuldverschreibungen in den Art. 2420*bis* und 2441 auch auf Anleihen anzuwenden sind, die ein Optionsrecht auf Zeichnung der Aktien dieser Gesellschaft gewähren. Daher sind:

a) derartige Anleihen den gegenwärtigen Aktionären (und Inhabern früher ausgegebener Wandelanleihen) zum Bezug anzubieten, wobei das Bezugsrecht *ex lege* ausgeschlossen ist, wenn die Kapitalerhöhung zur Bedienung eines Wandeldarlehens durchgeführt wird;

b) zum zweiten muß die die Anleihe ausgebende Gesellschaft während der Laufzeit des Optionsrechts die entsprechenden Rechtsvorschriften zum Schutz der Wandelanleihegläubiger beachten. Die Anleihebedingungen können demgegenüber abweichende Lösungen vorsehen, vorausgesetzt, sie verwirklichen den Schutz des Anleihegläubigers gleichwertig oder besser. Zum Beispiel kann für den Fall einer Kapitalerhöhung anstelle eines Bezugsrechts eine verhältnismäßige Herabsetzung des Zeichnungspreises vorgesehen werden[72].

Die Anleihen mit Erwerbsrecht können demgegenüber den Wandelanleihen mit einem Umtauschrecht in bereits ausgegebene Aktien angeglichen werden; daraus folgt die Möglichkeit, die für deren Schutz entwickelten Regeln im Wege der Interpretation auch auf die Anleihen mit Erwerbsrecht zu erstrecken[73].

71 Vgl. insbesondere Campobasso, aaO (Fn. 2), S. 485ff; Bussoletti, Riv. dir. comm. 1988, I, 282ff; Guerrera, aaO (Fn. 2), S. 85ff.

72 Dazu ausführlich Guerrera, aaO (Fn. 2), S. 240ff.

73 Dazu oben IX.1 und IX.2.

Wandelschuldverschreibungen in den Niederlanden

von

Professor Dr. STEVEN PERRICK, Amsterdam/Rotterdam*

Inhaltsübersicht

* Rechtsanwalt und Notar in Amsterdam und Professor für Wertpapier- und Geldverkehrrecht an der Erasmus-Universität Rotterdam. Autor und Herausgeber danken Herrn Rechtsanwalt *Rolf Leithaus* für die Übersetzung. Das Manuskript in der Originalfassung kann gegen einen Unkostenbeitrag von DM 25,-- bei den Herausgebern angefordert werden.

I. Einleitung

1. Begriff der Wandelschuldverschreibung

Das Gesetz liefert keine Definition der Wandelschuldverschreibung *(converteerbare obligatie)*. Auch der Begriff der Wandelschuldverschreibung kommt in keinem der im folgenden behandelten Gesetze vor. Allerdings findet sich der Begriff *„schuldbrief"* (Obligation) in einigen Gesetzen, die sich mit Effekten befassen.[1] Die Wandelschuldverschreibung ist eine Obligation. Ich gehe im Folgenden davon aus, daß die Schuldverschreibungen auf den Inhaber[2] lauten und daß sie unter Umständen in Namensschuldverschreibungen umgewandelt werden können, für die keine Urkunden *(stukken)* ausgegeben werden. Eine Wandelschuldverschreibung gibt dem Inhaber das Recht, diese in ein Anteilsrecht an einer Kapitalgesellschaft umzutauschen. Im Folgenden widme ich mich ausschließlich solchen Schuldverschreibungen, die in Aktien – also in Anteile an Aktiengesellschaften – umgewandelt werden können.

Regelmäßig sind Aktien *(aandelen)* einer niederländischen Aktiengesellschaft *(naamloze vennootschap)* an der Amsterdamer Börse in Form von Aktienzertifikaten *(certificaten)* notiert. Eine „Zertifizierung" *(certificering)* von Aktien wird zumeist dadurch vollzogen, daß eine Verwaltungsstiftung *(stichting administratiekantoor)* die Aktien treuhänderisch für die Aktionäre verwaltet. Diese Stiftung gibt für die Aktien Zertifikate an die Aktionäre aus, denen wirtschaftlich das Eigentum an den Aktien zusteht. Während die Aktien Namensaktien sind, handelt es sich bei den Zertifikaten um Inhaberpapiere. Diese Zertifikate und nicht die Aktien werden gehandelt. Das Stimmrecht an den durch die Stiftung gehaltenen Aktien wird grundsätzlich selbständig durch die Stiftung ausgeübt. Diese hat bei der Ausübung des Stimmrechts die in den Verwaltungsbedingungen, die u.a. den Vertrag zwischen der Stiftung und den Zertifikatinhabern be-

1 Vgl. die Definition für Wertpapiere in Art. 1 *Wet Toezicht Effectenverkeer 1995* (Gesetz über die Aufsicht über den Wertpapierhandel) und in Art. 1 *Wet Toezicht Beleggingsinstellingen* (Gesetz über die Aufsicht von Anlageeinrichtungen). Siehe auch Art. 164 Abs. 1 Ziff. 1 und 274 Abs. 1 Ziff. a Buch 2 *Burgerlijk Wetboek* (BW = Bürgerliches Gesetzbuch).

2 Die Schuldverschreibung kann auch auf Order oder auf Namen lauten.

inhalten, aufgenommenen Richtlinien zu beachten. Eine Zertifizierung von Aktien in einer börsennotierten Gesellschaft geschieht in der Praxis zumeist als Vorbeugemaßnahme zur Abwehr feindlicher Übernahmen.

Das Umtauschrecht gibt dem Inhaber das Recht zum Erwerb einer Aktie. Dabei haben sich der Inhaber der Schuldverschreibung und die ausgebende Gesellschaft vor der Ausgabe über die Art und Weise der Einzahlung geeinigt. Buch 2 des *Burgerlijk Wetboek* (BW) spricht im Zusammenhang mit der Regelung der Aktienemission an einigen Stellen über Rechte zum Erwerb von Aktien *(rechten tot het nemen van aandelen)*,[3] worunter auch Optionsrechte fallen können. Eine Vorschrift[4] behandelt auch ausdrücklich in Aktien umtauschbare Rechte *(in aandelen converteerbare rechten)*.

Das Umtauschrecht ist untrennbar mit der Schuldverschreibung verbunden. Wenn die Schuldverschreibung auf den Inhaber lautet, ist das Umtauschrecht mit dieser in einem Inhaberpapier verkörpert. An der Börse notierte Obligationen lauten auf den Inhaber. Die Obligationsbedingungen, die in einer sogenannte Treuhandurkunde *(trustakte)* festgelegt sind, können jedoch eine Bestimmung erhalten, nach der der Inhaber einer bestimmten Mindestanzahl von Inhaberobligationen diese als Namensobligationen ausstellen lassen kann. Dieser hat sich dann in ein durch den Treuhänder verwaltetes Register eintragen zu lassen. Die Schuldverschreibung und das Umtauschrecht können, auch wenn die Schuldverschreibung in einem Namenspapier verkörpert ist, nur zusammen übertragen werden.

In der Vergangenheit wurden durch niederländische Gesellschaften vereinzelt auch Obligationen im Zusammenhang mit der Ausgabe von sogenannten *warrants* emittiert. Die *warrants* berechtigen zum Erwerb von Aktien. Obligationen und *warrants* sind dabei in gesonderten Inhaberpapieren verkörpert und können deshalb auch gesondert übertragen werden. Möchte der Inhaber einer oder mehrerer *warrants* das Recht aus diesen ausüben, muß er, um seiner Einzahlungspflicht Genüge zu tun, den Preis, der für die Ausübung des Rechts bestimmt wurde, der Gesellschaft in bar zur Verfügung stellen. Die Gesellschaft kann sich nicht im voraus mit den Inhabern der *warrants* darüber einigen, daß die Einzahlung auch teilweise durch Leistung von Schuldverschreibungen geschehen kann. In der niederländischen Praxis kommt eine solche kombinierte Ausgabe von Obligationen und *warrants* nicht häufig vor. Sie wird zu Recht nicht als eine Ausgabe von Wandelschuldverschreibungen angesehen. Ich werde auf diese Konstruktion im Folgenden nicht weiter eingehen.

Ebenso wie bei *warrants* handelt es sich bei Optionen um Rechte zum Erwerb von Aktien. In den vergangenen Jahren wurden von börsennotierten Ge-

3 Vgl. Art. 96 und 96 a, siehe unten II.2.
4 Art. 94b Abs. 5 Buch 2 BW.

sellschaften vielfach Optionsrechte an Mitglieder der Verwaltung und an andere leitende Funktionäre ausgegeben. Bei vielen börsennotierten Gesellschaften stellen diese Optionsrechte in der Praxis einen wichtigen Anteil der Entlohnung der Unternehmensspitze dar. Bis vor kurzem konnte die Gewährung von Optionsrechten sowie deren Ausübung angesichts der während der vergangenen Jahre bei den betroffenen Aktien allgemein stattfindenden starken Kurssteigerungen unter steuerlich günstigen Bedingungen erfolgen. Es werden regelmäßig, auch aus steuerlichen Gründen, bei der Gewährung von Optionsrechten Beschränkungen vereinbart, etwa eine Beschränkung in dem Sinne, daß die Optionsrechte erst nach Ablauf von einigen Jahren ausgeübt werden dürfen. Der Erwerbspreis je Aktie bei der Ausübung der Optionsrechte entspricht zumeist dem Börsenkurs zum Zeitpunkt der Gewährung der Optionsrechte. Diese Optionsrechte lauten auf den Namen und sind nicht an der Börse notiert. Das unten[5] 2.1 und 4.3 Gesagte findet grundsätzlich auch auf diese Optionsrechte Anwendung.

In der Praxis haben börsennotierte Wandelschuldverschreibungen die weitaus größte Bedeutung. Ich werde mich deshalb den speziellen gesetzlichen Regelungen, die sich mit nicht börsennotierten (Wandel)Schuldverschreibungen befassen, nur kurz widmen.

2. *Obligationen, die in Aktien einer anderen als der ausgebenden Gesellschaft umtauschbar sind*

Teilweise geben Gesellschaften Obligationen aus, die in Aktien einer anderen Gesellschaft umgetauscht werden können. Die Obligationen sind in diesen Fällen fast immer in Aktien einer börsennotierten Muttergesellschaft der ausgebenden Gesellschaft umtauschbar. Für die Verpflichtungen der Tochtergesellschaft, die aufgrund der Ausgabe der Obligationen entstehen, gibt die Muttergesellschaft im Regelfall eine Garantieerklärung ab. Diese Konstruktion wirft keine besonderen juristischen Probleme auf. Allerdings ist der Umtausch der durch die Tochtergesellschaft ausgegebenen Schuldverschreibungen in Aktien der Muttergesellschaft näher zu untersuchen.[6]

Ein Beschluß zur Ausgabe von Rechten zum Erwerb von Aktien ist als ein unwiderrufliches Angebot zu deren Ausgabe anzusehen. Das Recht, dieses unwiderrufliche Angebot anzunehmen, ist dann ein Gestaltungsrecht *(wilsrecht)*.[7]

5 Sogleich unter II.1. sowie unter IV.3.
6 Siehe dazu unten III.3.c).
7 Vgl. hierzu PERRICK, FS Struycken, 1996, S. 243 ff.

II. Die einschlägigen gesellschaftsrechtlichen Gesetzesbestimmungen

1. Die Ausgabe von Wandelschuldverschreibungen

Das Recht der juristischen Personen des Privatrechts *(rechtspersonen)*, insbesondere das Recht der *naamloze vennootschap* (NV, entspricht der deutschen Aktiengesellschaft) und der *besloten vennootschap met beperkte aansprakelijkheid* (BV, entspricht der deutschen Gesellschaft mit beschränkter Haftung) ist in Buch 2 des BW geregelt.

Art. 96 Abs. 1 Buch 2 BW, der die Ausgabe von Aktien regelt, ist nach Abs. 5 auch auf die Ausgabe von Rechten zum Erwerb von Aktien anwendbar.

Art. 96 Abs. 1 Buch 2 BW bestimmt in Übereinstimmung mit der 2. EG-Richtlinie, daß die Aktiengesellschaft nach ihrer Gründung Aktien nur ausgeben kann aufgrund eines Beschlusses der Hauptversammlung oder eines anderen Gesellschaftsorgans, welches durch Beschluß der Hauptversammlung oder durch die Satzung für eine bestimmte Dauer von höchstens fünf Jahren hierzu ermächtigt worden ist. Die Ermächtigung kann jeweils für die Dauer von höchstens fünf Jahren verlängert werden. Bei vielen Publikumsgesellschaften wird die Ausgabeermächtigung durch die Hauptversammlung an den Vorstand – mit Genehmigung durch den Aufsichtsrat – delegiert.[8] Wenn die Berechtigung zur Ausgabe von Aktien an den Vorstand delegiert wird, ist dieser auch berechtigt, Rechte zum Erwerb von Aktien auszugeben.[9] Die Gesellschaft muß binnen acht Tagen nach einem Beschluß der Hauptversammlung zur Ermächtigung eines anderen Organes den vollständigen Text des Ermächtigungsbeschlusses bei der Geschäftsstelle des Handelsregisters *(ten kantore van het handelsregister)* niederlegen.[10] Dasselbe gilt, wenn es sich um einen Beschluß der Hauptversammlung zur Ausgabe von Aktien handelt. Innerhalb von acht Tagen, nachdem Rechte zum Erwerb von Aktien ausgegeben wurden, muß die Gesellschaft dies bei der Geschäftsstelle des Handelsregisters anzeigen. Dabei ist die maximale Anzahl und die Art der Aktien, die durch den Umtausch erworben werden können, anzugeben.[11] Im Zeitpunkt des Umtausches – dies ist der Zeitpunkt, in dem die Aktien tatsächlich ausgegeben werden – ist kein Beschluß des jeweils berechtigten Gesellschaftsorgans mehr erforderlich.[12]

8 Vgl. hierzu ausführlich PERRICK, FS Maeijer, 1988, S. 185ff.
9 Rechtbank (= Landgericht) Haarlem v. 12. Juni 1990, Nederlandse Jurisprudentie (NJ) 1991, Nr. 554.
10 Vgl. Art. 96 Abs. 3 Buch 2 BW.
11 Vgl. Art. 96 Abs. 4 i.V.m. Abs. 5 Buch 2 BW.
12 Siehe dazu unten II.3.

Die nicht oder nicht rechtzeitig erfolgte Erfüllung der Verpflichtung zur Anzeige beim Handelsregister führt weder beim Hauptversammlungsbeschluß noch bei der Ausgabe der Aktien noch bei der Ausgabe von Rechten zum Erwerb von Aktien zu einer bürgerlichrechtlichen Nichtigkeit.

2. *Bezugsrecht der Aktionäre*

Jeder Aktionär hat, abgesehen von einigen gesetzlichen Ausnahmen,[13] nach Art. 96a Abs. 1 Satz 1 Buch 2 BW bei der Ausgabe von Aktien und bei der Ausgabe von Rechten zum Erwerb von Aktien ein Bezugsrecht im Verhältnis zum Gesamtbetrag seiner Aktien. Diese Vorschrift wurde zur Umsetzung der 2. EG-Richtlinie in das Gesetz aufgenommen. Eine der gesetzlichen Ausnahmen vom Bezugsrecht betrifft die Ausgabe an Arbeitnehmer der Gesellschaft oder einer Konzerngesellschaft. Die Inhaber von Wandelschuldverschreibungen haben kein Bezugsrecht für den Fall der Ausgabe von Aktien oder der Ausgabe von Rechten zum Erwerb von Aktien, worunter auch die Ausschreibung einer neuen Wandelschuldverschreibungsanleihe fällt. Es kommt in der Praxis ab und zu vor, daß im Falle der Ausgabe von neuen Aktien den Inhabern von Wandelschuldverschreibungen ein Bezugsrecht gewährt wird. Dies bedeutet, daß das Bezugsrecht der vorhandenen Aktionäre beschränkt wird. In den meisten Fällen haben die Inhaber von Wandelschuldverschreibungen kein Bezugsrecht. Die Treuhandurkunde, die u.a. die Anleihebedingungen für die Wandelschuldverschreibung enthält, bestimmt eine Anpassung des Umtauschpreises in dem Falle, daß nur den Aktionären ein Bezugsrecht zusteht. Wenn die Aktionäre hingegen kein Bezugsrecht haben, braucht eine Anpassung des Umtauschpreises allerdings nicht zu erfolgen. Der dahinterstehende Gedanke ist, daß in einem solchen Fall der Ausgabekurs angemessen sein wird, jedenfalls in Relation zum aktuellen Börsenkurs der Aktien. Daher werden weder die vorhandenen Aktionäre noch die Inhaber von Wandelschuldverschreibungen benachteiligt, wenn der Umtauschkurs nicht angepaßt wird.

Die Gesellschaft ist verpflichtet, die Ausgabe mit Angabe des Bezugsrechts und des Zeitraumes, in dem dieses ausgeübt werden kann, im *Staatscourant* und in einer landesweit erscheinenden Tageszeitung anzukündigen.[14] Das Bezugsrecht kann innerhalb von mindestens zwei Wochen nach dem Tag der Ankündigung ausgeübt werden. Es kann allerdings durch einen Hauptversammlungsbeschluß beschränkt oder ausgeschlossen werden. In einem solchen Fall müssen im Beschlußvorschlag die Gründe für den Ausschluß sowie der geplante Ausga-

13 Vgl. dazu Art. 96a Abs. 1 Satz 2 u. 3, Abs. 2 u. 3 Buch 2 BW.
14 Art. 96a Abs. 4 u. 5 Buch 2 BW.

bekurs schriftlich erläutert werden. Das Bezugsrecht kann auch durch ein anderes zur Ausgabe von Aktien befugtes Gesellschaftsorgan eingeschränkt werden. Dieses andere Gesellschaftsorgan muß dafür durch einen Hauptversammlungsbeschluß oder durch die Satzung für einen bestimmten Zeitraum von höchstens fünf Jahren ermächtigt worden sein. Auch eine solche Ermächtigung kann jeweils um höchstens fünf Jahre verlängert werden.[15] Auch eine solche Berechtigung wird bei vielen Publikumsgesellschaften delegiert an den Vorstand mit Zustimmung durch den Aufsichtsrat.[16] Für einen Hauptversammlungsbeschluß zur Beschränkung oder zum Ausschluß des Bezugsrechts oder zur Ermächtigung eines anderen dazu befugten Organes ist eine Mehrheit von mindestens zwei Dritteln der abgegebenen Stimmen erforderlich, wenn weniger als die Hälfte des gezeichneten Kapitals bei der Hauptversammlung vertreten ist. Die Gesellschaft hat auch hier innerhalb von acht Tagen nach dem Beschluß den vollständigen Text beim Handelsregister niederzulegen.[17]

3. *Die Ausübung des Umtauschrechts*

Die Ausübung des Umtauschrechts hat zur Folge, daß an den Inhaber der Wandelschuldverschreibung Aktien ausgegeben werden. In diesem Fall braucht kein neuer Beschluß zur Ausgabe durch ein dazu berechtigtes Gesellschaftsorgan getroffen zu werden.[18] Ich möchte daher den Beschluß zur Ausgabe von Rechten zum Erwerb von Aktien als ein unwiderrufliches Angebot zur Ausgabe von Aktien bezeichnen.

Aktionären kommt im Zeitpunkt der Ausgabe von Aktien als Folge des Umtauschs kein Bezugsrecht zu. Dieses Recht wurde ihnen bereits zum Zeitpunkt der Ausgabe der Umtauschrechte gewährt, wenn zu dieser Zeit das Bezugsrecht weder ausgeschlossen noch beschränkt war.[19]

Innerhalb von acht Tagen nach jeder Ausgabe von Aktien als Folge des Umtauschs ist die Gesellschaft verpflichtet, dies der Geschäftsstelle des Handelsregisters anzuzeigen.[20]

Weiter unten[21] werde ich mich der zwingenden gesellschaftsrechtlichen Vorschrift[22] widmen, die die Ausgabe von Aktien unter pari verbietet.

15 Art. 96a Abs. 6 Buch 2 BW.
16 Vgl. oben Fn. 8.
17 Art. 96 a Abs. 7 Buch 2 BW.
18 Vgl. Art. 96 Abs. 5 Buch 2 BW.
19 Art. 96 a Abs. 8 Satz 2 Buch 2 BW.
20 Art. 96 Abs. 4 Buch 2 BW.
21 Unter III.3.a).
22 Art. 80 Abs. 1 Buch 2 BW.

4. *Zustimmung durch den Aufsichtsrat*

Im niederländischen Gesellschaftsrecht gibt es übrigens keine spezielle Regelung der Ausgabe von Obligationen in dem Sinne, daß Beschlüsse des Vorstandes von sogenannten Strukturgesellschaften (*structuurvennootschappen* = große Gesellschaften) zur Ausgabe von Obligationen und zur Beantragung der Börsennotierung oder der Einziehung der Börsennotierung von Obligationen der Zustimmung des Aufsichtsrats bedürfen.

III. Die Wandelschuldverschreibung im allgemeinen Vermögensrecht

1. *Übertragung*

Im Folgenden gehe ich davon aus, daß für die Übertragung der Wandelschuldverschreibung nach Internationalem Privatrecht niederländisches Recht anwendbar ist.

Im giralen Effektenverkehr werden Schuldverschreibungen durch Gutschrift auf den Namen des Erwerbers bei der hierzu bestimmten Verwaltungsabteilung einer im Giralsystem „angeschlossenen Einrichtung" *(aangesloten instelling)*[23] übertragen.

Zur Übertragung von Schuldverschreibungen, die nicht im giralen System aufgenommen sind, muß dem Erwerber bei Inhaberpapieren der Besitz verschafft werden.[24] Namensschuldverschreibungen werden dadurch übertragen, daß das Namenspapier an den Erwerber übergeben wird. Die Übertragung muß dann der emittierenden Gesellschaft und – falls erforderlich – der Gesellschaft angezeigt werden, gegenüber welcher das Umtauschrecht besteht.[25]

2. *Erwerb der Wandelschuldverschreibung durch die emittierende Gesellschaft selbst*

Das Gesetz verbietet es der emittierenden Gesellschaft nicht, Schuldverschreibungen zu kaufen, die in eigene Aktien umgetauscht werden können. Dies gilt auch dann, wenn das Umtauschrecht ausgeübt werden muß. Allerdings hat

23 Bei den „Angeschlossenen Einrichtungen" handelt es sich im großen und ganzen um Banken und Kommissionäre.

24 Art. 93 i.V.m. Art. 90, 91, 92 Buch 3 BW.

25 Art. 94 Buch 3 BW. Diese Art der Übertragung auch ist bei *Inhaber*schuldverschreibungen außerhalb eines giralen Systems vorgeschrieben, wenn das Inhaberpapier sich nicht im Besitz des Veräußerers befindet.

die Gesellschaft dann dafür zu sorgen, daß sie die Wandelschuldverschreibungen vor Eintritt der Umtauschpflicht veräußert. Anderenfalls verstieße die Gesellschaft gegen das gesetzliche Verbot, eigene Aktien zu zeichnen.[26] Wenn eine Gesellschaft eigene Aktien zeichnet, gehen diese nach Art. 95 Abs. 2 Buch 2 BW (automatisch) auf alle Vorstandsmitglieder über. Jedes Vorstandsmitglied haftet persönlich für die Einzahlung dieser Aktien einschließlich der gesetzlichen Zinsen ab dem Zeitpunkt des Erwerbes.

Wenn, wie zumeist der Fall, lediglich ein Umtauschrecht und keine Verpflichtung zum Umtausch besteht, darf die Gesellschaft Wandelschuldverschreibungen, die in eigene Aktien umgewandelt werden können, unbeschränkt erwerben. Jedoch ist es meines Erachtens einer Gesellschaft in keinem Fall erlaubt, solche Schuldverschreibungen umzutauschen.[27]

Beim Erwerb von Inhaberwandelschuldverschreibungen durch die ausgebende Gesellschaft selbst weicht das Gesetz von der Grundregel ab, daß eine schuldrechtliche Verbindlichkeit aufgrund von „Vermischung" *(vermenging)* untergeht, wenn sich durch die Übertragung einer Forderung die Eigenschaften von Gläubiger und Schuldner in einer Person vereinigen.[28] Diese Ausnahmeregelung ist dadurch gerechtfertigt, daß beim Kauf von Inhaberschuldverschreibungen nicht in jedem Fall deren Amortisation geplant ist. Die ausgebende Gesellschaft kann die Schuldverschreibungen nach Wunsch später wieder an Dritte veräußern.

3. *Durchführung der Einzahlung beim Umtausch*

a) *Allgemeines*

Die Treuhandurkunde *(trustakte)* enthält u.a. die Anleihebedingungen für die Wandelschuldverschreibung. Diese beinhalten auch den Umtauschkurs. Zur Ausübung des Umtauschrechts soll der Inhaber der Wandelschuldverschreibung jeweils selbst berechtigt sein. Der Umtauschkurs darf nie niedriger sein als der nominale Wert der auszugebenden Aktie, da das Gesetz die Ausgabe von Aktien unter pari verbietet.[29] Dies gilt auch, wenn die Treuhandurkunde eine Regelung

26 Art. 95 Abs. 1 Buch 2 BW.

27 Anders offensichtlich VAN DEN INGH, Converteerbare obligaties en aandelen, Van der Heijden-Reihe, Teil 43, 1993, S. 15, der der Ansicht ist, daß die Gesellschaft beim Umtausch (lediglich) die für den Erwerb eigener Aktien geltenden Beschränkungen zu beachten hat.

28 Art. 161 Abs. 2 i.V.m. Abs. 1 Buch 6 BW.

29 Art. 80 Abs. 1 Buch 2 BW. Ich lasse hier die Frage offen, ob die Vorschrift auch auf die Ausgabe von Wandelschuldverschreibungen anwendbar ist. Vgl. in diesem Zusammenhang auch Abs. 2, wonach die Gesellschaft solchen Parteien einen Emissionsrabatt zubilligen darf, „welche sich berufsmäßig mit der Plazierung von Aktien für eigene Rechnung befassen".

enthält, nach der der Ausgabekurs der Aktie verändert werden kann. Durch den Umtausch soll die Verbindlichkeit der Gesellschaft aus der Wandelschuldverschreibung in eine Aktie „umgesetzt" werden. Wenn der Umtauschkurs so bemessen ist, daß ein Teil des nominellen Wertes der Schuldverschreibung zu gering ist, um in eine Aktie „umgesetzt" zu werden, so können die Bedingungen bestimmen, daß dieser überschüssige Betrag an den Inhaber der Schuldverschreibung ausgezahlt wird (es kann auch bestimmt werden, daß der Inhaber der Schuldverschreibung den fehlenden Betrag zwischen Umtauschkurs und nominellem Wert zum Erwerb einer zusätzlichen Aktie dazuzahlen kann).

Die beim Erwerb einer Aktie in bar bestehende Einzahlungspflicht des Wandelschuldverschreibungsinhabers wird bei Ausübung des Umtauschrechts dadurch erfüllt, daß die Forderung der Gesellschaft mit derjenigen aus der Schuldverschreibung verrechnet wird.

Es handelt sich bei der Verrechnung um einen Aufrechnungsvertrag *(schuldverrekening)*. Nach Art. 80 Abs. 4 Buch 2 BW ist der Aktionär nicht zur (einseitigen) Aufrechnung mit seiner Einzahlungspflicht berechtigt. Diese Bestimmung will vermeiden, daß sich der Erwerber der Aktie auf eine Aufrechnung berufen kann. Zulässig ist es jedoch, daß die Gesellschaft und der Aktionär sich – eventuell auch schon im voraus – darüber einigen, daß die Einzahlung im Wege der Aufrechnung stattfinden soll.[30]

Nicht angehen kann es, den Umtausch als einen Fall der Schuldvereinigung *(schuldvermenging)* anzusehen. Eine Schuldvereinigung liegt dann vor, wenn sich die Eigenschaft des Schuldners und des Gläubigers in einer Person vereinigen. Beim Umtausch wäre eine solche Schuldvereinigung anzunehmen, wenn die Schuldverschreibung an die Gesellschaft übertragen wird. Die Einzahlung auf die auszugebende Aktie müßte dann in natura erfolgen, und zwar durch Einlage der Wandelschuldverschreibung in das Gesellschaftsvermögen. Darauf wären die gesetzlichen Regelungen über die (Sach-)Einlage anzuwenden. Es müßte also über den einzulegenden Gegenstand ein Bericht erstellt werden, der von einem Wirtschaftsprüfer zu attestieren wäre.[31] Ein solches Verfahren wäre in der Praxis nur schwer durchführbar. Jedesmal, wenn ein Umtausch erfolgt, müßten diese gesetzlichen Regeln beachtet werden.

Das Gesetz schreibt vor, wie mit einer Forderung aus einem Inhaberpapier aufzurechnen ist.[32] Hierfür hat der Gläubiger die Aufrechnungserklärung auf der Urkunde zu vermerken und diese dem Schuldner zu übergeben. Der Schuldner soll durch diese Vorschrift davor geschützt werden, daß die Urkunde an einen

30 Vgl. VAN DER HEIJDEN/VAN DER GRINTEN, Handboek voor de naamloze en besloten vennootschap, Nr. 168.5.

31 Vgl. Art. 94 b Abs. 1 i.V.m. Art. 94 a Abs. 2 Buch 2 BW.

32 Art. 128 Abs. 1 Buch 6 BW.

gutgläubigen Dritten weitergegeben wird.[33] Um praktischen Problemen aus dem Wege zu gehen, sollte der Treuhänder in der *trustakte* unwiderruflich ermächtigt werden, die Aufrechnungserklärung für den Inhaber der Schuldverschreibung abzugeben.

Eine Aufrechnung wirkt zurück bis zu dem Zeitpunkt, in dem die Berechtigung zur Aufrechnung entstanden ist.[34] Wenn für eine der Forderungen - oder für beide - bereits fällige Zinsen gezahlt worden sind, wirkt die Aufrechnung nicht weiter zurück als bis zum Ende des letzten Zeitabschnittes, für den diese Zinsen gezahlt wurden.[35] Daher können bis zum Ende des letztgenannten Zeitabschnittes gezahlte Zinsen nicht als ohne Rechtsgrund geleistet zurückverlangt werden. In der *trustakte* kann allerdings von dieser gesetzlichen Bestimmung abgewichen werden. Das Erfordernis einer Abweichung von der gesetzlichen Grundregel, daß die Aufrechnung bis zu dem Zeitpunkt zurückwirkt, in dem die Befugnis zur Aufrechnung entstanden ist, soll folgendes Beispiel verdeutlichen:

Die Zinsen für die Schuldverschreibung seien jeweils am 1. Oktober eines Jahres fällig. Der Umtausch findet am 1. Februar des nächsten Jahres statt. Die neu auszugebenden Aktien berechtigen aufgrund einer Bestimmung in der *trustakte* dazu, den Gewinn des Geschäftsjahres, in dem der Umtausch stattfindet, in vollem Umfang geltend zu machen. Auch wenn dieser Gewinn, abgesehen von der Möglichkeit der Auskehrung einer Interimsdividende, erst im darauffolgenden Geschäftsjahr (teilweise) als Dividende ausgeschüttet würde, stünden dem Erwerber der Aktie für denselben Zeitraum sowohl die Zinsen als auch die Dividende zu. Im vorgenannten Beispiel kann dies dadurch vermieden werden, daß in der *trustakte* bestimmt wird, daß Zinsen, die zwischen dem 1. Januar und dem Zeitpunkt des Umtauschs anfallen, nicht verlangt werden können. Die Aufrechnung wirkt in diesem Fall bis zum 1. Januar zurück, also weiter als bis zu dem Zeitpunkt, in dem die Berechtigung zur Aufrechnung entstanden ist, nämlich dem 1. Februar.

b) Umtausch in Aktienzertifikate

Wenn die Schuldverschreibungen nicht in Aktien, sondern in Aktienzertifikate umtauschbar sind, müssen die durch den Umtausch erworbenen Aktien an die Verwaltungsstiftung *(administratiekantoor)* abgegeben werden. Die Verwaltungsstiftung muß sich dementsprechend dazu verpflichten, die entsprechende Anzahl von Zertifikaten an den Inhaber der Wandelschuldverschreibung auszu-

33 Vgl. hierzu ausführlich PERRICK, in: Erudita Ignorantia, Grotius-Festgabe, 1992, S. 124f.
34 Art. 129 Abs. 1 Buch 6 BW.
35 Art. 129 Abs. 2 Buch 6 BW.

geben. Die Einzahlung erfolgt dabei am einfachsten folgendermaßen: Der Inhaber der Schuldverschreibung überträgt diese an die Verwaltungsstiftung. Diese rechnet dann gegenüber der Gesellschaft mit der Einzahlungsverpflichtung des Inhabers auf die neu ausgegebenen Aktien auf. Auch kann man so verfahren, daß sich die Parteien – stillschweigend – darüber einigen, daß die Verwaltungsstiftung berechtigt ist, die Forderung des Inhabers der Schuldverschreibung gegen die Gesellschaft mit der Verbindlichkeit der Verwaltungsstiftung gegenüber der Gesellschaft aufzurechnen.[36] In der Praxis wird vielfach noch ein Treuhänder dazwischengeschaltet. Der Treuhänder erhält gegen Vorlage einer Bescheinigung, die nachweist, daß die Verwaltungsstiftung im Aktionärsverzeichnis der Gesellschaft eingeschrieben ist, von dieser die erforderlichen Aktienzertifikate. Diese Zertifikate stellt der Treuhänder dann einer Zahlstelle *(betaalkantoor)* zur Verfügung, die ihrerseits die Schuldverschreibungen, die sie zuvor von den jeweiligen Inhabern erhalten hat, an den Treuhänder herausgibt.

c) Die Schuldverschreibungen sind in Aktien einer anderen als der ausgebenden Gesellschaft umtauschbar

Im Folgenden widme ich mich kurz dem Fall, daß die Schuldverschreibungen von einer Konzerngesellschaft (A) einer börsennotierten Gesellschaft (B) ausgegeben werden und in Aktien der Gesellschaft B umtauschbar sind. Auch hier muß aus den bereits oben[37] angegebenen Gründen vermieden werden, daß die Einzahlung im Wege der (Sach-)Einlage der Wandelschuldverschreibung in das Gesellschaftsvermögen stattfindet, obwohl dies auch hier dem ersten Anschein nach der Fall ist: Der Inhaber einer Wandelschuldverschreibung überträgt beim Umtausch seine durch die Gesellschaft A ausgegebene Schuldverschreibung zum Zwecke der Einbringung an die Gesellschaft B. Auch hier führt das gesetzliche Erfordernis der Einzahlung in natura zu praktischen Problemen.

Eine Aufrechnung kann, wie gesagt, ohne eine vorherige vertragliche Übereinkunft zwischen Obligationsinhaber und Gesellschaft B nicht wirksam erfolgen. Der Schuldner des Obligationsinhabers ist nach dem Umtausch nie gleichzeitig dessen Gläubiger. Dies ist immer die Gesellschaft B, auf deren neu ausgegebene Aktien die Einzahlung zu erfolgen hat. In der *trustakte* kann bestimmt werden, daß im Fall der Ausübung des Wandelrechts eine neue Forderung entsteht (*schuldvernieuwing* = Novation).

Dies geschieht auf die Weise, daß durch Ausübung des Umtauschrechts anstelle des ursprünglichen Schuldners, der Gesellschaft A, die Börsengesellschaft

36 Hiervon scheint KORTMANN, Converteerbare obligaties en aandelen, Van der Heijden-Reihe, Teil 43, 1993, S. 29 auszugehen.

37 Unter III.3.a).

B Schuldnerin des das Wandelrecht ausübenden Inhabers der Schuldverschreibung wird.[38]

Als Folge dieser Novation erwirbt die Gesellschaft B eine entsprechende Forderung gegen die Gesellschaft A. Die Gesellschaft B hat dann die Aufrechnungserklärung in die Obligationsurkunde aufzunehmen. Die Gesellschaft A kann von der Gesellschaft B zusätzlich verlangen, daß die Aufrechnung auf der Obligationsurkunde quittiert wird.[39] Hierauf wird die Gesellschaft A allerdings in der Praxis keinen Wert legen.

4. *Kein Umtausch*

Der Inhaber einer Wandelschuldverschreibung wird nur dann sein Umtauschrecht ausüben, wenn der Umtauschkurs für ihn – positiv – von dem Börsenkurs der Aktie abweicht, die durch den Umtausch erworben werden soll. Macht der Inhaber der Schuldverschreibung von seinem Umtauschrecht keinen Gebrauch, dann behält er allerdings sein Recht auf Rückzahlung des Nennwertes *(hoofdsom)* der Wandelschuldverschreibung. Der Zeitpunkt, zu dem der Nennwert zurückzuzahlen ist, wird in der *trustakte* bestimmt. Oftmals wird die Schuldverschreibungsanleihe zu bestimmten Terminen abgelöst, wobei die jeweils abzulösenden Schuldverschreibungen durch Los ermittelt werden. Die Auslosung findet vielfach einige Zeit vor dem jeweiligen Termin statt, damit die Inhaber der ausgelosten Schuldverschreibungen eine Zeitlang die Gelegenheit haben, das Wandelrecht auszuüben.

Der Schuldner kann bei der Erfüllung des Anspruchs aus der Obligation verlangen, daß auf die Urkunde ein entsprechender Quittungsvermerk gesetzt und ihm diese übergeben wird.[40] Das Gesetz regelt auch den Fall, daß der Anspruch nicht voll erfüllt wird oder daß der Gläubiger die Urkunde noch zur Ausübung anderer Rechte benötigt sowie den Fall, daß die Urkunde vernichtet wurde oder wertlos geworden ist.[41] In der *trustakte* sollte der Treuhänder sicherheitshalber unwiderruflich bevollmächtigt werden, den Quittungsvermerk auf die Urkunde zu setzen.[42]

38 Vgl. auch FABER, Converteerbare obligaties en aandelen, Van der Heijden-Reihe, Teil 43, 1993, S. 137, der der Ansicht ist, daß zwischen dem Schuldner, der börsennotierten Gesellschaft und dem Inhaber der Schuldverschreibung eine Aufrechnung stattfinden kann, ohne daß die börsennotierte Gesellschaft Schuldnerin des Inhabers der Schuldverschreibung wird.

39 Art. 160 i.V.m. Art. 49 Buch 6 BW.

40 Art. 49 Abs. 1 Buch 6 BW.

41 Art. 49 Abs. 2 u. 3 Buch 6 BW.

42 Meiner Ansicht nach handelt es sich bei Art. 49 des 6. Buches um dispositives Recht.

IV. Einschlägige wertpapierrechtliche Gesetzesbestimmungen

1. Wet Toezicht Effectenverkeer 1995

Nach dem *Wet Toezicht Effectenverkeer 1995*[43] ist es grundsätzlich verboten, in den Niederlanden - oder von den Niederlanden aus - Wertpapiere außerhalb eines geschlossenen Kreises von Erwerbern ohne Erlaubnis anzubieten oder ein solches Angebot anzukündigen. Dies gilt sowohl bei der Ausgabe der Wertpapiere als auch dann, wenn in den Niederlanden bereits in der Vergangenheit ausgegebene Wertpapiere angeboten werden und diese zu einer Art von Wertpapier gehören, welche
- nach der Ausgabe noch nicht in den Niederlanden erhältlich gewesen sind,
- nach der Ausgabe in den Niederlanden noch nicht außerhalb eines geschlossenen Erwerberkreises erhältlich gewesen sind oder
- nach der Ausgabe in den Niederlanden noch nicht außerhalb eines Kreises von Personen erhältlich gewesen sind, die berufs- oder geschäftsmäßig mit dem Handel mit oder der Anlage in Wertpapieren befaßt sind.

Dieses Verbot gilt u.a. dann nicht,
- wenn die angebotenen Wertpapiere zur Notierung an einer vom Finanzminister anerkannten Börse, die ihren Sitz in den Niederlanden hat, zugelassen sind, oder wenn anzunehmen ist, daß eine solche Zulassung in Kürze erfolgen wird oder
- wenn im Zusammenhang mit dem Angebot ein Prospekt allgemein erhältlich ist, vorausgesetzt, daß auf diesen in jeder schriftlichen Bekanntmachung des Angebots verwiesen wird.[44] Der Prospekt muß den Regeln entsprechen, die aufgrund des Beschlusses über die Wertpapieraufsicht *(Besluit Toezicht Effectenverkeer)* - einer allgemeinen Aufsichtsmaßnahme nach dem *Wet Toezicht Effectenverkeer* - aufgestellt wurden.

Im niederländischen Recht gibt es Bestimmungen, nach denen ausländische, allgemein zugängliche Prospekte anerkannt werden, wenn diese für ein Angebot von Wertpapieren im Ausland erstellt wurden. Hierauf gehe ich jedoch nicht näher ein.[45]

Unter die gesetzliche Definition von Wertpapieren fallen außerdem Obligationen *(schuldbrieven)*, die Einschreibung in ein Schuldregister sowie Optionen.

43 Vgl. Art. 3 WTE.

44 Vgl. hierzu ausführlich: PERRICK, Effecten (algemeen deel), Serie Bank- en Effectenrecht, Teil 12, 1991, S. 47ff.

45 Vgl. z.B. Art. 3 Abs. 1 *Besluit Toezicht Efectenverkeer 1995*, Staatsblad 1995, S. 623. Siehe auch unten Fn. 57.

Aus diesem Grunde sind auch Inhaber- und Namenswandelschuldverschreibungen Wertpapiere im Sinne des *Wet Toezicht Effectenverkeer.*

Nach diesem Gesetz muß für eine Schuldverschreibung ein allgemein erhältlicher Prospekt ausgegeben werden, sofern sie nicht an der Amsterdamer Börse notiert ist. Die Voraussetzungen, die der *Besluit Toezicht Effectenverkeer* an einen solchen Prospekt stellt, stimmen im Großen und Ganzen mit den Voraussetzungen überein, die das *Fondsenreglement* der Amsterdamer Wertpapierbörse (= allgemeine Bestimmungen über den Wertpapierhandel und die Zulassung von Wertpapieren an der Amsterdamer Börse) für einen Prospekt aufstellt, der im Zusammenhang mit der Beantragung einer Börsennotierung ausgegeben wird.[46] Das Verbot, Wertpapiere anzubieten, gilt nicht für börsennotierte Schuldverschreibungen, da bei diesen die Erfüllung der gesetzlich vorgeschriebenen Informationspflichten aufgrund der Beachtung des *Fondsenreglements* gesichert ist.

Die Pflicht, einen Prospekt zu veröffentlichen, gilt insbesondere zum Schutz von privaten Anlegern. Aufgrund der *Vrijstellingsregeling Wet Toezicht Effectenverkeer 1995*, einer Ausnahmeregelung zum *Wet Toezicht Effectenverkeer 1995*,[47] sind einige Arten von Anleihen vom Ausgabeverbot ausgenommen. Diese Ausnahmen, die in der Praxis eine große Bedeutung haben, betreffen u.a.

- das Anbieten von Wertpapieren ausschließlich an professionelle Beteiligte;
- das Anbieten von Wertpapieren in einer Stückelung von Hfl 100000,00 und mehr;
- das Anbieten von den Niederlanden aus, wenn es sich ausschließlich an Anleger im Ausland richtet und die in dem jeweiligen Land geltenden Regeln für das Anbieten von Wertpapieren beachtet werden.

Institutionen, die außerhalb eines begrenzten Kreises von Erwerbern Wertpapiere anbieten, welche nicht zur Notierung an einer durch den Finanzminister anerkannten Wertpapierbörse zugelassen sind, müssen regelmäßig Informationen über ihren Geschäftsbereich veröffentlichen.[48] Die Freistellungsregelung enthält einige Ausnahmen von der Verpflichtung, regelmäßig Informationen zu veröffentlichen.[49]

46 Vgl. unten Punkt V.2.
47 Staatscourant 1995, S. 250, Vgl. Art. 2 9.
48 Art. 5 *Wet Toezicht Effectenverkeer.*
49 Art. 10 und 11 der *vrijstellingsregeling* (Freistellungsregel) *Wet Toezicht Effectenverkeer 1995.*

2. *Wet Toezicht Kredietwezen 1992* *(Gesetz über die Aufsicht des Kreditwesens)*

Das *Wet Toezicht Kredietwezen* von 1992 verbietet es grundsätzlich, geschäftsmäßig öffentlich Darlehensanleihen auszugeben und dafür Geld einzuziehen.[50] Verboten ist es danach weiterhin, sich geschäftsmäßig Gelder zur Verfügung stellen zu lassen oder solche Gelder zu verwalten. Dies gilt auch für Termingelder. Der Finanzminister hat von der im Gesetz vorgesehenen Möglichkeit Gebrauch gemacht, Darlehensanleihen, bei denen die Vorschriften des *Wet Toezicht Effectenverkeer 1995* beachtet werden, von dem Verbot freizustellen.[51] Zu diesen Ausnahmen gehört daher das Anbieten von börsennotierten Obligationen und von solchen Obligationen, bei denen ein den gesetzlichen Bestimmungen entsprechender Prospekt vorhanden ist. Das Gesetz verbietet auch nicht das Anbieten von nicht börsennotierten Obligationen, wenn eine Freistellung nach dem *Wet Toezicht Effectenverkeer 1995* vorliegt.[52]

3. *Das Gesetz über die Verpflichtung zur Veröffentlichung der Anteilsverhältnisse (Wet Melding Zeggenschap 1996) bei börsennotierten Gesellschaften*[53]

In erster Linie bezweckt das *Wet Melding Zeggenschap 1996*[54] die Förderung der Transparenz des (niederländischen) Wertpapiermarktes. Um diese Zielrichtung zu verwirklichen, verpflichtet das Gesetz eine (juristische) Person, welche die Verfügungsmacht über Aktien einer Gesellschaft erwirbt oder aufgibt, dies sowohl der *Stichting Toezicht Effectenverkeer* (= Wertpapieraufsichtsbehörde) als auch der Gesellschaft selber anzuzeigen, wenn die Person weiß oder wissen muß, daß der Prozentsatz der von ihr gehaltenen Aktien in eine andere Bandbreite fällt als die, die sie zuvor hielt. Die einschlägigen Bandbreiten lauten 0 bis 5, 5 bis 10, 10 bis 25, 25 bis 50, 50 bis 66 2/3 sowie 66 2/3 Prozent und mehr. Die *Stichting Toezicht Effectenverkeer* ist verpflichtet, die Anzeige öffentlich bekannt zu machen.

Die Anzeigepflicht gilt auch bei von einer niederländischen Aktiengesellschaft ausgegebenen Aktien(-zertifikaten), die zugelassen sind zur offiziellen Notierung an einer Börse in einem anderen Mitgliedstaat der Europäischen Union

50 Art. 82.
51 Beschluß des Finanzministers vom 23. 12. 1992, Staatscourant 1992, S. 253.
52 Siehe hierzu eingehender PERRICK, Enkele opmerkingen over financieringsmaatschappijen naar aanleiding van Hoge Raad 15 december 1995 (Barings), 1997, S. 245 ff.
53 Für eine ausführlichere Behandlung des Gesetzes vgl. PERRICK, TVVS 1997, 97 ff.
54 Staatsblad 1996, Nr. 629.

oder einem anderen Staat, der dem Vertrag über den Europäischen Wirtschaftsraum beigetreten ist.

Bei der Berechnung des anzeigepflichtigen Prozentsatzes muß auch ein potentieller Kapitalanteil und ein potentieller Stimmrechtsanteil berücksichtigt werden. Wandelschuldverschreibungen enthalten einen solchen potentiellen Eigenkapitalanteil und ein potentielles Stimmrecht. Kapitalanteil und Stimmrecht brauchen einander nicht zu entsprechen. Ein Unterschied kann u.a. durch eine satzungsmäßige Stimmrechtsbeschränkung entstehen. Auch Aktienzertifikate beinhalten unter Umständen nur ein beschränktes Stimmrecht, während sie einen vollen Anteil am Kapital der Gesellschaft verkörpern. Das *Wet Melding Zeggenschap* ist freilich nur dann auf Wandelschuldverschreibungen anwendbar, wenn diese in börsennotierte Aktien oder Aktienzertifikate einer niederländischen Aktiengesellschaft umgetauscht werden können. Ob die Wandelschuldverschreibungen selbst an der Börse notiert sind, ist dabei ohne Bedeutung. Ein einfaches Beispiel mag das Vorstehende verdeutlichen. A erwirbt so viele Wandelschuldverschreibungen, daß er durch den Umtausch 5% des gezeichneten Kapitals der X-AG erwerben kann. Die Satzung der X-AG enthält keine Stimmrechtsbeschränkung. A hat daher sowohl einen potentiellen Kapitalanteil als auch einen potentiellen Stimmrechtsanteil von 5% anzuzeigen. Entscheidend ist der Umfang des tatsächlich gezeichneten Kapitals zum Zeitpunkt des Erwerbs der Wandelschuldverschreibung.

Wenn der Inhaber von Wandelschuldverschreibungen die Rückgabe der Obligationen wählt und deshalb das Umtauschrecht nicht ausübt, kann daher trotzdem eine (erneute) Anzeigepflicht entstehen. Er verliert die Verfügung über einen potentiellen Kapitalanteil und ein potentielles Stimmrecht. Entsprechendes gilt, wenn das Umtauschrecht abläuft.

Der Umtausch führt dazu, daß aus dem potentiellen Anteil ein tatsächlicher wird. Ein solcher kann zu einer Anzeigeverpflichtung führen.

V. Die Notierung von Wandelschuldverschreibungen an der Börse

1. Das Fondsenreglement

Wie oben bereits ausgeführt, findet das im *Wet Toezicht Effectenverkeer 1995* enthaltene Verbot, Wertpapiere außerhalb eines geschlossenen Kreises von Erwerbern ohne die erforderliche Erlaubnis anzubieten, u.a. dann keine Anwendung, wenn die Wertpapiere an einer vom Finanzminister zugelassenen Wertpapierbörse notiert sind oder wenn eine solche Zulassung zur Notierung in Kürze zu erwarten ist. Die Ausnahmeregelung rechtfertigt sich dadurch, daß die jeweilige Börse die vom *Wet Toezicht Effectenverkeer 1995* bezweckten Regelungsziele beachtet, insbesondere solche in bezug auf die hier interessierende Information der Anlage.

Die ausgebende Gesellschaft muß an der Amsterdamer Wertpapierbörse die Zulassung der Wandelschuldverschreibungen zur dortigen Notierung beantragen. Der Antrag muß von der Gesellschaft und von mindestens einer zugelassenen Einrichtung der Effektenbörse unterzeichnet werden.[55] Bevor eine Anleihe zur Notierung zugelassen wird, muß die ausgebende Gesellschaft einen entsprechenden Vertrag mit der Amsterdamer Wertpapierbörse abschließen. In diesem Vertrag verpflichtet sich die ausgebende Gesellschaft u.a., die jeweils gültigen Bestimmungen des *Fondsenreglement* der Amsterdamer Wertpapierbörse zu beachten. Das *Fondsenreglement* enthält Regelungen, die eine emittierende Gesellschaft bei der Beantragung und auch nach der Zulassung zur Notierung zu beachten hat. Der Begriff „Wertpapiere" *(effecten)* im *Fondsenreglement* umfaßt auch Wandelschuldverschreibungen. Unter einer Anleihe *(fonds)* versteht man alle zu einer bestimmten Kategorie gehörenden Wertpapiere, also auch alle Wandelschuldverschreibungen, die von einer bestimmten Gesellschaft ausgegeben werden, und die den Erwerbern die gleichen Rechte geben.[56]

2. *Der Prospekt*[57]

Grundsätzlich werden ein Wertpapierfonds sowie die Erweiterung eines bereits bestehenden Fonds erst zugelassen, nachdem ein Prospekt veröffentlicht worden ist.[58] Bei Wandelschuldverschreibungen findet eine Erweiterung allerdings regelmäßig nicht statt. Die Notierung muß für alle Wandelschuldverschreibungen beantragt werden, d.h. für die gesamte Anleihe. Es ist unwahrscheinlich, daß eine Gesellschaft zu einem späteren Zeitpunkt noch einmal Wandelschuldverschreibungen ausgibt, für die die gleichen Bedingungen gelten.

Der Prospekt muß ein genaues Bild von der Situation der ausgebenden Gesellschaft geben. Er muß in jedem Fall die Daten der letzten drei Jahresabschlüsse enthalten. Für den Fall, daß seit dem Stichtag der letzten Bilanz mehr als neun Monate vergangen sind, ist zusätzlich ein Bericht über die Bilanzzahlen der Zwi-

55 Art. 47 Abs. 6 *Fondsenreglement.*

56 Vgl. Art. 1 *Fondsenreglement.*

57 Zu diesem Thema und insbesondere zu dem der Anerkennung von Prospekten in anderen EU-Mitgliedstaaten, die in Übereinstimmung mit der nationalen Gesetzgebung eines Mitgliedstaates erstellt wurden, vgl. PERRICK, aaO (Fn. 44), S. 103ff. Die gegenseitige Anerkennung ist in der Richtlinie vom 22. Juni 1987 (87/345/EWG) Abl. EG 1987, L 185 geregelt. Ein Prospekt, der in Übereinstimmung mit der EG-Richtlinie vom 3. März 1982 (82/148/EWG) Abl. EG 1982, L 62 erstellt wurde und der in den Niederlanden durch die zuständige Stelle, die Amsterdamer Wertpapierbörse, anerkannt wurde, muß deshalb auch an einer in einem anderen Mitgliedstaat tätigen Wertpapierbörse, an der die Wandelschuldverschreibung notiert ist, anerkannt werden.

58 Art. 8 Abs. 1 *Fondsenreglement.*

schenzeit abzugeben. Auch müssen Angaben gemacht werden über wichtige Ereignisse, die seit dem letzten Bilanzstichtag vorgefallen sind. Weiterhin ist mitzuteilen, wie sich die Geschäfte der Gesellschaft in Zukunft entwickeln werden. Schließlich enthält der Prospekt nähere Angaben über die mit den zu emittierenden Wertpapieren verbundenen Rechte und Pflichten. Die jeweils erforderlichen Angaben sind in den Modellen *(schema's)* A – C („A" für Aktien, „B" für Obligationen und „C" für Aktienzertifikate) in der Anlage zum *Fondsenreglement* festgelegt.

Wenn ein Antrag auf Zulassung zur Notierung von in Aktien umtauschbaren Wandelschuldverschreibungen gestellt wird, muß der Prospekt wenigstens die folgenden Angaben enthalten:

- die Art der zum Umtausch angebotenen Aktien und die mit diesen verbundenen Rechte;
- die Umtauschbedingungen und das Umtauschverfahren sowie die Fälle, in denen von diesem abgewichen werden kann;[59]
- das Testat eines Wirtschaftsprüfers über die im Prospekt enthaltenen Jahresabschlüsse;
- die in Modell „A", Abschnitte 3–7 und in Modell „B", Abschnitt 2 genannten Angaben. Abschnitt 2 bestimmt, daß in die Anleihebedingungen auch die Umtauschbedingungen aufgenommen werden müssen. Des weiteren regelt der Abschnitt die Art und Weise der Tilgung der Schuldverschreibung beim Umtausch. Schließlich müssen nach Abschnitt 2 eine Reihe von rechtlich erheblichen Angaben gemacht werden. Hierunter fallen Art und Tragweite von Garantien, Sicherheiten und sonstigen Verpflichtungen zur Sicherung der Rückzahlung des Nennwertes der Schuldverschreibungen sowie der Zinsen. Weiterhin enthalten diese Vertretungs- und Treuhandregelungen sowie die eventuelle Vereinbarung eines Rangrücktritts der Schuldverschreibungsinhaber.

Vor der Ausgabe des Prospektes muß dieser von einer oder mehreren an der Amsterdamer Wertpapierbörse zugelassenen Einrichtungen und/oder der ausgebenden Gesellschaft unterzeichnet werden.[60] Abweichend hiervon kann die Amsterdamer Wertpapierbörse gestatten, daß ein Prospekt von einem oder mehreren nicht zugelassenen Einrichtungen herausgegeben und unterzeichnet wird. Dies ist allerdings nur unter der Voraussetzung möglich, daß der Prospekt von einer mindestens gleichgroßen Zahl von an der Börse zugelassenen Einrichtungen mitunterzeichnet und mitherausgegeben wird.[61]

59 Etwa bei einer drohenden Übernahme der ausgebenden Gesellschaft oder bei der Ausgabe von Aktien mit Bezugsrechten für die vorhandenen Aktionäre.

60 Art. 9 Abs. 1 *Fondsenreglement*.

61 Art. 9 Abs. 2 *Fondsenreglement*.

Für den Fall, daß Obligationen in börsennotierte Aktien(-zertifikate) gewandelt werden können, ist keinen guter Grund ersichtlich, die Gesellschaft zur Veröffentlichung eines neuen Prospekt zu verpflichten. Wenn ein solcher Fall vorkommt, sollten hierüber zur Vermeidung von Zweifelsfällen eindeutige Absprachen mit der Amsterdamer Wertpapierbörse getroffen werden.[62]

3. *Die Zwischenschaltung eines Treuhänders bei der Anleihe*

Die Inhaber von börsennotierten Wandelschuldverschreibungen können bestimmte Rechte – mit Ausnahme u.a. des Umtauschrechtes – gegenüber der ausgebenden Einrichtung vielfach nur durch einen Treuhänder ausüben lassen.

Das *Fondsenreglement* bestimmt, daß die *trustakte* bei börsennotierten Wandelschuldverschreibungen in notarieller Form aufgesetzt werden und inhaltlich den Vorgaben der Anlage I zum *Fondsenreglement* entsprechen muß.[63] Anlage I enthält u.a. Regelungen über:

- die Versammlung der Wandelschuldverschreibungsinhaber; diese muß zusammengerufen werden, wenn die ausgebende Gesellschaft, die Treuhänder oder mindestens 15 % der Inhaber des noch vorhandenen Bestandes von Schuldverschreibungen es verlangen;
- das Stimmrecht bei der Versammlung;
- Art und Umfang der Information der ausgebenden Gesellschaft gegenüber dem Treuhänder und des Treuhänders gegenüber den Obligationsinhabern.

Der Treuhänder kann bestimmte wichtige Entscheidungen, wie z.B. die Vornahme von Änderungen der Rechte der Schuldverschreibungsinhaber,[64] grundsätzlich nicht selbst treffen. Solche können nur durch Beschluß der Versammlung der Obligationsinhaber getroffen werden.[65]

Wenn die ausgebende Einrichtung ein Grundpfandrecht bestellen muß, hat dies vor der Ausgabe der Anleihe zu erfolgen. Die Obligationsinhaber sind zu diesem Zeitpunkt naturgemäß noch nicht bekannt. Dies gilt übrigens dann, wenn die Obligationsanleihe in eine große Zahl von Inhaberpapieren gestückelt wird, auch nach Emission der Anleihe. Da das niederländische Recht verlangt,

62 Siehe hierzu PERRICK, Converteerbare obligaties, NIBE-bankrechtliche Reihe, 1995, S. 22f.

63 Art. 22 Abs. 3 *Fondsenreglement*.

64 Art. 4 der Beilage I zum *Fondsenreglement*.

65 In der trustakte muß eine Bestimmung enthalten sein, nach der die ausgebende Gesellschaft die Stimmrechte aus den ihr gehörenden Wandelschuldverschreibungen nicht ausüben darf.

daß der Gläubiger in der Hypothekenurkunde genannt wird, kann eine solche Hypothek ohne einen Treuhänder nicht bestellt werden.

Es entspricht wohl geltendem Recht, daß eine Hypothek – dasselbe gilt auch für ein Pfandrecht – für die Inhaber von Inhaberobligationen bestellt werden kann, wenn eine Vermögensverwaltung in oben geschildertem Sinne besteht. Der Vermögensverwalter vertritt dann die Inhaber bei der Bestellung der Hypothek.[66]

4 *Information der Anleger*

Die ausgebende Gesellschaft ist verpflichtet, die Anleger fortlaufend u.a. über die folgenden Vorgänge zu informieren:[67]
- Änderungen der Rechte der Schuldverschreibungsinhaber, insbesondere Abänderung der Anleihebedingungen oder des Zinsfußes;
- wichtige Tatsachen im Umfeld der ausgebenden Gesellschaft, die nicht allgemein bekannt sind, wenn diese auf die Fähigkeit der Gesellschaft, die aus den Wandelschuldverschreibungen erwachsenden Verpflichtungen zu erfüllen, erheblichen Einfluß haben können;
- neue Emissionen und freihändige Plazierungen von Anleihen durch die Gesellschaft; und daneben insbesondere
- die zum Zwecke der Emission gewährten Sicherheiten.

Wenn erforderlich, muß die ausgebende Gesellschaft hierzu Presseberichte veröffentlichen und/ oder Anzeigen in Tageszeitungen aufgeben.

Daneben ist die Gesellschaft verpflichtet, die Amsterdamer Wertpapierbörse fortlaufend mit Informationen zu versorgen.[68]

66 Vgl. Art. 3.9.1.5a des Entwurfs des BW, dessen Aufnahme in das Gesetz allerdings ungewiß ist. Siehe näher zur Stellung des Treuhänders bei einer Wandelschuldverschreibung PERRICK, aaO (Fn. 62), S. 26f.

67 Art. 34 *Fondsenreglement.*

68 Art. 35 *Fondsenreglement.*

Wandel- und Optionsanleihen in Österreich

von

Professor Dr. Christian Nowotny, Wien

Inhaltsübersicht

I. Rechtliche Grundlagen

1. Wandelschuldverschreibungen

a) Gesetzliche Vorschriften

§ 174 AktG 1965 i.d.F. BGBl. 1996/304 regelt die Ausgabe von Wandelschuldverschreibungen, bei denen den Gläubigern ein Umtausch- oder Bezugsrecht auf Aktien des Emittenten eingeräumt wird, von Gewinnschuldverschreibungen, die den Gläubigern eine Gewinnbeteiligung zusichern und von Genußrechten, welche Ansprüche auf andere Leistungen der Gesellschaft gewähren. Die Ausgabe dieser Schuldverschreibungen ist nur auf Grund eines qualifizierten Beschlusses der Hauptversammlung zulässig, wofür die Mehrheit von drei Viertel des bei der Beschlußfassung vertretenen Grundkapitals nötig ist. § 174 AktG 1965 entspricht mit Ausnahme des Abs 2 (Genehmigungspflicht der Ausgabe durch das Finanzministerium [mittlerweile aufgehoben]) dem § 174 dAktG 1937.

§ 174 Abs. 2 AktG 1965 stellte die Ausgabe von Wandel- und Gewinnschuldverschreibungen unter den Vorbehalt der Bewilligung des Bundesministeriums für Finanzen. Diese war zu erteilen, sofern nicht gesamtwirtschaftliche Interessen der Ausgabe entgegenstanden. Diese Bestimmung trat am 31. 12. 1991 außer Kraft, die außerbörsliche Emission von Schuldverschreibungen unterliegt unter der Voraussetzung, daß ein öffentliches Angebot gestellt wird, seit 1. 1. 1992 dem KapitalmarktG (KMG), i.d.F. BGBl. 1994/210. Auf die finanzbehördliche Bewilligung wird nunmehr im Sinne der Liberalisierung der österreichischen Finanzmärkte verzichtet, an deren Stelle tritt eine umfangreiche Informationspflicht des Emittenten, ergänzt durch die Vorschreibung von Prospektprüfungen und Meldepflichten.

§ 174 Abs. 4 AktG ordnet die sinngemäße Anwendung der Vorschriften über das gesetzliche Bezugsrecht der Aktionäre (§ 153 AktG) auf Wandel-, Gewinnschuldverschreibungen und Genußrechte an.

b) Wandelschuldverschreibungen im eigentlichen Sinne

§ 174 Abs. 1 AktG faßt Schuldverschreibungen, bei denen den Gläubigern ein Umtausch- oder Bezugsrecht auf Aktien eingeräumt wird, unter dem Begriff der Wandelschuldverschreibung zusammen. Während das Wandlungsrecht nach den besonderen Bedingungen der Wandelschuldverschreibung tatsächlich zur Wandlung der Obligation in Aktien berechtigt, erhält der Bezugsberechtigte bei Optionsanleihen das Recht, zusätzlich zu seiner (selbständigen) Obligation Mitgliedschaftsrechte an der Anleihenschuldnerin zu erwerben. Optionsanleihen sind daher nicht als Wandelschuldverschreibungen im eigentlichen Sinne anzusehen[1].

1 Vgl. dazu LUTTER, Kölner Komm. z. AktG, 2. Aufl., 1995, § 221 Rdn. 93; KASTNER/DORALT/NOWOTNY, Gesellschaftsrecht, 5. Aufl., 1990, S. 311; SCHIEMER, in: Schie-

Optionsanleihen, die ein Bezugsrecht auf Aktien einer anderen Gesellschaft – zum Beispiel einer verbundenen Gesellschaft – einräumen, sind von § 174 AktG ebensowenig erfaßt, wie Optionen, die zum Bezug von Obligationen oder von weiteren Optionen (Going-Public-Optionsanleihen) berechtigen. Hinsichtlich der analogen Anwendung der Ausgabevorschriften siehe weiter unten[2].

c) Natur und Inhalt der Wandelschuldverschreibung i.e.S.

Wandelschuldverschreibungen sind Schuldverschreibungen, die den Gläubigern ein Recht auf Umtausch der Obligation in Aktien der Schuldnerin – mit oder ohne Leistung einer Zuzahlung – einräumen. Sie lauten auf einen bestimmten, in der Regel fest zu verzinsenden Geldbetrag, ihre Verbriefung erfolgt meist als Inhaberschuldverschreibung[3]. Die Kombination mit dem Wandlungsrecht unterscheidet Wandelschuldverschreibungen von gewöhnlichen Schuldverschreibungen. Vor Ausübung des Umtauschrechts sind Wandelschuldverschreibungen wie gewöhnliche Obligationen zu behandeln, sie sind Fremdkapital und nach Ende ihrer Laufzeit zurückzuzahlen. Mitgliedschaftsrechte können erst mit der Wandlung erworben werden.

Die Ausgabe der Wandelschuldverschreibungen fällt in den Wirkungsbereich des Vorstands[4], eine fehlende oder mangelhafte Zustimmung der Hauptversammlung berührt die Wirksamkeit der Ausgabe nach einhelliger Ansicht nicht[5]. Üblicherweise werden die vom Vorstand unterzeichneten[6] Obligationen von einer Bank übernommen (Festübernahme) und von dieser unter Berücksichtigung der Bezugsrechte der Aktionäre der Gesellschaft veräußert; wurde das Bezugsrecht der Aktionäre hingegen ausgeschlossen, so können die Schuldverschreibungen freihändig plaziert werden. Die Einzelheiten der Festübernahme sind Gegenstand des Übernahme- oder Emissionsvertrages, einer gesonderten Vereinbarung zwischen der Gesellschaft und der jeweils anbietenden Bank[7].

Der notwendige Inhalt der Wandelschuldverschreibung ergibt sich aus ihren beiden Determinanten, der Schuldverschreibung und dem Wandlungsrecht. Beide Rechte sind untrennbar miteinander verbunden, ihre Verbriefung hat in einer einheitlichen Urkunde zu erfolgen.

mer/Jabornegg/Strasser, Handkomm. z. AktG, 3. Aufl., 1993, § 174 Rdn. 3; HÜFFER, Komm. z. AktG, 4. Aufl., 1999, § 221 Rdn. 3.

2 Unter I.3.

3 ROTH, Grundriß des österreichischen Wertpapierrechts, 1988, S. 117.

4 KASTNER, JBl 1952, 366.

5 Siehe unter II.1.

6 Unterschriften auf Wandelschuldverschreibungen und Optionsanleihen können gemäß § 13 AktG faksimiliert werden.

7 Ausführlich dazu GUGLER, Wandel- und Optionsanleihen nach schweizerischem Recht, 1991, S. 50ff.

Die Bedingungen über die Schuldverschreibung regeln die Hingabe der Valuta, die Laufzeit der Obligation, deren Verzinsung und Rückzahlung. Üblicherweise ist eine feste Verzinsung vereinbart, Wandelschuldverschreibungen mit variabler Verzinsung werden derzeit am österreichischen Kapitalmarkt nicht angeboten. Die Kündigungsmöglichkeiten der Anleihengläubigerin sind, wenn nicht ausgeschlossen, zumeist auf den Fall des Verzuges mit der Verzinsung und auf den Fall der Zahlungseinstellung durch die Anleihenschuldnerin beschränkt. Auf der Schuldnerseite werden die Kündigungsmöglichkeiten generell ausgeschlossen.

Das Wandlungsrecht wird durch das Umtauschverhältnis, den Zeitpunkt des Umtausches und die Art der bezugsfähigen Aktien bestimmt. Weiters werden die Umtauschformalitäten und der Beginn der Dividendenzahlung geregelt. Üblicherweise werden in den Bedingungen Verwässerungsschutzbestimmungen aufgenommen, sie schützen den Wert des Wandlungsrechts im Hinblick auf nachträglich gefaßte Kapitalerhöhungsmaßnahmen.

d) Der wirtschaftliche Schutz des Wandlungsrechts

Das Wandlungsrecht wird durch das Umtauschverhältnis und die Art der Bezugsaktien bestimmt. Die jeweilige Ausgestaltung dieses Rechts ist für die Bewertung des Wandlungsrechts maßgeblich. Ändern sich während der Laufzeit der Anleihe die Kapitalverhältnisse der Gesellschaft durch effektive oder nominelle Kapitalerhöhungen, so kann dies unmittelbar das Wandlungsrecht des Obligationärs beeinflussen[8]. Die Kursentwicklung der Obligation wird vor allem bei der Neuemission einer höheren Stückzahl von Aktien zum Nachteil der Bezugsberechtigten verlaufen.

aa) Verwässerungsschutz bei effektiver Kapitalerhöhung

Wird das Grundkapital aus Gesellschaftsmitteln erhöht, so findet die gesetzliche Verwässerungsschutzbestimmung des Kapitalberichtigungsgesetzes (§ 5 Abs. 2 KapBG)[9] Anwendung, dazu später. Der Schutz der Obligationäre gegen die Beeinträchtigung der Wandlungsrechte als Folge effektiver Kapitalerhöhungen erfährt hingegen keine gesetzliche Regelung, sie sind aber – wie zu zeigen sein wird – dennoch nicht schutzlos.

Es ist davon auszugehen, daß Verwässerungsschutzbestimmungen Gegenstand des Vertrages zwischen der Gesellschaft und dem Obligationär sind, sie

8 Vgl. dazu LUTTER, aaO (Fn. 1), §§ 216 ff AktG; ZÖLLNER, ZGR 1986, 288 ff; KOPPENSTEINER, ZHR 139 (1975), 191 ff; HÜFFER, aaO (Fn. 1), § 216 AktG Rdn. 14.

9 BGBl. 1967/ 171 i.d.F. BGBl. 1991/10; vgl KASTNER/DORALT/NOWOTNY, aaO (Fn. 1), S. 310.

werden üblicherweise auch eingeräumt. Enthalten die Bedingungen jedoch keine derartigen Bestimmungen und tritt ein Fall der Verwässerung tatsächlich ein, so hat der Vorstand der emittierenden Gesellschaft im Rahmen der ihn treffenden vertraglichen Sorgfaltspflicht gegenüber dem Obligationär nach den Regeln der ergänzenden Vertragsauslegung für die Anwendung eines entsprechenden Schutzmechanismus (Anpassung des Bezugspreises oder Änderung des Bezugsverhältnisses) zu sorgen. Als Maßstab hierfür ist einerseits heranzuziehen, was redliche Vertragspartner vereinbart hätten, andererseits kann auf jüngere gesellschaftsrechtliche Wertungen des Gesetzgebers zurückgegriffen werden, so daß hier nach der lex posterior-Regel auch ein Analogieschluß zur Füllung der gesetzlichen Lücke berechtigt ist[10]. So schützt etwa § 5 Abs. 2 KapBG den wirtschaftlichen Inhalt der vertraglichen Vereinbarung zwischen der emittierenden Gesellschaft und dem Obligationär, § 23 Abs. 5 BWG[11] und § 73 c Abs. 7 VAG[12] sehen einen angemessenen Ausgleich für Inhaber von Partizipationsscheinen vor, wenn diese durch eine Maßnahme betroffen sind. § 15 Abs. 5 SpaltG[13] normiert eine angemessene Abgeltung oder die entsprechende Änderung des Bezugsverhältnisses. Die Gesellschaft kann sich ihrerseits nicht darauf stützen, daß mit der Nichtregelung der gänzliche Entfall des Verwässerungsschutzes vereinbart werden sollte. Dagegen sprechen sowohl der Analogieschluß als auch die Unsicherheitenregel des § 915 Satz 2 ABGB, wonach undeutliche Äußerungen zum Nachteil des Erklärenden auszulegen sind. Der ausdrückliche Ausschluß von Verwässerungsschutzmechanismen durch die Bedingungen wird hingegen wohl erlaubt sein.

Der Schutz des Umtauschberechtigten besteht also entweder in einer entsprechenden Ermäßigung des Wandlungspreises oder in der Einräumung von Bezugsrechten auf die neuen Aktien oder Wertpapiere.[14] Die erste Maßnahme ist aus rechtlicher Sicht unbedenklich, beim Verwässerungsschutz durch Einräumung von Bezugsrechten ist jedoch zu beachten, daß hier die gesetzlichen Bezugsrechte der Gesellschaftsmitglieder den vertraglich zugestandenen Bezugs-

10 In diesem Sinne schon KOPPENSTEINER, ZHR 139 (1975), 196.

11 I.d.F. BGBl. 1996/753.

12 Zuletzt geändert durch BGBl. 1992/769.

13 I.d.F. BGBl. 1996/304.

14 Aus der Praxis seien einige Beispiele für einschlägige Schutzregelungen gebracht. Die Bedingungen der Porr-AG Wandelanleihe und der EA-Generali-AG-Wandelanleihe regeln den Verwässerungsschutz der Obligationäre sehr ausführlich. Für den Fall, daß neue Aktien, Partizipationsscheine, Genußrechte oder andere Wertpapiere mit Genußrechten oder Gewinn- oder Wandelschuldverschreibungen während der Laufzeit der Anleihe begeben werden, erhalten die Anleihegläubiger einen Ausgleichsbetrag, was einer Ermäßigung des Wandlungspreises entspricht. Dies soll jedoch nicht gelten, wenn den Inhabern der Wandelanleihe ein Bezugsrecht an den neuen Aktien oder Wertpapieren eingeräumt wurde.

rechten der Obligationäre vorgehen. Vertragliche Bezugsrechte können nämlich nur unter dem Vorbehalt des gesetzlichen Bezugsrechts der Aktionäre eingeräumt werden (§ 154 Abs. 1 AktG). Die Wirksamkeit dieses Schutzmechanismus erfordert somit den zumindest anteiligen späteren Bezugsrechtsausschluß der Aktionäre zugunsten der Obligationäre im Hinblick auf den Erwerb der neuen Aktien oder Obligationen. Ob damit aber auch die für den Bezugsrechtsausschluß erforderlichen materiellen Voraussetzungen vorliegen, ist umstritten[15].

bb) Verwässerungsschutz bei nomineller Kapitalerhöhung

Die grundsätzliche Konzeption der Kapitalerhöhung aus Gesellschaftsmitteln geht vom Prinzip der Verhältniswahrung aus. Die Verhältnisse der mit den Anteilen verbundenen Rechte zueinander sollen durch die Erhöhung nicht beeinträchtigt werden. Werden etwa neue Aktien ausgegeben, so ist dabei das Verhältnis von Stamm- und Vorzugsaktien entsprechend zu berücksichtigen[16]. Dies verhält sich bei Dritten, die mit der Gesellschaft nur in vertraglicher Beziehung stehen, anders. Ist zum Beispiel der Inhaber einer Wandelschuldverschreibung im Verhältnis 1 : 1 (eine Wandelschuldverschreibung zum Nennwert von 1000 berechtigt zur Wandlung in eine Aktie zum Nennwert von 1000) zum Umtausch berechtigt und erfolgt die Kapitalerhöhung aus Gesellschaftsmitteln im Verhältnis 1 : 1 (zu jeder Aktie zum Nennwert 1000 kommt eine neue Aktie zum Nennwert 1000), so würde er bei gleichbleibendem Umtauschverhältnis nicht an der Kapitalerhöhung mitpartizipieren. Nominelle Kapitalerhöhungen verwässern somit das Umtauschrecht und damit den Wert der Wandelschuldverschreibung.

Um diese Auswirkungen hintanzuhalten, dehnt § 5 Abs. 2 KapBG das Prinzip der Verhältniswahrung über den Kreis der Gesellschaftsmitglieder hinaus auf bestimmte vertragliche Beziehungen der Gesellschaft zu Dritten aus. Zu den Begünstigten dieser Bestimmung zählen unter anderem auch die Inhaber von Wandelschuldverschreibungen, da deren Rechte maßgeblich von den Kapitalverhältnissen der Gesellschaft abhängig sind. § 5 Abs. 2 KapBG bestimmt, daß der wirtschaftliche Inhalt der vertraglichen Beziehung der Gesellschaft zum Obligationär durch die Kapitalerhöhung aus Gesellschaftsmitteln unberührt bleiben muß.

Die Vertragsparteien haben darauf zu achten, daß das Umtauschverhältnis bei Erfüllung des Wandlungsrechts wirtschaftlich jenem der ursprünglichen Vereinbarung zu entsprechen hat. Für das obige Beispiel ergibt sich sohin, daß das vertraglich bedungene Umtauschverhältnis von 1 : 1 wirtschaftlich dem

15 Lutter, aaO (Fn. 1), § 221 AktG Rdn. 66 akzeptiert den späteren (teilweisen) Bezugsrechtsausschluß in einem solchen Fall; a.A. Schuhmann, Optionsanleihen, 1990, S. 183ff; vgl. Hüffer, aaO (Fn. 1), § 221 AktG Rdn. 62.

16 Vgl. Kastner/Doralt/Nowotny, aaO (Fn. 1), S. 310.

Umtauschverhältnis von 1 : 2 nach der Kapitalerhöhung entspricht. Sehen die Umtauschbedingungen für den Fall der Kapitalerhöhung aus Gesellschaftsmitteln jedoch abweichende Anpassungsregeln vor, so gehört auch das zum wirtschaftlichen Inhalt der vertraglichen Beziehung und ist entsprechend zu respektieren.[17]

Aus der gesetzlichen Anpassung des Wandlungsrechts ergibt sich zwingend, daß mehr Bezugsaktien zur Sicherung der Wandlungsrechte zur Verfügung gestellt werden müssen. § 5 Abs. 3 KapBG bestimmt daher folgerichtig, daß das bedingte Kapital im gleichen Verhältnis wie das Grundkapital zu erhöhen ist. Ergibt sich aufgrund der nominellen Kapitalerhöhung eine Differenz zwischen dem Ausgabebetrag der Schuldverschreibung und dem höheren Gesamtnennbetrag der für sie zu gewährenden Bezugsaktien, so ist zur Deckung des Fehlbetrages eine Sonderrücklage zu bilden, soweit in den Wandlungsbedingungen nicht entsprechende Zuzahlungen der Umtauschberechtigten vorgesehen sind[18]. Die Sonderrücklage ist aus dem Gewinn zu dotieren, hat die Gesellschaft keinen Gewinn oder reicht dieser zur Deckung des Differenzbetrages nicht aus, so ist der fehlende Betrag aus freien Rücklagen zu entnehmen. Der für die nominelle Kapitalberichtigung zur Verfügung stehende Betrag wird dadurch entsprechend reduziert[19].

cc) Die sogenannte Negativklausel

Einige Bedingungen statuieren sogenannte Negativklauseln. Darin verpflichtet sich der Emittent während der Laufzeit der Anleihe, keine Sicherheiten für Verbindlichkeiten aus anderen Anleihen, aus sonstigen handelbaren Schuldverschreibungen oder aus Gewährleistungen dafür durch Belastung des eigenen Vermögens einzugehen, ohne gleichzeitig und im gleichen Rang die Gläubiger der begebenen Anleihe an diesen Sicherheiten teilnehmen zu lassen. Daraus folgt im wesentlichen eine Beschränkung der Belastungsmöglichkeiten des Vermögens, insbesondere des Grundbesitzes der Gesellschaft, zugunsten der Anleihengläubiger.

17 Die Bedingungen der EA-Generali-AG-Wandelanleihe halten für den Fall einer nominellen Kapitalberichtigung nach dem KapBG ausdrücklich fest, daß bei gleichbleibendem Wandlungspreis das Umtauschverhältnis entsprechend zu ändern ist. Abweichungen vom gesetzlichen Verwässerungsschutz sehen die Bedingungen nicht vor.

18 Von dieser Möglichkeit wird in der österreichischen Praxis aus verständlichen Gründen nicht Gebrauch gemacht.

19 Vgl. dazu Kastner/Mayer/Frint, Kapitalberichtigung in Österreich, Veröffentlichung der Creditanstalt-Bankverein, 1967, S. 28 = Kastner, Gesellschafts- und Unternehmensrecht, Gesammelte Aufsätze 1946–81, 1982, S. 360; Lutter, aaO (Fn. 1), § 218 AktG Rdn. 6; Hüffer, aaO (Fn. 1), § 218 AktG Rdn. 6.

e) Entstehung und Ausgabe der Wandelschuldverschreibung

Die Obligation entsteht mit dem zwischen dem Emittenten und dem ersten Zeichner der Anleihe geschlossenen Begebungsvertrag. Dieser schließt die sachenrechtliche Verfügung über das Wertpapier ein[20]. Die Einzelheiten der Übergabe werden in einem sog. Übernahme- oder Emissionsvertrag geregelt. Üblicherweise übernimmt eine Bank (oder ein Bankenkonsortium) die Obligation zur Gänze, um sie im eigenen Namen und auf eigene Rechnung im Publikum zu plazieren. Die Valuta wird dabei schon bei der Übernahme durch die Bank zugezählt. Ein kommissionsweiser Verkauf oder gar eine Selbstemission durch die Gesellschaft kommt in der Praxis kaum vor.

f) Sicherung und Erfüllung der Wandlungsrechte

Im Gegensatz zu gewöhnlichen Obligationen berechtigen Wandelschuldverschreibungen den Anleihengläubiger, seine Schuldverschreibung in Bezugsaktien der Gesellschaft umzutauschen. Es handelt sich hier um ein vertraglich eingeräumtes Wandlungsrecht, dessen Erfüllung durch gesellschaftsrechtliche Maßnahmen entsprechend sichergestellt werden muß. Folgende Vorkehrungen sind denkbar: Die Sicherung durch eigene Aktien oder durch Aktien aus genehmigtem oder aus bedingtem Kapital.

Die Art der Sicherung und Erfüllung der Wandlungsrechte ist gesetzlich nicht vorgegeben, insbesondere besteht keine Junktimierung zwischen dem Ausgabebeschluß und einer bestimmten Art der Kapitalerhöhung[21]. Es können sohin sowohl Aktien aus genehmigtem Kapital als auch Aktien aus bedingtem Kapital als auch eigene Aktien ausschließlich oder gemeinsam zur Erfüllung herangezogen werden[22].

aa) Die Sicherung durch eigene Aktien

Durch das EU-GesRÄG 1996 wurden die Bestimmungen der §§ 65 ff AktG erweitert. Dennoch ist der zulässige Erwerb eigener Aktien durch die Gesellschaft oder durch ein abhängiges Unternehmen weiterhin auf bestimmte Fälle eingeschränkt. Unter anderem ist der entgeltliche Erwerb eigener Aktien zur

20 Nachfolgende Erwerber sind nach der herrschenden Rechtsscheintheorie auch bei fehlendem oder ungültigen Begebungsvertrag geschützt, sofern sie auf den dem wertpapiermäßig Verpflichteten zurechenbaren Anschein der Rechtmäßigkeit des erworbenen Wertpapiers vertraut haben. Vgl dazu ROTH, aaO (Fn. 3), S. 16.

21 Vgl. dazu schon WEIPERT/SCHILLING, Großkomm. z. AktG, 2. Aufl., 1965, § 174 Anm. 3.

22 Die Umtauschrechte der Obligationäre der Investkredit AG-Wandelanleihe werden z. B. durch genehmigtes und bedingtes Kapital gesichert.

nachfolgenden Ausgabe an Arbeitnehmer, leitende Angestellte und Mitglieder von Vorstand und Aufsichtsrat zulässig[23]. Da die Aktien nicht zum Umtausch, sondern zum Erwerb anzubieten sind, scheidet der entgeltliche Erwerb durch die Gesellschaft selbst auch weiterhin zur Sicherung einer Wandelschuldverschreibung im eigentlichen Sinn aus. Nur dann, wenn eine Optionsanleihe, die zum Bezug und nicht zum Umtausch berechtigt, ausschließlich zur Umsetzung der Beteiligung der Mitarbeiter verwendet werden soll, kann sie bei Erfüllung der übrigen Voraussetzungen durch den entgeltlichen Erwerb von eigenen Aktien gesichert werden. Grundsätzlich scheidet der entgeltliche Erwerb eigener Aktien zur Sicherung einer Wandelschuldverschreibung aber auch weiterhin aus.

Hält die Gesellschaft jedoch berechtigterweise eigene Aktien, so spricht nichts gegen ihren Eintausch gegen Obligationen. Es besteht aber keine Pflicht, vorhandene eigene Aktien vorrangig zum Umtausch zu verwenden.

Vorratsaktien[24] sind zwar nicht generell verboten, deren Übernahme erschwert § 51 AktG jedoch derart – der Übernehmer haftet persönlich, Mitgliedschaftsrechte können nicht ausgeübt werden –, daß auch sie zur Sicherung der Umtauschrechte nicht herangezogen werden.

bb) Die Sicherung durch Aktien aus genehmigtem Kapital

Der Vorstand kann durch die ursprüngliche Satzung oder durch Satzungsänderung ermächtigt werden, das Grundkapital bis zu einem bestimmten Nennbetrag durch Ausgabe neuer Aktien gegen Einlagen zu erhöhen (§§ 169 ff AktG)[25]. Hierbei sind folgende Beschränkungen zu beachten: Die Höhe des genehmigten Kapitals darf die Hälfte des vorhandenen Grundkapitals nicht übersteigen, die Ermächtigung ist auf höchstens fünf Jahre beschränkt und der satzungsändernde Beschluß der Hauptversammlung bedarf einer qualifizierten Mehrheit. Die Ausgabe der neuen Aktien darf nur mit Zustimmung des Aufsichtsrats erfolgen. §§ 169 ff AktG entsprechen inhaltlich den §§ 169 ff dAktG 1937.

Soweit die Satzung keine besonderen Regelungen trifft, sind die Bedingungen der Aktienausgabe vom Vorstand mit Zustimmung des Aufsichtsrats zu bestimmen. Die Bezugsrechte der Aktionäre können wie beim bedingten Kapital ausgeschlossen werden, diese sind nämlich schon beim Beschluß über die Ausgabe der Wandelschuldverschreibung zu berücksichtigen (§ 174 Abs. 4 AktG). Der Vorstand hat den Kreis der Bezugsberechtigten unter Berücksichtigung des

23 Zur Erweiterung für börsenotierte Gesellschaften durch das AktienrückerwerbsG 1999 nach dem Vorbild des KonTraG vgl. GRUBER, RdW 1999, 571.

24 KASTNER/DORALT/NOWOTNY, aaO (Fn. 1), S. 200.

25 Vgl dazu KASTNER/DORALT/NOWOTNY, aaO (Fn. 1), S. 309; SCHIEMER, aaO (Fn. 1), § 169 AktG Rdn. 1.

Ausgabebeschlusses zu bestimmen[26]. Der Ermächtigungsbeschluß ist im Firmenbuch zu registrieren und bekanntzumachen, die Durchführung der Kapitalerhöhung ist zum Firmenbuch anzumelden, sie wirkt konstitutiv. Das bedeutet, daß die Bezieher der neuen Aktien erst mit der Eintragung der Kapitalerhöhung Mitglieder der Gesellschaft werden.

Schon dieser kurze Überblick zeigt deutlich, daß die Inanspruchnahme von genehmigtem Kapital zur Sicherung und Erfüllung von Wandlungsrechten mit erheblichen technischen Problemen verbunden ist. In der Regel übersteigt bereits die Laufzeit der Schuldverschreibung die Fünfjahresfrist der Ermächtigung. Für den Fall, daß Bezugsrechte über einen längeren Zeitraum hindurch ausgeübt werden können, ergeben sich wiederum administrative Schwierigkeiten aus der Verpflichtung, die Ausgabe neuer Aktien unverzüglich im jeweiligen Umfang zum Firmenbuch anzumelden.[27]

cc) Die Sicherung durch Aktien aus bedingter Kapitalerhöhung

Die Verwendung von Aktien aus bedingter Kapitalerhöhung ist sowohl in rechtlicher als auch in technischer Hinsicht die beste Methode, die Umtauschrechte der Obligationäre zu sichern und zu erfüllen. Die bedingte Kapitalerhöhung ist in den §§ 159ff AktG geregelt. Auch diese Vorschriften entsprechen den §§ 159ff dAktG 1937.

Grundsätzlich darf die bedingte Erhöhung des Grundkapitals nur zum Zweck der Gewährung von Umtausch- oder Bezugsrechten an Gläubiger von Wandelschuldverschreibungen oder zur Vorbereitung von Zusammenschlüssen mehrerer Unternehmungen beschlossen werden (§ 159 Abs. 2 AktG). Schon aus dem Gesetzeswortlaut ergibt sich unmittelbar, daß unter dem Begriff der Wandelschuldverschreibung sowohl Wandelschuldverschreibungen i.e.S. als auch Optionsanleihen zu verstehen sind. Die Kapitalerhöhung ist bedingt, da im Zeitpunkt der Beschlußfassung noch vollkommen offen ist, wann und in welchem Umfang die Bezugsberechtigten von ihrem Recht Gebrauch machen werden, neue Aktien der Gesellschaft zu beziehen. Die Erhöhung des Grundkapitals tritt demnach auch nicht im Zeitpunkt der Beschlußfassung ein, sondern erst zum Zeitpunkt und im jeweiligen Umfang der tatsächlichen Ausgabe der Bezugsaktien.

Die Beschlußfassung obliegt der Hauptversammlung, sie entscheidet mit qualifizierter Mehrheit über diese satzungsändernde Maßnahme, wobei die Satzung noch größere Mehrheiten und noch andere Erfordernisse aufstellen kann (§ 160 Abs. 1 AktG). Die Höhe des bedingten Kapitals ist mit der Hälfte des zur Zeit des Beschlusses über die bedingte Kapitalerhöhung vorhandenen Grundka-

26 Siehe unter I.1.f)cc) und II.2.

27 Trotzdem gibt es tatsächlich Emittenten, welche genehmigtes Kapital zur Sicherung und Erfüllung von Umtauschrechten heranziehen, z.B. die Wandelanleihe der Investkredit AG.

pitals limitiert. Der Erhöhungsbeschluß ist unter Beifügung einer Berechnung der durch die Ausgabe der Bezugsaktien entstehenden Kosten zur Eintragung in das Firmenbuch anzumelden.

Der Beschluß hat den Zweck der Kapitalerhöhung, den Ausgabebetrag und den Kreis der Bezugsberechtigten zwingend anzugeben. Aus dem jeweiligen Zweck ergibt sich auch der Kreis der zum Bezug der neuen Aktien berechtigten Erwerber, zur Gewährung von Umtausch- oder Bezugsrechten hat der Beschluß die Obligationäre einer bestimmten Schuldverschreibung als Bezugsberechtigte anzugeben. Gesetzliche Bezugsrechte werden durch die Beschlußfassung nicht begründet. Der Schutz der Aktionäre kommt dennoch nicht zu kurz, da die Bezugsrechte schon bei der Beschlußfassung über die Ausgabe von Wandelschuldverschreibungen zu beachten sind (§ 174 Abs. 4 AktG). Die Unbeachtlichkeit der gesetzlichen Bezugsrechte bei der bedingten Kapitalerhöhung findet darin ihre sachliche Rechtfertigung. Andernfalls könnten die vertraglich vereinbarten Umtauschrechte der Obligationäre nicht effektiv gewährleistet werden.

Ein der rechtlichen Durchsetzbarkeit der Sicherung der eingeräumten Bezugsrechte der Obligationäre entgegenstehender Beschluß ist nach § 159 Abs. 4 AktG nichtig, er darf im Firmenbuch nicht eingetragen werden. Hierin liegt der wesentliche Schutz der Bezugsberechtigten, die bereits ein Recht auf den Erwerb neuer Aktien durch die entsprechende gesellschaftsrechtliche Vorkehrung in Verbindung mit ihrem vertraglichen Bezugsrecht erlangt haben. Der Hauptversammlung ist es verwehrt, etwa durch Rücknahme des Erhöhungsbeschlusses, nachträglich in die gesicherten Bezugsrechte einzugreifen. Mittelbare Beeinträchtigungen, die sich aus einer Erhöhung oder aus einer Herabsetzung des Grundkapitals ergeben können, sind von der Nichtigkeit des § 159 Abs. 4 AktG hingegen nicht erfaßt, eine derart weitreichende Selbstbindung der Hauptversammlung kann auch nach der Systematik des AktGes nicht erwünscht sein.

Die Bezugsaktien sind vom Vorstand auszugeben (§ 166 Abs. 1 AktG). Dieser ist dabei an den Inhalt des Erhöhungsbeschlusses gebunden. Die neuen Aktien sind nach Einlangen der Bezugserklärung gegen die volle Gegenleistung (Rückgabe der Schuldverschreibung, eventuelle Zuzahlungen) zu begeben. Werden Bezugsaktien vor der Eintragung des Kapitalerhöhungsbeschlusses im Firmenbuch ausgegeben, so ist dies nichtig und begründet eine allfällige Schadenersatzpflicht des handelnden Organs (§ 164 AktG). Mit der Ausgabe der Bezugsaktien wird die Kapitalerhöhung im jeweiligen Zeitpunkt und Umfang durchgeführt, der Umfang der ausgegebenen Bezugsaktien ist spätestens einen Monat nach Ablauf des Geschäftsjahres zur deklarativen Eintragung im Firmenbuch anzumelden. Dies bedeutet eine wesentliche Erleichterung der technischen Umsetzung der Kapitalerhöhung, insbesondere wenn man die langen Fristen, die für die Ausübung der Bezugsrechte gewährt werden, bedenkt.

g) Die Wandlung

Die Wandelschuldverschreibung gewährt dem Obligationär ein Recht zur Wandlung; entschließt er sich, dieses Recht nicht auszuüben, so bleibt es beim Rückzahlungsanspruch gegen die Anleihenschuldnerin.

Die Wandlung setzt eine doppelt auszustellende, schriftliche Bezugserklärung des Anleihengläubigers voraus. Sie hat die nach § 165 Abs. 1 AktG vorgesehenen Angaben zu enthalten. Mit der Bezugserklärung übt der Anleihengläubiger die ihm in den Anleihebedingungen eingeräumte Gestaltungsbefugnis aus, sein schuldrechtliches Verhältnis in ein gesellschaftsrechtliches zu verwandeln[28]. Die Wandlung selbst erfolgt durch den Abschluß des Zeichnungsvertrages zwischen dem Obligationär und der Gesellschaft.

In der Praxis wird der Inhalt des Zeichnungsvertrages in den Obligationsbedingungen schon so konkret festgelegt, daß der Obligationär zugleich mit der Wandlungserklärung auch die Annahme des Zeichnungsanbotes erklärt. Ihm wird also nicht nur ein Wandlungsrecht eingeräumt, sondern darüber hinaus auch ein zeitlich befristetes Anbot zum Abschluß des Zeichnungsvertrages gestellt. Mit der Annahmeerklärung ist üblicherweise auch das Wertpapierdepot bekanntzugeben, dem die in Aktien der Gesellschaft umzutauschenden Wandelschuldverschreibungen zu entnehmen sind. Ein allfälliger Zuzahlungsbetrag ist gleichzeitig zu entrichten. Mit der Rückgabe der Schuldverschreibung erlöschen die darin verbrieften Rechte.

§ 161 Abs. 1 AktG hält ausdrücklich fest, daß die Hingabe der Obligation im Umtausch gegen Bezugsaktien der Gesellschaft nicht als Sacheinlage gilt. Damit ist klargestellt, daß es auf die Werthaltigkeit der Obligation im Zeitpunkt der Wandlung nicht mehr ankommt. Das gilt selbst für den Fall, daß sich die Gesellschaft im Zeitpunkt der Wandlung in einer Krise befindet.

Beim Umtausch von Anleihen in Bezugsaktien ist zu beachten, daß der gesamte Ausgabebetrag der Wandelschuldverschreibungen den Nennbetrag der Bezugsaktien nicht unterschreiten darf. Als lex specialis zu § 9 Abs. 1 AktG (Unterpari-Emissionsverbot) ermöglicht § 166 Abs. 2 AktG jedoch die Deckung des Differenzbetrages aus dem Bilanzgewinn, einer freien Rücklage oder durch Zuzahlung des Umtauschberechtigten. Werden diese Bestimmungen beim Umtausch nicht berücksichtigt, so begründet dies die Haftung der dafür verantwortlichen Gesellschaftsorgane, nicht jedoch die Nichtigkeit der Ausgabe der Bezugsaktien[29].

28 Vgl. dazu KASTNER, JBl 1952, 365.
29 KASTNER, JBl 1952, 365.

h) Erlöschen der Obligation

Die Obligation erlischt entweder durch Umtausch gegen Bezugsaktien oder im Fall der Nichtausübung des Wandlungsrechts durch Rückzahlung der zugezählten Valuta.

2. *Optionsanleihen*

a) Allgemeines

Optionsanleihen bestehen aus zwei rechtlich selbständigen Komponenten, nämlich aus einer Anleihenkomponente und aus einer Optionsrechtskomponente[30]. Solange der Gläubiger einer Optionsanleihe von seinem Bezugsrecht nicht Gebrauch gemacht hat, ist er ebenso wie der Obligationär einer Wandelschuldverschreibung bloß Gläubiger der Gesellschaft. Das mit der Anleihe zur Verfügung gestellte Kapital ist Fremdkapital. Erst mit der Ausübung des Bezugsrechts können Mitgliedschaftsrechte an der emittierenden Gesellschaft erworben werden, die Stellung als Gläubiger der Anleihe bleibt davon jedoch grundsätzlich unberührt. Die Optionsanleihe wird deshalb auch häufig als eine Kombination aus Eigen- und Fremdfinanzierungsmitteln bezeichnet[31].

Die Optionsanleihe ist üblicherweise so verbrieft, daß beide Komponenten nach dem Ende der Zeichnungsfrist voneinander getrennt werden können und als jeweils selbständige Rechte unabhängig voneinander notiert und gehandelt werden können.

Auf dem österreichischen Kapitalmarkt werden verschiedene Typen von Optionsanleihen gehandelt. Die klassische Optionsanleihe besteht aus einer niedrig verzinsten Anleihe und aus einem verbrieften Optionsrecht, welches zum Erwerb einer bestimmten Anzahl von Aktien der emittierenden Gesellschaft berechtigt. Darüber hinaus gibt es Optionsrechte, die auf den Erwerb von Aktien fremder oder verbundener Unternehmungen, von Partizipationsscheinen, von weiteren Optionsscheinen oder von Genußscheinen gerichtet sind, sogenannte Call- und Put-Optionsscheine und Optionsscheine des Terminmarktes, die an der Österreichischen Termin- und Optionenbörse (ÖTOB)[32] gehandelt werden. § 174 AktG regelt nur die Ausgabe von Optionsanleihen, die den Gläubigern ein Bezugsrecht auf Aktien der Schuldnerin einräumen, nur solche Optionsanleihen werden vom Begriff[33] der Wandelschuldverschreibung des § 174 Abs. 1 AktG er-

30 Haeseler, WBl 1988, 319; Raynoschek, ÖBA 1975, 8ff.
31 Martens, FS Stimpel, 1985, S. 621; Lutter, aaO (Fn. 1), § 221 AktG Rdn. 148.
32 Vgl. dazu Pitak, ÖBA 1991, 207 ff; Gassner/Göth/Tumpel, Optionsgeschäft und Wertpapierleihe, 1992; Imo, ÖBA 1996, 669.
33 Siehe unter I.1.b).

faßt. Richtet sich die Option auf den Erwerb anderer Rechte, so kann die analoge Anwendung dieser Bestimmung unter Umständen angezeigt sein[34].

Soweit die Anleihenkomponente betroffen ist, bestehen keine Unterschiede zur Wandelschuldverschreibung, diesbezüglich kann auf die obigen Ausführungen verwiesen werden. Die Optionsrechtskomponente bedarf hingegen der näheren Erläuterung.

b) Das Optionsrecht

Der Inhaber eines Optionsrechts ist zum Erwerb einer bestimmten Anzahl von Aktien der Anleihenschuldnerin zu einem bestimmten Erwerbspreis berechtigt. Es handelt sich nicht um ein Wandlungsrecht als facultas alternativa, sondern um ein selbständiges Recht, das auf den Erwerb von Aktien der Emissionsgesellschaft gerichtet ist.

Ebenso wie das Wandlungsrecht ist das Optionsrecht ein rechtsgeschäftlich eingeräumtes Bezugsrecht. Es stellt sich auch hier die Frage nach dessen Verhältnis zu den gesetzlichen Bezugsrechten der Aktionäre. Als Grundregel sieht § 154 AktG vor, daß vertragliche Bezugsrechte auf neue Aktien nur vorbehaltlich der gesetzlichen Bezugsrechte eingeräumt werden können; vor dem Beschluß über die Erhöhung des Grundkapitals kann die Gesellschaft überhaupt nicht verpflichtet werden. § 174 AktG greift hier wiederum zum Schutz der Optionsberechtigten ein. Die gesetzlichen Bezugsrechte sind schon anläßlich des Beschlusses über die Ausgabe von Optionsanleihen zu berücksichtigen und erforderlichenfalls auszuschließen. Zur Sicherung und Erfüllung der vertraglichen Bezugsrechte können Aktien aus genehmigtem oder bedingtem Kapital zur Verfügung gestellt werden, gegebenenfalls auch vorhandene eigene Aktien bzw. eigene Aktien, die zulässigerweise erworben werden.[35]. § 159 Abs. 4 AktG erklärt Beschlüsse, die der rechtlichen Durchsetzbarkeit der Sicherung der Bezugsrechte der Optionsberechtigten entgegenstehen, für nichtig. Durch diese Vorkehrungen verdichtet sich das bloße Bezugsrecht zu einem rechtlich gesicherten Optionsrecht[36].

c) Der wirtschaftliche Schutz des Optionsrechts

Optionsrechte können ebenso wie Wandlungsrechte durch Kapitalerhöhungsmaßnahmen wirtschaftlich beeinträchtigt werden. Es wird sohin auf die obigen Ausführungen zum Verwässerungsschutz verwiesen. Die am österreichischen Kapitalmarkt gehandelten Optionsanleihen sehen in ihren Bedingungen –

34 Siehe unter I.3.
35 Siehe oben I.1.f).
36 Vgl. dazu LUTTER, aaO (Fn. 1), § 221 AktG Rdn. 151.

wenn überhaupt – bloß die bereits bekannten Schutzmechanismen, Minderung des Bezugspreises und/oder Einräumung eines Bezugsrechts, vor. Bei Kapitalerhöhungen aus Gesellschaftsmitteln findet § 5 KapBG zum Schutz der Optionsberechtigten Anwendung.

d) Die Ausübung des Optionsrechts

Die Optionsbedingungen regeln die bei der Ausübung des Optionsrechts einzuhaltenden Modalitäten. Üblicherweise werden die neuen Aktien nach Übergabe der Optionsscheine und gegen Barerlag des Bezugspreises (Optionspreis) ausgefolgt. Von der Möglichkeit, den Optionspreis durch Hingabe der Anleihe zu berichtigen, machen die Bedingungen nicht Gebrauch.[37]

Bei der Bestimmung des Erwerbspreises ist das Unterpari-Emissionsverbot zu beachten. Der Bezugspreis darf demnach den Nennbetrag der ausgegebenen Bezugsaktien nicht unterschreiten. Die in § 166 Abs. 2 AktG vorgesehene Dekkung eines Unterschiedsbetrages aus freien Rücklagen oder aus dem Bilanzgewinn gilt nur für Wandelschuldverschreibungen i.e.S., nicht aber für Optionsanleihen, für die demnach § 9 Abs. 1 AktG ohne Ausnahme zur Anwendung kommt.[38]

e) Erlöschen des Optionsrechts

Das Optionsrecht erlischt durch Ausübung oder durch Zeitablauf. Als selbständiges Recht ist es vom rechtlichen Schicksal der Anleihe unabhängig.

3. Schuldverschreibungen mit einem Wandlungs- oder Bezugsrecht auf Aktien einer anderen Gesellschaft

Wechselkursrisken und die ständige Bestrebung, Emissionen sowohl für den Emittenten als auch für die Anleger in steuer- und abgabenrechtlicher Hinsicht zu optimieren, können dazu führen, daß die Emission von Optionsanleihen oder Wandelschuldverschreibungen nicht durch die Gesellschaft erfolgt, auf deren

37 Hinzuweisen ist auf die Bedingungen der Oberbank-Optionsanleihe 1987–2002 und der BKS-Optionsanleihe 1987–2002. Diese sehen vor, daß das Optionsrecht erst mit Ende der Laufzeit der Anleihe ausgeübt werden kann. Aus wirtschaftlicher Sicht erhält hier der Anleger die Valuta zur Entrichtung des Optionspreises zurück. Diese Vorgangsweise stellt aber eine Ausnahme am österreichischen Markt dar. Normalerweise übersteigt die Laufzeit der Anleihe die Frist zur Ausübung des Optionsrechts beträchtlich. Unüblich ist es auch, dem Anleger ein außerordentliches Kündigungsrecht der Anleihe zur Bedienung des Bezugspreises zu gewähren.

38 Vgl. SCHIEMER, aaO (Fn. 1), § 166 AktG Rdn. 3.

Aktien die Bezugsrechte gerichtet sind, sondern durch eine andere Gesellschaft. Letztere kann mit der Gesellschaft konzernmäßig verbunden sein, es kann sich dabei aber auch um eine dritte Gesellschaft handeln.

Hält die emittierende Gesellschaft genügend Aktien der Zielgesellschaft in ihrem Portefeuille oder werden die Bezugsrechte durch eine Vereinbarung mit einer dritten Gesellschaft, die ihrerseits über genügend Aktien der Zielgesellschaft verfügt, gesichert, so bestehen keine Bedenken, wenn diese Anteile über den Umweg einer Anleihe „verkauft" werden. Müssen die Aktien aber erst angeschafft werden oder werden die Bezugsrechte durch eine Vereinbarung mit der Zielgesellschaft selbst gesichert (z.B. durch eine Call-Option), so stellen sich sehr wohl rechtliche Fragen.

In den gesetzlichen Bestimmungen über die Ausgabe von Schuldverschreibungen und über die Sicherung der damit eingeräumten Bezugsrechte durch genehmigtes oder bedingtes Kapital sind diese Fälle nicht geregelt, die diesbezüglichen Vorschriften gehen von der Identität des Schuldverschreibungsemittenten mit der Zielgesellschaft aus. Zur Schließung dieser Lücke kann jedoch auf die Erkenntnisse der deutschen Lehre zurückgegriffen werden[39].

Maßgeblich ist hierbei, daß sich die Zielgesellschaft gegenüber der emittierenden Gesellschaft (möglicherweise auch gegenüber den Obligationären) durch Abgabe einer Garantieerklärung oder durch Einräumung einer Option selbst verpflichtet hat, die Bezugsrechte der Obligationäre der emittierenden Gesellschaft sicherzustellen. Dies kann – sieht man von der Verwendung eigener Aktien ab – wiederum nur durch die Bereitstellung von Aktien aus bedingtem oder genehmigtem Kapital erfolgen. Beide Maßnahmen sind geeignet, die Beteiligungsstruktur an der Zielgesellschaft zu verändern, so daß die Wertungen des § 174 AktG zum Schutz der Aktionäre dieser Gesellschaft (!) analog heranzuziehen sind. Die Hauptversammlung der Zielgesellschaft hat analog § 174 AktG über die Einräumung der Option oder über die Abgabe der Garantieerklärung zur Sicherung der Bezugsrechte der Obligationäre der emittierenden Gesellschaft mit qualifizierter Mehrheit Beschluß zu fassen.

Weiters bedingt der Eingriff in die Beteiligungsstruktur der Zielgesellschaft die entsprechende Bedachtnahme auf die Bezugsrechte der Aktionäre dieser Gesellschaft, wobei zu beachten ist, daß diese weder an der Beschlußfassung der emittierenden Gesellschaft mitwirken noch einen gesetzlichen Anspruch auf den Erwerb der Schuldverschreibung haben. *Schilling*[40] ist der Ansicht, daß die Sicherung der Bezugsrechte der Obligationäre durch die Zielgesellschaft nicht deshalb unzulässig sei, weil den Aktionären ein gesetzliches Bezugsrecht auf die

39 Lutter, FS Kastner, 1972, S. 245ff; Ders., aaO (Fn. 1), § 221 AktG Rdn. 166ff; Schuhmann, aaO (Fn. 15), S. 159ff; Schilling, Großkomm. z. AktG, 3. Aufl., 1973, § 221 Anm. 18; Hüffer, aaO (Fn. 1), § 221 AktG Rdn. 70ff.

40 Schilling, aaO (Fn. 39), § 221 AktG Anm. 18.

Anleihe nicht zustehe. Es liege im Rahmen der Gestaltungsfreiheit der Hauptversammlung, der jeweiligen Sicherung zuzustimmen, auch wenn den Aktionären der Zielgesellschaft kein Bezugsrecht eingeräumt werde. *Schilling* geht hierbei allerdings von einer Mutter-Tochter-Beziehung aus. Allgemein wird man jedoch davon ausgehen müssen, daß das Bezugsrecht nicht ausgeschlossen werden kann, ohne daß sachgerechte, im Interesse der Gesellschaft liegende Gründe gegeben sind[41]. Handelt es sich bei der emittierenden Gesellschaft nicht um eine Tochtergesellschaft, so wird man den Ausschluß in der Regel nicht rechtfertigen können. Der Vorstand der Zielgesellschaft hat in der Vereinbarung über die Garantieerklärung oder über die Einräumung der Option auf die Bezugsrechte der Aktionäre seiner Gesellschaft Rücksicht zu nehmen. Das Risiko, daß die Hauptversammlung dem Bezugsrechtsausschluß später nicht zustimmt oder daß dieser Beschluß mangels Rechtfertigung angefochten wird, wird wohl kein Vorstand bereit sein, einzugehen. Darüber hinaus hängt auch noch die Sicherung und Erfüllung der vertraglichen Bezugsrechte der Obligationäre in der Luft, so daß sich in diesem Zusammenhang Schadenersatzansprüche der emittierenden Gesellschaft gegen den Vorstand der Zielgesellschaft ergeben können.

Das gesetzliche Bezugsrecht ist sohin gewahrt, wenn den Aktionären der Zielgesellschaft in der Vereinbarung der Garantie oder der Option ein vertragliches Bezugsrecht zum Erwerb der Schuldverschreibung der emittierenden Gesellschaft eingeräumt wird. Das entspricht der analogen Wertung des § 174 Abs. 4 AktG. Stimmt die Hauptversammlung hingegen über eine Sicherungserklärung ab, die die Bezugsrechte der Aktionäre ungeregelt läßt, so kommt dies faktisch einem Bezugsrechtsausschluß gleich.

Die Erfüllung der Bezugsrechte der Obligationäre kann mittels Aktien aus genehmigtem oder bedingtem Kapital, über welches die Hauptversammlung der Zielgesellschaft zu beschließen hat, erfolgen. Der begrenzte gesetzliche Zweck[42] des bedingten Kapitals steht dem nicht entgegen, die §§ 159 ff AktG gelten ebenfalls analog[43].

4. *Abgrenzungsfragen*

Neben Wandelschuldverschreibungen und Optionsanleihen gibt es weitere Finanzierungsformen, die dem Obligationär mitgliedschaftsähnliche Rechte gewähren. Gewinnschuldverschreibungen sind Schuldverschreibungen, die neben der Kapitals- und Zinsschuld Anteile am Bilanzgewinn und/oder eine dividen-

41 Siehe unter II.3.; HÜFFER, aaO (Fn. 1), § 221 AktG Rdn. 73.; vgl. HIRTE, WM 1994, 321, 323.

42 Siehe dazu I.1.f)cc); HÜFFER, aaO (Fn. 1), § 221 AktG Rdn. 74.

43 A.A. noch GUSTAVUS, BB 1970, 694 f.

denabhängige zusätzliche Verzinsung zusichern[44]. Sie gewähren keine Umtausch- oder Optionsrechte, Gewinnschuldverschreibungen konkurrieren lediglich mit den Vermögensrechten der Aktionäre. Genußrechte können verschiedene Leistungen der Gesellschaft verbriefen, insbesondere Gewinnanteile, Sachleistungen oder Benützungsrechte an Gesellschaftseinrichtungen. Zum Unterschied zu Wandelschuldverschreibungen oder zu Optionsanleihen werden Genußrechte aufgrund anderer causen als der Darlehensgewährung eingeräumt[45]. Beiden Rechtsinstituten ist gemeinsam, daß sie keine mitgliedschaftlichen Rechte verbriefen; da sie jedoch mit den Rechten von Aktionären in Konkurrenz treten, unterliegen sie § 174 AktG.

Von den Genußrechten des Aktiengesetzes sind Genußscheine i.S. des Beteiligungsfondsgesetzes streng zu unterscheiden. Es handelt sich hier um Wertpapiere, die einen Anspruch auf einen aliquoten Teil des Jahresüberschusses eines Beteiligungsfonds verbriefen[46]. Beteiligungsfondsgesellschaften wurden zur Eigenkapitalstärkung industrieller Unternehmen eingerichtet.

II. Gesellschaftsrechtliche Anforderungen

1. Der Beschluß über die Ausgabe

Im allgemeinen gehören Maßnahmen zur Beschaffung von Fremdkapital zu den Aufgaben des Vorstands. Durch die mit der Schuldverschreibung verbundenen Bezugsrechte wird jedoch die Rechtsstellung (Vermögens- und Herrschaftsrechte) der Aktionäre beeinflußt, weshalb die Ausgabe an die Zustimmung der Hauptversammlung gebunden ist. § 174 AktG beschränkt die Geschäftsführungsbefugnis des Vorstands, die Hauptversammlung hat beim Ausgabebeschluß mitzuwirken[47]. Der Ausgabebeschluß ist im Firmenbuch einzutragen.

Als Beschlußerfordernis sieht § 174 Abs. 1 AktG eine Mehrheit von drei Viertel des bei der Beschlußfassung vertretenen Grundkapitals vor, die Satzung kann diese Mehrheit verändern (erhöhen oder herabsetzen) und darüber hinaus auch noch andere Beschlußerfordernisse statuieren. Sind mehrere Aktiengattungen vorhanden, so ist eine gesonderte Abstimmung der Aktionäre jeder Gattung

44 Vgl. Schiemer, aaO (Fn. 1), § 174 AktG Rdn. 4; Kastner/Doralt/Nowotny, aaO (Fn. 1), S. 312; S. Frotz, FS Schönherr, 1986, S. 167ff; Braumann, ÖBA 1984, 39ff.

45 Vgl. Schiemer, aaO (Fn. 1), § 174 AktG Rdn. 8; Kastner/Doralt/Nowotny, aaO (Fn. 1), S. 312; Wünsch, FS Strasser, 1983, S. 871ff; Schummer, GesRZ 1991, 198; Ders., GesRZ 1992, 32; Jusits, WBl 1987, 81ff.

46 Vgl. Kastner/Doralt/Nowotny, aaO (Fn. 1), S. 313; Jusits, WBl 1987, 81ff.

47 Vgl. Kastner/Doralt/Nowotny, aaO (Fn. 1), S. 313; Kastner, JBl 1952, 366; Schiemer, aaO (Fn. 1), § 174 AktG Rdn. 5; Reich-Rohrwig, ecolex 1990, 286; Jud/Schummer, ÖBA 1995, 421.

bei sonstiger Unwirksamkeit der Beschlußfassung vorzunehmen. § 149 Abs 2 AktG findet auf den Ausgabebeschluß sinngemäß Anwendung (§ 174 Abs. 1 letzter Satz AktG). Der Beschluß kann als Zustimmungs- oder als Ermächtigungsbeschluß gefaßt werden.

Hat die Hauptversammlung der Ausgabe von Wandelschuldverschreibungen oder von Optionsanleihen wirksam zugestimmt, so unterliegt die tatsächliche Begebung der Schuldverschreibung nicht dem freien Ermessen des Vorstands, er ist vielmehr an den Ausgabebeschluß gebunden. Wurde hingegen ein Ermächtigungsbeschluß gefaßt, so kann der Vorstand über die Maßnahmen selbständig entscheiden. Ein fehlender oder unwirksamer Beschluß der Hauptversammlung macht die Ausgabe der Schuldverschreibungen durch den Vorstand weder unwirksam noch anfechtbar, die verantwortlichen Organe haften aber für daraus entstehende Schäden[48]. Der Grund hierfür liegt in der rechtlichen Natur des Hauptversammlungsbeschlusses über die Ausgabe. Es ist bloß die Mitwirkung der Hauptversammlung geregelt, nicht jedoch weitergehende Eingriffe in die Geschäftsführungsbefugnis des Vorstands oder gar Kompetenzverschiebungen unter den Gesellschaftsorganen. Begibt der Vorstand Schuldverschreibungen ohne vorhergehenden Hauptversammlungsbeschluß, so hat er seine Kompetenzen nur im Innenverhältnis überschritten, die Ausgabe selbst bleibt wirksam.

2. *Das gesetzliche Bezugsrecht der Aktionäre*

Das gesetzliche Bezugsrecht schützt die Aktionäre vor Verwässerung ihrer Herrschafts- und Vermögensrechte. Kapitalerhöhungsmaßnahmen gefährden die Rechte der Gesellschafter, weshalb sie die Möglichkeit eingeräumt bekommen müssen, ihre Rechte durch anteiligen Bezug von neuen Aktien zu wahren. Das wird durch das Bezugsrecht gewährleistet (§§ 153 f AktG)[49].

Schuldverschreibungen, die zum Bezug von neuen Aktien berechtigen, sind ebenfalls zur Verwässerung der Aktionärsrechte geeignet. Im Unterschied zur Kapitalerhöhung entsteht das vertragliche Bezugsrecht jedoch schon bei der Ausgabe der Schuldverschreibung. Wurde auch die entsprechende Sicherung der Erfüllung der Bezugsrechte durch die Beschlußfassung über genehmigtes oder bedingtes Kapital vorgenommen, so befindet sich der Obligationär gegenüber der Gesellschaft in einer sehr starken Position. Sein Bezugsrecht ist gesichert,

48 Vgl. Kastner/Doralt/Nowotny, aaO (Fn. 1), S. 313; Kastner, JBl 1952, 366; Schiemer, aaO (Fn. 1), § 174 AktG Rdn. 6; Lutter, aaO (Fn. 1), § 221 AktG Rdn. 114f; Hüffer, aaO (Fn. 1), § 221 AktG Rdn. 19, 52.

49 Schiemer, aaO (Fn. 1), § 153 AktG Rdn. 3; Kastner/Doralt/Nowotny, aaO (Fn. 1), S. 306ff.

wird es verletzt, so kann er Schadensersatzansprüche gegen die Gesellschaft erheben[50]. Die gesetzlichen Bezugsrechte der Aktionäre sind daher nicht erst im Zeitpunkt der Kapitalerhöhung, sondern schon bei der Ausgabe der Schuldverschreibung zu berücksichtigen, § 174 Abs. 4 AktG ordnet die entsprechende Vorverlegung an.[51]

3. *Der Bezugsrechtsausschluß*[52]

In der österreichischen Lehre ist es anerkannt, daß neben den formellen Erfordernissen für den Bezugsrechtsausschluß auch materielle Voraussetzungen zur Rechtfertigung des Ausschlusses vorliegen müssen. Welcher Maßstab hierauf anzuwenden ist, ist umstritten. Meines Erachtens müssen sachgerechte Gründe zur Rechtfertigung des Ausschlusses vorliegen, Gesellschafts- und Aktionärsinteressen sind unter Bedachtnahme auf den Gleichheitsgrundsatz wechselseitig abzuwägen. Die strengen Maßstäbe, die die österreichische Judikatur[53] an Bezugsrechtsausschlüsse bei Kapitalerhöhungen von Gesellschaften mit beschränkter Haftung anlegt, sind jedoch nicht auf Aktiengesellschaften zu übertragen[54]. Bei reinen Finanztiteln, wie es eben Wandelschuldverschreibungen und Optionsanleihen sind, werden sachliche Gründe zum Ausschluß des Bezugsrechts kaum jemals vorliegen. In diesem Zusammenhang ist jedoch darauf hinzuweisen, daß der Hauptversammlungsbeschluß das Bezugsrecht der Aktionäre nach § 153 Abs. 1 AktG zeitlich befristen kann. Hierbei ist eine Mindestfrist von zwei Wochen einzuhalten.

Als formelle Voraussetzungen sind ein qualifizierter Hauptversammlungsbeschluß (drei Viertel des bei der Beschlußfassung vertretenen Grundkapitals) und die ausdrückliche und fristgemäße Ankündigung dieser Maßnahme anläßlich der Einladung der Aktionäre zur Hauptversammlung notwendig. Weiters hat der Vorstand der Hauptversammlung einen schriftlichen Bericht zu erstatten, worin sowohl der Bezugsrechtsausschluß als auch der Ausgabebetrag zu begründen sind.[55] Soll das Bezugsrecht ausgeschlossen werden, um eine vorrangige Ausgabe der Wandelschuldverschreibungen an Arbeitnehmer der Gesellschaft oder eines mit ihr verbundenen Unternehmens zu ermöglichen, stellt dies jedenfalls einen ausreichenden Grund für einen Bezugsrechtsausschluß dar. Falls das Be-

50 OGH WBl 1989, 66.
51 SCHIEMER, aaO (Fn. 1), § 174 AktG; KASTNER/DORALT/NOWOTNY, aaO (Fn. 1), S. 313; OFNER, GesRZ 1987, 25.
52 HÜGEL/ZIB, JAP 1996/97, 191.
53 OGH vom 16. 12. 1980, SZ 53/172; OGH GesRZ 1986, 36.
54 NOWOTNY, RdW 1986, 326; JUD/SCHUMMER, ÖBA 1995, 423.
55 § 153 Abs. 4 AktG i.d.F. BGBl. 1996/304.

zugsrecht formell ausgeschlossen werden soll, aber mittelbar über ein zwischengeschaltetes Kreditinstitut gewahrt wird, ist dies nicht als Bezugsrechtsausschluß anzusehen. Diesfalls hat der Vorstand bloß das mittelbare Bezugsangebot unter Angabe des für die Aktien zu leistenden Entgelts und einer für die Annahme gesetzten Frist in den Bekanntmachungsblättern bekanntzumachen.

III. Kapitalmarktrechtliche Anforderungen

Die außerbörsliche Emission von Wertpapieren über ein öffentliches Angebot unterliegt den Bestimmungen des Kapitalmarktgeseztes (KMG), bei Zulassung der Wertpapiere zum amtlichen Handel, zum geregelten Freiverkehr oder zum sonstigen Wertpapierhandel der Wiener Börse sind die Bestimmungen des Börsegesetzes zu beachten. Beide Gesetze haben grundsätzlich selbständige Anwendungsbereiche und stehen zueinander im Verhältnis der Gleichwertigkeit.

Für Emittenten, die ihre Finanzprodukte zuerst außerbörslich zum Kauf anbieten und sich dann um deren Zulassung zum börslichen Handel bemühen, stellt sich die Frage, ob sie die Prospektpflicht sowohl nach dem BörseG als auch nach dem KMG trifft. Die Novelle 1993 zum BörseG[56] hat dieses Problem geregelt und zahlreiche Verschränkungen zwischen KMG und BörseG vorgenommen.

1. Kapitalmarktgesetz

a) Allgemeines

Die außerbörsliche Emission von Wertpapieren und Kapitalanlagen ist seit 1. 1. 1992 im KMG geregelt[57]. Wandelschuldverschreibungen und Optionsanleihen unterliegen als kapitalmarktfähige, vertretbare Wertpapiere dem KMG (§ 1 Abs. 1 Nr. 4). Das Gesetz erfaßt Wandelschuldverschreibungen und Optionsanleihen bloß unter dem Begriff der Schuldverschreibung.

Das KMG löst das Wertpapieremissionsgesetz ab und ersetzt die Bewilligungspflicht von Emissionen durch den Finanzminister nach diesem Gesetz und nach § 174 Abs. 2 AktG. Das KMG verfolgt ein marktwirtschaftlichen Prinzipien verpflichtetes Konzept, der Anlegerschutz wird mit den Mitteln der verpflichtenden Prospekterstellung und der Prospektkontrolle auf dessen Richtigkeit und Vollständigkeit erreicht, Straf- und Schadensersatzbestimmungen treten ergänzend dazu. Als staatliches Instrument der Kapitalmarktaufsicht wurde eine Mel-

56 BGBl. 1993/269.

57 Vgl. dazu Weilinger, Kapitalmarktgesetz, 1992, S. 15 ff; Nowak, Kapitalmarktgesetz, 1992, S. 32 ff.

depflicht (§ 13 KMG) der beabsichtigten Emission zum ehestmöglichen Zeitpunkt an die Österreichische Kontrollbank AG eingeführt. Ob mit dem KMG auch die Anpassung an die Emissionsprospektrichtlinie der EG[58] adäquat erfolgt ist, ist umstritten[59], in den rigorosen Erfordernissen der Prospektkontrolle (Mindesthaftkapital oder Mindesthaftpflichtversicherung des Prospektkontrollors), welche über die Standards der EG-Richtlinie hinausgehen, könnte jedoch eine unverhältnismäßige Behinderung für Emittenten erblickt werden[60].

b) Anwendungsbereich des KMG

§ 2 KMG bestimmt, daß ein erstmaliges öffentliches Angebot von Wertpapieren und Veranlagungen im Inland nur erfolgen darf, wenn spätestens einen Werktag davor ein nach dem KMG erstellter und kontrollierter Prospekt veröffentlicht wurde[61]. Dem erstmaligen öffentlichen Angebot im Inland ist jedes weitere öffentliche Angebot im Inland gleichzuhalten, wenn davor kein nach dem KMG erstellter und kontrollierter Prospekt veröffentlicht wurde.

§ 1 Abs. 1 Nr. 1 KMG definiert als öffentliches Angebot[62] eine sich nicht an bestimmte Personen wendende Erklärung, die entweder auf die Veräußerung von Wertpapieren oder Veranlagungen gerichtet ist oder zum Erwerb von Wertpapieren und Veranlagungen auffordert (§ 1 Abs. 2 KMG). Wesentlich ist, daß sich das Angebot an einen unbestimmten Personenkreis richtet, was jedenfalls dann der Fall ist, wenn mit der Weitergabe der Angebote gerechnet werden muß[63]. Die Prospektpflicht erstreckt sich sowohl auf Angebote als auch – wie in der Praxis üblich – auf die an das Publikum gerichteten Zeichnungsaufforderungen.

§ 3 KMG enthält einen Katalog, der bestimmte Emissionen von der Prospektpflicht ausnimmt. Unter anderem entfällt sie bei Schuldverschreibungen inländischer Banken, die als Daueremissionen ausgegeben werden (§ 3 Abs. 1 Nr. 3 lit. a) KMG), bei Aktien, die nach der Ausübung von Umtausch- oder Bezugsrechten aus anderen Wertpapieren ausgegeben werden, wenn anläßlich des erstmaligen öffentlichen Angebots dieser Wertpapiere ein Prospekt nach dem KMG veröffentlicht wurde (§ 3 Abs. 1 Nr. 7 KMG), bei Wertpapieren, die in Stücke-

58 89/298/EWG.

59 POTACS, WBl 1991, 284 hat Bedenken; ebenso KALSS, ÖZW 1992, 101, 111; GRUBER, WBl 1992, 45 bejaht die EG-Konformität; DERS., ÖBA 1996, 341.

60 NOWOTNY, Schwerpunkte des neuen Kapitalmarktrechts, Jahrbuch für Controlling und Rechnungswesen 1993, S. 293.

61 Vgl. dazu NOWOTNY, aaO (Fn. 60), S. 287ff; GRUBER, WBl 1992, 1ff, 42ff.

62 Vgl. dazu GANCZ, ÖBA 1992, 264; KOZIOL, in: Avancini/Iro/Koziol, Österreichisches Bankvertragsrecht, Bd. II, 1993, S. 533ff; NOWOTNY, aaO (Fn. 60), S. 287f; GRUBER, WBl 1992, 1ff.

63 Z.B. das Angebot einer Emissionsbank an Anlagenvermittler.

lungen zu einem Nennwert von mindestens öS 600000 angeboten werden und Wertpapieren, die nicht unter diesem Gesamtnennwert von einem einzelnen Anleger erworben werden können (§ 3 Abs. 1 Nr. 9 KMG; sogenannte Großveranlagungen)[64] und bei Schuldverschreibungen, deren Laufzeit ein Jahr nicht überschreitet (§ 3 Abs. 1 Nr. 14). Nach Ansicht der Aufsichtsbehörde findet dieser Ausnahmetatbestand auch auf reine Optionstitel Anwendung, wenn die Optionsfrist ein Jahr nicht übersteigt.

c) *Inhalt des Prospekts, Prospektpflicht*

Der Prospekt ist in deutscher Sprache zu erstellen. Er hat alle Angaben zu enthalten, die es den Anlegern ermöglichen, sich ein fundiertes Urteil über die Vermögens-, Finanz- und Ertragslage des Emittenten und dessen Entwicklungsaussichten und über die mit den Wertpapieren oder den Veranlagungen verbundenen Rechte zu bilden. Die Bestimmungen über den Prospektinhalt sind im engen Zusammenhang mit der Prospekthaftung zu sehen, die das Vertrauen des Anlegers auf die Richtigkeit und Vollständigkeit des Prospekts schützt. Darüber hinaus ist auf die Verständlichkeit des Prospekts für den durchschnittlichen Anleger Bedacht zu nehmen. Es wird daher nicht genügen, den Prospekt richtig und vollständig zu gestalten, man wird durch entsprechende Erläuterungen auch für die Verständlichkeit des Inhalts Sorge tragen müssen[65].

§ 7 Abs. 5 KMG verweist auf die zum KMG erlassenen Anhänge, Schemata A bis C, welche inhaltliche Anforderungen an den Prospekt auflisten, es handelt sich hierbei um Mindestanforderungen. Wandelschuldverschreibungen und Optionsanleihen sind im Schema B geregelt.

Jedes öffentliche Angebot ist prospektpflichtig. Zu den in § 3 KMG aufgezählten Ausnahmen normiert § 7 Abs. 2 KMG eine weitere. Diese soll dann greifen, wenn spätestens gleichzeitig mit dem öffentlichen Angebot ein Antrag auf Zulassung des betreffenden Wertpapiers zum amtlichen Handel an der Wiener Börse gestellt wurde. Damit wird Art 7 der EG-Emissionsprospektrichtlinine entsprechend umgesetzt, der Emittent muß bloß einen Prospekt nach dem BörseG, Schema G der Anhänge zum BörseG, erstellen und zur Kontrolle und Genehmigung der Wiener Börse AG vorlegen. Erfolgt das öffentliche Angebot jedoch vor der Zulassung zum amtlichen Handel, so ist der nach dem BörseG erstellte Prospekt im Sinne des KMG zu kontrollieren und zu veröffentlichen.

Die mit 1. 10. 1993 in Kraft getretene Novelle zum BörseG brachte ihrerseits Verschränkungen des BörseG mit dem KMG. Die Bestimmungen über die beiden anderen börslichen Handelsformen, den geregelten Freiverkehr und den

64 Reich-Rohrwig/Thiery, ecolex 1992, 321.
65 Nowak, aaO (Fn. 57), S. 73.

sonstigen Wertpapierhandel, verweisen hinsichtlich der Prospektpflicht auf die nach dem KMG zu erstellenden Prospekte. Wird der Handel von Wandelschuldverschreibungen und Optionsanleihen im geregelten Freiverkehr beantragt, so ist dem Zulassungsantrag ein nach den Bestimmungen des KMG erstellter Prospekt beizuschließen (§ 74 Abs 2 Z 2 BörseG). Die inhaltlichen Mindestanforderungen richten sich nach Schema B der Anhänge zum KMG, die Wiener Börse AG kann zusätzliche Anforderungen bestimmen. Soll der Handel im Rahmen des sonstigen Wertpapierhandels erfolgen, so genügt bereits die Bescheinigung der Einhaltung der Prospektpflichten des KMG durch Vorlage eines entsprechend verfaßten und kontrollierten Prospekts (Schema B der Anhänge zum KMG). Besteht jedoch keine Prospektpflicht nach dem KMG, so sind die Gründe für die Ausnahme bei der Anmeldung des beabsichtigten Handels anzuführen (§ 69 BörseG).

d) *Prospektkontrolle und Veröffentlichung*

Als eine der wesentlichen Neuerungen bringt das KMG die verpflichtend durchzuführende Kontrolle des Prospekts (§ 8 KMG). Sie soll dem Anleger ein objektives Bild über die wirtschaftliche und rechtliche Situation des Emittenten vermitteln[66]. Grundsätzlich ist der gesamte Prospektinhalt samt den dazu ergehenden Nachträgen (§ 10 Abs. 4 KMG) und Veröffentlichungen über geänderte Verhältnisse (§ 6 KMG) vom Prospektkontrollor auf dessen Richtigkeit und Vollständigkeit zu kontrollieren. Der Kontrollor hat den Prospekt mit dem Zusatz auf seine Kontrolltätigkeit zu unterfertigen, womit seine Verantwortlichkeit für den Fall einer unrichtigen oder unvollständigen Kontrolle begründet wird.

Als Prospektkontrollore nach § 8 Abs. 2 und 3 KMG kommen Kreditinstitute mit einer das Wertpapieremissionsgeschäft enthaltenden Konzession und einem Haftkapital von mehr als öS 250 Mio, die Prüfungsstelle des Sparkassen-Prüfungsverbandes und genossenschaftliche Prüfungsverbände für Kreditgenossenschaften in Betracht. Seit der Novelle 1994 zum KMG[67] kann die Prospektkontrolle nunmehr auch uneingeschränkt durch beeidete Wirtschaftsprüfer und Wirtschaftsprüfungsgesellschaften, die über einen ausreichenden Versicherungsschutz verfügen, erfolgen. Die Mindestdecksumme beträgt dabei öS 50 Mio bzw. bei Immobilienemissionen öS 250 Mio.

Das KMG kennt drei Arten der Prospektveröffentlichung: Als vollständiger Abdruck im (1) Amtsblatt der Wiener Zeitung oder in einer (2) bundesweit aufgelegten Zeitung oder als (3) Broschüre, die am Sitz des Emittenten und der als Zahlstelle fungierenden Bank zur Einsicht aufgelegt wird. Bei den beiden letzte-

66 Vgl. Lechner, VersRd 1987, 73 ff.
67 BGBl. 1994/210.

ren Veröffentlichungsarten ist wiederum ein Hinweis auf das Veröffentlichungsorgan oder die Abholstelle und auf das jeweilige Erscheinungsdatum im Amtsblatt der Wiener Zeitung zu veröffentlichen. Die Veröffentlichung kann auch ohne Angaben über Ausgabekurs oder Zinssatz erfolgen (§ 10 Abs. 4 KMG). Auf das Fehlen dieser Angaben ist aber ebenso hinzuweisen wie darauf, daß die fehlenden Angaben spätestens einen Werktag vor Beginn der Zeichnungsfrist nachträglich veröffentlicht werden.

Ergeben sich Veränderungen der Verhältnisse während des laufenden Angebots, die geeignet sind, die Beurteilung der angebotenen Wertpapiere zu beeinflussen, so sind diese unverzüglich zu veröffentlichen (§ 6 KMG). Diese Verpflichtung korrespondiert wiederum mit der Prospekthaftung, welche bei unrichtigen und/ oder unvollständigen Prospekten Platz greift.

e) Prospekthaftung

§ 11 KMG gewährt jedem Anleger, der im Vertrauen auf die Richtigkeit oder Vollständigkeit der Prospektangaben einen Schaden erlitten hat, einen der culpa in contrahendo verwandten Ersatzanspruch[68]. Die Ersatzpflicht trifft den Emittenten, der für den Prospektinhalt verantwortlich ist, den Kontrollor (Gutachter) im Hinblick auf seine Kontrolltätigkeit, wobei dieser nur für grobes Verschulden einzustehen hat, den Verkäufer oder den Vermittler, sofern diese ihre Aufklärungspflichten gegenüber den Anlegern grob fahrlässig verletzt haben, und bei Vorliegen bestimmter Umstände auch noch den Abschlußprüfer. Diese Personen haben für das Verschulden ihrer Gehilfen einzustehen. Sie haften dem Anleger gegenüber solidarisch. Erfolgte die schädigende Handlung nicht vorsätzlich, so ist der Ersatz betragsmäßig auf den bezahlten Erwerbspreis zuzüglich Zinsen und Spesen begrenzt. Eine Rückgabe des Wertpapiers gegen Erstattung des Kaufpreises sieht das KMG nicht vor. § 11 Abs. 7 KMG normiert eine absolute Verjährungsfrist von fünf Jahren ab Ende der Zeichnungsfrist.

In der Lehre werden unterschiedliche Meinungen zur Frage vertreten, ob die Haftungstatbestände des § 11 KMG der allgemeinen Haftung für culpa in contrahendo vorgehen oder ob beide Rechtsinstitute nebeneinander bestehen. Bedenkt man, daß nach den Regeln der cic bereits für leichte Fahrlässigkeit gehaftet wird und darüber hinaus betragliche Haftungsschranken nicht in Betracht kommen, so kommt dieser Frage erhebliche Bedeutung zu. *Wilhelm*[69] und *Welser*[70] betonen, daß nach dem KMG nur das Vertrauen auf die Richtigkeit und die Vollständigkeit der Prospektangaben geschützt ist. In diesem Kernbereich

68 Vgl. dazu Brawenz, ÖBA 1992, 421; Welser, ecolex 1992, 303; Koziol, aaO (Fn. 62), S. 555 f.

69 Wilhelm, ecolex 1992, 11 ff.

70 Welser, ecolex 1992, 301 ff.

der eigentlichen Prospekthaftung soll nur nach § 11 KMG gehaftet werden. Weitere, nicht vom KMG umfaßte Fälle seien in diesem Kernbereich nicht denkbar, so daß für die Anwendung der Ersatzpflicht nach cic kein Anwendungsbereich bleibe. Diese Fälle kann es aber geben. Hat jemand einen über die Erfordernisse des KMG hinausgehenden Vertrauenstatbestand in die Richtigkeit und die Vollständigkeit der Prospektangaben geschaffen, so trifft diesen die Haftung im Rahmen der cic[71]. So haftet etwa der Abschlußprüfer, wenn er ausdrücklich die Verantwortung für bestimmte Prospektinhalte übernimmt. Nach dem KMG müßte er das nicht. Mit *Koziol*[72] ist darüber hinaus zu sagen, daß die allgemeine Haftung nach den Regeln der cic durch das KMG gänzlich unberührt bleibt. Die im KMG vorgesehenen Haftungseinschränkungen kämen einer schadenersatzrechtlichen Benachteiligung der Anleger gleich, welche gleichheits- und damit verfassungswidrig wäre, wenn nicht die allgemeine Haftung nach der cic neben den kapitalmarktrechtlichen Ansprüchen weiterhin zur Verfügung stünde.

2. *Börsegesetz*

Das BörseG[73] regelt die Zulassung von Wertpapieren zum amtlichen Handel (§§ 64 ff BörseG), zum geregelten Freiverkehr (§§ 67 f BörseG) oder zum sonstigen Wertpapierhandel (§ 69 BörseG). Die jeweiligen Handelsformen bedingen unterschiedliche Zulassungsvoraussetzungen, die der Emittent jeweils präsentieren muß.

Als Instrumente des Anlegerschutzes sieht das BörseG die Antragspflicht, die Prospekterstellung, -kontrolle und -veröffentlichung vor. Straf- und Haftungsbestimmungen ergänzen diesen Katalog.

Der Zulassungsantrag ist bei der Wiener Börse AG zu stellen. Dem Antrag sind umfangreiche Informationen über die rechtlichen und wirtschaftlichen Verhältnisse des Emittenen anzuschließen, dem Antrag zum amtlichen Handel unter anderem auch ein nach dem BörseG erstellter Prospekt. Bei den sonstigen Handelsformen ist entweder ein Prospekt nach dem KMG vorzulegen oder es ist die Einhaltung der Vorschriften des KMG zu bescheinigen. Es kann hier auf die oben gemachten Ausführungen[74] verwiesen werden. Der Prospekt ist von der Wiener Börse AG auf seine Richtigkeit, Vollständigkeit und Gesetzmäßigkeit zu überprüfen und unter Hinweis auf Zahl und Datum des Zulassungsbescheides zu veröffentlichen oder zur Einsicht auszulegen[75].

71 Nowotny, aaO (Fn. 60), S. 307.
72 Koziol, aaO (Fn. 62), S. 555 f; Gruber, ecolex 1994, 383, 384.
73 Weilinger, Börsegesetz, 1989.
74 Unter III.1.c).
75 § 78 BörseG sieht dieselben Veröffentlichungsarten wie § 10 KMG vor.

§ 75a BörseG sieht ein vereinfachtes Zulassungsverfahren für Emittenten mit Sitz in einem EWR-Staat vor.

§ 80 BörseG regelt eine von der Schadensersatzbestimmung des § 11 KMG abweichende Prospekthaftung. Demnach haften der Emittent und der Abschlußprüfer dem Erwerber gegenüber solidarisch für den Schaden, der dem Erwerber aus von den Prospektangaben abweichenden Tatsachen entstanden ist[76].

IV. Die bilanzielle Behandlung von Agio und Emissionskosten

§ 130 Abs. 1 AktG i.d.F. RLG 1990[77] unterteilt die gebundenen Rücklagen in gebundene Kapitalrücklagen und in gesetzliche Rücklagen. Die gebundene Kapitalrücklage darf nur zum Ausgleich eines ansonsten auszuweisenden Bilanzverlustes aufgelöst werden, vorhandene freie und gesetzliche Rücklagen stehen der Verwendung der gebundenen Kapitalrücklage entgegen (§ 130 Abs. 4 AktG)[78]. § 229 Abs. 2 Nr. 1 bis 5 HGB zählt die in die gebundene Kapitalrücklage einzustellenden Beträge auf[79]. Unter anderem sind Beträge, die bei der Ausgabe von Schuldverschreibungen für Wandlungsrechte und Optionsrechte zum Erwerb von Anteilen erzielt werden, in dieser Rücklage auszuweisen.

Dotierungspflichtig ist sohin das bei der Ausgabe von Wandelschuldverschreibungen und Optionsanleihen lukrierte Aufgeld, erfolgt die Emission hingegen pari oder unter pari, so können die den Nennwert der Bezugsaktien übersteigenden Beträge erst bei der Wandlung oder beim Erwerb der Anteile eingestellt werden. Besteht die Gegenleistung des Obligationärs nicht in einem Aufgeld, sondern in der Hinnahme einer unter dem üblichen Kapitalmarktzinssatz liegenden Verzinsung, so stellt sich die Frage, ob der Differenzbetrag dotierungspflichtig ist. Nach dem Wortlaut des § 229 Abs. 2 Nr. 2 HGB würde eine solche Pflicht nicht bestehen, nach dem Zweck der Vorschrift wird die Zuweisungspflicht dieser rechnerisch zu ermittelnden Vorteile hingegen zu bejahen sein. Eine unterschiedliche Behandlung ist nicht einsichtig, handelt es sich doch in beiden Fällen um geldwerte Vorteile, die der Gesellschaft unmittelbar zugute kommen[80].

76 Auf die Kausalitätsprobleme, die sich aus dieser unscharfen Bestimmung ergeben, wird nur hingewiesen. Insgesamt kann die Prospekthaftung nach § 80 BörseG als wenig geglückt bezeichnet werden.

77 Mit dem Rechnungslegungsgesetz (RLG) 1990, BGBl. 1990/475 erfolgte eine Konzentration von über verschiedene Gesetze verstreuten Rechnungslegungsbestimmungen im Dritten Buch des HGB.

78 Nowotny, GesRZ 1996, 68, 78.

79 Vgl. Seicht, ecolex 1991, 327; Grünwald, ecolex 1992, 415.

80 In diesem Sinne auch Straube/Gassner/Hofians, Komm. z. HGB, 2. Aufl., 1992, § 229 Rdn. 17; Pernsteiner/Baumann, SWK 1992, D. 42f; Hüffer, aaO (Fn. 1), § 221 AktG Rdn. 77.

Mangels gesetzlicher Bestimmung können die mit der Emission verbundenen Kosten (etwa Kapitalverkehrsteuer, Gebühren, Notariatskosten, Druckkosten für Aktien und dergleichen) nicht vom dotierungspflichtigen Betrag abgezogen werden[81]. Wird jedoch ein über das Aufgeld hinausgehender Zusatzbetrag zur Abdekkung der Emissionskosten bezahlt, so unterliegt dieser nicht der Einstellungspflicht[82]. Der Aufgeldbegriff ist dementsprechend einschränkend auszulegen.

V. Sonderprobleme

1. Going-Public-Optionsanleihen

Going-Public-Optionsanleihen[83] sind Schuldverschreibungen, die mit einem bedingten Optionsrecht kombiniert sind. Das Optionsrecht berechtigt für den Fall der Börseneinführung der emittierenden Gesellschaft zum Erwerb von weiteren Optionsrechten, die ihrerseits auf den Bezug von Aktien der Gesellschaft gerichtet sind.

Dieses Finanzierungsinstrument wurde speziell für Börseneinführungen (Privatisierungen) mittelständischer Unternehmungen entwickelt. Für den Emittenten gewährt es die größtmögliche Flexibilität beim Börsengang, eine Verpflichtung hierzu besteht nicht. Die Gesellschaft kann durch Begebung der Anleihe den Kapitalmarkt in Anspruch nehmen, ohne selbst bereits die Voraussetzungen für die Börseneinführung erfüllen zu müssen. Darüber hinaus verfügt die Gesellschaft im Zeitpunkt der Börseneinführung bereits über einen gewissen Bekanntheitsgrad in Anlegerkreisen und aufgrund des Bezugsrechts über einen potentiellen Kreis an Aktionären. Der Anleger hat im Fall der Börseneinführung ein gesichertes Optionsrecht auf die Zuteilung von Aktien, selbst wenn die Emission überzeichnet sein sollte. Er kann mit einer fixen Verzinsung und für den Fall, daß die Einführung unterbleibt, mit einer Rückzahlung der Anleihe über pari rechnen.

Bisher haben zwei österreichische Unternehmungen von diesem Finanzierungsinstrument Gebrauch gemacht: Austrian Industries und die Kärntner Landes- und Hypothekenbank. Bei letzterer ist zu bemerken, daß die Hypothekenbank aufgrund ihrer Gesellschaftsform nicht börsenfähig ist und deshalb auch keine Bezugsrechte für Anteile an dieser Gesellschaft optiert werden können. Die Bedingungen sehen daher ausdrücklich vor, daß die Einbringung der Hypothe-

81 SEICHT, ecolex 1991, 327; STRAUBE/GASSNER/HOFIANS, aaO (Fn. 80), § 229 HGB Rdn. 16.
82 NOWOTNY, RdW 1993, 134f.
83 Vgl. dazu SOMMER-PRAGER, ÖBA 1990, 376f; LUTTER, aaO (Fn 1), § 221 AktG Rdn. 188ff.

kenbank in eine Aktiengesellschaft beabsichtigt ist und Bezugsrechte für Anteile an dieser zukünftigen Gesellschaft eingeräumt werden. Von besonderem Interesse ist hier, daß der erforderliche Beschluß der Bezugsgesellschaft mangels Existenz nicht vorliegen kann, dies ist auch nicht nötig, da auch eine allfällige Sicherung der Bezugsrechte unter der Bedingung der Börseneinführung stehen würde.

Das Optionsrecht einer Going-Public-Optionsanleihe ist ein bedingtes Recht, es entsteht erst zum Zeitpunkt der Börseneinführung der Emissionsgesellschaft. Eine Verpflichtung zum Going-Public geht die Gesellschaft in den Bedingungen nicht ein, das Spekulationselement dieser Anleihen ist daher mit noch größeren Unsicherheiten verbunden, als dies bei Optionsanleihen ohnedies der Fall ist. Zum Zeichnungsanreiz verpflichten sich daher die Gesellschaften für den Fall, daß die Börseneinführung unterbleibt, zur Rückzahlung der Anleihen über pari, Austrian Industries tilgen in diesem Fall mit 118,5 % vom Nominale der Anleihe, die Kärntner Landes- und Hypothekenbank mit 129 %. Problematisch ist, daß zum Zeitpunkt der Emission der Anleihe der Emissionskurs der Bezugsaktie noch nicht feststeht. Die Bedingungen müssen daher den Bezugspreis zumindest bestimmbar festlegen, üblicherweise geschieht das mittels Angabe eines bestimmten Prozentsatzes vom Emissionskurs der Bezugsaktie. So zum Beispiel berechtigt jeder Optionsschein der Austrian Industries zum Erwerb einer Aktie um 95 % des Emissionskurses der Aktie.

Die gesellschaftsrechtlichen Anforderungen an Going-Public-Optionsanleihen, die ein bedingtes Recht zum Erwerb von Bezugsaktien der emittierenden Gesellschaft gewähren, sind, ungeachtet der Bedingtheit des Optionsrechtes, eben dieselben wie bei klassischen Optionsanleihen. Über die Ausgabe hat die Hauptversammlung mit qualifizierter Mehrheit zu entscheiden, die Bezugsrechte der Gesellschafter sind entsprechend zu berücksichtigen.

2. *Nackte Optionsscheine*

Im Zusammenhang mit der Begebung von Wandelschuldverschreibungen und Optionsanleihen wurde wiederholt die Begebung von nackten Optionsscheinen, sogenannten „naked warrants“, diskutiert.[84]

Naked warrants verbriefen, anders als covered warrants, ein selbständiges Bezugsrecht auf junge Aktien der emittierenden Gesellschaft, ohne mit einer Schuldverschreibung oder einem Genußrecht verbunden zu sein. Anknüpfungs-

84 Zustimmend: Nowotny, RdW 1997, 185, 187; Wohlfahrt/Brause, WM 1997, 397; Fuchs, AG 1995, 433; Hüffer, aaO (Fn. 1), § 221 AktG Rdn. 75; ablehnend hingegen: Lutter, aaO (Fn. 1), § 221 AktG Rdn. 185 ff; Bungeroth, in: Geßler/Hefermehl/Eckardt/Kropff, Komm. z. AktG, 1994, § 192 Rdn. 29; Martens, AG 1989, 69; jedoch deutlich positiver: Ders., AG 1997, 83.

punkt der Diskussion war insbesondere die Absicherung derartiger Optionen mittels einer bedingten Kapitalerhöhung.

§ 159 Abs. 2 AktG beschränkt die zulässigen Zwecke der bedingten Kapitalerhöhung auf die Absicherung von Umtausch- oder Bezugsrechten, die aus Wandelschuldverschreibungen bzw. Optionsanleihen resultieren, und die Vorbereitung von Unternehmenszusammenschlüssen. Die Unterlegung von nackten Optionsscheinen ist daher von § 159 Abs. 2 AktG nicht explizit erfaßt.

Die Beschränkung der bedingten Kapitalerhöhung auf gedeckte Optionsanleihen wird damit begründet, daß dadurch verhindert werden soll, daß das bedingte Kapital, das kein gesetzliches Bezugsrecht der Aktionäre kennt, und dessen Verfahren einfacher ausgestaltet ist, als jenes der ordentlichen Kapitalerhöhung, sich im Verhältnis zur ordentlichen Kapitalerhöhung als praktischer Regelfall durchsetzt.[85]

Die Anwendung der bedingten Kapitalerhöhung unter den zusätzlichen Voraussetzungen des § 174 AktG würde diese negativen Aspekte beseitigen, da diesfalls ein mittelbares Bezugsrecht der Altaktionäre bestehen würde und strengere Anforderungen, welche denen der ordentlichen Kapitalerhöhung entsprechen, an die Durchführung zu stellen wären. Gegen eine analoge Anwendung des § 159 i.V.m. § 174 AktG auf nackte Optionsrechte wird argumentiert, daß die Spekulation mit Bezugsrechten durch und gegen die Aktiengesellschaft verhindert und eine übersichtliche Eigenkapitalstruktur gewährleistet werden soll.[86]

Dagegen kann argumentiert werden, daß das Aktiengesetz das Instrument der Optionsanleihe zuläßt, welchem ein vergleichbares spekulatives Element immanent ist und bei welchem die Eigenkapitalstruktur der Gesellschaft ebenso als unübersichtlich bezeichnet werden kann. Zu diesem logischen Schluß kommt man insbesondere, wenn man von der Tatsache ausgeht, daß bei der Optionsanleihe das Bezugsrecht unmittelbar nach der Emission von der Schuldverschreibung abgetrennt werden kann und von dieser unabhängig weiterbestehen kann. Derartige, nach der Abtrennung von der Anleihe nunmehr selbständige Bezugsrechte können weiters an der Börse gehandelt werden.

Auf Grund der Verwandtheit von Bezugsrechten, die aus einer Optionsanleihe resultieren, und nackten Optionsrechten kann die Entscheidung, ob eine bedingte Kapitalerhöhung zur Absicherung dieser Instrumente zulässig ist, nicht vom Entstehungsgrund abhängig gemacht werden. Dies insbesondere unter dem Gesichtspunkt, daß die Art der Entstehung der Rechte keinerlei Auswirkung auf die Rechtsstellung der Aktionäre hat, sofern eine bedingte Kapitalerhöhung zur Sicherung nackter Optionsrechte unter den Voraussetzungen des § 174 AktG erfolgt.

85 Lutter, aaO (Fn. 1), § 192 AktG Rdn. 3.
86 Fuchs, AG 1995, 433, 434 m.w.N.

Weiters bleibt noch zu untersuchen, wie weit nackte Optionsrechte als Genußrechte im Sinn des § 174 Abs. 3 AktG qualifiziert werden können. Genußrechte verbriefen typische Aktionärsrechte, ohne auf einer mitgliedschaftlichen Stellung zur Aktiengesellschaft zu beruhen. Grundsätzlich gewähren sie Ansprüche am Gewinn oder Liquidationserlös der Gesellschaft.[87] Als typische Rechte der Aktionäre sind aber auch Bezugsrechte an jungen Aktien der Gesellschaft zu werten. Daher können Genußrechte auch derartige Ansprüche verbriefen.[88] Genußrechte werden hinsichtlich ihrer Begebung und in bezug auf das gesetzliche Bezugsrecht den Wandelschuldverschreibungen gemäß § 174 Abs. 3 und Abs. 4 AktG explizit gleichgestellt. Darüber hinaus ist es allgemein anerkannt, daß zu ihrer Besicherung im Fall der Verbriefung eines Bezugsrechts an jungen Aktien eine bedingte Kapitalerhöhung zulässig ist.[89] Dies wird damit begründet, daß der Gesetzgeber die Genußrechte den Wandelschuldverschreibungen auf Grund der Ähnlichkeit der beiden Institute gleichstellen will.[90]

Lutter will dies nicht uneingeschränkt gelten lassen, sondern beschränkt die Zulässigkeit der bedingten Kapitalerhöhung zur Sicherung von Genußrechten auf deren Ausgestaltung als Fremdfinanzierungsmittel.[91] Diese Einschränkung ist meiner Ansicht nach nicht nachvollziehbar, da es nicht erkennbar ist, daß nur durch eine derartige Beschränkung der eigentliche Zweck der Bestimmung, der Aktionärsschutz, erreicht werden kann.

Zusammenfassend ist daher festzustellen, daß die Sicherung und Unterlegung von Optionsrechten, die nicht aus einer Optionsanleihe resultieren, mit einer bedingten Kapitalerhöhung zulässig ist. Zu diesem Schluß kommt man sowohl auf Grund einer analogen Anwendung der §§ 159 und 174 AktG als auch dadurch, daß nackte Optionsrechte als Genußrechte im Sinn des § 174 AktG zu qualifizieren sind, wodurch eine Analogie entbehrlich wird.

3. *Mitarbeiterbeteiligungen*

Im Zusammenhang mit Stock Options, die, vor allem über Anregung ausländischer institutioneller Anleger, auch in Österreich zunehmend an Beachtung gewinnen, wird manchmal die Begebung von nackten Optionsscheinen, sogenannten „naked warrants", diskutiert.

87 Kastner/Doralt/Nowotny, aaO (Fn. 1), S. 312; Schiemer, aaO (Fn. 1), § 174 AktG Rdn. 8; Lutter, aaO (Fn. 1), § 221 AktG Rdn. 21.
88 Bungeroth, aaO (Fn. 84), § 192 AktG Rdn. 26.
89 Bungeroth, aaO (Fn. 84), § 192 AktG Rdn. 27.
90 Bungeroth, aaO (Fn. 84), § 192 AktG Rdn. 27.
91 Lutter, aaO (Fn. 1), § 192 AktG Rdn. 5 und § 221 AktG Rdn. 187.

Nach gängigen ausländischen Modellen werden insbesondere den leitenden Mitarbeitern und Organmitgliedern Optionen zum Kauf von Aktien der Gesellschaft zu einem im vorhinein bestimmten Preis angeboten. Ausgehend von der Kurssteigerung, für welche die Leistung der betreffenden Mitarbeiter verantwortlich gemacht wird, kann mittels dieser Stock Options ein nicht unbeträchtliches Zubrot verdient werden. Die praktische Bedeutung ist schwer einzuschätzen, da bisher nur wenige Beschlüsse über Aktienprogramme zu finden sind (siehe aber Bank Austria Hauptversammlung 1998). Vor allem werden Modelle gesucht, die eine volle Besteuerung des in einer „billigen" Option liegenden Vorteils vermeiden.

Das österreichische Aktienrecht steht der Einräumung derartiger Optionen nicht entgegen. Durch das EU-GesRÄG 1996 wurde dahingehend der Erwerb eigener Aktien um Tatbestände zur Umsetzung einer Mitarbeiterbeteiligung erweitert.[92]

Hauptproblem bei der Implementierung eines Stock Option Programmes aus gesellschaftsrechtlicher Sicht ist die Beschaffung der Aktien, die in der Folge den aus dem Programm Berechtigten zum Kauf angeboten werden sollen. Diese Bereitstellung kann über den Erwerb eigener Aktien[93] oder über eine Kapitalerhöhung erfolgen. Bei der Beschaffung der Aktien über eine Kapitalerhöhung stellt sich freilich die Problematik eines erforderlichen Bezugsrechtsausschlusses.[94]

§ 153 Abs. 5 AktG i.d.F. BGBl. 1996/304 sieht diesbezüglich vor, daß die vorrangige Ausgabe der Aktien an Arbeitnehmer der Gesellschaft oder eines mit ihr verbundenen Unternehmens einen ausreichenden Grund für den Bezugsrechtsausschluß darstellt.[95] Fraglich ist in diesem Zusammenhang, ob der Begriff der Arbeitnehmer nach dem Verständnis des § 153 AktG mit jenem des § 65 AktG ident ist, wo zwischen Arbeitnehmern, leitenden Angestellten und Organmitgliedern differenziert wird.

Im Sinn der Richtlinie[96] sind die Mitglieder von Vorstand und Aufsichtsrat keinesfalls von § 153 Abs. 5 AktG erfaßt. Dem Zweck des § 153 AktG steht es aber nicht entgegen, im Rahmen des § 153 Abs. 5 AktG auch leitende Angestellte unter den Begriff der Arbeitnehmer zu subsumieren. Anderes hat freilich zu gelten, wenn die durch den Bezugsrechtsausschluß gewonnenen Aktien einzig an leitende Angestellte ausgegeben werden sollen.

Im Rahmen der Beschaffung über die Emittierung junger Aktien ist die bedingte Kapitalerhöhung als praktikabelste Lösung zu bezeichnen. Durch deren

92 Vgl. § 65 Abs. 1 Nr. 4 und 5 AktG i.d.F. BGBl. 1996/304.
93 Vgl. hiezu KALSS, AG 1996, 550.
94 ROTH/FITZ, RdW 1996, 1 f.
95 Vgl. hierzu KALSS, SWK 1995, B 75, 81.
96 Kapitalrichtlinie (77/91/EWG).

Zweckbindung[97] mußte bisher der Umweg über Wandelschuldverschreibungen gegangen werden. In der Folge bleibt daher zu untersuchen, ob im Hinblick auf die Umsetzung von Stock Options die Begebung „nackter“ Optionen im Zusammenhang mit der bedingten Kapitalerhöhung zulässig ist.

4. *Die Umwandlung von Partizipationskapital in Aktien*

Im Zusammenhang mit der Ausgestaltung von Möglichkeiten, Wertpapiere, die keine Aktienrechte verbriefen, in Aktien umzuwandeln, ist auch auf die Umwandlung von Partizipationsscheinen, die von Banken und Versicherungen aufgrund einer sondergesetzlichen Regelung mit zum Teil nicht unerheblichen Volumina begeben worden sind, hinzuweisen[98]. Mit diesen Partizipationsscheinen ist an sich kein Wandlungsrecht in Aktien verbunden. Es hat sich allerdings herausgestellt, daß diese stimmrechtslosen Papiere mit Substanzbeteiligung nicht die erhoffte Akzeptanz am Markt finden und erhebliche Kursabschläge zu verzeichnen sind. Dies hat wiederum bei den Emittenten zu gesteigerten Aufwendungen im Zusammenhang mit einer im Marktinteresse gebotenen Kurspflege geführt. Banken und Versicherungen in der Rechtsform der AG, die Partizipationskapital emittiert hatten, haben daher verschiedentlich Pläne vorgestellt, durch einen Umtausch in Aktien die Nachteile des Partizipationsscheines zu beseitigen und damit aber weiterhin das zugeführte Eigenkapital dem Unternehmen zu erhalten[99]. Da die Partizipationsscheine ohne Umwandlungsrecht begeben worden sind, stellte sich zunächst das Problem, ohne gesetzliche Grundlage ein adäquates Verfahren zu finden[100]. Die analoge Anwendung der Vorschriften über Wandelschuldverschreibungen ist naheliegend, wurde aber vor allem vom Wiener Firmenbuchgericht mangels einer ausreichenden gesetzlichen Deckung in Zweifel gezogen. Einige Emittenten haben dann den Umtausch in der Weise vollzogen, daß sie auf Grundlage eines Herabsetzungsbeschlusses über das Partizipationskapital (in sinngemäßer Anwendung zu den Regeln über die vereinfachte Kapitalherabsetzung durch eine freiwillige Aktieneinziehung) den Rückkauf von Partizipationsscheinen anbieten konnten, diesen Rückkauf aber mit der gleichzeitigen Aktienzeichnung auf Grundlage eines genehmigten Kapitals verbunden haben. Dabei wurden zum Teil nicht unerhebliche Aufzahlungen entsprechend den unterschiedlichen Kursverhältnissen zwischen Partizipations-

97 Vgl. § 159 Abs 2 AktG.
98 Vgl. Kastner, ÖBA 1983, 282; Kastner/Doralt/Nowotny, aaO (Fn. 1), S. 312; Jud/Schummer, ÖBA 1995, 413.
99 Vgl. Jud/Grünwald, FS Frotz, 1993, S. 319, 320f.
100 Vgl. dazu Jud/Grünwald, ÖBA 1992, 509.

scheinen und Aktien verlangt[101]. Mit der Novelle des Versicherungsaufsichtsgesetzes vom 4. 12. 1992[102] ist eine eindeutige gesetzliche Grundlage für den Umtausch geschaffen worden; für Banken ist eine deckungsgleiche Regelung in das Finanzmarktanpassungsgesetz 1993[103] aufgenommen worden (§ 102 Bankwesengesetz). Diese Regelungen folgen der für Wandelschuldverschreibungen vorgesehenen Ordnung. Demnach kann grundsätzlich nachträglich aufgrund eines Hauptversammlungsbeschlusses den Inhabern von bereits begebenen Partizipationsscheinen ein Wandlungsrecht auf Grundlage eines bedingten Kapitals gewährt werden, wobei aber auch eine Verbindung mit Regeln über die Kapitalerhöhung aus Gesellschaftsmitteln vorgesehen ist, da das mit dem Nennbetrag als Eigenkapital ausgewiesene Partizipationskapital auf Grundkapital umgebucht wird. Damit wurde im wesentlichen eine der Praxis gleichwertige Möglichkeit geschaffen, die es insbesondere auch zuläßt, daß das Umtauschangebot langfristig gestellt wird[104].

5. Behandlung der Wandelschuldverschreibungen bei Umgründungen

a) Verschmelzung

Gemäß § 220 Abs. 1 AktG haben die Vorstände der an der Verschmelzung beteiligten Gesellschaften einen Verschmelzungsvertrag abzuschließen bzw. einen schriftlichen diesbezüglichen Entwurf aufzustellen. § 220 Abs. 2 Nr. 6 AktG sieht als diesbezüglichen Inhalt unter anderem vor, daß eine Regelung betreffend die Rechte, welche die übernehmende Gesellschaft einzelnen Inhabern von Schuldverschreibungen gewährt, enthalten zu sein hat. Die Bestimmung des § 220 Abs. 2 Nr. 6 AktG wird durch § 226 Abs. 3 AktG näher determiniert. Darin ist vorgesehen, daß den Inhabern von Wandelschuldverschreibungen gleichwertige Rechte zu gewähren sind, bzw. sollte dies nicht erfolgen, eine Abgeltung stattzufinden hat. Es liegt im Ermessen der Partner der Verschmelzungsmassen, welche Vorgangsweise gewählt wird. Ein besonderes Verfahren für die Prüfung der Gleichwertigkeit bzw. Angemessenheit der Abfindung ist nicht vorgesehen.

101 Vgl. zu den damit verbundenen kapitalverkehrssteuerrechtlichen Fragen GASSNER/STARINGER, GesRZ 1992, 250.

102 BGBl. 1992/ 769.

103 BGBl. 1993/ 532.

104 JUD/GRÜNWALD, FS Frotz, S. 322f wiesen darauf hin, daß bei der „Praxislösung" wegen der analogen Anwendung von Kapitalherabsetzungsvorschriften es zu einer Dotationsverpflichtung der gebundenen Rücklage komme; diese Analogie ist wohl dann zu weit gegriffen, wenn, eben anders als bei der vereinfachten Kapitalherabsetzung, das Rückkaufangebot davon abhängig gemacht wird, daß entsprechend dem Nennbetrag des Partizipationsscheines eine Aktie gezeichnet wird.

b) Spaltung

Ident wie bei der Verschmelzung verhält sich die Lage bei der Spaltung. Für diese Möglichkeit der Umgründung ist in § 15 Abs. 5 SpaltG vorgesehen, daß den Inhabern von Schuldverschreibungen gleichwertige Rechte zu gewähren sind oder die Änderung der Rechte oder das Recht selbst angemessen abzugelten ist.

Die Rechte der Inhaber von Wandelschuldverschreibungen sind daher im Fall von Umgründungen in gleicher Weise geschützt wie bei Maßnahmen der Kapitalveränderung.

6. *Auswirkungen der Einführung der Stückaktie auf Wandelschuldverschreibungen*

Auf Grund der Einführung des Euro bietet der Gesetzgeber zur einfacheren Umstellung der Aktien auf die neue Währung die Einführung der Stückaktien an. Ist im Zeitpunkt der Währungsumstellung ein bedingtes Kapital vorhanden, das noch nicht völlig ausgeschöpft ist, hat die Währungsumstellung auch auf das noch nicht ausgenützte bedingte Kapital Auswirkungen, wodurch auch hier eine Anpassung erforderlich wird. Diesfalls ist ein entsprechender Hauptversammlungsbeschluß zu fassen, in welchem darauf Bezug genommen wird, daß sich die in den jeweiligen Schuldverschreibungen verbrieften Umtausch- bzw. Bezugsrechte fortan auf den neuen Typus der Stückaktie beziehen. Generell sind mit diesem zusätzlichen Hauptversammlungsbeschluß keine Probleme verbunden, da die in den Schuldverschreibungen verbrieften Rechte inhaltlich unverändert erhalten bleiben[105] und bloß in einer anderen Erscheinungsform bestehen. Dies gilt auch für den Fall, daß unrunde Beträge des Grundkapitals bei der Währungsumstellung durch geringfügige Kapitalerhöhungsmaßnahmen aus Gesellschaftsmitteln ausgeglichen und damit beseitigt werden.

7. *Steuerliche Begünstigungen beim Erwerb von Wandelschuldverschreibungen*

Mit der Novelle 1993 zum Einkommensteuergesetz (EStG) wurde in Art. VII ein eigenes Bundesgesetz über steuerliche Sondermaßnahmen zur Förderung des Wohnbaus verabschiedet[106]. Dieses Gesetz begünstigt den Erwerb

105 Vgl. HEIDER, AG 1998, 1, 9.

106 BGBl. 1993/ 253. Vgl. dazu auch SWK, Steuergesetzesnovellen vom Parlament beschlossen, Steuer- und WirtschaftsKartei 1993, 234f.

(nicht nur den Ersterwerb) von Aktien oder Wandelschuldverschreibungen, die von Bauträgergesellschaften, Wohnbaubanken oder gewerblichen Wohnbaufinanzierungs- oder Errichtungsgesellschaften begeben werden. Die Aufwendungen natürlicher Personen für die Anschaffung dieser Wertpapiere sind als Sonderausgaben[107] i.S.d. § 18 EStG abzugsfähig. Zusätzlich zu den Bestimmungen des § 18 EStG müssen nachstehende Voraussetzungen erfüllt werden. Begünstigt ist der Erwerb von Aktien oder Wandelschuldverschreibungen von einer der oben genannten Gesellschaften, der Emissionserlös ist zur Errichtung von Wohnungen mit einer Nutzfläche bis höchstens 150 m^2 zu verwenden, bei Vermietung der neu errichteten Wohnungen sind die Mietzinsobergrenzen nach den Wohnbauförderungsrichtlinien zu beachten. Die Anleihebedingungen werden diese Voraussetzungen entsprechend zu berücksichtigen haben.

Die Aufwendungen zum Erwerb sind im allgemeinen Rahmen für Sonderausgaben unterzubringen (Höchstbetrag öS 40000 bzw. öS 80000 bei Alleinverdienern), hiervon ist nur die Hälfte der tatsächlichen Aufwendungen absetzbar, also höchstens die Hälfte des zustehenden Sonderausgabenhöchstbetrags. Weiters werden Zinseinkünfte bis zu 4% des Nominales von der Kapitalertragsteuer freigestellt[108], sofern die Aktien oder die Wandelschuldverschreibungen bei einer inländischen Bank hinterlegt sind, eine Behaltefrist ist nicht vorgesehen. Ein weiterer steuerlicher Anreiz besteht in der Endbesteuerungswirkung der Kapitalertragsteuer (auch im befreiten Ausmaß). Es fallen daher weder Einkommens- noch Erbschaft- und Schenkungsteuern für den Erwerb von Todes wegen an. Übersteigen die Kapitalerträge 4% des Nominales, so ist lediglich die Kapitalertragssteuer für die übersteigenden Zinsen abzuführen.

Es wird erwartet, daß einerseits zum Zwecke der leichteren Plazierung, andererseits zur Vermeidung des Einflusses der Proponenten in der Anlaufphase gerade in diesem Bereich die Wandelschuldverschreibung bevorzugt Verwendung finden wird.

107 Vgl. dazu DORALT/RUPPE, Grundriß des österreichischen Steuerrechts, Bd. I, 6. Aufl., 1998, S. 210f.

108 § 2 Nr. 1 Bundesgesetz über steuerliche Sondermaßnahmen zur Förderung des Wohnbaus, BGBl. 1993/253.

Wandel- und Optionsanleihen in Portugal*

von

Professor José Engrácia Antunes, LL. M. (Lissabon), Ph. D. (Florenz), Porto**

Inhaltsübersicht

I. Einleitung

1. Allgemeines

Wandelanleihen *(obrigações convertíveis em acções)* und Optionsanleihen *(obrigações com direito de subscrição de acções)* sind zwei spezielle Formen von Anleihen, die ihren Inhabern die allgemeine Stellung eines Darlehensgebers – in der Regel mit einem Zinsanspruch – gewähren und zusätzlich ein besonderes

* Der folgende Beitrag ist die aktualisierte und überarbeitete Fassung des Aufsatzes, den Verf. in ZGR 1995, 39ff veröffentlicht hat.

** Autor und Herausgeber danken Herrn Rechtsanwalt Dr. *Carsten Jaeger* für die Übersetzung.

Recht im Hinblick auf eine spätere Beteiligung am Kapital der ausgebenden Gesellschaft (art. 360, c) und d) CSC).[1]

Der Inhalt dieses letzteren Rechts ist allerdings in den beiden Fällen unterschiedlich. Die erste Form von Anleihen (ähnlich den deutschen „Wandelanleihen", den französischen „obligations convertibles en actions" und den englischen „convertible debentures") enthält eine Wahlmöglichkeit für den Anleihegläubiger, seine Anleihe in Aktien *umzutauschen*: anstatt Rückzahlung des Anleihebetrages in bar zu akzeptieren, wandelt der Gläubiger seine Anleihe in eine bestimmte Anzahl von Aktien der Schuldnergesellschaft um; der Wandlungspreis und der Zeitpunkt der Wandlung wird in den Anleihebedingungen geregelt. Die zweite Form von Anleihen (ähnlich den deutschen „Optionsanleihen", den französischen „obligations avec bons de souscription" und den amerikanischen „bonds with stock purchase warrant") stattet den Anleihegläubiger mit einer gesonderten Berechtigung zur Zeichnung von Aktien aus:[2] neben seinen Rechten auf Rückzahlung des Anleihebetrages zum Fälligkeitszeitpunkt und auf Zahlung von Zinsen hat der Anleihegläubiger das Recht, eine bestimmte Anzahl von Aktien der Schuldnergesellschaft zu zeichnen; Zeitpunkt und Preis regeln die Anleihebedingungen.[3]

1 Der Einfachheit halber sind alle im weiteren zitierten Gesetzesbestimmungen ohne nähere Angabe solche des portugiesischen Gesetzes über die Handelsgesellschaften von 1986 (Código das Sociedades Comerciais, DL No 262/86, of 2-9, abgekürzt CSC).

2 Das portugiesische Recht sieht keine Bestimmungen für die Ausgabe von *naked warrants*, also Aktienoptionen, die getrennt von einer Anleihe oder einem sonstigen Wertpapier ausgegeben werden, vor (gegen deren Zulässigkeit vgl. CASTRO, Valores Mobiliários: Conceito e Espécies, 1996, S. 183 ff). Ebenso unbekannt in Recht und Praxis Portugals sind *stock option plans*, obwohl sie in anderen Rechtsordnungen zunehmende Bedeutung als eine Form der Leistungsvergütung für Führungskräfte erlangen (siehe HENN/ALEXANDER, Law of Corporations, 1983, S. 675 ff).

3 Davon ausgehend sieht ein Teil der Literatur den eigentlichen Unterschied zwischen den beiden Anleiheformen in der kumulativen bzw. alternativen Natur der allgemeinen Gläubigerrechte (Rückzahlung des Kapitals und Zinsen) im Fall der Ausübung ihres Rechts zum Erwerb einer mitgliedschaftlichen Position: während im ersten Fall die Anleihegläubiger ihren Gläubigerstatus mit der Aktionärsstellung austauschen, werden sie im zweiten Fall Aktionäre unter Beibehaltung ihrer Gläubigerstellung, siehe PENA, 103 O Direito (1971), 115. Allerdings liegt, da der Ausgabepreis bei Optionsschuldverschreibungen mit dem Kapitalrückzahlungsanspruch verrechnet werden kann (diese Möglichkeit ist in rechtsvergleichender Sicht umstritten: bejahend LUTTER, Kölner Komm. z. AktG, 1985, § 221 Rdn. 10; ablehnend CAMPOBASSO, in: Colombo/Portale, Trattato delle Società per Azioni, 1988, Bd. V, S. 485), der entscheidende Unterschied zwischen diesen beiden Wertpapieren darin, welche Auswirkung die Ausübung des Rechts zum Erwerb der Mitgliedschaft auf das ursprüngliche Schuldverhältnis zur ausgebenden Gesellschaft hat: während bei Wandelschuldverschreibungen die Ausübung des Wandlungsrechts den Inhalt dieses Schuldverhältnisses unvermeidbar ändert, läßt bei Optionsschuldverschreibungen die Ausübung des Optionsrechts das ursprüngliche Schuldverhältnis intakt.

Der konkrete Inhalt dieser Rechte auf Umtausch in oder Bezug von Aktien – die manchmal als Gestaltungsrechte[4] qualifiziert werden und die die spezielle Gestalt dieser besonderen Art von Anleihen[5] begründen – unterscheidet sich auch in vielerlei anderer Hinsicht: so z.B. in der *Verkörperung als Wertpapier* (während die Anleihe und das Umtauschrecht in der Wandelanleihe zusammengefaßt sind, ist das Optionsrecht gewöhnlich in einem Optionsschein verkörpert, der unabhängig von der Anleihe selbst übertragen werden kann), in *Art und Zeitraum der Ausübung* (der Inhaber einer Wandelanleihe tauscht diese einfach in Stammaktien um, während der Inhaber einer Optionsanleihe in der Regel zusätzliches Geld aufbringen muß, was jeweils unterschiedliche Auswirkungen auf den Cash-flow und die Kapitalstruktur der Gesellschaft hat), in den *Ausgabemodalitäten* (Optionsanleihen werden eher privat plaziert, während die meisten Wandelanleihen öffentlich ausgegeben werden) oder in ihrer *Funktion als selbständige Werte* (Umtauschrechte werden – anders als Optionsrechte – nicht unabhängig von der Anleihe selbst ausgegeben); im *Umtauschverhältnis* bzw. im *Optionspreis* usw.

2. *Gesetzlicher und wirtschaftlicher Hintergrund*

a) Das anwendbare Recht

Eine ausdrückliche gesetzliche Regelung von Wandel- und Optionsanleihen erfolgte erstmals 1971[6]; sie ist heute im wesentlichen im Gesetz über die Handelsgesellschaften (CSC) und im Kapitalmarktgesetz von 1991[7] enthalten. Erste-

4 Das ist aus rechtsvergleichender Sicht nicht unbestritten: siehe für Frankreich TAITHE-SICHEL, Obligations Ordinaires, Obligations Convertibles ou Echangeables, S. 222; für Italien CAVALLO BORGIA, Le Obbligazioni Convertibili in Azioni, 1978, S. 30ff; für Deutschland SCHUMANN, Optionsanleihen, 1990, S. 19ff.

5 Obwohl diese Rechte Anleihegläubiger zu potentiellen Aktionären machen, ist es nicht korrekt, Wandel- und Optionsanleihen als eine Art von gemischten Wertpapieren oder als Wertpapiere eigener Art zwischen Anleihen und Aktien zu bezeichnen und sie so aus dem Kreis der Anleihen auszuschließen, vielmehr hat die Einordnung als spezielle Formen der Anleihe, neben anderen Konsequenzen, zur Folge, daß die allgemeinen Vorschriften über Anleihen Anwendung finden (Art. 348ff CSC: Z.B. erfolgt der Schutz der Anleihegläubiger gegenüber der ausgebenden Gesellschaft über den Mechanismus zum Schutz der Gesellschaftsgläubiger und nicht der Aktionäre) und eine analoge Anwendung der Vorschriften über Aktien ausgeschlossen ist.

6 DL No 397/71, of 22-9, wo nur Wandelanleihen geregelt waren. Trotz dieser speziellen Regelung und weil das frühere Recht keinen numerus clausus hinsichtlich der zulässigen Anleiheformen enthielt, wurden in der Praxis auch Optionsanleihen ausgegeben (so z.B. die Ausgabe durch die portugiesische Ölfirma SACOR im Jahre 1970).

7 Código do Mercado de Valores Mobiliários, abgekürzt CMVM: DL No. 142-A/91 vom 10.4.1999. Am 1.3.2000 wird ein neues Gesetz in Kraft treten (bestätigt durch DL No. 486/99 vom 13.11.1999).

res enthält die Vorschriften über die allgemeinen Ausgabebedingungen von Anleihen (Art. 348 ff), über die Rechte der Anleihegläubiger, ihre Organisation und ihren Schutz (Art. 356 ff), über die Arten von Anleihen (Art. 360 ff) sowie Spezialvorschriften über Wandel- und Optionsanleihen (Art. 360, c), 365–372 bzw. 360, d), 372-A, 372-B). Das Kapitalmarktgesetz regelt dagegen verschiedene Punkte im Hinblick auf Form, Ausgabe, Umtausch, Registrierung und Übertragung aller Arten von Wertpapieren einschließlich der Anleihen (Art. 47 ff CMVM). Da, wie sogleich zu zeigen sein wird, die Bedeutung von Wandel- und Optionsanleihen auf dem portugiesischen Kapitalmarkt gering ist, ist Literatur zu diesem Bereich rar,[8] und es gibt praktisch keine einschlägige Rechtsprechung.

b) Wirtschaftliche Bedeutung

Theoretisch sind die Vorteile der Wandel-, insbesondere aber der Optionsanleihe offensichtlich. Für *Anleger* verbindet das Wertpapier die Sicherheit einer Gläubigerstellung (Recht auf Rückzahlung des Kapitals und auf Zinsen) mit der Gelegenheit zu spekulativem Gewinn. Das ergibt sich einmal für den Fall, daß der Börsenkurs der Aktien über den Umtausch- bzw. Optionspreis steigt (ohne daß die Anleihegläubiger dabei wie Aktionäre das Kursrisiko trügen) sowie ferner aus der Möglichkeit, ein übertragbares Recht handeln zu können, das selbst an der Börse notiert werden kann. Für die *ausgebende Gesellschaft* ist dieses Wertpapier eine attraktive Art, Darlehen mit geringer finanzieller Belastung zu erhalten (denn gewöhnlich erlaubt der spekulative Wert des Umtausch- bzw. Optionsrechts die Ausgabe der Anleihe zu einem reduzierten Preis) und kann sogar als Mittel gegen feindliche Übernahmen benutzt werden (solange die Anleihe von Verbündeten gehalten wird, z.B. einem Banken-Pool).

Diese Vorteile sind noch nicht ins Bewußtsein der portugiesischen Wirtschaftsunternehmen gedrungen. Trotz der steigenden Bedeutung des Kapitalmarkts, der ungefähr 45 % der gesamten Finanzanlagen der nicht-institutionellen Anleger aufnimmt, im allgemeinen und des Marktes für Anleihen im besonde-

8 Siehe in chronologischer Reihenfolge PENA, 103 O Direito (1971), 103 ff, 211 ff, 280 ff; GOMES/ABECASSIS/OUTROS, 60 Vida Económica (1988), 16 ff; SANTOS, Revista da Banca (1991), 93 ff; GOMES, Obrigações Convertíveis em Acções, 1997 (die erste Monographie zum Thema). Rechtsvergleichend siehe auch ALLEGRI, Rivista delle Società (1972), 841 ff. Hinweise auf das Problem oder auf einige spezifische gesetzliche Gesichtspunkte finden sich in der allgemeinen Gesellschaftsrechtsliteratur: zum alten Recht siehe FURTADO, Código Comercial Anotado, vol. II (Das Sociedades em Especial), 1979, T. II, S. 678 ff, 683 ff; zum geltenden Recht siehe CORREIA, Direito Comercial, 1989, vol. II, S. 499 ff, 515 ff; CASTRO, Valores Mobiliários: Conceito e Espécies, 1996, S. 149 ff.

ren,[9] hatten Wandel- und Optionsanleihen bisher eine fast unmerkliche Stellung auf dem portugiesischen Kapitalmarkt. Praktisch unbekannt während der achtziger Jahre, hatten Wandelanleihen[10] nur einen Anteil von 0,74 % (1990), 0,68 % (1991) und 0 % (1992) an der Gesamtsumme neu aufgelegter Anleihen, während die entsprechenden Anteile von Optionsanleihen[11] 0,08 % (1990), 0 % (1991) und 0,62 % (1992) betrugen;[12] dementsprechend gering ist das Ausmaß an Transaktionen dieser Anleihen auf dem sekundären Markt.[13]

3. *Bilanz- und steuerrechtliche Aspekte*

Aus dem Blickwinkel des Bilanzrechts ist jedes Agio aus der Ausgabe, dem Umtausch von Wandelanleihen oder der Ausgabe von Aktien nach Ausübung des Optionsrechts den Regelungen über die gesetzliche Reserve unterworfen: von den gesetzlichen Bestimmungen erfaßt ist hier jeder Kapitalüberschuß, der – im Fall der Ausgabe von Anleihen – aus der Differenz zwischen Nominalwert der Anleihe und dem tatsächlichen Ausgabepreis[14] bzw. – im Fall des Umtausches – aus der Differenz zwischen dem Nominalwert der Anleihe und dem Nominalwert der ausgegebenen Aktien[15] entsteht.[16] Dieser zwingend vorgeschriebene finanzielle Vorrat soll in erster Linie Gläubiger der Gesellschaft schützen; dies

9 Das Gesamtvolumen der Anleihen stieg von 11 Mio. PTE 1976 auf 844 Mio. PTE 1989 und überstieg damit das Volumen des primären Aktienmarktes, vgl. Barreto, Obrigações – Análise e Gestão, 1990, S. 38.

10 Die erste Wandelanleihe wurde 1987 von der *Jerónimo Martins SA*, die bisher letzte durch die *A. Silva e Silva SA* ausgegeben (vgl. Bolsa de Valores de Lisboa, *Boletim de Cotacões*, 14. 6. 1995). Weitere Fälle betreffen die *Banco de Comércio e Indústria, Sofinloc; Banco Português de Investimento*; etc.

11 Die erste Emission einer Optionsanleihe erfolgte 1990 durch die *Banco Comercial de Macau* (1.366 Mio. PTE), die letzte durch *Tertir* im Jahre 1992 (ca. 3 Mio. PTE).

12 Bolsa de Valores, *Relatório Anual*, Lissabon, 1993; Comissão do Mercado de Valores Mobiliários, *A Situação Geral dos Mercados de Valores Mobiliários 1992*, Lissabon 1993, S. 48.

13 Bolsa de Valores de Lisboa, *Evolução Trimestral das Transacções na Bolsa de Valores – Mercado Obrigacionista*, Lissabon, 1993, 02. 1.

14 Art. 295, No. 3b).

15 Art. 295, No. 3c).

16 Dieses Überschußkapital soll allerdings nicht dem Konto der gesetzlichen Reserve zugeschrieben werden, sondern dem der speziellen Reserve, genau dem Konto 563 bezüglich eingezahlter Überschüsse, so der offizielle Bilanzierungsplan, gebilligt vom DL No. 410/89, of 21-10. Siehe Pita, Direito aos Lucros, 1989, S. 37; Silva/Pereira, Contabilidade de Sociedades, 7. Aufl., 1987, S. 53. Die Frage, ob der Überschuß, den die Gesellschaft durch die Ausgabe von Anleihen mit einem gegenüber den marktüblichen Konditionen deutlich günstigeren Zinssatz erhält, als Überschuß im Sinne des Gesetzes anzusehen ist, wird bisher in der portugiesischen Literatur nicht diskutiert.

bedeutet, daß Beträge aus der gesetzlichen Reserve nur dazu benutzt werden dürfen, einen Jahresverlust der Gesellschaft auszugleichen oder eine Kapitalerhöhung vorzunehmen (Art. 295, 296).

Aus dem Blickwinkel des Steuerrechts sind die Vorteile der Optionsanleihen gegenüber den Wandelanleihen zu betonen: erstere senken die Steuerschuld der Gesellschaft, während sie die von Anlegern erhöht. Angenommen, eine Gesellschaft gibt Wandelanleihen zu einem Preis von 100 aus, dann ist dieser Preis voll der Körperschaftssteuer unterworfen; wenn dieselbe Gesellschaft dagegen von einem direkten Wert der Anleihe von 90 und einem Wert der Option von 10 ausgeht und die Anleihe zu 90 – also unter Wert – getrennt von der Option ausgibt, wird der Wert der Anleihe während ihrer Laufzeit noch um 10 steigen. Die Gesellschaft kann diesen künftigen Wertzuwachs über das Leben der Anleihe verteilen und von ihrem steuerpflichtigen Gewinn abziehen, während der Anleger diesen Wertzuwachs versteuern muß.

II. Ausgabe der Anleihen

1. Ausgabebedingungen

Bei der Ausgabe von Wandel- und Optionsanleihen gibt es hauptsächlich zwei Arten von Regeln: einmal solche betreffend die *ausgebende Gesellschaft* und zum anderen solche betreffend die *Anleihe* selbst. Diese Regeln verfolgen im wesentlichen ein doppeltes Ziel: sie wollen verhindern, daß die spätere Aktienausgabe unter Verletzung des Kapitalschutzes erfolgt; ferner wollen sie die Effektivität der Rechte der Anleihegläubiger sicherstellen.

a) Ausgabebedingungen in bezug auf die ausgebende Gesellschaft

Zunächst ist festzuhalten, daß – entgegen dem allgemeinen Grundsatz, wonach jedes Unternehmen Wertpapiere ausgeben darf, Art. 109 CMVM[17] – nur börsennotierte Aktiengesellschaften (*sociedades anónimas*, Art. 348, 360, c), d), 365, 372-A) und Kommanditgesellschaften auf Aktien (*sociedades em comandita por acções*, Art. 478) Wandel- und Optionsanleihen ausgeben dürfen. Ausgeschlossen sind damit alle anderen Unternehmensformen, die im allgemeinen Anleihen ausgeben dürfen, z.B. GmbH[18], Unternehmensvereinigungen[19] und öf-

17 Die Ausgabe von Anleihen ist nicht von einer behördlichen Genehmigung abhängig, Art. 110 CMVN, mit Ausnahme einiger Spezialfälle (Art. 111 Nr. 2 und 3 CMVM, Portarias No. 935/91, of 16-9; No. 710/94, of 8.8; Unternehmen, die keine ausdrückliche gesetzliche Erlaubnis haben).

18 *Sociedades por quotas*; DL No. 160/87, of 3–4.

19 *Agrupamento complementar de empresas*, DL No. 4/73, of 4–6.

fentliche Unternehmen[20] wie auch nicht an der Börse zugelassene Aktiengesellschaften und Kommanditgesellschaften auf Aktien.[21]

Weiterhin muß die ausgebende Gesellschaft bereits zwei Jahre existiert und mindestens zwei von der Hauptversammlung gebilligte Jahresbilanzen aufgestellt haben, bevor sie Anleihen begeben darf. Ist die Gesellschaft aus einer Verschmelzung oder einer Spaltung hervorgegangen, müssen die genannten Voraussetzungen von mindestens einer der ursprünglichen Gesellschaften erfüllt werden. Das Gesetz kennt allerdings drei Ausnahmen von dieser Zeitschranke: einmal wenn die Aktien der ausgebenden Gesellschaft mehrheitlich vom Staat oder einem vergleichbaren öffentlichen Rechtsträger gehalten werden;[22] zweitens wenn die Emission unter spezieller staatlicher Autorisierung erfolgte oder durch den Staat, vergleichbare Rechtsträger oder durch den Gebrauch öffentlicher Sicherheiten abgesichert war;[23] drittens wenn die ausgebende Gesellschaft der Überwachung durch die Bank von Portugal unterworfen ist; in diesem letzten Fall darf das Emissionsvolumen während der ersten zwei Jahre des Bestehens der Gesellschaft den gesetzlich festgelegten Höchstbetrag für Gesellschaften der betreffenden Art nicht übersteigen.[24]

Darüber hinaus muß im Zeitpunkt der Emission das Kapital der Gesellschaft vollständig aufgebracht sein; ist das nicht der Fall, müssen zumindest die säumigen Einlageschuldner von der Geschäftsführung in Verzug gesetzt worden sein (Art. 348 No. 4, 285 No. 2, 3). Das Erfordernis der vollständigen Kapitalaufbringung bezieht sich nur auf das gezeichnete Aktienkapital, nicht auf erst von der Hauptversammlung beschlossene Kapitalerhöhungen. Deshalb kann die Aus-

20 *Empresas públicas*, DL No. 320/89.

21 Die Börsenzulassungsbedingungen sind in Art. 176, 291, 304, 307 ff CMVM geregelt (siehe auch Gomes, aaO (Fn. 8), S. 88 ff; Santos, Revista da Banca (1991), 93, 108, 113, 125). Allerdings ist der Adressat dieser Vorschriften je nach der konkreten Eigenart des Umtausch- oder Zeichnungsprozesses (zu dieser Unterscheidung näher unten V.) nicht derselbe: Bezieht sich das Umtausch- bzw. Optionsrecht auf Aktien der Schuldnergesellschaft, muß diese eine börsennotierte Aktiengesellschaft oder Kommanditgesellschaft auf Aktien sein. Bezieht sich das Umtausch- bzw. Optionsrecht dagegen auf Aktien einer anderen Gesellschaft, muß nur diese Gesellschaft die genannten Voraussetzungen erfüllen; ausgeben kann derartige Anleihen hingegen jede – auch nicht börsennotierte – Gesellschaft.

22 Art. 348 No. 2. Nach Art. 545 sind vergleichbare öffentliche Rechtsträger die autonomen Regionen, Behörden und bestimmte besondere Institutionen (Caixa Geral de Depósitos, Instituto de Gestão e Segurança Social, Investimento e Participações do Estado). Die Literatur rechnet dazu darüber hinaus jede öffentliche Körperschaft, siehe Neto, Notas Práticas ao Código das Sociedades Comerciais, 1989, S. 652.

23 Art. 348 No. 2 am Ende.

24 Art. 348 No. 3, Portaria No. 974/90, of 11-10. Unabhängig von den oben genannten Ausnahmen ist immer erforderlich, daß die Gesellschaft im Handelsregister am Verwaltungssitz eingetragen ist, Art. 5 CSC, 15 No. 1, 25 No. 1 CRC.

gabe von Wandel- und Optionsanleihen auch beschlossen werden, während die Zeichnungsfrist aus einer Kapitalerhöhung oder die Frist zur Ausübung des Umtausch- und Optionsrechts aus einer früheren Anleihe läuft.[25]

Schließlich ist ein Beschluß der Hauptversammlung erforderlich, der entweder die Entscheidung über die Emission selbst enthält oder aber den Vorstand dazu ermächtigt.[26]

b) Bedingungen in bezug auf die Anleihe

Zunächst darf das Volumen aller Anleihen die Summe aus eingezahltem Stammkapital – wie aus dem letzten verabschiedeten Jahresabschluß ersichtlich – und einer etwaigen Kapitalerhöhung nach Aufstellung des Jahresabschlusses nicht übersteigen, Art. 349 No. 1. Diese Grenze dient dazu, ein Mißverhältnis zwischen Aktiva und (Anleihe-)Verbindlichkeiten zu vermeiden; sie kann durch besondere Anordnung des Ministeriums für Finanzen und Justiz in drei Fällen erhöht werden: wenn es die finanzielle Lage der Gesellschaft erlaubt, wenn die Emission eine Unternehmung von nationalem Interesse finanzieren soll, die ein großes Vermögen erfordert, oder wenn die Zins- und Rückzahlungsbedingungen der Anleihe sich am Gewinn der Gesellschaft orientieren.[27]

Weiterhin darf die Gesellschaft keine neue Emission von Wandel- und Optionsanleihen beschließen, solange eine vorherige Anleihe – gleich welcher Art – noch nicht vollständig gezeichnet, eingezahlt und endgültig eingetragen ist, Art. 350 No. 2, 351 No. 1 CSC, 114 CMVM. Das Gesetz verbietet also nicht, eine neue Emission zu beschließen, solange die Umtausch- oder Optionsfrist aus einer vorhergehenden Anleihe noch läuft, sondern nur solange diese vorhergehende Anleihe noch nicht gezeichnet und einbezahlt ist.[28]

Außerdem müssen die Anleihestücke einer Emission alle denselben Nennwert haben und dieselben Rechte gewähren, dies jeweils im Hinblick auf die allgemeinen Gläubigerrechte als auch auf das Wandlungs- oder Optionsrecht. Das gilt auch, wenn die Emission in mehreren Tranchen erfolgt, Art. 348 No. 1. Obwohl anderes für die übrigen Anleiheformen gilt,[29] dürfen Wandel- und Options-

25 Allerdings darf eine Emission nicht beschlossen werden, solange eine frühere Anleihe nicht vollständig gezeichnet und eingezahlt ist, siehe unten II.1.b).

26 Art. 349 No. 1, siehe dazu unten II.2.

27 Das Gesetz kennt auch unterschiedliche Grenzen für bestimmte Arten von Gesellschaften, z.B. für Leasing-Gesellschaften (Art. 5a DL No. 72/95, of 15-04), Factoring-Gesellschaften (Art. 5a DL No. 171/95, of 18-7) oder Investment-Gesellschaften (Art. 4a DL No. 260/94, of 22-10).

28 Bei Emissionen in Raten darf eine neue ratenweise Emission nicht erfolgen, solange die vorhergehende nicht vollständig beendet, d.h. vollständig eingezahlt und als solche eingetragen wurde, Art. 114 No. 1, 2 CMVM.

29 Siehe Silva/Pereira, aaO (Fn. 16), S. 192.

anleihen nicht zu einem Preis ausgegeben werden, der unter dem Nennwert liegt, um das Verbot der Unterpari-Emission von Aktien (Art. 25) im Fall der Ausübung des Wandlungs- oder Optionsrechts zu gewährleisten.[30]

Schließlich müssen in bestimmten Fällen behördliche und Veröffentlichungserfordernisse erfüllt werden. Was ersteres betrifft, gilt in Portugal der Grundsatz der Emissionsfreiheit von Anleihen jeder Art, was bedeutet, daß die Ausgabe von Wandel- oder Optionsanleihen grundsätzlich keiner staatlichen Genehmigung bedarf (Art. 110 CMVM). Allerdings gibt es Ausnahmen für bestimmte Gesellschaftsarten[31] wie auch für Emissionen in Portugal durch ausländische, nicht ansässige Institutionen oder Emissionen in fremder Währung, die alle der Genehmigung durch das Finanzministerium in Form einer Ad-hoc-Verwaltungsanweisung *(portaria)* bedürfen.[32] Wenn die Anleihe öffentlich zur Zeichnung angeboten wurde (entweder direkt durch die Gesellschaft selbst oder indirekt durch einen Finanzvermittler), müssen bestimmte Veröffentlichungspflichten beachtet werden: die Anmeldung zur vorherigen Registrierung der Emission bei der Kommission für den Wertpapiermarkt *(Comissão do Mercado de Valores Mobiliários)*[33], die Anzeige des öffentlichen Angebots (Art. 135

30 Im übrigen hängt die Sicherung des Kapitals der ausgebenden Gesellschaft nicht nur von diesem Verbot der Unterpari-Emission im Hinblick auf die Anleihe selbst, sondern vor allem auch im Hinblick auf das Verhältnis zwischen Ausgabepreis der Anleihe und der dafür angebotenen Aktien ab (siehe zu diesem Punkt noch unten Fn. 37). Mangels einer ausdrücklichen Bestimmung entsprechend dem § 199 Abs. 2 AktG ist es eher zweifelhaft, ob die Ausgabe von Anleihen unter par ausnahmsweise zulässig ist für den Fall, daß die Gesellschaft über genügend Rücklagen verfügt, um die Differenz abzudekken; zumindest in Fällen, in denen das Bezugsrecht der Aktionäre auf die Anleihe ausgeschlossen wurde (siehe Art. 367 No. 2 sowie unten II. 3.b), würde diese Lösung zu einer indirekten Ausschüttung von Gewinnen an Dritte führen, die durch Art. 980 CC, 21 No. 1a) verboten ist; siehe auch Pita, aaO (Fn. 16), S. 97ff.

31 Art. 111 No. 1a) CMVM, so z.B. Gesellschaften für die regionale Entwicklung (Art. 14, 20f DL No. 499/80, of 20-10), Factoring-Gesellschaften (Art. 17 DL No. 56/86, of 18-3), Investment-Gesellschaften (die nur Anleihen anderer Gesellschaften zeichnen oder plazieren dürfen, Art. 6d), e) DL No. 77/86, of 2-5), öffentliche Unternehmen (Art. 111 No. 3b) CMVM).

32 Art. 111 No. 2 und 3 CMVM. Die Modalitäten des von diesen Institutionen und Gesellschaften zu stellenden Antrags sind in Art. 111 und 112 CMVM geregelt. So gilt insbesondere die Genehmigung als stillschweigend erteilt, wenn die zuständigen Stellen nicht innerhalb von 30 Tagen nach Stellung des Antrages reagiert haben, Art. 112 No. 6.

33 Art. 133ff CMVM. Zu diesem Zweck muß die Gesellschaft (oder der Finanzvermittler) der Kommission zusammen mit der Anmeldung eine große Zahl von Unterlagen einreichen, wie eine Beschreibung des Emissionsprojekts, ein Exemplar des Protokolls der Hauptversammlung, die über die Emission beschlossen hat, eine etwa erforderliche behördliche Genehmigung der Emission, ein Exemplar der Satzung der Gesellschaft, eine Bescheinigung des Handelsregisters zur Identifizierung der Gesellschaft und ihrer Organe, ein Exemplar des Emissionsvertrages mit dem Finanzvermittler sowie jeweils ei-

CMVM) und der Prospekt, der alle vorgeschriebenen Angaben über die ausgebende Gesellschaft und die Anleihe zum Schutz der Anleger enthalten muß.[34]

2. *Beschlußfassung der Hauptversammlung*

Jede Emission von Wandel- oder Optionsanleihen bedarf der Ermächtigung durch die Hauptversammlung der Aktionäre (Art. 266, 372-A No. 5). Das hat seinen Grund darin, daß diese Art der Anleihen eine auf den Tag der Ausübung des Wandlungs- oder Optionsrechts hinausgeschobene Kapitalerhöhung darstellen, die immer der Zustimmung einer qualifizierten Mehrheit der Aktionäre bedarf. Damit erklären sich auch die gesetzlichen Vorschriften, die auf einen derartigen Emissions-Ermächtigungsbeschluß der Hauptversammlung anwendbar sind.

Zunächst muß der der Hauptversammlung unterbreitete Beschlußantrag – der von einer Aktionärsminderheit, die mehr als 5% des Kapitals repräsentiert, oder, was üblich ist, vom Geschäftsführungsorgan gestellt werden kann (Art. 375 No. 1, 2) – eine Reihe von Angaben enthalten: so hinsichtlich der Anleihe selbst (u.a. das Emissionsvolumen, die wirtschaftlichen Gründe für die Emission, den Nominalwert der einzelnen Schuldverschreibung, den Bezugspreis, die Tilgungsmodalitäten, den Zinssatz und die Art der Zeichnung[35]); hinsichtlich der Anleihegläubiger (im Falle nichtöffentlicher Zeichnung die Namen der Anleihegläubiger und die Anzahl der jeweils gezeichneten Schuldverschreibungen); hinsichtlich der gegenwärtigen Aktionäre (Höhe und Bedingungen der zur Erfüllung der Wandel- und Optionsrechte erforderlichen Kapitalerhöhung, eventuell ein Ausschluß des Bezugsrechts der Aktionäre auf Zeichnung der Anleihe und die Rechtfertigung dieses Bezugsrechtsausschlusses); schließlich Angaben zum Umtausch- oder Optionsrecht (Grundlage und Bedingungen des Umtauschverhältnisses bzw. Gattung, Preis und Anzahl der in Ausübung des Optionsrechts zu zeichnenden Aktien; Zeitraum der Ausübung des Umtausch- oder Optionsrechts[36]; Frage der Dividendenzahlungen während des Geschäfts-

nen Entwurf des Emissionsprospektes, der Anzeige des öffentlichen Angebots und des Zeichnungsscheins; vgl. die vollständige Auflistung in Art. 134 CMVM.

34 Wie bei allen anderen Anleihen auch, muß jede Emission von Wandel- oder Optionsanleihen (wenn die Emission in mehreren Etappen erfolgt, auch jede Tranche) beim zuständigen Handelsregister eingetragen werden. Diese Eintragung wirkt zwar nicht konstitutiv, aber ihre Mißachtung verhindert die Erteilung von Bescheinigungen und macht die Vorstandsmitglieder der ausgebenden Gesellschaft zivilrechtlich haftbar, Art. 351 CSC; 3 1), 15 No. 1, 70 No. 1 CRC.

35 Siehe unten II. 4.

36 Fehlt eine solche Angabe, kann das Wandlungs- oder Optionsrecht jederzeit bis zum Fälligkeitstag der Anleihe ausgeübt werden (innerhalb der Grenzen des Art. 372-B No. 3, siehe dazu unten IV.1.b).

jahres, in dem die Ausübung des Umtausch- oder Optionsrechts erfolgt),[37] Art. 366 No. 2, 372-A No. 1, 3. Wenn der Beschlußantrag diese Angaben nicht enthält und sie nicht Gegenstand der Beschlußfassung waren, ist der Beschluß über die Emission nichtig, Art. 58 No. 1a).

Der Beschluß muß mit der für eine Kapitalerhöhung erforderlichen qualifizierten Mehrheit gefaßt werden (Art. 366 No. 1, 372-A No. 5): Die zum ersten Mal zusammentretende Hauptversammlung ist beschlußfähig, wenn mindestens ein Drittel des Nominalkapitals anwesend oder vertreten ist (ein Quorum ist hingegen nicht vorgesehen, wenn die Hauptversammlung zum zweiten Mal zusammentritt); der Beschluß bedarf einer Mehrheit von zwei Dritteln der abgegebenen Stimmen, wenn nicht die Satzung eine größere Mehrheit vorschreibt (Art. 383 No. 2, 3, 386 No. 3). Alle weiteren Erfordernisse ergeben sich aus den Vorschriften über die Kapitalerhöhung gegen Bareinlagen: die erforderliche Satzungsänderung muß durch öffentliche Urkunde erfolgen und eingetragen werden (Art. 87ff)[38], bei verschiedenen Aktiengattungen muß auch ein Zustimmungsbeschluß der jeweiligen Versammlung der Aktionäre einer Gattung eingeholt werden, der eine ähnliche qualifizierte Mehrheit erfordert (Art. 302, 389) usw.

Fraglich ist der Umfang der Befugnisse der Geschäftsführungsorgane in diesem Bereich – also des Verwaltungsrates *(Conselho de Administracão)* im traditionellen einstufigen aktienrechtlichen Organisationsmodell oder des Vorstandes *(Direcção)* im modernen zweistufigen Modell.[39] Auf der einen Seite sollte den Geschäftsführungsorganen – trotz fehlender gesetzlicher Regelung – eine eigene Entscheidungsbefugnis bezüglich der Ausgabe von Wandel- und Optionsanleihen zuerkannt werden auf der Grundlage – und im Rahmen – einer ausdrücklichen Satzungsermächtigung.[40] Auf der anderen Seite – und vor allem – kann die Hauptversammlung, die die Ausgabe einer Anleihe beschlossen hat, die Geschäftsführungsorgane ermächtigen, innerhalb von fünf Jahren nach dem Er-

37 Da das Gesetz keine Kriterien zur Bestimmung des Umtauschverhältnisses und des Optionspreises aufstellt, hat die Gesellschaft hier einen großen Gestaltungsspielraum (so kann sie z.B. für den gesamten Wandlungszeitraum ein einheitliches Umtauschverhältnis vorsehen oder dieses auch variieren). Eine Einschränkung dieses Gestaltungsspielraums ergibt sich aber indirekt aus dem allgemeinen Verbot der Unterpari-Emission von Aktien (Art. 25): Der Ausgabepreis der Anleihe darf nicht unter dem Nominalwert der einzutauschenden oder zu zeichnenden Aktien bleiben.

38 Zu den Formalitäten einer Satzungsänderung siehe näher unten II. 3.b).

39 Siehe zu diesen beiden Modellen der Verfassung einer Aktiengesellschaft in Portugal (Art. 278) Antunes, in: Lutter, Die Gründung einer Tochtergesellschaft im Ausland, 3. Aufl., 1994.

40 Dies scheint die notwendige Konsequenz aus der gesetzlichen Regelung zur Kapitalerhöhung zu sein, die die Ausgabe neuer Aktien durch einfachen Beschluß der Geschäftsführungsorgane zulassen, wenn die Satzung eine entsprechende ordnungsgemäße Ermächtigung vorsieht, Art. 456 No. 1. Siehe zu dieser Frage ausführlich mit weiteren Argumenten Castro, aaO (Fn. 8), S. 153ff; Gomes, aaO (Fn. 8), S. 92ff.

mächtigungsbeschluß die Anleihe schrittweise zu begeben, Art. 350 No. 2. Umfang und Dauer der Ermächtigung sollten im Beschluß genau festgelegt sein, denn trotz des Schweigens des Gesetzes erscheinen unbestimmte Ermächtigungen (z.B. für „höchstens fünf Jahre") als unzulässig. Entsprechend können die Geschäftsführungsorgane nur über Art und Weise der schrittweisen Ausgabe (z.B. Zinssatz, Rückzahlungsprämie, Abschlag) entscheiden, soweit die allgemeinen Bedingungen der Ermächtigung beachtet werden.

Schließlich muß der Ausgabebeschluß innerhalb von 90 Tagen ins Handelsregister eingetragen (Art. 3, 1); 15 No. 1 CRC) und innerhalb von 30 Tagen nach dieser Eintragung im offiziellen Publikationsorgan *Diário da República* veröffentlicht werden (Art. 70 No. 1a), 71 No. 1 CRC).

3. *Kapitalerhöhung*

Als Regel gilt: Der Beschluß der Hauptversammlung über die Ausgabe von Wandel- und Optionsanleihen oder ein entsprechender Ermächtigungsbeschluß beinhaltet gleichzeitig den Beschluß über die Erhöhung des Grundkapitals in der Höhe und zu den Bedingungen, wie sie zur Erfüllung der Umtausch- und Optionsrechte erforderlich sind (Art. 366 No. 3).[41]

a) Grundsatz

Obwohl das portugiesische Recht eine dem deutschen „bedingten Kapital" vergleichbare Rechtsfigur nicht kennt, können mit den existierenden Vorschriften entsprechende Ergebnisse erzielt werden. Zunächst wird der Schutz der Aktionäre durch die erschöpfende Liste von zwingenden Angaben gewährleistet, die der den Aktionären unterbreitete Beschlußvorschlag enthalten muß, einschließlich einer vollständigen Darstellung der Durchführung der Kapitalerhöhung.[42] Weiterhin erscheint es – trotz des einheitlichen wirtschaftlichen Vorgangs – mit dem geltenden gesetzlichen System besser vereinbar, wenn man innerhalb der über die Ausgabe der Anleihe entscheidenden Hauptversammlung einen gesonderten, ausdrücklichen Beschluß über die Kapitalerhöhung und ihre

41 Ist das Grundkapital der augebenden Gesellschaft in verschiedene Aktiengattungen aufgeteilt, erscheint es angemessen, die Ausgabe der Anleihe von einer Zustimmung der Inhaber der verschiedenen Aktiengattungen abhängig zu machen, siehe ALBUQUERQUE, Direito de Preferência dos Sócios em Aumentos de Capital nas Sociedades Anónimas e por Quotas, S. 290; dagegen CUNHA, Os Direitos Especiais nas Sociedades Anónimas. As Acções Privilegiadas, S. 185.

42 Siehe oben II.2.

Bedingungen verlangt (Art. 87 No. 1).[43] Außerdem können die einmal beschlossenen Ausgabebedingungen ohne ausdrückliche Zustimmung der Anleihegläubiger durch kein Organ der Gesellschaft geändert werden, es sei denn, daß diese Änderung weder die Rechte der Anleihegläubiger beschneidet noch ihre Verpflichtungen erhöht (Art. 366 No. 4).[44] Schließlich müssen die Geschäftsführungsorgane – zur Vermeidung persönlicher Haftung (Art. 72 No. 1) – alle Schritte zur Durchführung der Kapitalerhöhung ergreifen: einmal müssen sie – im Hinblick auf die Veröffentlichungspflichten – für die Durchführung der Kapitalerhöhung durch öffentlich beurkundete Erklärung *(escritura pública)* bei einem Notar und für deren Eintragung im Handelsregister *(registo comercial)* sorgen (Art. 370 No. 1, 3);[45] zum anderen müssen sie – im Hinblick auf die Anleihegläubiger – für die Ausgabe der neuen Aktien (an Anleihegläubiger, die ihr Umtausch- oder Optionsrecht ausgeübt haben) innerhalb eines Zeitraumes von 180 Tagen seit der beurkundeten Erklärung der Kapitalerhöhung Sorge tragen (Art. 371 No. 2).

b) Alternative Verfahren

Da die Durchführung der Kapitalerhöhung notwendigerweise verzögert und schrittweise erfolgt, hängt der Zeitpunkt der Abgabe der besagten beurkundeten Erklärung von den konkreten Bedingungen für den Umtausch bzw. das Optionsrecht ab. Wie auch in anderen Rechtsordnungen gibt es hauptsächlich zwei Varianten: den Umtausch bzw. die Option während bestimmter Zeiträume (sog. „conversione nel corso di periodi determinati“, „conversion pendant periodes de conversion“) und den Umtausch bzw. die Option zu jeder Zeit („conversione

43 Obwohl das Gesetz bei normalen Kapitalerhöhungen auch einen gesonderten Beschluß der Hauptversammlung über den Ausschluß des Bezugsrechts der Aktionäre verlangt (Art. 460 No. 4), gilt dies hier nicht, wo der tatsächliche Charakter diese speziellen Anleihen (Berechtigung der Anleihegläubiger zum Umtausch in oder Zeichnung von Aktien) automatisch den Ausschluß des Bezugsrechts impliziert (wie es das französische Recht ausdrücklich betont: Art. 194-2 des Gesetzes über die Handelsgesellschaften vom 24. 7. 1966); auch Gomes, aaO (Fn. 8), S. 161 ff. Siehe zu einem parallelen Problem Ventura, Alterações do Contrato de Sociedade, 2. Aufl., 1988, S. 224 f. Zu möglichen Beschränkungen des Bezugsrechts der Aktionäre bei *späteren* Kapitalerhöhungen in der Zeit zwischen dem Ausgabebeschluß und der Ausübung der Umtausch- und Optionsrechte als Schutzmechanismus zugunsten der Anleihegläubiger siehe unten IV.

44 Das bedeutet u. a., daß ein späterer Hauptversammlungsbeschluß, der die mit dem Ausgabebeschluß beschlossene Kapitalerhöhung aufhebt oder ihre Bedingungen irgendwie berührt, nichtig ist, Art. 56 No. 1d). Die erforderliche Erlaubnis kann nur durch einen Beschluß der Versammlung der Anleihegläubiger der betroffenen Gattung erteilt werden. Dieser Beschluß muß beim ersten Zusammentreten mit der Hälfte der existierenden Stimmen gefaßt werden, beim zweiten Zusammentreten mit einem Drittel der abgegebenen Stimmen, Art. 335 No. 4, 7. Zum früheren Recht siehe Pena, aaO (Fn. 8), S. 221.

45 Zu den unterschiedlichen Modalitäten dieser Durchführung siehe unten b).

continua", „conversion à tout moment").[46] Wenn die Hauptversammlung einen einzigen oder mehrere bestimmte Zeiträume für die Ausübung des Wandlungs- und Optionsrechts festgelegt hat, muß die öffentliche Urkunde innerhalb von 30 Tagen nach dem Ablauf der Frist für die Abgabe von Wandlungs- und Optionsanträgen errichtet werden. Wenn die Hauptversammlung hingegen nur einen Zeitpunkt bestimmt hat, nach dem die Wandlungs- und Optionsrechte ausgeübt werden können, sollen die öffentlichen Urkunden im Januar und Juli errichtet werden, wobei jede Urkunde den Betrag des Kapitals erfaßt, der erforderlich ist, um die im vorausgegangenen Halbjahr eingegangenen Anträge zu bedienen.[47] Die Eintragung dieser Kapitalerhöhung(en) muß innerhalb von 90 Tagen nach der Errichtung der jeweiligen öffentlichen Urkunde erfolgen.[48]

c) Ausnahmen

In den meisten Fällen erfordert die Ausgabe von Wandel- und Optionsanleihen eine Kapitalerhöhung bei der ausgebenden Gesellschaft: In diesem Fall muß der Verwaltungsrat (oder der Vorstand) die Aktien innerhalb von 180 Tagen ab der Beurkundung der Kapitalerhöhung an die entsprechenden Anleihegläubiger ausgeben (Art. 371 No. 2). Allerdings können die Umtausch- und Bezugsrechte auch anders erfüllt werden: abgesehen von den Fällen des indirekten Umtausches oder der indirekten Option (wo sich die Rechte auf Aktien einer anderen Gesellschaft als der ausgebenden beziehen)[49], läßt das Gesetz ausdrücklich die Verwendung von bereits bestehenden und verfügbaren Aktien zur Erfüllung der Umtausch- und Bezugsrechte zu (Art. 371 No. 2);[50] das betrifft vor allem den Gebrauch eines genehmigten Kapitals (Art. 456) und eigener Aktien der Gesellschaft (Art. 316ff).[51,52]

46 Siehe CASELLA, Le Obbligazioni Convertibili in Azioni, 1983, S. 183ff; SERRA, La Pratique des Obligations Convertibles à Tout Moment, Bulletin C.O.B. 1979, S. 20ff.

47 Der Grundsatz, wonach eine unvollständige Zeichnung neuer Aktien zur Aufhebung der Kapitalerhöhung und zur Rückzahlung der bereits geleisteten Beträge führt (Art. 280, 457 CSC; 123 No. 1a) CMVM), findet in diesen Fällen keine Anwendung. Das liegt an dem bedingten und schrittweisen Charakter der Kapitalerhöhung und daran, daß die Gesellschaft verpflichtet ist, alle Anträge auf Wandlung oder Bezug zu bedienen, unabhängig von ihrer Anzahl.

48 Erst nach Erfüllung all dieser Formalitäten ist die Gesellschaft in der Lage, die genaue Menge der neu gezeichneten Aktien zu bestimmen und es als Stammkapital im Sinne des Gesetzes zu behandeln: So z.B. für die Angaben in der Bilanz (Art. 65ff) und für Tätigkeit nach außen im allgemeinen (Art. 171).

49 Dazu Einzelheiten unten V.

50 In einem solchen Fall handelt es sich bei Optionsanleihen daher eigentlich nicht um ein Recht auf *Bezug* von neuen Aktien, sondern auf den *Erwerb* bereits existierender Aktien.

51 Das portugiesische Recht verbietet der Gesellschaft zwar, ihre eigenen Aktien zu zeichnen (Art. 316 No. 1), erlaubt ihr aber den Erwerb und das Halten eigener Aktien in zwei

4. *Arten der Zeichnung*

Wie bei allen Formen von Wertpapieren gibt es mehrere Arten der Zeichnung von Anleihen. Eine Unterscheidung kann danach vorgenommen werden, ob die Zeichnung *öffentlich* oder *nichtöffentlich* erfolgt: Öffentliche Zeichnung liegt vor, wenn die Anleihe einer unbestimmten Anzahl oder einer bestimmten Anzahl von nicht identifizierten Anlegern oder durch irgendeine Form öffentlichen Marketings angeboten wird – letzteres also durch einen Finanzvermittler, der die Wertpapiere plaziert (in der Regel eine Bank)[53] durch öffentliche Zeichnungsangebote jeder Art (Prospekt, Bekanntmachung, Rundschreiben, Inserat); durch öffentliches Absuchen des Marktes nach möglichen Investoren oder durch Verhandlungen mit der Öffentlichkeit (Art. 116 No. 1 CMVM).

Nichtöffentliche Zeichnungen sind – ex negativo – alle solche, die nicht als öffentliche zu qualifizieren sind (Art. 117 CMVM).[54]

Fällen: Bis zu einem Volumen von 10% ihres Kapitals darf eine Aktiengesellschaft eigene Aktien *zu jedem Zweck* erwerben und halten (diese Aktien müssen vollständig einbezahlt sein und dürfen nur für höchstens drei Jahre gehalten werden, Art. 317 No. 2); eine größere Anzahl eigener Aktien darf die Gesellschaft nur in bestimmten gesetzlich geregelten Fällen erwerben und halten, Art. 317 No. 3, siehe dazu Rocha, Aquisição de Acções Próprias no Código das Sociedades Comerciais, 1993. Die ausgebende Gesellschaft kann also eine Kapitalerhöhung auf diese Weise in zwei Fällen vermeiden: Wenn entweder das Volumen der für die Erfüllung der Wandlungs- und Optionsrechte erforderlichen Aktien weniger als 10% des Nominalkapitals ausmacht oder wenn, was seltener ist, bei einem größeren Volumen der spezielle Zweck, der den ursprünglichen Erwerb der eigenen Aktien rechtfertigte, zwischenzeitlich weggefallen ist und die Aktien so zur Veräußerung verfügbar macht (zu ähnlichen Fällen, wo die Literatur ebenfalls den Erwerb und das Halten eigener Aktien zuläßt – so z.B. bei Verschmelzungen die Zuteilung eigener Aktien der übernehmenden Gesellschaft an die Aktionäre der übertragenden Gesellschaft – siehe Ventura, Fusão, Cisão, Transformação de Sociedades, 1990, S. 134f).

52 Die Möglichkeit der Bedienung von Umtausch- und Optionsrechten durch eine normale Kapitalerhöhung gegen Einlagen, bei der ein Treuhänder der Anleihegläubiger die Aktien zeichnet und hält, wie sie ähnlich das französische Recht mit den sogenannten *obligations échangeables* ausdrücklich regelt (Art. 200ff des Gesetzes über die Handelsgesellschaften vom 24. 7. 1966), scheint durch das generelle Verbot beeinträchtigt, eigene Aktien durch einen als Vertreter der Gesellschaft handelnden Dritten zu erwerben (Art. 316 No. 2).

53 Es gibt zwei Arten von Plazierungsabkommen (Art. 124ff CMVM): Bei der sogenannten *Emissionsvereinbarung* übernimmt der Vermittler lediglich die technische Abwicklung der Emission für eine Gebühr von 0,25–0,75% des Gesamtemissionsvolumens; bei der sogenannten *Übernahmevereinbarung (tomada firme)* übernimmt der Vermittler auch den Teil der Anleihe, der nicht plaziert werden konnte, und erhält dafür eine höhere Gebühr (etwa 1–2% des Gesamtvolumens) oder den Differenzbetrag zwischen Ankaufs- und Verkaufspreis der Wertpapiere. Zu den Vorschriften über Finanzvermittler siehe Art. 607ff CMVM.

54 Zur Unterscheidung zwischen öffentlicher und nichtöffentlicher Zeichnung siehe Matos, Constituição de Sociedades, 3. Aufl., 1993, S. 228.

Eine andere wichtige Unterscheidung kann zwischen *direkter* und *indirekter* Zeichnung gemacht werden: Im ersteren Fall wird die Anleihe direkt von der ausgebenden Gesellschaft den Anlegern zur Zeichnung angeboten (u.U. unter Einschaltung eines Vermittlers zur ganzen oder teilweisen Plazierung oder Übernahme der Wertpapiere); im anderen Fall wird die Anleihe von einem oder mehreren Vermittlern (Emissionskonsortium) gezeichnet mit der Verpflichtung, sie den Anlegern zu den mit der Gesellschaft vereinbarten Bedingungen zum Erwerb anzubieten (Art. 118 No. 1 CMVM).[55] Schließlich kann auch noch danach unterschieden werden, ob die Anleihe von den Aktionären und den anderen Anlegern *vollständig* gezeichnet wurde oder nicht. Anders als bei der öffentlichen Zeichnung von Aktien (sowohl im Zusammenhang mit der Gründung, Art. 280, als auch bei der Kapitalerhöhung, Art. 457) muß eine Anleihe bei einer öffentlichen Emission nicht vollständig gezeichnet werden: Wenn die Anleihebedingungen nichts anderes vorsehen, ist die Emission auf das Volumen beschränkt, das tatsächlich gezeichnet wird, wobei der nicht gezeichnete Teil annulliert wird, Art. 353 CSC; 123 CMVM.[56]

Die die Ausgabe der Anleihe beschließende oder genehmigende Hauptversammlung kann entweder direkt die Art der Zeichnung bestimmen oder aber das Geschäftsführungsorgan ausdrücklich ermächtigen, über diese Frage zum Zeitpunkt der Emission mit Blick auf die Marktbedingungen und die bestmögliche Verwirklichung der Gesellschaftsinteressen zu entscheiden (Art. 118 No. 2 CMVM). Das bedeutet, daß die Aktionäre (bzw. der Verwaltungsrat oder der Vorstand) im Falle von öffentlicher oder indirekter Zeichnung das Emissionskonsortium auswählen und die hauptsächlichen Bedingungen der Emissionsvereinbarung bestimmen müssen.

III. Das Bezugsrecht der Aktionäre

1. Begriff und Inhalt

Wie die meisten Rechtsordnungen sieht das portugiesische Recht für die Aktionäre der ausgebenden Gesellschaft ein Bezugsrecht auf Wandel- und Op-

55 Zur Unterscheidung zwischen direkter und indirekter Zeichnung siehe BARROSO, Subscricão de Accões Através de Intermediários Financeiros. O Caso Especial da Tomada Firme; GOMES, 8 Direito e Justica, 201 ff; speziell für Kapitalerhöhung siehe VENTURA, aaO (Fn. 43), S. 228 ff.

56 Dieselbe Lösung findet sich – allerdings aus anderen Gründen – für den Fall, daß Anleihegläubiger nicht alle für die Ausübung der Wandlungs- und Optionsrechte vorgesehenen Aktien zeichnen, siehe oben Fn. 47.

tionsanleihen vor, Art. 367.[57] Die Gründe für dieses Bezugsrecht sind praktisch dieselben wie für das Bezugsrecht der Aktionäre auf junge Aktien: da die Ausgabe von Wandel- und Optionsanleihen eine Art indirekter Kapitalerhöhung ist, hinausgeschoben auf den Zeitpunkt des Umtausches und der Wahrnehmung der Option, ermöglicht das Bezugsrecht den Aktionären, ihre proportionale Beteiligung an der Gesellschaft zu halten und so die ohne Existenz des Bezugsrechts eintretende Verwässerung ihrer Vermögensrechte und die Beeinträchtigung ihrer mitgliedschaftlichen Position zu verhindern.

Es ist deshalb auch nicht verwunderlich, daß das Gesetz die allgemeinen Regeln für das Bezugsrecht bei Kapitalerhöhungen auf das Bezugsrecht auf Wandel- und Optionsanleihen überträgt, Art. 367 No. 1, 458ff. Inhaber des Bezugsrechts sind natürliche oder juristische Personen, die im Zeitpunkt des Hauptversammlungsbeschlusses über die Ausgabe der Anleihen Aktionäre der Gesellschaft waren, Art. 458 No. 1; allerdings gibt es Ausnahmen von dieser Regel in bestimmten Fällen, nämlich vor allem, wenn verschiedene Aktiengattungen existieren (Art. 358 No. 3), in Fällen des Nießbrauchs an Aktien (Art. 462) und wenn bereits Anleihegläubiger einer älteren Wandel- oder Optionsanleihe vorhanden sind (Art. 368 No. 3)[58]. Alle Inhaber eines Bezugsrechts müssen durch eine öffentliche Ankündigung, die die wesentlichen Gesichtspunkte im Hinblick auf die Ausübung des Bezugsrechts enthält, informiert werden (die Satzung kann zusätzliche Informationen verlangen und, wenn das gesamte Kapital aus Namensaktien besteht, vorsehen, daß die Ankündigung durch eingeschriebenen Brief ersetzt wird). Die Ankündigung muß Angaben enthalten über das Bezugsverhältnis und den Zeitraum zur Ausübung des Bezugsrechts (der nicht kürzer als 15 Tage ab der Ankündigung oder 21 Tage ab der Beförderung des Briefes, Art. 459).[59] Besonders umstritten ist die Frage, ob der Gesellschaft aus *eigenen Aktien* ein Bezugsrecht auf Anleihen zusteht. In der Literatur herrscht Übereinstimmung, daß die Gesellschaft ein Bezugsrecht jedenfalls nicht ausüben darf; dies folgt aus dem allgemeinen, auch auf Anleihen anwendbaren Prinzip (Art. 354 No. 1), daß alle Rechte aus eigenen Aktien suspendiert sind (Art. 324 No. 1a)[60], und aus dem Verbot der Zeichnung eigener Aktien, Art. 316 No. 1.

57 Dieses Bezugsrecht darf nicht mit einem etwaigen Bezugsrecht der Aktionäre auf Zeichnung von Aktien verwechselt werden, die zur Bedienung der Wandel- und Optionsrechte ausgegeben werden.

58 Zu diesem speziellen Fall siehe unten IV.2.

59 Diese Informationspflicht trifft die Geschäftsführungsorgane der ausgebenden Gesellschaft (Art. 405) und im Fall indirekter Zeichnung (zur Definition siehe oben II. 4.) den Vermittler, der die Anleihe übernommen hat (Art. 118ff CMVM). Entsprechend können Aktionäre, die von diesem Recht nicht Gebrauch machen wollen, ihr Bezugsrecht an Dritte veräußern, Art. 458 No. 3.

60 Mit der einzigen, hier unerheblichen Ausnahme des Bezugsrechts bei Kapitalerhöhungen aus Gesellschaftsmitteln.

Davon abgesehen, sind die Auffassungen aber geteilt: einige Autoren nehmen an, daß die Gesellschaft, obwohl selbst an der Ausübung gehindert, das Bezugsrecht an andere Aktionäre oder an Dritte veräußern darf;[61] richtiger hingegen erscheint auf der Grundlage des gesetzlichen Systems der eigenen Aktien[62] und den Zwecken des Bezugsrechts nach Art. 367 die Auffassung, die jede Art der Ausübung des Bezugsrechts verbietet.[63] Schließlich darf die Gesellschaft – trotz dieses allgemeinen Zeichnungsverbots – eigene, vollständig einbezahlte Anleihen bis zu einer Summe von 10% des Anleihevolumens erwerben und maximal drei Jahre halten (der Erwerb und das Halten größerer Mengen ist nur in speziellen, im Gesetz aufgezählten Fällen erlaubt: Art. 354 No. 1, 317 No. 2, 3). Die Rechte aus eigenen Anleihen sind alle suspendiert (z.B. der Zinsanspruch, das Umtausch- oder Optionsrecht); obwohl das Gesetz vorsieht, daß sie nach allgemeinen Bedingungen umgewandelt und getilgt werden können, darf die Gesellschaft lediglich Rückzahlung der Anleihe bei Fälligkeit verlangen.

2. *Der Ausschluß des Bezugsrechts*

Das Bezugsrecht kann ausgeschlossen oder beschränkt werden, Art. 358 No. 1, 460.[64] Die gesetzliche Regelung weist hier einige Besonderheiten auf. Auf der einen Seite kann ein Bezugsrechtsausschluß – im Gegensatz zu manchen anderen Rechtsordnungen, wie z.B. in Deutschland – nur von der Hauptversammlung beschlossen werden. Das bedeutet, daß ein Bezugsrechtsausschluß weder aus einer möglichen Genehmigung in der Satzung folgt noch von einem anderen Gesellschaftsorgan beschlossen werden kann, das möglicherweise mit der Befugnis zur Kapitalerhöhung ausgestattet ist; der Bezugsrechtsausschluß muß vielmehr ausschließlich und zwingend von den Aktionären selbst beschlossen werden.[65] Deshalb sind auch bei Vereinbarungen mit Dritten über die Zeichnung

61 Caeiro, in: Idem, Temas de Direito das Sociedades, 1987, S. 287ff; Ventura, aaO (Fn. 43), S. 189ff.

62 Siehe auch das Verbot, Bezugsrechte an Strohmänner der Gesellschaft zu veräußern, Art. 316 No. 2.

63 Albuquerque, aaO (Fn. 41).

64 Mit Ausschluß oder Beschränkung des Bezugsrechts ist gemeint, daß der Bezug für die gesamte Anleihe oder einen Teil ausgeschlossen wird; eine Beschränkung des Bezugsrechts nur einer Aktiengattung wäre wegen Verstoßes gegen den Gleichbehandlungsgrundsatz nichtig, Art. 321.

65 Die Entscheidungszuständigkeit über eine Kapitalerhöhung können die Aktionäre auf die Geschäftsführungsorgane übertragen: Nach Art. 456 (ähnlich dem § 202 AktG) kann die Satzung einer Aktiengesellschaft den Verwaltungsrat oder den Vorstand ermächtigen, das Kapital durch Ausgabe von Aktien gegen Bareinlagen bis zu einem bestimmten Nominalbetrag innerhalb von maximal fünf Jahren zu erhöhen (genehmigtes Kapital); außerdem kann die Hauptversammlung mit einer qualifizierten Mehrheit von

von Aktien, die der Verwaltungsrat oder der Vorstand ohne Einwilligung der Aktionäre schließt und dadurch deren Bezugsrecht verletzt, die entsprechenden Beschlüsse der Organe nichtig, Art. 411 No. 1, 433.[66] Auf der anderen Seite muß ein Bezugsrechtsausschuß denselben formellen und materiellen Anforderungen wie auch die Kapitalerhöhung selbst genügen.

In materieller Hinsicht ist ein Ausschluß des Bezugsrechts – ähnlich wie im italienischen Recht (Art. 2441 Codice Civile) – nur zulässig, wenn er „durch das Gesellschaftsinteresse gerechtfertigt ist" (Art. 460 No. 1). Trotz der Kontroverse um dieses zentrale Konzept des Gesellschaftsrechts und in Anbetracht fehlender Judikatur, die das Gesellschaftsinteresse für den vorliegenden Fall konkretisieren könnte, nimmt die h.M. allgemein an, daß das Bezugsrecht nur ausgeschlossen werden kann, wenn die Gesellschaft mit der Emission einen über das Finanzierungsinteresse hinausgehenden Zweck verfolgt; denn das bloße Finanzierungsinteresse kann auch ohne Ausschluß des Bezugsrechts erfüllt werden.[67]

In formeller Hinsicht sind drei Erfordernisse zu beachten. Zunächst muß der Verwaltungsrat der Hauptversammlung einen schriftlichen Bericht übermitteln, der Angaben zu den den Bezugsrechtsausschuß rechtfertigenden Gründen, der Verteilung der Anleihe sowie zum Ausgabepreis und den ihm zugrundeliegenden Kriterien enthält (Art. 460 No. 5).[68] Zweitens muß jeder etwaige Beschluß über

2/3 der abgegebenen Stimmen diese Ermächtigung erneuern. Allerdings muß sowohl im Fall, daß die Hauptversammlung selbst über die Kapitalerhöhunt entscheidet, als auch bei einer Ermächtigung der Geschäftsführungsorgane die Hauptversammlung selbst über einen Ausschluß oder eine Beschränkung des Bezugsrechts entscheiden, Art. 460 No. 3. Die Geschäftsführungsorgane haben lediglich das Recht, der Hauptversammlung einen Vorschlag in dieser Hinsicht zu unterbreiten, der einen schriftlichen Bericht über die den Bezugsrechtsausschuß rechtfertigenden Gründe, die Verteilung der neuen Aktien und den Ausgabepreis enthalten muß, Art. 460 No. 3; siehe Albuquerque, aaO (Fn. 41), S. 299f; Ventura, aaO (Fn. 43), S. 216; anders, ein Recht der Geschäftsführungsorgane zum Ausschluß des Bezugsrechts anerkennend Cordeiro, in: Idem, Banca, Bolsa e Crédito, Bd. I, 1990, S. 144f.

66 In diesem Fall ist nach herrschender Meinung auch die Vereinbarung mit dem Dritten nichtig und bindet die Gesellschaft nicht; der Vertragspartner ist auf die Geltendmachung von Schadensersatz angewiesen; das kann er auch noch nach Eintragung der Kapitalerhöhung im Handelsregister, siehe Ventura, aaO (Fn. 43), S. 226. Allerdings erscheint diese Auffassung als unvereinbar mit den Regeln über die Vertretungsmacht der Geschäftsführungsorgane (Art. 6 No. 4, 409 No. 1): Danach ist die Gesellschaft an alle Vereinbarungen gebunden, die die Geschäftsführungsorgane im Rahmen ihrer gesetzlichen Vertretungsmacht (dies ist in Aktiengesellschaften sogar ausschließlich, Art. 405 No. 2) abgeschlossen haben; Dritte, die Aktien gezeichnet haben, würden also Aktionäre werden und die bisherigen Aktionäre wären auf Schadensersatzansprüche gegenüber der Gesellschaft beschränkt, Art. 6 No. 4, 5).

67 Ventura, aaO (Fn. 43), S. 220.

68 Obwohl das Gesetz diese Pflicht nur in dem Fall vorsieht, daß der Beschlußvorschlag vom Geschäftsführungsorgan ausgeht, sollte sie auch Anwendung finden in den – sel-

einen Bezugsrechtsausschuß in der über die Ausgabe der Anleihe – oder der Ermächtigung dazu – beschließenden Hauptversammlung separat gefaßt werden (Art. 460 No. 4): Trotz des wirtschaftlich einheitlichen Vorgangs (der deshalb auch von den Aktionären als Ganzes bewertet werden muß, da die Entscheidung über die Emission eng verbunden ist mit derjenigen über den Ausschluß des Bezugsrechts, die wiederum weitgehend vom Ausgabepreis abhängt) wollte der Gesetzgeber die Stellung der Aktionäre stärken, indem er ausdrücklich einen von der Beschlußfassung über die Emission oder die Kapitalerhöhung gesonderten Beschluß über den Ausschluß des Bezugsrechts verlangte. Drittens muß dieser Beschluß mit der für Kapitalerhöhungen erforderlichen qualifizierten Mehrheit (Art. 460 No. 4) von 2/3 der abgegebenen Stimmen gefaßt werden; bei erstmaligem Zusammentreten der Hauptversammlung muß für die Beschlußfähigkeit 1/3 des Nominalkapitals anwesend oder vertreten sein (beim zweiten Zusammentreten ist dagegen kein Quorum mehr erforderlich), Art. 383 No. 2, 3, 386 No. 3. Aktionäre, die von dem Bezugsrechtsausschluß profitieren, dürfen nicht mitstimmen, und ihre Aktien finden bei der Berechnung des Quorums keine Berücksichtigung (Art. 367 No. 1).

IV. Die gesetzliche Stellung der Anleihegläubiger

1. Die Rechte der Anleihegläubiger

a) Rückzahlung des Kapitals und Zinsanspruch

Wie jeder andere Anleihegläubiger haben die Inhaber von Wandel- und Optionsanleihen einen Anspruch auf Rückzahlung des Kapitals zum Fälligkeitszeitpunkt. Gewöhnlich sind sie in Hinblick auf diesen Anspruch normale Gläubiger der Gesellschaft, im Gesellschaftskonkurs gleichrangig mit den anderen ungesicherten Gläubigern, obwohl die Anleihebedingungen auch vorsehen können, daß der Rückzahlungsanspruch durch eine Hypothek *(hipoteca)*, oder ein Pfandrecht *(penhor)* am Gesellschaftsvermögen gesichert wird, Art. 352, g). Im Prinzip darf die Gesellschaft das Kapital vor dem Fälligkeitszeitpunkt nicht zurückzahlen, ohne daß die Anleihegläubiger zugestimmt haben; häufig enthalten die Anleihen aber eine *call-Option* oder eine *put-Option.* Inhaber von Wandel- und Optionsanleihen haben gewöhnlich auch einen Anspruch auf *Verzinsung* des Nominalkapitals zu einem in den Anleihebedingungen festgelegten Zinssatz (der Zinssatz ist in der Regel niedrig oder existiert gar nicht wie bei den sogenannten „zero-bonds“) oder zu einem variablen, am Gewinn der Gesellschaft ausgerich-

tenen, aber möglichen – Fällen, in denen ein Beschlußantrag von einem Aktionär ausgeht, siehe FRANÇA, A Estrutura das Sociedades Anónimas em Relação de Grupo, 1990, S. 156.

teten Zinssatz. Der Zinsanspruch von Inhabern von Wandelanleihen besteht bis zum Zeitpunkt des Umtausches (für die Berechnung der Zinsen ist der letzte Tag des Vierteljahres maßgebend, in dem das Wandlungsbegehren geltend gemacht wurde, Art. 369), wohingegen derselbe Anspruch der Inhaber von Optionsanleihen von der Ausübung des Optionsrechts nicht beeinträchtigt wird und für die gesamte Laufzeit der Anleihe weiterbesteht (Art. 372-B No. 5 *a contrario*).

b) Wandlungs- und Optionsrecht

Das kennzeichnende und wichtigste, den Wandel- und Optionsanleihen innewohnende Recht ist das Recht, ein Wertpapier (Anleihe) in ein anderes, von der Gesellschaft ausgegebenes (Aktie) umzutauschen, bzw. das Recht, Aktien zu beziehen, unabhängig vom Schicksal des anderen Wertpapiers.[69]

Zunächst ist zu betonen, daß es sich um *Rechte* handelt, nicht um Pflichten: Umtausch in oder Zeichnung von Aktien kann weder nach den Anleihebedingungen noch durch die Gesellschaft erzwungen werden, sondern geschieht ausschließlich aufgrund eines entsprechenden Antrags jedes einzelnen Anleihegläubigers.[70] Weiterhin steht dieses Recht grundsätzlich *jedem* Anleihegläubiger zu,[71] eine Ausnahme gilt nur für die Gesellschaft, die aus eigenen Anleihen keine Wandlungs- und Optionsrechte ausüben kann (Art. 354 No. 2, 316 No. 1).[72]

69 Im Falle von Wandelanleihen ist es wohl genauer, das Umtauschrecht als Schuldersetzung zu bezeichnen, und zwar in dem Sinne, daß eine Gläubigerstellung durch eine Mitgliedschaftsstellung ersetzt wird (siehe Art. 857 CC), als von einer bloßen Verrechnung des Darlehensrückzahlungsanspruchs mit der Pflicht zur Gewährung von Aktien zu sprechen; ähnlich auch GALGANO, Diritto Commerciale. Le Società, 4. Aufl., 1992, S. 397.

70 Obwohl ein ausdrückliches gesetzliches Verbot (vergleichbar etwa dem Art. 195-3 des französischen Gesetzes über die Handelsgesellschaften vom 24. 7. 1966) fehlt, ist nach herrschender Lehre eine Pflicht zum Umtausch oder zur Ausübung der Option ausgeschlossen, siehe PENA, aaO (Fn. 8), S. 226f.

71 Abweichungen von dieser Regel gelten, wenn die Anleihe belastet ist, z.B. mit einem Nießbrauch oder einem Pfandrecht: Entsprechend der Rechtslage bei der Belastung von Aktien kann der Nießbraucher das Wandlungs- oder Optionsrecht ohne Zustimmung des Eigentümers nicht ausüben (Art. 23 No. 2); dasselbe gilt für den Pfandgläubiger, es sei denn, die Parteien haben ausdrücklich etwas Gegenteiliges vereinbart (Art. 23 No. 4), siehe COELHO, Direito de Voto dos Accionistas, 1987, S. 71 ff.

72 Nach Art. 354 No. 2 „sind die Rechte aus Anleihen suspendiert, solange sie von der ausgebenden Gesellschaft gehalten werden, können aber nach allgemeinen Bedingungen *umgewandelt* und amortisiert werden". Obwohl aus dieser Gesetzesformulierung geschlossen werden könnte, daß die Gesellschaft das Umtauschrecht aus eigenen Wandelanleihen ausüben kann, stünde dieses Ergebnis im Widerspruch zum allgemeinen Verbot der Zeichnung eigener Aktien (Art. 316 No. 1), weshalb die Gesellschaft lediglich Rückzahlung des Kapitals zum Fälligkeitszeitpunkt verlangen kann.

Umtausch- und Wandlungsrecht sind echte Gestaltungsrechte[73] und werden durch *einseitige Erklärung* des Anleihegläubigers ausgeübt[74] Obwohl die Bedingungen dieser Erklärung je nach der Regelung in den Anleihebedingungen unterschiedlich sind, ist gewöhnlich ein schriftlicher Antrag erforderlich, der auf einem von Banken herausgegebenen Vordruck gestellt wird. Drittens ist zum *Gegenstand* des Wandlungs- und Optionsrechts zu sagen, daß es sich normalerweise auf Stammaktien bezieht, aber z.B. auch stimmrechtslose Vorzugsaktien oder rückzahlbare Aktien erfassen kann.[75] Schließlich erkennt das Gesetz einigen von diesen Rechten einen *eigenständigen*, von der Anleihe unabhängigen rechtlichen Status zu: Wenn die Anleihebedingungen nichts Gegenteiliges bestimmen, kann das mit der Optionsanleihe verbundene Bezugsrecht unabhängig von der Anleihe selbst gehandelt werden, Art. 372-B No. 4.[76]

Weiterhin variiert die Bestimmung des *Zeitpunkts*, zu dem die Umwandlung in oder der Bezug von Aktien als bewerkstelligt anzusehen ist – wichtig für viele rechtliche Gesichtspunkte, z.B. die Bestimmung des Zeitraums, in dem der Gesellschaft die Durchführung bestimmter Maßnahmen untersagt ist (Art. 368), Bemessung der an die Anleihegläubiger zu zahlenden Zinsen und Dividenden (Art. 369), Beurkundung der Kapitalerhöhung (Art. 370 No. 1) –, nach den kon-

73 Siehe oben I. (Fn. 4).

74 Da für den Übergang vom Status des Anleihegläubigers zum Aktionärstatus keine weiteren Voraussetzungen existieren (wie z.B. die nachträgliche Zustimmung der ausgebenden Gesellschaft), stellt diese einseitige Erklärung einen bloßen Ausführungsakt eines vorher, mit Ausgabe der Anleihe entstandenen Mitgliedschaftsvertrages dar, der im Fall der Weigerung der Gesellschaft auch gerichtlich durchgesetzt werden kann, Art. 933 CPC.

75 Generell ist zu bemerken, daß Wandlungs- und Optionsrechte gesetzliche Instrumente sind, die in keiner Weise auf Schuldverschreibungen beschränkt sind, sondern vielmehr alle Wertpapiere umfassen: Aus diesem Blickwinkel kann man zwischen „upstream conversions" (wo das umtauschbare Wertpapier den Vorteil enthält, es in ein wichtigeres Wertpapier umzutauschen, z.B. Wandelanleihen oder Aktienberechtigungsscheine (share warrants), „downstream conversions" (wenn die Umtauschberechtigung ein weniger wichtiges Wertpapier erfaßt, z.B. Aktien, die in Anleihen umtauschbar sind) und „horizontal conversions" (so, wenn das umzutauschende und das dafür erhaltene Wertpapier derselben Klasse angehören, z.B. Vorzugsaktien umtauschbar in Stammaktien, kurzfristige Anleihen umtauschbar in kurz- und langfristige Anleihen, Anleihen umtauschbar in Anleihen) unterscheiden.

76 Dieses Recht kann sogar getrennt von der Anleihe ausgegraben werden: Unlängst kam es zu einigen Emissionen von Optionsscheinen über Schatzanweisungen („obrigações do tesouro"); das sind reine call-Optionen, ausgegeben von Finanzinstituten, auf eine fremde Währung lautend und an den internationalen Aktienbörsen notiert, die das Recht verleihen, nationale Schatzanweisungen zu zeichnen (bisher gab es davon in Portugal fünf Emissionen mit einem Gesamtvolumen von 105 Mio. PTE; die jüngste Emission erfolgte 1993 durch den Bankers Trust und wurde von der nationalen „Banco Português do Atlântico" und der „Banco Português de Investimento" in Deutscher Mark plaziert).

kreten Modalitäten des Umwandlungs- oder Bezugszeitraums.[77] Wenn die Hauptversammlung für die Ausübung des Umtausch- und Optionsrechts einen oder mehrere feste Zeiträume bestimmt hat, wird der Umtausch oder der Bezug mit dem letzten Tag des entsprechenden Zeitraums als erfolgt angesehen. Hat die Hauptversammlung dagegen nur einen Zeitpunkt festgelegt, nach dem die Rechte ausgeübt werden können, ist die Umwandlung oder der Bezug mit dem letzten Tag des der Beurkundung der Kapitalerhöhung vorausgehenden Monats als erfolgt anzusehen (Art. 370 No. 2). Da das Gesetz nur zwei feste Zeitpunkte für die Beurkundung der Kapitalerhöhung vorsieht (Januar und Juli), bedeutet das, daß alle Umtausch- und Bezugsanträge aus der ersten Jahreshälfte am 30. Juni durchgeführt werden und solche aus der zweiten Jahreshälfte am 31. Dezember. Hinzuweisen ist darauf, daß bei Optionsanleihen das Optionsrecht nicht später als drei Monate nach dem Rückzahlungsdatum für das Kapital ausgeübt werden darf (Art. 372-B No. 3).

Schließlich müssen die Anleihebedingungen Regelungen vorsehen für die Zahlung der Dividende aus den neu zugeteilten Aktien in dem Geschäftsjahr, in dem der Umtausch bzw. der Bezug stattgefunden hat (Art. 369 No. 2, 372-B No. 5). Mit dem Zeitpunkt, zu dem der Umtausch oder der Bezug als durchgeführt gilt, werden die Anleihegläubiger (ausschließlich oder zusätzlich, je nach Konstellation) Aktionäre der Gesellschaft in jeder rechtlichen Hinsicht: so werden sie im Falle des Gesellschaftskonkurses als Gesellschafter und nicht als Gläubiger behandelt.

2. *Der Schutz der Rechte der Anleihegläubiger*

Um den gesetzlichen und wirtschaftlichen Status der Anleihegläubiger zu schützen, regelt das Gesetz eine bedeutende Anzahl von Maßnahmen der Gesellschaft, die den Wert des Umtausch- oder Optionsrechts beeinträchtigen oder verwässern können.[78] Ähnlich dem französischen Recht[79] werden diese soge-

77 Zu diesen verschiedenen Modalitäten im allgemeinen siehe oben II. 3.b). In Anbetracht des beträchtlichen Freiraumes, dem die Gesellschaft bei der Bestimmung der Bedingungen zur Ausübung des Umtausch- und Optionsrechts genießt (siehe oben II. 2., insbesondere Fn. 37), sind Klauseln, die ihr eine call-Option einräumen, also das Recht, den Umtausch- oder Optionszeitraum jederzeit vorzeitig zu beenden, in der Praxis ziemlich häufig geworden.

78 Wie Pena, aaO (Fn. 8), S. 222 sagt, sind die Anleihegläubiger Aktionäre in spe, und deshalb sollte ihre künftige Mitgliedschaftsposition gesetzlich schon geschützt werden, bevor diese Mitgliedschaft durch Ausübung des Umwandlungs- oder Optionsrechts aktuell wird.

nannten „Verwässerungsschutz“[80]-Vorschriften in Portugal in zwei Gruppen eingeteilt, mit denen der Gesetzgeber das Schutzbedürfnis der Anleihegläubiger mit dem Interesse der Gesellschaft, nicht übermäßig in ihrer unternehmerischen Freiheit beschränkt zu werden, in Übereinstimmung zu bringen sucht: zum einen gibt es Maßnahmen, die der Gesellschaft unter allen Umständen untersagt sind *(absolutes Verbot)*, zum anderen Maßnahmen, die nur unter bestimmten Bedingungen zulässig sind *(relatives Verbot)*.

In dem Zeitraum zwischen dem Emissionsbeschluß der Hauptversammlung und der Ausübung des Umtausch- oder Optionsrechts[81] sind der Gesellschaft die folgenden fünf Maßnahmen vollständig untersagt: die in der Satzung festgelegte *Gewinnverteilung zu ändern*[82], *eigene Aktien* an Aktionäre abzugeben, *Einlagen auf Aktien zurückzugewähren*, das *Kapital herabzusetzen* und bestehende Aktien *mit neuen Rechten* auszustatten (Art. 368 No. 1).[83] Anzumerken ist, daß der Gesellschaft eine Kapitalherabsetzung nur dann untersagt ist, wenn sie mit Auszahlungen an Aktionäre verbunden ist (z.B. um ein übermäßig großes Kapital zu reduzieren); wenn die Kapitalherabsetzung dagegen zum Ausgleich von Verlusten dient, werden die Rechte der Anleihegläubiger, die von ihrem Umtausch- oder Optionsrecht Gebrauch machen, entsprechend reduziert, wie wenn sie zum Zeitpunkt der Ausgabe der Anleihe Aktionäre gewesen wären (Art. 368 No. 2).[84]

79 Art. 194-4, 194-5, 195-5, 196 des Gesetzes über die Handelsgesellschaften vom 24. 7. 1966, geändert durch das Gesetz No. 83-1 vom 3. 1. 1983, dazu GUYENOT, Actualité Législative Dalloz, 1984, S. 142ff.

80 Siehe z.B. IRVINE, 13 The Business Lawyer (1958), 729ff.

81 Zu den unterschiedlichen Modalitäten des Umtausch- und Optionszeitraums siehe oben II.3.b).

82 Dasselbe gilt, wenn die Gewinnverteilung nicht in der Satzung geregelt ist, sondern sich aus dem Gesetz ergibt, Art. 22.

83 Es ist zweifelhaft, ob diese Verbote auch für den Fall gelten, daß die Anleihegläubiger von der Gesellschaft adäquate Schutzmechanismen erhalten haben (wie dies in Italien ausdrücklich zugelassen ist, wo die besagten Maßnahmen erlaubt sind, wenn die Gesellschaft den Anleihegläubigern das Recht zu vorzeitigem Umtausch durch eine mindestens drei Monate vor der betreffenden Hauptversammlung bekannt gemachten Mitteilung garantiert hat, siehe NOBILI, Contributo allo Studio del Diritto di Opzione nelle Società per Azioni, 1958, S. 243ff.

84 Wenn also ein Anleihegläubiger 1994 eine Anleihe mit einem Umtauschrecht von 100 Aktien zum Nennbetrag von je 1.000 PTE zeichnet und die Gesellschaft 1995 das Kapital um 25% herabsetzt, erhält er, wenn er 1996 vom Umtauschrecht Gebrauch macht, entweder 75 Aktien zum Nennbetrag von je 1.000 PTE oder 100 Aktien zum Nennbetrag von je 750 PTE, je nachdem, welche Form der Kapitalherabsetzung gewählt wurde. Die verhältnismäßige Beteiligung der Anleihegläubiger an den Verlusten der Gesellschaft wird allgemein in Italien (CASELLA, Le Obbligazioni Convertibili in Azioni, 1983, S. 247) und Frankreich (ROBERT, in: Enciclopedie Dalloz Sociétés, S. 38) und vereinzelt auch in Deutschland (KRIEGER, Münchener Handbuch des Gesellschaftsrechts, Bd. IV – Aktiengesellschaft, 1988, S. 738) befürwortet.

In demselben Zeitraum darf die Gesellschaft jede andere Maßnahme, die das Umtausch- oder Optionsrecht der Anleihegläubiger beeinträchtigen kann, nur durchführen, *wenn den Anleihegläubigern dieselben Rechte wie den Aktionären gewährt werden* (Art. 368 No. 3). Obwohl das Gesetz eine beispielhafte Aufzählung der am häufigsten gebräuchlichen Maßnahmen enthält – wie eine *Kapitalerhöhung aus Gesellschaftsmitteln*, die *Ausgabe neuer Anleihen* desselben Typs (Wandel- und Optionsanleihen), eine *Änderung des Nominalwertes* der existierenden Aktien, eine *Ausschüttung von Rücklagen* an die Aktionäre –,[85] findet das allgemeine Prinzip der Gleichbehandlung von Aktionären und Anleihegläubigern auf jede Maßnahme Anwendung, die zu einer Beeinträchtigung des Wandel- und Optionsrechts führen kann. Das bedeutet, daß Anleihegläubiger, die von ihrem Umtausch- oder Optionsrecht Gebrauch machen, bei einer Kapitalerhöhung gegen Einlagen ebenfalls Zuteilung junger Aktien,[86] bei einer Kapitalerhöhung aus Gesellschaftsmitteln eine Anpassung des Umtausch- oder Optionsverhältnisses,[87] ferner die Zuteilung neu emittierter Wandel- und Optionsanleihen[88] oder die Gewährung einer Bardividende[89] verlangen können; und zwar zu den Bedingungen, wie wenn sie zum Zeitpunkt der Ausgabe der angesprochenen neuen Wertpapiere bzw. der Gewinnausschüttung Aktionäre mit einer Beteiligung in Höhe der aus der Umwandlung oder der Option erhaltenen Aktien gewesen wären.[90] Dieser allgemeine Gleichbehandlungsgrundsatz wird

85 Da diese Aufzählung beispielhaft ist, sind auch andere Maßnahmen denkbar, die die rechtliche wie die wirtschaftliche Stellung der Anleihegläubiger beeinträchtigen können: Eine Sitzverlegung ins Ausland (die zu einem Wechsel des anwendbaren Rechts führt, Art. 3 No. 1), Verlängerung oder Verkürzung der Dauer der Gesellschaft, Art. 15, usw.

86 Das bedeutet, daß andere Mittel zum Schutz der Anleihegläubiger bei Kapitalerhöhungen gegen Einlagen (z.B. die Ausgabe von Anleihen unter Preis, um die Verwässerung des Wertes der zum Umtausch oder Bezug angebotenen Aktien durch spätere Kapitalerhöhungen auszugleichen) unzureichend sind.

87 Dies bedeutet, daß die Gesellschaft die Anzahl oder den Nominalwert der einzutauschenden bzw. zu beziehenden Aktien verhältnismäßig erhöhen muß, je nachdem, in welcher Form die Kapitalerhöhung erfolgte. Damit ist auch gesagt, daß die über die Kapitalerhöhung beschließende Hauptversammlung gleichzeitig auch eine verhältnismäßige Erhöhung des für die Erfüllung der Umtausch- und Optionsrechte bereitstehenden Kapitals beschließen muß.

88 Offensichtlich hat das Gesetz keine speziellen Schutzvorschriften zugunsten von Anleihegläubigern im Fall eines Ausschlusses des Bezugsrechts auf Aktien (Art. 460) oder Anleihen (Art. 367) auf der Grundlage des „Gesellschaftsinteresses“ vorgesehen (Art. 460 No. 2; zu diesem Konzept siehe oben III. 2.).

89 Das Gesetz unterscheidet nicht nach der Herkunft der Rücklage; deshalb sind sowohl satzungsmäßige als auch freie Rücklagen umfaßt.

90 Nach einigen Autoren soll den Anleihegläubigern neben diesen mitgliedschaftlichen Rechten auch das Recht eingeräumt werden müssen, sofortige Rückzahlung des Kapitals verlangen zu können (Pena, aaO (Fn. 8), S. 223). Allerdings wird man das nur verlangen können, wenn die Anleihebedingungen es ausdrücklich vorsehen; augenschein-

vom Gesetz für einige bestimmte Aspekte der besagten Rechte ausdrücklich ausgeschlossen: Anleihegläubiger können danach Gewinne oder Zinsen aus solchen Aktien und Anleihen nicht verlangen, die vor dem Umtausch- oder Optionszeitpunkt entstanden sind; ebensowenig können sie einen Anteil an vor diesem Zeitpunkt aufgelösten und ausgeschütteten Reserven verlangen (Art. 368 No. 4).

Schließlich schenkt das Gesetz dem Schutz der Anleihegläubiger besondere Beachtung vor bestimmten Ereignissen, die die Rechtspersönlichkeit der Gesellschaft betreffen. Bei *Auflösung* der Gesellschaft (aus allen Gründen außer Verschmelzung und Spaltung) können die Anleihegläubiger vorzeitige Rückzahlung des Anleihekapitals verlangen (müssen eine vorzeitige Rückzahlung aber nicht akzeptieren), wenn nicht die Gesellschaft eine verläßliche Sicherheit leistet (Art. 372 No. 2).[91] Im Fall der Verschmelzung (Aufnahme der ausgebenden Gesellschaft durch eine andere oder Vereinigung mit einer oder mehreren zu einer neuen Gesellschaft) kann man sich fragen, ob die Rechte der Anleihegläubiger einfach durch die Rückzahlung des Kapitals oder durch eine Pflicht der aufnehmenden Gesellschaft zur Gewährung von gleichwertigen Rechten geschützt werden. Das Gesetz sieht vor, daß die Anleihegläubiger in erster Linie durch vertragliche Rechte geschützt werden, die ihnen die Anleihebedingungen möglicherweise zugestehen. Fehlen solche Vereinbarungen, haben sie das Recht, der Verschmelzung gerichtlich zu widersprechen, was entweder zu einer Rückzahlung des Kapitals oder zur Sicherheitsleistung durch die aufnehmende Gesellschaft führt (Art. 109 No. 4). Allerdings sollten diese vertraglichen und gesetzlichen Schutzmechanismen durch die Anwendung des Gleichbehandlungsgrundsatzes zwischen Aktionären und Anleihegläubigern ergänzt werden (Art. 368 No. 3); Anleihegläubigern sollten also gegenüber der aufnehmenden oder neuen Gesellschaft die gleichen Rechte zustehen wie den Aktionären.[92] Für

lich sind andere Formen des persönlichen Ausgleichs der Rechte der Anleihegläubiger in diesem Fall nicht ausgeschlossen (z.B. können die Anleihebedingungen vorsehen, daß das Umtauschverhältnis an die Notierung der Gesellschaft an der Börse gekoppelt ist oder daß den Anleihegläubigern ein Aufgeld in Höhe des Börsenwertes der Bezugsrechte der Aktionäre aus der Kapitalerhöhung gezahlt wird, usw.).

91 Erfolgt die Auflösung wegen des Insolvenz der Gesellschaft und wird zwischen der Schuldnergesellschaft und ihren Gläubigern ein Vergleichsplan *(concordata)* aufgestellt, nach dem alle oder ein Teil der Gläubigerforderungen vollständig erfüllt worden sind (Art. 66 DL No. 132/93, of 23-4), können die Anleihegläubiger ihr Umtausch- und Optionsrecht zu den im Vergleichsplan angegebenen Bedingungen ausüben, sobald dieser vom Gericht genehmigt worden ist, Art. 372 No. 1.

92 Dieser kumulative Schutz sollte sowohl für Wandel- als auch für Optionsanleihen gelten, zum Teil übereinstimmend VENTURA, aaO (Fn. 51), S. 208, 211. Dieses System gilt auch entsprechend für Spaltungen (Art. 120), zumindest in ihren Varianten der Spaltung mit Auflösung und mit Fusion, denn in Fällen der einfachen Spaltung besteht die ausgebende Gesellschaft fort und kann die Erfüllung der Umtausch- und Optionsrechte

den Fall der Umwandlung der ausgebenden Gesellschaft sieht das Gesetz unabhängig von der angenommenen neuen Rechtsform vor, daß die Rechte der Anleihegläubiger erhalten bleiben (Art. 138); wenn die Anleihen Rechte auf Aktien gewähren, erscheint diese Regelung aber offensichtlich nur möglich, wenn die neue Gesellschaft eine Aktiengesellschaft oder eine Kommanditgesellschaft auf Aktien ist.

V. Umtausch- und Bezugsrechte auf Aktien anderer Gesellschaften

Wie allgemein bekannt, können Emissionen von Anleihen, die Zugang zum Aktienkapital einer Gesellschaft durch Umtausch oder Bezug ermöglichen, in zwei Kategorien eingeteilt werden: einmal Emissionen, die dem Umtausch in oder Bezug von Aktien der ausgebenden Gesellschaft ermöglichen *(„direkter Umtausch oder Bezug")* und andererseits Emissionen von Anleihen, die ein Umtausch- oder Bezugsrecht auf Aktien einer anderen als der ausgebenden Gesellschaft, gewöhnlich der Muttergesellschaft, gewähren *(„indirekter Umtausch oder Bezug")*. Das portugiesische Recht hat den Vorgang des indirekten Umtausches oder Bezugs ausdrücklich geregelt (Art. 372-B No. 2),[93] obwohl er bis dahin in der Praxis völlig unbekannt war: er ist ein Instrument der zentralisierten Finanzierung von Unternehmensgruppen, insbesondere solcher mit einer multinationalen Dimension[94], während portugiesische Unternehmensgruppen noch klein sind und im wesentlichen national operieren.[95]

sicherstellen, siehe auch MENENDEZ, in: Estudos de Homenagem ao Prof. António Ferrer Correia, 2. Aufl., 1989, S. 786ff.

93 Ebenso im französischen Recht, siehe Art. 194-1 Abs. 2 des Gesetzes über die Handelsgesellschaften vom 24. 7. 1966, geändert durch die Gesetze No. 83-1 vom 3. 1. 1983 und No. 85-1321 vom 14. 12. 1985. Auch in vielen anderen Ländern wird der Vorgang für zulässig gehalten, siehe für Deutschland LUTTER, AG 1972, 125ff; für Italien FENGHI, Rivista delle Società 1980, 480ff; für Spanien ANGULO, Revista de Derecho Financeiro y de la Hacienda Pública 1973, 1011ff.

94 SCHNEIDER, ZGR 1984, 487. Obwohl in der Praxis unbekannt, sind theoretisch auch andere Formen von Konzernanleihen denkbar, wie von der Muttergesellschaft ausgegebene Anleihen, die durch eine Belastung des (unbeweglichen) Vermögens der Tochtergesellschaft gesichert werden (Art. 6 No. 3 am Ende); zu einem ähnlichen Fall in England siehe Barklays Bank plc. v. Willowbrook International Ltd., January 27, 1987 (C. A.).

95 Zur Statistik über portugiesische Unternehmensgruppen siehe ANTUNES, Os Grupos de Sociedades – Estrutura e Organização Jurídica da Empresa Plurissocietária, 1993, S. 33f. Davon abgesehen ist zu bedenken, daß Anreize für die Ausgabe von Anleihen mit Rechten auf Aktien anderer Gesellschaften – z.B. die Möglichkeit, auf diese Weise staatliche Genehmigungserfordernisse und Pflichten zum Nachweis von Sicherheiten (wie etwa früher in Deutschland nach dem gestrichenen § 795 BGB) zu umgehen – in Portugal wegen der generellen Freiheit zur Ausgabe der in Art. 110 CMVM genannten Anleihen nicht bestehen (dazu oben II.1.b).

Die Ausgabe von Anleihen mit Umtausch- oder Optionsrechten auf Aktien anderer Unternehmen ist bestimmten Voraussetzungen unterworfen.

Zunächst sieht das Gesetz diese Möglichkeit ausdrücklich nur für Optionsanleihen vor; es sind aber keine Gründe ersichtlich, diese Regeln entsprechend auf Wandelanleihen anzuwenden.[96]

Weiterhin müssen die beiden beteiligten Gesellschaften durch ein besonderes *Kontroll-Verhältnis* verbunden sein: ähnlich wie im französischen Recht[97] ist es erforderlich, daß die Gesellschaft, auf deren Aktien sich das Bezugsrecht bezieht, an der ausgebenden Gesellschaft eine direkte oder indirekte Mehrheitsbeteiligung hält.[98] Betrachtet man den Vorgang aufgrund finanzieller Verbindungen, beschränkt das Gesetz seinen Gebrauch in weitem Maße. Tatsächlich ist es kaum einzusehen, warum das Gesetz diesen Vorgang auf Gesellschaften beschränkt hat, zwischen denen eine finanzielle Kontrolle besteht (Art. 486 No. 2a) und nicht auch Fälle eingeschlossen hat, in denen das Kontrolle-Verhältnis auf anderen Umständen beruht, die das Gesetz selbst als der finanziellen Kontrolle gleichwertig oder überlegen ansieht, wie z.B. Stimmenmehrheit oder die Möglichkeit, die Mehrheit der Mitglieder eines Gesellschaftsorgans zu bestimmen, Art. 486 No. 1, 2b), c). Das gilt erst recht für Unternehmensgruppen mit Beherrschungsverträgen oder hundertprozentigen Töchtern, Art. 488, 489, 493.

Außerdem muß die Hauptversammlung der Muttergesellschaft der Emission der Anleihe zustimmen. Der Grund dafür liegt einmal in der führenden Rolle der Muttergesellschaft bei dem gesamten Anleiheprojekt wie auch in der Tatsache, daß die Umtausch- und Optionsrechte die Mitgliedschaft oder die Vermögensinteressen der Aktionäre der Muttergesellschaft betreffen. Bei diesem Zustimmungserfordernis gibt es allerdings einige Ungereimtheiten. Einerseits macht ein Hauptversammlungsbeschluß in der Muttergesellschaft einen entsprechenden Beschluß bei der Tochter nicht überflüssig: Nach Art. 372-B No. 5

96 Das Gesetz sieht für die konkrete Form des indirekten Bezugs keine Beschränkungen vor. Daher kann die Tochter mit der Anleihe auch Bezugsscheine ausgeben, durch die sie sich selbst verpflichtet, den Anleihegläubigern eine bestimmte Anzahl von Aktien der Muttergesellschaft zu verschaffen; die Erfüllung dieser Verpflichtung wird gewöhnlich von der Muttergesellschaft garantiert. Es kann aber auch so verfahren werden, daß die Muttergesellschaft gleichzeitig mit der Ausgabe der Anleihe durch die Tochter eigene Bezugsscheine ausgibt, die den Anleihegläubigern dann ein direktes Bezugsrecht auf Aktien der Mutter gewähren. Zu diesen beiden Verfahrensweisen siehe ausführlich SCHUMANN, aaO (Fn. 4), S. 92ff.

97 Art. 194-1 Abs. 2 des Gesetzes über die Handelsgesellschaften vom 24. 7. 1966, geändert durch das Gesetz No. 83-1 vom 3. 1. 1983.

98 Das Gesetz hat Varianten von diesem Vorgang des indirekten Bezugs ausdrücklich nicht geregelt: Z.B. den Fall, daß eine Muttergesellschaft eine Anleihe mit Umtausch- oder Optionsrechten auf Aktien der Tochtergesellschaft begibt, die die Mutter gegenwärtig hält; oder ein Emissionskonsortium begibt eine Anleihe mit Umtausch- oder Bezugsrechten auf Aktien einer anderen unabhängigen Gesellschaft.

„muß die Emission der Anleihe *auch* von der Hauptversammlung“ der Mutter gebilligt werden, woraus sich ergibt, daß ein Hauptversammlungsbeschluß in der Tochter mit qualifizierter Mehrheit (Art. 366) weiterhin erforderlich ist. Dies ist eine eigenartige Lösung: Da die rechtliche Stellung der Aktionäre der Tochter überhaupt nicht gefährdet ist und da einige gesetzliche Punkte im Zusammenhang mit dem Beschluß nach Art. 366 in diesem Fall keinen Sinn ergeben (bei der Tochter findet keine Kapitalerhöhung statt; deren Aktionäre haben kein Bezugsrecht auf die neuen Aktien, erscheint es sinnvoll, den Beschluß in der Tochter den gesetzlichen Regeln über die Ausgabe von Anleihen im allgemeinen zu unterwerfen (Art. 350 No. 1). Danach ist nur eine einfache Mehrheit erforderlich, und die Geschäftsführungsorgane können durch die Satzung zur Ausgabe von Anleihen ermächtigt werden. Andererseits verweist das Gesetz für den Hauptversammlungsbeschluß in der Mutter auf die allgemeinen Regeln des Art. 366. Wenn sich aber das Umtausch- oder Bezugsrecht auf Vorzugsaktien bezieht und daher unter Umständen in Konflikt mit schon bestehenden Gewinnvorzugsrechten gerät, ist zusätzlich ein Beschluß der Aktionäre dieser besonderen Gattung erforderlich (Art. 24 No. 5; 6; 389). Da die Hauptversammlung nur eine interne Zuständigkeit hat, sind auch alle Maßnahmen wirksam, die die Geschäftsführungsorgane ohne deren Zustimmung getroffen haben (insbesondere die Garantie der Verpflichtungen der Tochter; die Ausgabe von Bezugsscheinen), und binden die Gesellschaft gegenüber den Anleihegläubigern der Tochter; die Muttergesellschaft kann lediglich Schadensersatz verlangen und die Geschäftsführungsorgane abberufen (Art. 6 No. 4, 409 No. 1).

Schließlich fehlt im Gesetz eine Regelung zur Frage der Bezugsrechte auf Wandel- und Optionsanleihen im Falle eines indirekten Vorgehens.[99] Ausgehend vom Zweck des Bezugsrechts (Verhinderung sowohl einer Verwässerung des Vermögenswertes der Beteiligung als auch einer Verringerung der mitgliedschaftlichen Stellung) muß man annehmen, daß nicht den Aktionären der Tochter, wohl aber den Aktionären der Mutter ein Bezugsrecht zustehen muß. Das Gesetz gewährt das Bezugsrecht aufgrund einer Annahme, die im Fall indirekten Umtauschs oder Bezugs für die Aktionäre der Tochter nicht zutrifft: der Verbindung von Umtausch- bzw. Optionsrechten und dem Aktienkapital der Gesellschaft selbst. Für die Aktionäre der Mutter gilt, daß jeder mögliche andere Schutzmechanismus für existierende Aktionäre einer Gesellschaft, deren Aktien zur Erfüllung eines Umtausch- oder Bezugsrechts dienen sollen, nur deren Vermögensstellung, nicht aber ihre Mitgliedschaftsstellung sichern kann (z.B. kann die Festlegung eines angemessenen Umtauschverhältnisses oder eines angemessenen Bezugspreises die Aktionäre der Mutter nur vor einer Verwässerung ihrer Vermögensrechte bewahren, nicht aber vor einer Verminderung ihrer mitglied-

99 Zum Bezugsrecht in Fällen direkten Bezugs (Art. 367) siehe oben III.

schaftlichen Stellung); daher sollte die Regelung des Art. 368 entsprechend auf die Aktionäre der Muttergesellschaft angewendet werden.[100]

Abkürzungen

Art.	Artikel
CC	Código Civil
CMVM	Código do Mercado dos Valores Mobiliários
CPC	Código do Processo Civil
CRC	Código do Registo Comercial
CSC	Código des Sociedades Comerciais
DL	Dekret-Gesetz
PTE	portugiesische Escudo (1 DM = 93,9 PTE).

100 Das bedeutet, daß die Aktionäre der Mutter ein Bezugsrecht auf die von der Tochter begebenen Anleihen haben, das von ihnen ebenso ausgeübt und ausgeschlossen werden kann wie von den Aktionären einer Wandel- oder Optionsanleihen auf eigene Aktien ausgebenden Gesellschaft (Art. 367 No. 1, 458, 459; 368 No. 2, 460). Siehe dazu oben III. 1. und 2.

Convertible bonds and subscription warrants in Sweden

by

Rolf Skog, Stockholm

Contents

I. Introduction

There is only one corporate form in Sweden in which the partners or owners are not personally liable for the obligations of the company, the *aktiebolag* (which translates as company limited by shares or limited liability company – hereafter, simply „company"). Since 1 January 1995 there have been two categories of company, private and public. A private company may not approach the public at large for the purpose of acquiring capital. That right is exclusively reserved to public companies. All in all there are 274,000 companies, of which the vast majority are private. There are barely 1000 public companies. In turn, barely half of these are listed companies.[1]

The basic rules concerning companies are found in the Swedish Companies Act.[2] The provisions of the Act apply equally to private and public companies, unless the contrary is specifically provided.[3]

A company can acquire capital from external sources in two fundamentally different ways, namely through taking up a loan or through issuing (ordinary) shares. Between these two extremes there are, however, a large number of financial instruments which, in different ways, vary and in some cases combine the traditional characteristics of debt instruments and shares. Two examples of such „hybrid instruments" are convertible bonds and bonds combined with subscription warrants.[4] A convertible bond contains an undertaking by the issuing company to the effect that the creditor has a right either in whole or in part to exchange his claim against the company for shares therein. A bond combined with a subscription warrant entitles the creditor to subscribe for new shares in the company in return for payment. Common to both instruments is the characteristic that they can result in an increase in the company's share capital and thus affect the current shareholders' standing in the company. It is in this light that the provisions contained in the Companies Act concerning the issuance of convertible bonds and debentures with option rights should be regarded.

This article surveys the company law provisions which relate to the issue by Swedish companies of convertible bonds and subscription warrants. To some extent the Stock Exchange's rules are also touched on. Accounting and tax regulations are not dealt with at all.

II. The development in company law of regulations concerning convertible bonds and bonds with subscription warrants

As was the case for many years in other European countries, the Swedish Companies Act originally only regulated one form of external capital acquisi-

1 The expression „listed company" is used as a collective description of companies, the shares of which are traded on the share market.
2 The Companies Act (1975:1385). This act entered into force on 1 January 1977.
3 Chapter 1, section 2 of the Companies Act.
4 Among the other financial instruments falling in the boarder lands between „normal" loans and shares, there are different forms of preference shares and participating loans. See further, e.g., Pope P./Puxty A., What is equity? New Financial Instruments in the Interstices between Law, Accounting and Economics, Modern Law Review, 54:6 Nov 1991, p. 889–911.

tion, the issuance of shares.[5] The right for a company to take out a normal loan was derived from the fact that a company was recognised as a legal person. The situation was otherwise, however, so far as concerned the right to take a loan through issuing a debenture or bond which could be converted to shares or which was combined with a right, in the future, to subscribe for shares in the company. In the absence of specific provisions regulating the matter, it was regarded as impossible for a company to take such a loan. The reason for this was primarily that the company was not regarded as legally capable of undertaking that it would, in the future, issue the necessary shares upon conversion or subscription respectively.

On the basis of the foreign model, Swedish commercial interests applied considerable pressure towards the end of the 1960's in favour of Swedish companies being permitted to finance their business through the issuance of convertible bonds.[6] Notwithstanding the provisions of the Companies Act, two listed Swedish companies carried out bond issues which were in effect formulated as convertible bonds. The terms and conditions of the loan provided that the holder of the bonds could demand an exchange of the bonds for shares in the company at a rate prescribed in the terms and conditions. The system was founded upon the following steps: the holder of the bonds, within a specified time before the annual shareholders' meeting, gave notice of his desire to have the bonds exchanged for shares; the shareholders' meeting thereafter resolved to increase the share capital by a corresponding amount and to direct the issue to the particular bond holder who had given notice; the latter, having subscribed for the shares, would allow all or part of his claim against the company to be set-off against the debt arising pursuant to the subscription.

Since the conversion of the bond presupposed that a resolution increasing the company's share capital was adopted at each shareholders' meeting, it was not possible at the time the bond was issued for the company to guarantee that conversion would take place. In the same way as had happened in, inter alia, Germany, the company dealt with the risk that a future shareholders' meeting would not effect the necessary new issue, by undertaking in the terms and conditions of the loan to immediately redeem the bonds at a specified premium.[7]

5 Legislative provisions regulating convertible bonds were introduced in Germany during the 1930's, in France during the 1950's, in Italy and Portugal during the 1970's and in Spain at the end of the 1980's. Concerning the other Nordic countries, see section VIII.

6 See, inter alia, the pamphlet Näringslivets kapitalförsörjning, published by the Federation of Swedish Industries and the Swedish Bankers' Association in 1965.

7 In the terms and conditions for the first loan of this kind in Sweden – Mo och Domsjö AB's 5 % bond loan 1968/83 – it is provided that the company in such case would immediately redeem the bonds by payment of an amount which, „in principle furnishes the bond holder with the value they would have obtained if conversion had taken place". Concerning the situation in Sweden up until the end of the 1960's see BORG-

The demands of Swedish industry and developments in other European countries resulted in the legislature in 1973 introducing a specific act, the Convertible Bonds Act.[8] This form of instrument thereby became fully available to Swedish companies. Provisions were included in the same act concerning subscription warrants. Some years later, the provisions were transferred, in principle unamended, to the 1975 Companies Act.[9]

III. The prevalence in Swedish commerce of convertible bonds and bonds with subscription warrants

The total amount of convertible bonds issued by Swedish companies is unknown. Such information as is available relates for the most part to listed companies. It appears from this that the number of issues of convertibles by listed companies increased steadily since the end of the 1970's to the end of the 1980's. Underlying that increase was primarily the extensive issues of convertibles undertaken in conjunction with so called incentive programmes for employees. By 1989 almost 70 percent of a total of approximately 250 listed companies had issued convertibles to all or some of their employees.[10] Thereafter, the skyward trend was broken and during the 1990's the number of firms offering convertible bonds to employees has steadily decreased. A great many companies have been taken over and have disappeared from the share market, the tax regulations have been tightened up and many older convertible bonds have expired. Developments in recent years suggest however, that a return may be imminent. Several companies have in recent times admitted to plans to once again offer employees the opportunity to obtain convertibles in the company.

Another means of examining the extent to which companies use convertible bond loans is to count the number of convertible bonds which are traded over the share market. Even applying this method a strong upward trend can be

STRÖM, C. Om konvertibla obligationer och andra finanseringsformer, Norstedts Industriförbundets publishers 1969; and MATTSSON N., Aktiebolagens finanseringsformer, Norstedts 1977, p. 80.

8 The Convertible Bonds Act (1973:302). Government bill 1973:93. SOU 1971:15.

9 Government bill 1975:103, p. 354. Apart from what can be found in the traditional commentaries (e.g. KEDNER G./ROOS C.M./SKOG R., Aktiebolagslagen, 5th ed. 1995) and text books in company law (e.g. RODHE K., Aktiebolagsrätt, Norstedts, 17th ed. 1995) there is a paucity of general treatments of convertible bonds and bonds combined with subscription warrants.

10 SÖRENSSON T., The Swedish convertible bond market – employee issues, EFI Research paper 6503, April 1993, Stockholm School of Economics; as well as SKÖLDEBRAND B., Anställda och ägare – konvertibler, Stockholm 1988.

discerned up to the end of the 1980's and thereafter a marked decline. Whereas in 1991 trade was conducted on the Swedish share market in 67 convertible bonds, only 8 such bonds are presently traded[11].

Table 1: Convertible bonds on the Stockholm Stock Exchange 1987–1997

1987	30	1993	36
1988	31	1994	28
1989	44	1995	15
1990	59	1996	8
1991	67	1997	8
1992	55		

(*Source*: Stockholm Stock Exchange Fact Book 1997)

Complete information concerning the issuance by companies of bonds combined with subscription warrants is also unavailable. Such information as is available relates to bonds combined with subscription warrants registered for trading over the Stockholm Stock Exchange from 1990 and onwards. From this information it appears that the number of registered issues of bonds combined with subscription warrants declined from 35 per annum to only 5 today[12]. This decline, apart from the general decline on the share market during the commencement of the period, is attributable, inter alia, to amendments to tax regulations.

Table 2: Bonds combined with Subscription Warrants on the Stockholm Stock Exchange 1990–1997

1990	35	1994	3
1991	20	1995	4
1992	13	1996	4
1993	7	1997	5

(*Source*: Stockholm Stock Exchange)

IV. Convertible bonds

The Companies Act provides that a convertible bond shall be issued to the bearer or to a specified person or to order.[13] In other words, the bond shall be

11 See table 1.
12 See table 2.
13 Chapter 5, section 1, paragraph 1 of the Companies Act.

negotiable[14] and the rules on third party property rights which apply to negotiable promissory notes in general also apply to convertible bonds.[15] The Companies Act deals mainly with the issuance of convertible bonds and the terms and conditions for conversion.[16]

1. *The resolution relating to the issuance of the convertible bonds*

The provisions of the Companies Act concerning the issuance of convertible bonds correspond to a great extent with the provisions concerning new issues of shares. In contrast to the position in most continental European countries, a Swedish company is not required to stipulate a fixed share capital in its articles of association. The company is instead entitled to prescribe a minimum and maximum amount within which the share capital will lie. The maximum amount of share capital may not be greater than four times the minimum amount.[17]

Within the range of the minimum and maximum share capital, the company's share capital can be increased without necessitating any amendment of the articles of association. This renders the making of traditional new issues of shares relatively simple, but also facilitates a solution to the problem of increasing capital in conjunction with the issuance of, inter alia, convertible bonds.[18]

The provisions governing the issuance of convertibles presupposes that the issuing company utilises the minimum/maximum system of share capital. According to the Act, the conversion terms must be formulated such that conversion can take place without any amendment having to be made to the articles of association.[19] This means that convertible bonds can only be issued by companies which have indicated a minimum and maximum share capital in their

14 A non-negotiable promissory note with a conversion clause is not subject to the provisions of the Companies Act. It is not possible for a company, other than in accordance with the provisions of the Companies Act, legally to bind itself to issue shares at a future time. Government bill 1973:93, p. 96.

15 See Chapter 2 of the Promissory Notes Act (1936:81).

16 The provisions are formulated such that they envisage the company resolving to obtain loan finance and in conjunction therewith issue convertible bonds. Subject to compliance with the requirements of the Act, there is no restriction, however, against the company resolving to transform a presently existing loan to a convertible bond loan, something which may be appealing in the context, e.g. of a corporate reconstruction.

17 Chapter 2, section 4, paragraph 1 of the Companies Act.

18 The Swedish Act does not, therefore, contain any provisions corresponding, e.g. to the German provisions concerning conditional capital increases in section 192 Aktiengesetz vom 6. September 1965 (AktG).

19 Chapter 5, section 1, paragraph 3 of the Companies Act.

articles of association, and further, that the scope for a convertible issue is determined by the relationship between the registered share capital and the maximum share capital stipulated in the articles of association. If the company's share capital is the same as the minimum share capital stipulated in the articles, the company has the greatest possible scope. The company can then issue convertible bonds such that the share capital is quadrupled upon conversion.

Prior to resolving to make an issue of convertible bonds, a company must therefore ensure that conversion of all the bonds, in the event that this occurred immediately after the issue, would be possible within the scope of the maximum share capital stipulated in the articles of association. If such would not be the case, the resolution to increase the share capital must be preceded by a resolution to amend the articles of association. The same would apply where conversion would result in the company issuing or increasing a particular class of shares beyond the level allowed by the articles of association.

Should the company at a later date consider carrying out a new issue or a bonus issue of such an amount that the maximum share capital would not longer suffice for conversion pursuant to the bond issue, the company must, in conjunction with the resolution to increase the share capital, resolve to increase the maximum share capital by such amount as is necessary so that conversion could still take place according to the conditions under which the bonds were issued.

Both in conjunction with new issues of shares and upon the issue of convertible bonds, the general rule set forth in the Act is that the decision making power rests with the shareholders' meeting.[20] Such a resolution can be adopted at the annual general shareholders' meeting or at an extraordinary shareholders' meeting.[21] It is, however, possible for the shareholders' meeting for a limited time, although not beyond the next annual general meeting, to authorise the board to resolve to issue shares or convertibles.[22] A third possibility is that the board itself resolves that the company make the issue subject to the shareholders' meeting's

20 Concerning new issues of shares, see Chapter 4, section 1, and in relation to issues of convertible bonds, Chapter 5, section 3 of the Companies Act.

21 The annual general shareholders' meeting must be held within six months from the expiry of each financial year, whilst extraordinary shareholders' meetings may be held at any time during the year, Chapter 9, sections 5 and 6 of the Companies Act. In contrast to the situation in, e.g. France (art. 153 Loi No. 66–537 sur les Sociétés, 24. 7. 1966) the Act does not contain any rules concerning quorum for meetings of the shareholders and the majority requirement is the same for extraordinary as for annual general meetings of the shareholders.

22 Chapter 4, section 15, paragraph 5 of the Companies Act. The Industry and Commerce Stock Exchange Committee recommends that companies listed on the exchange only use issue this authority to the board where special cause exists, see Rekommendation rörande rikta-de emissioner av aktier m.m. 1996.

subsequent approval.[23] The company's managing director does not have authority to resolve that the company issue shares or convertibles.[24]

A proposal for a resolution of the shareholders' meeting to issue convertibles shall be made available to the shareholders for a period of not less than one week prior to the shareholders' meeting to which the proposed resolution is to be submitted. The proposal shall also be sent to any shareholders who so request. At the meeting, the proposal, together with the company's annual report, shall be submitted to the shareholders.[25]

Just as with respect to resolutions concerning increases of the share capital which do not involve exceeding the maximum share capital, the resolution to issue convertible bonds can be adopted by a simple majority of the shareholders' meeting.[26] If the issue is to be made without the exercise of the shareholders' pre-emption rights[27] it is necessary, however, that the resolution is carried out by shareholders holding at least two thirds of the shares voted as well as two thirds of all shares present or represented at the meeting.[28] The same majority is required with respect to the shareholders' meeting's approval of an issue resolved upon by the board and with respect to the authorisation of the board to resolve upon the making of an issue.[29] The articles of association may prescribe a higher but not a lower majority.

Contrary to the situation applying to the new issue of shares, a resolution to issue convertibles can be adopted whilst the company is still being promoted.

23 Chapter 4, section 14, and Chapter 5, section 8 of the Companies Act.

24 All companies are required to have a board of directors which is responsible for the organisation of the company and the management of the company's affairs. In public companies, there must also be a managing director who is responsible for day-to-day management, Chapter 8, sections 1 and 3 of the Companies Act. The board and the managing director comprise two separate organs within the company. To this extent the Swedish system is similar to the German dualist model. The strict division of functions which characterises the relationship between the Aufsichtsrat and Vorstand in a German AG, does not, however, have any parallel in the Swedish model.

25 Chapter 5, section 3 which refers to Chapter 4, section 4 of the Companies Act.

26 Chapter 9, section 13 of the Companies Act.

27 See section IV.2 below.

28 Chapter 5, section 2, paragraph 2 of the Companies Act. The requisite majority was increased from a simple majority in conjunction with the harmonisation of the Act to the Second Company Law Directive on January 1, 1995. The new majority requirement is consistent with the requirements in conjunction with amendments to the articles of association. The requirement of two thirds of both the shares voted as well as the shares represented accounts for the fact that Swedish companies can issue shares carrying different voting rights (max. 1:10). See also note 43 below.

29 Chapter 5, sections 8 and 9 of the Companies Act.

2. *The contents of the resolution*

The Companies Act contains provisions detailing what the resolution concerning the issue of convertibles must contain first, as to the issue of the loan as such and second in relation to the lender's right to convert its claim to shares in the issuing company.[30,31] The most important of these provisions are dealt with below.

So far as concerns the loan itself, the resolution relating to the issue must first contain information concerning the principal amount of the loan, in the Act referred to as *the amount of the issue.* The company can choose between a fixed amount, a maximum amount or a minimum and maximum amount. Where a fixed amount is given, this is deemed to mean that the capital increase will be exactly that amount resulting from the terms of the conversion. The amount may thus not be either greater or less than the amount so fixed. Practical considerations thus often speak in favour of a flexible amount. The amount may be stated in either Swedish or a foreign currency, but if conversion takes place, the number of new shares to be issued may not be affected by the choice of currency. In other words, the effects of currency fluctuations may not be passed on to affect the number of shares.[32]

The resolution shall also indicate whether there is any *pre-emption right* to participate in the issue which accrues to shareholders or any other party, as well as who else is entitled to participate in the issue. As is the case in the context of new issues of shares against cash consideration, the shareholders have a right of pre-emption to acquire convertibles issued by the company against cash consideration. The Act expresses the matter such that the shareholders have a pre-emption right to subscribe for the purchase of convertibles to the same extent as if the issue were of the shares to which the bonds could be converted.[33] The shareholders' pre-emption rights with respect to convertibles cannot be gen-

30 In contrast to the position in certain other countries, it is not possible to provide that the claim can be converted to shares in another company, e.g. the issuing company's parent company. See concerning this possibility in France art. 339–3 Loi 66–537 and Portugal art. 372-B Código das Sociedales Comerciais, DL No 262/86 (CSC).

31 Chapter 5, section 4 of the Companies Act. The list is not exhaustive. On the contrary, it is in practise necessary to include in the meeting's resolution certain information which is not referred to in the Act, e.g. the time for payment of interest and the maturity date of the loan.

32 The Commission on share capital and accounting in foreign currencies has suggested that Swedish companies be allowed to denominate their share capital in euros and that the nominal value of shares be dispensed with. See Redovisning och aktiekapital i euro och annan valuta (SOU 1997:181).

33 Chapter 5, section 2 of the Companies Act.

erally dispensed with pursuant to provision in the articles of association. On the other hand, it is possible for the shareholders' meeting in individual cases to resolve to issue convertibles and in doing so to deviate from shareholders' pre-emption rights.

Even where the shareholders' meeting authorises the board to carry out an issue of convertibles, the issue can be effected without regard to shareholders' pre-emption rights. This can be achieved either by the shareholders' meeting indicating to whom the convertible issue is to be directed, or through the board itself resolving to make such a directed placement.

A decision to depart from the shareholders' pre-emption rights to subscribe for convertibles can be expressed such that a pre-emption right is afforded to one or more third parties or a specified group of people, e.g. the company's employees. It is also possible to formulate the resolution such that the issue is directed to the public at large without anyone being afforded a right of pre-emption to participate. See, however, section VI.2. concerning separate rules for issues to members of the board, the managing director and employees of listed companies.

There is no provision in the Act to the effect that an issue may take place and depart from the shareholders' pre-emption rights merely because it would be „in the company's interests".[34] As a general rule, however, the shareholders' meeting and the board of directors may not adopt decisions which are inclined to afford an unfair advantage to shareholders and impose a disadvantage on the company or other shareholders.[35]

Upon the issuance of shares which are to paid for with property other than money (issue in kind) the shareholders have no right of pre-emption. The same applies with respect to issues of convertibles which are to be paid for with property other than money.[36] That no right of pre-emption exists in favour of the shareholders in these circumstances is related to the fact that they do not normally have such property at their disposal which would be used as payment for the convertibles. Where convertibles are to be paid for with property other than money, the rules applying with respect to the in kind issue of shares shall apply mutatis mutandis.[37]

The resolution concerning the issue must also contain provisions concerning the *nominal amount of the bond, the issue price and the interest rate.* The company may undertake to repay the loan with the nominal amount or with an

34 Compare, e.g. the requirement developed in Germany practice of „sachlicher Rechtfertigung", HÜFFER, Komm. z. AktG, 2. Aufl., 1995, §§ 221 and 186.

35 Chapter 9, section 16 and Chapter 8, section 13 of the Companies Act.

36 Chapter 5, section 2 of the Companies Act. The same exception from the shareholders' right of pre-emption applies in Italy, see art. 2441 Codice Civile (C.C.).

37 Chapter 5, section 5 with a reference to Chapter 4, section 6 of the Companies Act.

amount adjusted for inflation. It is not allowed, however, to link repayment to, e.g., the company's financial status.[38]

An appropriate issue price and interest rate is of decisive importance in determining if the issue can take place. The interest rate can be fixed, but can also be variable and calculated, for example, as an average of lending rates in several stipulated banks. The interest rate can also be made dependent upon the dividend declared by the company, or the company's result, whereupon a new financial instrument is obtained, a convertible participation debenture.[39]

Where a new issue of shares is made, the shares may not, as a rule, be subscribed for, for an amount less than the nominal value of the shares. In order to prevent circumvention of this rule, it applies mutatis mutandis to the issuance of convertibles. The consideration paid for a convertible bond (the issue price) may not be less than the nominal amount of the shares which will be issued upon conversion, unless any difference is covered by a cash payment upon conversion.[40] In contrast to the situation prevailing in various other countries, it is not possible under Swedish law to transfer the difference from the company's profit reserves.[41]

So far as concerns the lender's right to convert his claim (chose in action) to shares in the company, the resolution relating to the issue must state *the time and conditions for conversion.* The resolution may state that the right to convert accrues immediately and shall remain valid until such time as the company is wound up. But it can also be formulated such that, e.g. conversion may first be called for after a specified time or not later than a specified point in time. The Act does not specify any limit to the length of the time for conversion, there is nothing to say that it cannot extend over a period of several years. For practical reasons, however, it is common to provide that conversion may not take place around the time of the annual general meeting.

Conversion can only be called for by the creditor, not by the company.[42] The question of whether conversion is to take place shall be resolved exclusively by the holder of the convertibles, who is at liberty to allow the convertibles to lapse.

38 The latter follows from the prohibition against so called participating debentures in Chapter 7, section 3, paragraph 1 of the Companies Act. In this context it can be noted that the Swedish Act does not allow companies to issue shares without voting rights either.

39 Several Swedish listed companies issued convertible participating debentures during the second half of the 1980's. Market interest was, however, low and at present there is only one such instrument on the Swedish capital market. See further Ericsson M., Konvertibla vinstandelsbevis, Juristförlaget 1989.

40 Chapter 5, section 1, paragraph 3 of the Companies Act. It is not permissible to pay the difference in kind, Government bill 1973:93, p. 98.

41 See concerning this option in Germany, section 199 (2) AktG.

42 It is thus probably not permissible to prescribe in the resolution relating to the issue that the company is entitled at any time to repay the loan. The conversion right would in that case be illusory.

The central conversion condition is the *conversion rate*, which stipulates the nominal amount of the bond which is required in return for conversion to one. Differences can be set-off by cash payment.

If the company has issued different classes of shares, or if the articles make provision for such issuance, the resolution must also state *the class of shares into which conversion will be made.*[43] In addition, the resolution must always state the point in time from which the new shares will carry a right to dividends. This right may not, however, result in dividends accruing later than with respect to the financial year immediately after that during which the shares were fully paid for.[44,45]

One problem relating to the issuance of convertible bonds which are to be traded on the capital market, is that the draft resolution upon which the issue is to be based and which shall be submitted to the shareholders' meeting, must in principle contain the complete terms and conditions of the issue, despite the fact that, as a result of the way the provisions in the Act relating to calling of the meeting, registration, etc, are expressed, some considerable time can pass between the submission of the resolution to the meeting on the one hand, and the making of the issue and placement of the loan on the market on the other. Fluctuations on the capital market during that period could affect the assessment of the conversion conditions and render the loan impossible to place. In order to afford companies who use convertibles on the capital market the opportunity quickly to adapt to changed circumstances on the market, a provision has been inserted in the Act allowing the shareholders' meeting from such companies to authorise the board, or a member thereof designated by the board, to determine the amount of the issue, the issue price, interest rate and terms and conditions for conversion, prior to the commencement of subscription.[46]

3. *Subscription, payment and registration of issues of convertibles*

The shareholders' meeting's resolution to issue the convertibles must be published forthwith. Where the shareholders' meeting has authorised the board to determine the amount of the issue, the issue price, interest rate and terms and

43 The general rule set forth in the Companies Act is that all shares have an equal right in the company. However, the articles may provide that the company shall have, or shall be entitled to have, shares of different classes, Chapter 3, section 1 of the Companies Act. The differences between the classes of shares might, e.g. relate to the right to share in the company's assets or profits, or the voting rights attached to the share. The latter difference is very common among Swedish listed companies.

44 Chapter 5, section 15 of the Companies Act.

45 Concerning *the holder's relationship vis-à-vis the issuing company* prior to conversion, see section IV.4. below.

46 Chapter 5, section 4 of the Companies Act.

conditions for conversion, the board's decision concerning these matters must be published forthwith. Given that the issue resolution can be relatively comprehensive, it is sufficient if the notice contains an overview of the important elements of the resolution and information as to where the resolution in its entirety is available.[47]

The Companies Act does not contain any provisions concerning how subscription or distribution of convertible bonds is to take place. Lenders subscribe for convertibles in accordance with general contractual principles. It also happens that a securities company which has been retained by the issuing company to carry out the issue will subscribe for the full amount of the convertibles, and thereafter sell the convertibles to the public at large or the purchaser specified by the company in the issue resolution. An alternative approach involves parties who express an interest in purchasing the convertibles providing the securities institution with a power of attorney to subscribe for a certain number of convertibles on his behalf.

Once subscription is complete, the company must immediately submit an application for registration of the issue resolution and the nominal amount of the loan subscribed for.[48]

4. *The bond holder's status prior to conversion*

Unlike the situation in some other countries, the Swedish Companies Act does not contain any provisions concerning the bond holder's status vis-à-vis the issuing company prior to conversion taking place.[49] The Act assumes that this matter will be dealt with in the terms and conditions of the issue. Thus, the issue resolution should disclose what rights will accrue to the holder in the event that the share capital is increased or reduced, if the company issues new convertibles or bonds combined with subscription warrants, or if the company is wound up or ceases to exist through a merger.[50] In larger companies, the terms

47 Chapter 5, section 6 of the Companies Act.

48 Chapter 5, section 7 of the Companies Act.

49 See above all the extensive regulation of this issue in Italy where C.C. art. 2441 affords the holder of the bonds a right of pre-emption where a new issue of shares is made, art. 2420 *bis* XX (6) prescribes a recalculation of the exchange conditions in the context of a bonus issue or a reduction of the share capital to cover losses, and art. 2420 *bis* (5) provides that the bond holder is entitled to early conversion, inter alia, where a reduction of the share capital is made for repayment to the shareholders. Similar provisions exist in the French Act art. 196 and 206 Loi No. 66–537. In Germany the Act only regulates the situation where the company carries out a bonus issue, section 213 (3) AktG.

50 Chapter 4, section 8 of the Companies Act. In accordance with the Third Company Law Directive, the Act's merger regulations prescribe that the holder of bonds in a

and conditions of the convertibles also as a rule deal with other events which would effect the holder's status, e.g. where the company resolves to pay an unusually large dividend to the shareholders, the hiving off of a subsidiary, or upon the solvent liquidation of the company. Another question which is usually dealt with in the terms and conditions are the rights accruing to holders of convertibles in the event that the company's shares are the subject of a compulsory purchase.

In order to avoid a recalculation of the conversion rate, e.g. in the event of a new issue of shares, it is common that the terms and conditions are formulated in such a way that the company is instead entitled to give the holder of the convertibles the same right of pre-emption to subscribe for new shares which, according to the resolution relating to the new issue, are allocated to the shareholders.

Further, the terms and conditions usually include an undertaking from the company not to resolve to adopt any measure which would result in a recalculation of the conversion rate to an amount less than the nominal value of the shares. Such a recalculation would produce the result that the holders of the convertibles would be forced, upon conversion, to pay the difference in cash, which is regarded as inappropriate.

A particular question which is addressed in Swedish doctrine is the risk to which holders of convertibles are exposed if the issuing company, after the issue, is bought up and becomes a subsidiary in a group. The parent company's ability to influence the distribution of profits within the group can render the right of conversion worthless.[51] Despite the notice given to the issue in the doctrine, the matter is not normally regulated in the terms and conditions for the convertibles.

One question related to the holder of the convertibles' status prior to conversion relates to the circumstances under which the terms and conditions for the convertibles can be amended. This issue is not dealt with in the Companies Act nor does the Act contain any provisions about who could or should represent the holders of convertibles in negotiations about amendments to the terms and condition.[52] In practice, the problem is generally dealt with such that a provision is included in the terms and conditions to the effect that the bank or financial institution which structured the issue is entitled, without formal ap-

transferor company shall be afforded at least the same rights in the transferee company, if he is not entitled to have the convertible redeemed by the transferee company, Chapter 14, section 3 of the Companies Act.

51 RODHE K., Convertibles and warrants – some notes by a company lawyer, in Accounting development – some perspectives (Essays in Honour of Sven-Erik Johansson 1989), Stockholm 1989.

52 There is no equivalent in the Swedish Act to „institutionalisation" of holders of convertibles such as applies pursuant to the French Act, see art. 293 *et seq* Loi 66–537.

pointment, to represent the holders of convertibles, inter alia, in the context of such negotiations.[53]

5. Conversion

The issue resolution and, if the board or a member thereof has been authorised to determine the terms and conditions for the issue, the board's or the member's resolution, must state the time and the conditions for conversion. When the time has come, conversion is effected by the holder of the bonds giving notice to the company requesting conversion to one or more shares in the company.

Not later than three months after the time for conversion has passed, the board must advise the Companies Registry how many shares have been issued in the exchange. If the exchange period is greater than one year, the notice must be given not later than three months after the expiry of each financial year during which any exchange has taken place.

Registration presupposes that the company, as a result of the issue, has acquired funds to a value corresponding at least to the total amount of the shares issued in conjunction with conversion. That this has in fact occurred must be certified by an auditor.

Through registration, the share capital is increased by the total nominal amount of the shares notified.[54]

V. Bonds combined with subscription warrants

The difference between a convertible bond and a bond combined with a subscription warrant is that the holder of a convertible bond, upon conversion, pays for his shares by relinquishing his claim (chose in action) against the company, whereas the holder of a bond combined with subscription warrant pays cash for the shares to which he subscribes, whilst at the same time retaining his claim against the company.[55]

53 Criticism has been advanced in the doctrine of the fact that banks, which are actually the debtor's (the company's) representative, in this way also become representatives for the creditors, FLODHAMMAR G., Aktier med fallskärm?, Arbetslivscentrum 1989, p. 46.

54 Chapter 5, section 14 of the Companies Act.

55 Chapter 5, section 1, paragraphs 1 and 2 of the Companies Act. As was stated with respect to convertible bonds (note 30) it is not possible for subscription rights to relate to shares in another company, e.g. the issuing company's parent. Quite another matter – which is not affected by the provisions of the Companies Act – is that a company can issue debentures which are coupled to a call option, which gives the lender the right to

Just as with convertible bonds, the Companies Act provides that bonds combined with subscription warrants shall be drawn to bearer or to a specified person, or order. In other words, in terms of third party property rights it is a negotiable promissory note.[56]

Unlike the situation prevailing in many other countries, a Swedish company cannot issue free standing options.[57] Since it is acceptable, however, to separate the option from the bond after its issue, unless the bond provides otherwise[58], it is common practise for the company to issue a bond with a low, sometimes almost symbolic, value to which a subscription warrant is attached, which is then separated immediately after issue and traded on the market.

The company law rules for bonds combined with subscription warrants are for the most part the same as with respect to convertible bonds. In fact, most of the relevant sections of the Act deal with both instruments in parallel.

Thus briefly, the position is as follows. Bonds combined with subscription warrants can only be issued by companies, the articles of association of which prescribe a minimum and maximum share capital and new subscriptions on the basis of the warrants must be able to take place within the scope of that minimum and maximum. Nor may new subscriptions result in the company issuing shares, or increasing the number of shares issued, of a particular class in excess of the number allowed by the articles of association.[59]

The resolution relating to the issue, as a general rule, must be adopted by the shareholders' meeting.[60] The board can resolve to make a new issue, either on the basis of authorisation from the shareholders' meeting, or subject to subsequent approval by the shareholders' meeting.[61] The shareholders' meeting can adopt the resolution with a simple majority, unless the articles of association must first be amended.[62]

Where bonds combined with subscription warrants are issued for cash consideration, the shareholders have a pre-emptive right to subscribe for the war-

purchase shares in another company, see, e.g. the bonds issued in 1984 by the companies Investor and Providentia and which were combined with a call option over shares in Atlas Copco and Stora Kopparberg. In some countries this possibility is specifically provided for in the text of the relevant act, see, e.g. in France art. 339-5 Loi No. 66-537.

56 *Cf.* notes 13-15 above.

57 In some countries this possibility is specifically provided for in the text of the relevant act, see, e.g. in France art. 339-5 Loi No. 66-537.

58 The debenture can provide that the option right can be separated only after a specified time. The Act says nothing concerning how long that period can be. The text of the Act does not, however, seem to mean that the debenture cannot at all be separated from the option.

59 Chapter 5, section 1, paragraph 3 of the Companies Act.

60 Chapter 5, section 3 of the Companies Act.

61 Chapter 5, sections 9 and 8 of the Companies Act.

62 Chapter 5, sections 13 and 14 of the Companies Act.

rants as though the issue related to the shares which may be subscribed for pursuant to the warrants. A decision to depart from the shareholders' right of pre-emption can only be adopted by qualified majority of the shareholders. If the consideration to be given for the warrants is other than cash, the shareholders have no pre-emptive rights.[63]

The issue resolution shall contain information, inter alia, relating to the size of the loan, pre-emptive rights to participate in the issue, the nominal value of the warrants, the issue price and interest rate, the warrant holder's status vis-à-vis the company before the warrant is exercised as well as the time and the conditions for subscription pursuant to the warrant. So far as concerns the terms and conditions for subscription, the subscription time and the subscription price are of particular interest. The subscription period can, in principle, be unlimited in time. There is nothing to say that it cannot extend beyond the term of the bond. It is possible to prescribe in the resolution a subscription price which is to apply for the duration of the subscription period, but the company can also prescribe a variable amount, e.g. such that the price shall be adjusted with reference to the market value of the shares in the company. The subscription price can be less that the market value of the shares, but may not be less than their nominal value.

The rule applying in favour of companies dealing with the capital market in the context of convertible bond issues also applies in the context of the issue of bonds combined with subscription warrants, such that the shareholders' meeting may, in the issue resolution, authorise the board, or a member thereof designated by the board, to determine the amount of the issue, the issue price, interest rate and terms and conditions for subscription, prior to the commencement of subscription.[64]

The shares subscribed for must be paid for in cash. It is not permissible to provide that the shares shall be paid for in kind, i.e. by property other than cash. The reasons for this are primarily that options can be valid for a long time and that in practice it would be very difficult in an issue resolution to state any subscription price if consideration were to comprise property, the value of which at the time of subscription was unknown.[65]

Not later than three months after the time for subscription for shares has passed, the board must advise the Companies Registry of how many shares have been subscribed and paid for in full. If the subscription period is longer than one year, the notice must be given not later than three months after the expiry of each financial year during which any subscription has taken place.

63 Chapter 5, section 2 of the Companies Act.
64 Chapter 5, section 4 of the Companies Act.
65 Government bill 1973:93, p. 96 *et seq.*

Through registration, the share capital is increased by the total nominal amount of the shares notified.[66]

VI. Special rules applying to certain issues

1. Issues to the general public

If a public company, which is not a listed company, by advertisements or in some other way invites the general public to subscribe for shares, convertible bonds or bonds combined with subscription warrants, and where the sum of those amounts which may be paid for the securities in question amounts to at least SEK 300,000, the company must prepare an issue prospectus.[67] Provisions concerning the relevant type of issue prospectus are contained in the Companies Act,[68] in regulations issued by the Swedish Financial Supervisory Authority[69] and in recommendations published by the Industry and Commerce Stock Exchange Committee.[70] In the context of issues on the market, regard must also be had of opinions concerning generally accepted practises on the securities markets issued from time to time by the Securities Council.[71] The detailed contents of these provisions will not be discussed here.

In order to register shares with the Stockholm Stock Exchange, the company must satisfy various so called listing requirements. The company must be of a certain minimum size, have a verifiable history, and documented ability to earn a profit. In order to ensure that the appropriate conditions exist for suitable trading in the company's shares, it is also necessary for the shares to have sufficient spread. In order to be registered on the A list, the company must have at least 2000 shareholders, each of whom own shares equivalent to at least one, so called, exchange point. On the OTC and O lists, the spread requirement is somewhat less.[72]

The listing requirements for shares are applied by analogy in conjunction with the registration of convertible bonds. Most convertibles issued for trade

66 Chapter 5, section 14 of the Companies Act.

67 Chapter 5, section 16 of the Companies Act. The company bears the same responsibility where a shareholder, a holder of convertibles or bonds combined with subscription warrants offers to sell such shares, convertibles or warrants to the general public for a total value which would amount to at least SEK 300,000.

68 Chapter 4, sections 18–26 of the Companies Act.

69 The Financial Supervisory Authority's Regulations FFFS 1995:21 and 1995:43.

70 The Industry and Commerce Stock Exchange Committee's recommendations concerning the preparation of prospectuses (1986).

71 See KRISTIANSSON B., Aktiemarknadsnämdens praxis under tio år, 1996.

72 Listing Requirements, Stockholm Stock Exchange 1997. See also Chapter 5, section 1 and Chapter 6, section 1 of the Exchange and Clearing Business Act (1992:543).

over the Stock Exchange are issued by companies listed on the Exchange. This means that the company has already satisfied the Exchange's requirements and the question of whether or not the convertibles can be registered is in practice limited to verification that the convertibles have a sufficient spread. Exceptionally, however, it happens that a company which does not have shares registered on the exchange wishes to issue convertibles. In such a case, a more complete examination is undertaken of both the company and the prerequisites for achieving a suitable level of trade in the convertible.

The listing requirements for shares cannot be applied without reservation by analogy in the context of registration of bonds combined with subscription warrants. In practice, the Stock Exchange must make a somewhat more liberal assessment in this regard, based on the requirements of the Act to the effect that the prerequisites for suitable trade in the securities to be registered are found to exist.

2. *Issues to board members, the managing director and employees in listed companies*

In light of some highly controversial share issues to the management of certain Swedish companies in the middle of the 1980's, new legislation was introduced in 1987 in the form of the Share Market (Directed Placements) Act.[73] The Act applies, inter alia, where a listed company or a subsidiary thereto, directs an issue of shares, convertible bonds or bonds combined with subscription warrants to members of the board, the managing director or any other employee in the issuing company or in another company in the same group.

Resolutions concerning such issues must always be adopted or approved by the shareholders' meeting. They may not be adopted by the board pursuant to authority granted by the shareholders' meeting. In addition, the resolution is valid only if it was supported by shareholders having not less than nine tenths of both the number of votes exercised as well as the number of shares represented. If the issue resolution is adopted by a subsidiary which is not a listed company, it is necessary for the issue to be approved by the shareholders' meeting of the listed company which is the parent of the group.

73 The Share Market (Directed Placements) Act (1987:464). Government bill 1986/87:76, Ds Fi 1986:21. The Securities Council (see note 71) has, on several occasions, taken up the issue of generally accepted practise on the share market in the context of issues of the kind dealt with in the Act.

3. *Stock option plans*

Several listed companies have recently announced plans to offer their employees the opportunity to obtain (convertibles or) bonds with subscription warrants in the company. Such plans require the approval of the shareholders' meeting under observance of the special majority requirements of the Share Market (Directed Placements) Act.[74]

Another form of stock option plan that gives employees the opportunity to obtain call options in their company's shares has also become more common among Swedish listed companies of late. Since a Swedish company is yet not permitted to buy back its own shares, the options cannot be issued by the company itself instead, the company has to agree with one of its shareholders or a brokerage firm, for example, to issue them on its behalf.

A listed company that is considering whether to introduce a stock option plan also has to heed the self-regulation requirements of the Securities Council. In March 1998 the Securities Council issued a declaration on what it considers accepted standards in the Swedish stock market in connection with the establishment of stock option plans.

The Securities Council's declaration covered, among other things, the maximum number of subscription warrants or call options that may be offered to company executives. The Council states that confidence in the market could be shaken if significant allotments are granted, for example, to individuals in management who have had or are perceived to have had the opportunity to influence the decision to implement the plan. Allotments should therefore be kept to a „reasonable level".

Another issue that was brought up in the declaration is the circumstances under which members of the board may be offered the opportunity to participate in stock option plans. The Securities Council has distinguished between stock option plans based on subscription warrants and those based on call options. In the Council's opinion, members of the board who are not employed by the company as a rule may not be included in issues of (boards with) subscription warrants. The assurances made to the shareholders in such situations that the terms of the issue are considered fair always carry with them a degree of uncertainty. When such an issue is presented to the shareholders' meeting for approval, the board, as the presenter of the proposal, is normally the guarantor that the terms are reasonable and that any subsidies are reported openly. With this in mind, the Council feels it is unsuitable for members of the board to also be entitled to subscribe for the issue.

As mentioned above, stock option plans based on call options can be arranged if a shareholder or broker, acting on behalf of the company, issues the

74 See section VI. 2. above.

options. This means that a decision to go ahead with such a plan legally can be made by the board without the participation of the shareholders' meeting. According to the Securities Council, however, this would not agree with accepted stock market standards if the members of the board themselves are covered by the plan. Accepted standards require that the board's decision be submitted to the shareholders' meeting for approval.

VII. The Company Law Committee's proposal for new rules on increased capital

Pursuant to terms of reference issued by the government, the Company Law Committee is at present conducting a total review of the Companies Act. In the Committee's interim report „Aktiebolagets kapital", submitted to the government in spring 1997, new rules are proposed for the Companies Act concerning, inter alia, issues of shares, convertible bonds and subscription rights.[75]

So far as concerns both convertible bonds and bonds combined with subscription warrants, the Committee's proposal involves, first, that even non-negotiable promissory notes with conversion or option rights should be capable of being issued pursuant to the provisions of the Companies Act. In other words, it is proposed that the requirement that the instruments be negotiable should be deleted.

The Committee suggests further that the requirement, often ignored in practice, to the effect that the bond should be linked to the subscription warrant, should be abolished. Thus, Swedish companies would also be able to issue free standing call options.

Another aspect of the proposal is to expand the requirements of the Act concerning the matters to be dealt with in the terms and conditions of the issue with respect to the convertible or warrant holder's status vis-à-vis the issuing company prior to conversion or subscription taking place. The Committee proposes, inter alia, that the issue resolution always specify the rights accruing to the holder of the bonds or warrants in the event the company resolves to pay an extraordinary dividend to the shareholders.

The Committee's other proposal are primarily of an editorial character. They are not dealt with here.

75 Aktiebolagets kapital (SOU 1997:22)

VIII. The law in other Nordic countries

The present Nordic Companies Acts have a common background in the close Nordic legislative co-operation undertaken at the end of the 1960's. As a result of that co-operation, closely similar companies legislation was enacted in all the Nordic countries during the 1970's. The respective acts have since then been amended without similar co-operative efforts between the countries, although the fundamental structure has been maintained and there remains a great deal of similarity in many areas. This is the case, inter alia, with respect to convertible bonds and subscription warrants.

In *Denmark* there are two types of corporation without personal liability, aktieselskab and anpartsselskab, which are regulated in different acts.[76] In a comparison with, e.g. German law, the aktieselskab corresponds to the Aktiengesellschaft and the anpartsselskab corresponds to the GmbH. The aktieselskab law contains provisions concerning both convertible bonds[77] and bonds combined with subscription warrants.[78] In contrast to Swedish law, the Danish legislation allows companies to issue free standing call options. The rules otherwise correspond to a great extent to the Swedish rules, inter alia, in that the act does not contain any substantive rules concerning the status of the holder of the bonds or warrants vis-à-vis the issuing company during the period they are held, but leave this matter to be dealt with by the shareholders' meeting in the issue resolution.

The anpartsselskab law has recently been dramatically amended and no longer contains any provisions dealing with „hybrid instruments". This does not mean, however, that a Danish anpartsselskab is prohibited from issuing, e.g. convertible bonds. On the contrary, the legislature's intention is that such companies can create whatever financing instruments they choose, so long as those instruments do not breach other mandatory rules contained in the Act.[79]

In *Norway* the Parliament has recently decided to carry out extensive reforms in Norway's company legislation. As in Denmark, there will in future in Norway be two forms of corporation without personal liability of the owners, namely, allmenakjeselskap, intended for larger companies with a lot of owners, and aksjeselskap, intended for smaller companies with a limited group of owners. The act will contain provision applying to both forms relating to

76 Law no. 370 of 13 June 1973 om aktieselskab (ASL) and law no. 545 of 20 June 1996 om anpartsselskaber (ApSL).

77 Sections 41–42 ASL.

78 Sections 40a-b ASL. The provisions concerning subscription warrants were inserted in the Act in 1992.

79 Draft law on anpartsselkab, Bill no. L199 Folketinget 1995/96, p. 18.

the issuance of convertible bonds and bonds combined with subscription warrants.[80]

Finland has also recently effected extensive amendments to its Companies Act, inter alia, such that there are now two types of company, private and public. The act contains provisions relating to both types concerning the issuance of convertible bonds and bonds combined with subscription warrants, which to a great extent are similar to the Swedish rules.[81]

80 Ot bill no. 23 (1996–97) p. 223 *et seq* and 262 *et seq*.

81 Chapter 4, sections 12a-c of the Finnish Companies Act.

Wandel- und Optionsanleihen in der Schweiz

von

Professor Dr. Johannes Köndgen, Bonn/St. Gallen,

und

Dr. Daniel Daeniker, LL.M. (Chicago), Zürich

Inhaltsübersicht

I. Rechtstatsachen und Grundbegriffe

1. Wirtschaftliche und rechtliche Grundlagen

a) Bedeutung eigenkapitalbezogener Anleihen für den schweizerischen Kapitalmarkt

Auch in der Schweiz bilden Wandel- und Optionsanleihen die beiden Rechtsformen, in denen eigenkapitalbezogene Obligationen (equity-linked bonds) vertrieben werden. Beide erlauben die Fremdkapitalbeschaffung verbunden mit einer aufschiebend bedingten Eigenkapitalaufnahme. Als Finanzierungsinstrument für in- und ausländische Unternehmen sind sie gebräuchlich seit etwa 1960; ein nennenswertes Volumen erreichen sie allerdings erst seit Mitte der achtziger Jahre[1]. Während zunächst die Wandelanleihe der absolut dominierende Typus ist, tritt seit Anfang der siebziger Jahre die Optionsanleihe auf den Plan und überrundet seit Mitte der achtziger Jahre die Wandelanleihe mit weitem Abstand[2].

Im Jahre 1993 wurden auf dem schweizerischen Kapitalmarkt Wandelanleihen im Wert von mehr als CHF 3,5 Mrd. und Optionsanleihen im Betrag von über CHF 16 Mrd. emittiert[3]. Im ersten Quartal 1994 verzeichneten eigenkapitalbezogene Anleihen ausländischer Emittenten gegenüber dem Vorjahr nochmals eine Zunahme um nicht weniger als 241 % auf insgesamt CHF 8,0 Mrd.; dies entspricht in etwa einem Drittel des gesamten Auslandsanleihenvolumens in diesem Zeitraum[4].

Die folgende Aufstellung veranschaulicht die wirtschaftliche Bedeutung von eigenkapitalbezogenen Anleihen in der Schweiz.

Wandelanleihen:

	Inländische Emissionen	Ausländische Emissionen	Total Wandelanleihen
1989	Fr. 642 Mio.	Fr. 17'724 Mio.	Fr. 18'366 Mio.
1990	Fr. 882 Mio.	Fr. 9'115 Mio.	Fr. 9'997 Mio.
1991	Fr. 100 Mio.	Fr. 4'151 Mio.	Fr. 4'251 Mio.
1992	Fr. 66 Mio.	Fr. 2'131 Mio.	Fr. 2'197 Mio.
1993	Fr. 461 Mio.	Fr. 3'218 Mio.	Fr. 3'679 Mio.

1 Schon in den achtziger Jahren betrug der Anteil eigenkapitalbezogener Anleihen 15,7 % des Anleihenvolumens; da bei letzterem auch sämtliche Plazierungen durch öffentliche Anleihensschuldner mitgezählt sind, ist der Anteil bei privaten Emittenten ungleich höher. Vgl. die detaillierten Angaben zur Entwicklung der Emissionspraxis bei HERZOG, Options- und Wandelanleihen schweizerischer Gesellschaften. Emissionsmotive und Preiseffekte, 1991, S. 27ff.

2 HERZOG, aaO (Fn. 1), S. 30.

3 Für die Unterstützung bei der Sammlung des statistischen Materials danken die Verfasser Herrn *Dieter Enkelmann*, Mitglied der Direktion der Schweizerischen Kreditanstalt (SKA, heute Crédit Suisse) in Zürich.

4 Quelle: Monatsbericht April der Schweizerischen Nationalbank, S. 4.

Optionsanleihen:

	Inländische Emissionen	Ausländische Emissionen	Total Optionsanleihen
1989	Fr. 3'207 Mio.	Fr. 4'151 Mio.	Fr. 7'358 Mio.
1990	Fr. 1'107 Mio.	Fr. 2'230 Mio.	Fr. 3'337 Mio.
1991	Fr. 882 Mio.	Fr. 6'470 Mio.	Fr. 7'352 Mio.
1992	Fr. 338 Mio.	Fr. 5'328 Mio.	Fr. 5'666 Mio.
1993	Fr. 5'215 Mio.	Fr. 11'210 Mio.	Fr. 16'425 Mio.

Bei den ausländischen Emittenten von Options- und Wandelanleihen in Schweizerfranken dominierten von 1985 bis 1987 japanische Unternehmen. In jüngerer Zeit sind britische und amerikanische Konzerne stärker am Markt[5].

Mit dem Erwerb einer Wandel- oder Optionsobligation erhält der Anleger zunächst das Versprechen der regelmäßigen Zinszahlung sowie der Rückzahlung des investierten Kapitals; insofern besteht eine Ähnlichkeit zur gewöhnlichen Obligation. Zudem erhält der Anleger die Möglichkeit, an einer allfälligen Kurssteigerung der Aktien des Emittenten von Wandel- oder Optionsanleihen zu profitieren, wenn er sein Wandel- oder Optionsrecht ausübt[6]. Finanzmarkttechnisch stellen sich Wandel- wie Optionsrecht somit als *Call-Option* dar. In der Literatur wird mitunter behauptet, die Emission von Wandel- oder Optionsanleihen bringe dem Emittenten einen *doppelten Kostenvorteil*: Einerseits verbilligten sich die Kosten der Mittelaufnahme, da bei Wandel- und Optionsanleihen der Zinssatz regelmäßig niedriger ist als bei gewöhnlichen Anleihen[7]. Andererseits sei der Wandel- bzw. Optionspreis für neue Aktien in der Regel höher als der bei einer direkten Kapitalerhöhung erzielbare Emissionspreis. Neuere finanzmarkttheoretische Untersuchungen belegen demgegenüber, daß es sich bei diesen Rechtfertigungsversuchen um reine „Folklore" handelt[8].

Ob der Emittent unter den eigenkapitalbezogenen Anleihen einer Wandelanleihe oder einer Optionsanleihe den Vorzug gibt, dürfte vor allem durch das Nachfrageverhalten der Anleger präjudiziert werden. Letztere schätzen vor allem Abtrennbarkeit und selbständige Handelbarkeit des Optionsrechtes. Die Zu-

5 HERZOG, aaO (Fn. 1), S. 42.

6 Statt vieler MEIER-HAYOZ/VON DER CRONE, Wertpapierrecht, 1985, § 24 N 34 und § 25 N 22.

7 MEIER-HAYOZ/VON DER CRONE, aaO (Fn. 6), § 24 N 35.

8 Die „Einsparung", die der Emittent durch Ausgabe von Anleihen mit einem niedrigen Zinssatz macht, kann durch die Marktentwicklung wieder zunichte gemacht werden: Steigt der Aktienkurs erheblich über den Wandel- oder Optionspreis, so werden viele Anleger Aktien erwerben. Damit verkauft die emittierende Gesellschaft ihre Aktien aber im Vergleich zu einer gewöhnlichen Kapitalerhöhung zu „billig" (Opportunitätskosten). Steigt der Kurs nicht, so wird kein Anleger sein Wandel- oder Optionsrecht ausüben. Damit wird eine wesentliche Zielsetzung – Verstärkung der Eigenkapitalbasis des Emittenten – nicht erzielt (weiterführend HERZOG, aaO (Fn. 1), S. 83f und S. 119f).

kunft muß weisen, ob dieser Vorzug in Zeiten massenhaft gehandelter isolierter Optionsscheine seine Attraktivität behalten wird[9].

b) Gesetzliche Grundlagen

Auch in der Schweiz sind eigenkapitalbezogene Anleihen eine Schöpfung der Praxis des Kapitalmarktes bzw. der Unternehmensfinanzierung. Der Grundtypus einer Options- oder Wandelanleihe ist ziemlich leicht beschrieben[10]. Allerdings hat die privatautonome Gestaltungsfreiheit der Emittenten zu einem großen Variantenreichtum an Anleihensbedingungen geführt. Viele dieser Bedingungen haben nur vereinzelt Verwendung gefunden und können hier nicht in ihrer ganzen Bandbreite dargestellt werden[11].

Der *zwingende rechtliche Rahmen* für die Emission von Wandel- und Optionsanleihen ist in der Schweiz relativ weitmaschig. Zwar findet sich für Anleihensobligationen im allgemeinen eine – im internationalen Vergleich ungewöhnlich detaillierte – Regelung bereits im Obligationenrecht (OR) von 1936[12]. Eigenkapitalbezogene Anleihen haben demgegenüber ihre erste gesetzliche Regelung erst im Rahmen der Revision des Aktienrechtes von 1992 (Art. 653 bis 653i OR) erfahren. Diese Regelung erfaßt indes lediglich die gesellschaftsrechtlichen Bezüge von Wandel- und Optionsanleihen. Selbst in diesem begrenzten Bereich haben sich im übrigen bereits einige Streitfragen gestellt[13].

c) Internationales Privatrecht

Die Ausgabe von Wandel- und Optionsanleihen in der Schweiz kann eine mehr oder weniger enge Berührung zur schweizerischen Rechtsordnung aufweisen. Am engsten ist diese Berührung, wo eine *schweizerische Gesellschaft* eine Wandel- und Optionsanleihe auf eigene Aktien oder auf Aktien einer dritten,

9 Auf die isolierten Optionsscheine *(naked warrants)* wird in dieser Abhandlung nicht eingegangen.

10 Vgl. unten II.1. und III.1.

11 Zu den Einzelheiten vgl. die gründliche Darstellung bei Herzog, aaO (Fn. 1), S. 51ff; Ladner, Das Vorwegzeichnungsrecht unter Berücksichtigung von Corporate Governance Aspekten, 1996, S. 14ff.

12 Es handelt sich dabei um Art. 1156 OR über die Prospektpflicht und die Prospekthaftung und um Art. 1157ff OR über die Gläubigergemeinschaft. Die Regelung von Art. 1157ff OR hat in erster Linie eine Notlage des Anleihensschuldners im Auge. Dementsprechend überwiegen die Bestimmungen betreffend Befugnisse der Gläubigerversammlung, die Anleihensbedingungen nachträglich zugunsten des Schuldners abzuändern. Überdies findet die gesetzliche Regelung über die Gläubigergemeinschaft lediglich auf Anleihen inländischer Schuldner Anwendung; für ausländische Emittenten gilt lediglich Art. 1156 OR (vgl. dazu unten IV.3.a).

13 Vgl. unten V.2.

ebenfalls in der Schweiz ansässigen Gesellschaft ausgibt. Hier richten sich der Erwerb der Forderungspapiere, die Rechte der Gläubiger bis zur Umwandlung bzw. Ausübung der Option sowie die Rechte nach Erwerb von Beteiligungspapieren stets nach schweizerischem Recht.

Eine weniger enge Verbindung besteht, wenn eine *ausländische Gesellschaft* auf dem schweizerischen Kapitalmarkt eine Wandelanleihe ausgibt, die zum Bezug von Aktien einer im Ausland ansässigen Gesellschaft berechtigt. Zwar enthalten die Anleihensverträge[14], mit denen ein ausländischer Anleihensschuldner in der Schweiz eine Wandel- oder Optionsanleihe begibt, in der Regel eine *Rechtswahlklausel,* mit der ausdrücklich auf die Anwendung schweizerischen Sachrechts verwiesen wird. Allerdings erstreckt sich diese Rechtswahl lediglich auf die *Forderungs*rechte der Inhaber von Wandel- oder Optionsobligationen bis zur Ausübung des Wandel- oder Optionsrechtes. Demgegenüber hat die Rechtswahl keinen Einfluß auf die Rechtsstellung der Obligationäre mit Bezug auf ihr *Beteiligungs*recht nach Wandlung bzw. nach Ausübung der Option. Die mitgliedschaftlichen Verhältnisse zwischen Aktionär und Gesellschaft richten sich alsdann ausschließlich nach dem ausländischen Sitzrecht[15].

Denkbar ist zuletzt, daß die Schweiz lediglich eines unter mehreren Ländern ist, in welchen die Plazierung einer *Euro-Wandelanleihe* oder einer *Euro-Optionsanleihe* erfolgt[16]. Euroanleihen unterstehen in der Regel englischem Recht. Schweizerisches Recht bleibt hier nur für die eigentlich emissionsrechtlichen Fragen maßgeblich, etwa für die Anforderungen an die Qualifikation der Emissionsinstitute[17] oder für Prospektpflicht und Prospekthaftung[18].

Der folgende Bericht beschränkt sich auf Fragen im Zusammenhang mit der Ausgabe von Wandel- und Optionsanleihen schweizerischer Schuldner sowie von Wandel- und Optionsanleihen ausländischer Schuldner, die sich vertraglich schweizerischem Recht unterstellt haben.

14 Zum Begriff vgl. unten IV.2.a).

15 Für die Schweiz wird dies ausdrücklich in Art. 155 lit. f des Bundesgesetzes über das internationale Privatrecht (IPRG) festgelegt.

16 Als Euroanleihe bezeichnet man eine Emission, die unter der Führung einer internationalen Bankengruppe gleichzeitig und unter einheitlichen Bedingungen in mehreren Ländern ausgegeben wird; HORN, Das Recht der internationalen Anleihen, 1982, S. 13; HERI, Was Anleger eigentlich wissen sollten..., 1991, S. 24; GRAAF, Euromarket Finance: Issues of Euromarket Securities and Syndicated Eurocurrency Loans, 1991, S. 12f; DAENIKER, Anlegerschutz bei Obligationenanleihen, 1992, S. 28.

17 Vgl. dazu unten IV.1.b).

18 Vgl. dazu unten IV.3.a).

2. *Obligationenanleihen*

Das schweizerische Obligationenrecht (OR) setzt den Begriff der Obligationenanleihe (kurz Anleihe) voraus, ohne ihn zu umschreiben. In Literatur und Rechtsprechung versteht man darunter ein *in Teilbeträge aufgeteiltes Großdarlehen* auf Grundlage eines *einheitlichen Vertrages*, der sämtliche Merkmale der Anleihe (Zinssatz, Ausgabepreis, Laufzeit, Zeichnungsfrist und Liberierungsdatum[19]) einheitlich regelt. Gestützt auf diesen Vertrag verpflichtet sich der Anleihensschuldner gegenüber einer Vielzahl von Personen zur Verzinsung und Rückzahlung einer Geldsumme, wobei jeder Geldgeber (Obligationär) ein *selbständiges Forderungsrecht* erhält[20].

Das Forderungsrecht *(Anleihensobligation)* kann, aber muß nicht wertpapiermäßig verbrieft werden[21]. Im älteren schweizerischen Schrifttum herrschte dennoch die Auffassung vor, die Anleihensobligation könne nur in Wertpapierform bestehen[22]. In den vergangenen Jahrzehnten hat indes die Bedeutung der Urkunden im Effektenverkehr in der Schweiz wie im Ausland stark abgenommen. Die neuere Literatur will darum die Begründung von Anleihensobligationen auch in der Form von *Wertrechten* zulassen[23]. Diese Auffassung verdient unseres Erachtens Zustimmung. Das Gesetz verlangt nicht ausdrücklich eine Verbriefung der Obligation, und für den Verkehrsschutz ist die Verbriefung angesichts der heutigen Ausgestaltung des *stückelosen Effektenverkehrs* eher hinderlich als notwendig.

II. *Wandelanleihen*

1. *Begriff*

Wandelobligationen verbriefen nicht anders als gewöhnliche Anleihensobligationen ein Forderungsrecht. Darüber hinaus enthalten sie aber ein *Wandelrecht* zugunsten des Obligationärs. Das Wandelrecht verleiht dem Gläubiger während

19 Liberierung ist in der Schweiz der Fachbegriff für die Bareinzahlung oder Verrechnung des Ausgabepreises für neu emittierte Aktien oder Anleihensobligationen.

20 Entscheidungen des Schweizerischen Bundesgerichts, BGE 113 II 288; NOBEL, Schweizerisches Finanzmarktrecht, 1997, § 10 N 196; ROHR, Grundzüge des Emissionsrechts, 1990, S. 47; DAENIKER, aaO (Fn. 16), S. 21.

21 Im Gegensatz zum deutschen Recht, vgl. § 793 BGB.

22 ZIEGLER, Komm. z. schweizerischen Obligationenrecht, XXXIV. Titel: Anleihensobligationen (Art. 1156–1186 OR), 1950, N 4 vor Art. 1156 OR.

23 ZOBL, SZW 62 (1990), 129, 152; ZOBL/LAMBERT, SZW 63 (1991), 117, 134ff; DAENIKER, aaO (Fn. 16), S. 24.

einer bestimmten Frist die Befugnis (Typ „amerikanische“ Option[24]), zu im voraus festgelegten Bedingungen ein Beteiligungspapier des Anleihensschuldners oder einer mit diesem verbundenen Gesellschaft zu erwerben. Übt der Obligationär sein Wandelrecht aus, erlischt sein Forderungsrecht; an dessen Stelle tritt ein Beteiligungsrecht[25]. Finanzierungstechnisch wird damit Fremdkapital in Eigenkapital umgewandelt, womit sich die Kapitalstruktur der Unternehmung ändert[26].

In seiner Grundform verkörpert das mit der Anleihe verbundene Wandelrecht die Befugnis des Anlegers, die Forderung in Beteiligungspapiere des emittierenden Schuldners zu wandeln. In Konzernverhältnissen kommt es aber auch häufig vor, daß ein Anleihensschuldner eine Wandelanleihe mit Recht auf den Bezug von Aktien einer verbundenen Gesellschaft begibt[27], vor allem wo eine Konzernobergesellschaft über eine Finanzierungstochter Mittel aufnimmt und zugleich die Verpflichtungen der Tochtergesellschaft aus der Anleihe verbürgt oder garantiert[28].

2. *Wandelrecht*

a) Ausgestaltung

Die Ausübung des Wandelrechtes erfolgt durch einseitige, empfangsbedürftige Willenserklärung[29], die in der Regel unwiderruflich ist[30]. Sie bewirkt den Untergang der Kapitalforderung des Wandelobligationärs und der damit verbundenen Nebenrechte[31]. Aus diesem Grunde sind das Forderungsrecht und das Recht zum Erwerb eines Beteiligungspapiers untrennbar miteinander verbunden; das Wandelrecht wird nicht selbständig verbrieft[32].

24 Zum Sprachgebrauch „amerikanische“ und „europäische“ Option statt vieler HARTMUT SCHMIDT, Wertpapierbörsen, 1988, S. 69.

25 MEIER-HAYOZ/VON DER CRONE, aaO (Fn. 6), § 24 N 1 ff; NOBEL, aaO (Fn. 20), § 10 N 198; DAENIKER, aaO (Fn. 16), S. 27.

26 HERZOG, aaO (Fn. 1), S. 10.

27 Beispiel: 4 7/8 % Nachrangige Wandelanleihe 1992–2002 der CS Holding Finance B.V., wandelbar in Inhaberaktien der CS Holding AG.

28 Finanzierungstochtergesellschaften haben üblicherweise keine operative Geschäftstätigkeit. Sie dienen lediglich als Finanzierungsvehikel, um mißliebige steuerrechtliche Vorschriften des Sitzstaates der Konzernobergesellschaft zu umgehen; HORN, aaO (Fn. 16), S. 75 ff; DAENIKER, aaO (Fn. 16), S. 179.

29 MEIER-HAYOZ/VON DER CRONE, aaO (Fn. 6), § 24 N 7 mit weiteren Nachw.

30 Beispiel: 4 7/8 % Nachrangige Wandelanleihe 1992–2002 der CS Holding Finance B.V., wandelbar in Inhaberaktien der CS Holding AG. *„A notice of conversion, once duly completed and deposited as aforesaid, shall be irrevocable without the consent of the Issuer or the Guarantor“* (Ziff. 6 (f) der Anleihensbedingungen).

31 MEIER-HAYOZ/VON DER CRONE, aaO (Fn. 6), § 24 N 9.

32 MEIER-HAYOZ/VON DER CRONE, aaO (Fn. 6), § 24 N 23.

Das Wandelrecht erlischt ipso iure und ohne Kompensationsansprüche des Anlegers, wenn es während der Wandelfrist nicht ausgeübt wird. Bemerkenswert sind in diesem Zusammenhang Bestimmungen in Anleihensbedingungen, die den Schuldner ermächtigen, die Anleihe während der Wandelfrist vorzeitig zurückzuzahlen, womit die im voraus vereinbarte Wandelfrist durch einseitige Erklärung verkürzt werden kann. Der Emittent wird dies vor allem dann tun, wenn der Börsenkurs der fraglichen Beteiligungspapiere den Wandelpreis um einen gewissen Prozentsatz übersteigt. Immerhin sehen die gängigen Anleihensbedingungen vor, daß die Anleger vor der vorzeitigen Rückzahlung die Möglichkeit haben, ihr Wandelrecht während einer bestimmten Frist auszuüben und damit zumindest den bis zur Rückzahlung eingetretenen Kursanstieg zu realisieren[33].

b) Ausübung des Wandelrechtes

Die Frist, in der das Wandelrecht auszuüben ist *(Wandelfrist)*, beginnt nach schweizerischer Übung meist schon kurze Zeit nach dem Ende der Liberierungsfrist[34] zu laufen und erstreckt sich dann bis zum Fälligkeitsdatum der Anleihe bzw. bis zu einem eventuellen vorzeitigen Rückzahlungstermin. Feste Wandel*termine* werden hingegen nur selten vereinbart.

Die Wandlung wird durch *Erklärung an die Zahlstellenbank(en)* ausgeübt[35]. Natürlich sind letztere nicht selbst zur Lieferung von Aktien verpflichtet; sie sind hinsichtlich der auf Wandlung gerichteten Willenserklärung lediglich Empfangsbote. Der Anspruch auf Lieferung der Beteiligungspapiere richtet sich gegen den Anleihensschuldner.

Die Lieferbarkeit der Papiere ist, seit die Schweiz 1992 das Verfahren der *bedingten Kapitalerhöhung* eingeführt hat, grundsätzlich kein Problem mehr[36].

33 Beispiel: 1% Wandelnotes 1993 bis 1998 der China Textile Machinery Stock Ltd. – „Der Schuldner ist berechtigt, die Anleihe während der Wandelfrist zurückzubezahlen, wenn der Kurs der Aktien während mehr als 30 Tagen 150% des Wandelpreises übersteigt. Eine Rückzahlung kann allerdings erst 60 Tage nach Kündigung erfolgen, damit die Anleger nach erfolgter Kündigung ihr Wandelrecht noch ausüben können" (Ziff. 5 (c) (i) der Anleihensbedingungen).

34 Zur Terminologie siehe bereits oben Fn. 19.

35 Beispiel: 4 1/2% Nachrangige Wandelanleihe 1993–2008 der HOFI International Finance Ltd., wandelbar in Inhaberaktien der „Holderbank" Financière Glarus AG. „*In order to exercise the right of conversion, the Bondholder will be required to deposit with any Agent* [Zahlstellenbanken, Anm. der Verfasser] … *a duly completed notice of conversion in the form available from any Agent, together with the Bond to be converted. Any Bond must be accompanied by all Coupons which mature after the Conversion Date, failing which payment of an amount equal to the face value of any missing such Coupon must be made by the converting Bondholder.*" (Ziff. 6 (f) der Anleihensbedingungen).

36 Einzelheiten unten, V.2.

Handelt es sich (wie zumeist) um einen Anspruch auf im Wege der Kapitalerhöhung erst noch zu schaffende Papiere, so können sich allerdings Komplikationen ergeben, wenn der Anleihensschuldner im Zeitpunkt der Emission der Anleihe noch nicht die notwendigen Beschlüsse zu einer bedingten Kapitalerhöhung gefaßt hat. Um die Lieferung der Papiere gleichwohl schon im Zeitpunkt der Anleihensemission sicherzustellen, kann der Schuldner statt dessen alte Aktien aus Eigenbeständen (Vorratsaktien) in Höhe der voraussichtlichen Wandelsumme hinterlegen (i. d. R. bei der konsortialführenden Bank). Diese Vorratsaktien bleiben während der gesamten Wandelfrist für die fragliche Wandelanleihe gesperrt. Es ist nicht möglich, nach Ausgabe der Wandelobligationen die Vorratsaktien durch nachträglich geschaffenes bedingtes Aktienkapital zu ersetzen, denn eine ausdrückliche gesetzliche Bestimmung verbietet die Ausgabe von Wandel- und Optionsrechten, bevor die fraglichen Beschlüsse über das bedingte Kapital getroffen worden sind[37].

Wo eine Wandelanleihe durch eine *Finanztochtergesellschaft* ausgegeben wird, die Wandlung aber in Aktien der Konzernobergesellschaft erfolgen soll, ist nur jene zur Erfüllung verpflichtet[38]. Der Anleger erhält also einen Anspruch auf *Lieferung fremder Aktien.* Die Finanztochtergesellschaft, die durch Ausübung des Wandelrechts verpflichtet wird, muß sich ihrerseits in einer Nebenvereinbarung von der Konzernobergesellschaft die Lieferung von Aktien gegen Bezahlung des Wandelpreises versprechen lassen[39].

c) Wirkungen der Rechtsausübung

Aus Sicht des Anlegers erlischt sein Forderungsrecht bei Ausübung des Wandelrechtes. An dessen Stelle erwirbt er ein Beteiligungsrecht am Anleihensschuldner oder einer diesem verbundenen Gesellschaft[40]. Erfolgt die Wandlung in – vor der Aktienrechtsnovelle 1992 zugelassene – sogenannte *Vorratsaktien*[41], so ist der Erwerb der Aktionärsstellung derivativer Natur: Die Aktien sind be-

37 Vgl. Art. 653b Abs. 3 OR.

38 Die Konzernobergesellschaft, die die Anleihe garantiert und in deren Aktien gewandelt werden kann, ist i. d. R. nur akzessorisch verpflichtet.

39 Eine solche Nebenvereinbarung qualifiziert sich als *Vertrag zugunsten Dritter* im Sinne von Art. 112 OR.

40 Die vertragsrechtliche Konstruktion dieses höchst komplexen Vorgangs ist in der Schweiz umstritten, ohne daß sich eine h.L. herausgebildet hätte. Die Kausalvereinbarung der Wandlung wird teilweise als Kaufgeschäft, als Kündigung eines Darlehens, als Tausch oder als Vertrag sui generis interpretiert; das Wandelrecht selbst als Option, aber auch als facultas alternativa des Gläubigers (zum Meinungsstand MEIER-HAYOZ/VON DER CRONE, aaO (Fn. 6), § 24 N 8–11; WENGER, Die bedingte Kapitalerhöhung im schweizerischen Aktienrecht, 1996, S. 206f). Alle diese Erklärungsversuche bleiben letztlich unbefriedigend.

41 Vgl. dazu hinten, V.1.

reits geschaffen und bei einem Treuhänder hinterlegt, und der Obligationär erwirbt mit Ausübung des Wandelrechts einen Anspruch auf Auslieferung der Titel. Bei Wandlung in Inhaberaktien oder Inhaber-Partizipationsscheine[42] erwirbt der Anleger die Aktionärsstellung durch schlichte Übergabe des Titels. Bei Namenaktien, die als Wertpapiere verbrieft sind, erfolgt eine Übertragung nach den Regeln über die Ordrepapiere[43]. Nicht verbriefte Namenaktien – zu denen auch die sogenannten Namenaktien mit aufgeschobenem Titeldruck zählen[44] – sind wie Forderungen zu übertragen[45]. In beiden Fällen erfolgt überdies eine Eintragung des Erwerbers im Aktienbuch der Gesellschaft: als Aktionär mit Stimmrecht, sofern er die wirtschaftliche Berechtigung offenlegt und allfällige weitere Übertragungsbeschränkungen einhält, die sich aus den Statuten der fraglichen Gesellschaft ergeben; als Aktionär ohne Stimmrecht, wenn eine entsprechende Erklärung unterbleibt oder wenn der Aktionär die Voraussetzungen zur Stimmrechtsausübung, die in den Statuten festgeschrieben sind, nicht erfüllt[46].

Besteht dagegen – nach neuem Kapitalerhöhungsrecht – für die Sicherstellung der Wandelrechte ein *bedingtes Kapital*, so wird mit Ausübung des Wandelrechts und Erfüllung der Liberierungspflicht[47] die Aktionärsstellung originär erworben. Mit anderen Worten: Die Ausübung des Wandelrechtes erhöht eo ipso das Aktienkapital der vom Wandelrecht betroffenen Gesellschaft. Alle später er-

42 Partizipationsscheine sind die schweizerische Variante der stimmrechtslosen Vorzugsaktie. Vor der Revision des Aktienrechts 1992 waren sie gesetzlich nicht geregelt und daher als flexibles Finanzierungsinstrument verwendbar. Sie wurden vor allem auf den internationalen Märkten ausgegeben, um ausländischen Aktionären die Beteiligung an schweizerischen Gesellschaften zu ermöglichen, ohne eine unerwünschte „Überfremdung" schweizerischer Gesellschaften zu gewärtigen; vgl. HERZOG, aaO (Fn. 1), S. 59f. Seit 1989 hat in der Schweiz eine Öffnung gegenüber ausländischen Investoren eingesetzt, die die Ausgabe von Partizipationsscheinen allmählich weniger attraktiv gemacht hat. Durch die gesetzliche Regelung der Partizipationsscheine im OR 1992 (Art. 656a ff) haben die Partizipationsscheine zusätzlich an Flexibilität eingebüßt.

43 Auch bei Ordrepapieren ist zum gültigen Rechtserwerb die Übertragung des Papierbesitzes, gestützt auf ein gültiges Verpflichtungsgeschäft, erforderlich, überdies ist der Titel zu indossieren; vgl. MEIER-HAYOZ/VON DER CRONE, aaO (Fn. 6), § 2 N 225ff.

44 Als Namenaktie mit aufgeschobenem Titeldruck bezeichnet man Aktien, die nicht verurkundet werden, bei denen aber der Aktionär das Recht hat, jederzeit Druck und Auslieferung der Aktientitel zu verlangen. Die Übertragung von Namenaktien mit aufgeschobenem Titeldruck erfolgt nach zessionsrechtlichen Grundsätzen: Die Buchungsakte der an der Übertragung beteiligten Banken ersetzen die Übertragung des indossierten Titels.

45 Nicht verbriefte Namenaktien gelten in der schweizerischen Lehre als gewöhnliche Forderungsrechte. Die Übertragung einer unverbrieften Aktie erfolgt demnach durch schriftliche Abtretungserklärung (Art. 165 Abs. 1 OR; ZOBL, SZW 62 (1990), 129, 152; ZOBL/LAMBERT, SZW 63 (1991), 117, 129).

46 Art. 685e und 685f, Art. 686 Abs. 4 OR.

47 Beim Wandelrecht wird die Liberierungspflicht durch *Verrechnung* erfüllt (vgl. dazu Art. 653e Abs. 2 OR).

folgenden Handlungen wie die Auslieferung der Aktien, gegebenenfalls der Eintrag im Aktienbuch und die Erhöhung des im Handelsregister eingetragenen Aktienkapitals haben damit nur noch deklaratorischen Charakter[48].

Allfällige Beschränkungen der Übertragbarkeit, welche einem Erwerb von Namenaktien entgegenstehen[49], müssen in den Statuten und im Emissionsprospekt ausdrücklich vorbehalten werden, um gegenüber den Wandelobligationären Gültigkeit zu haben[50].

III. Optionsanleihen

1. Begriff

Auch die Optionsanleihe verbrieft zunächst wie jede gewöhnliche Anleihensobligation ein Forderungsrecht. Mit diesem Forderungsrecht verbunden ist nunmehr aber ein *selbständiges Recht,* während einer bestimmten Frist (amerikanische Option) zu im voraus festgesetzten Bedingungen ein Beteiligungspapier zu erwerben. Präziser gesagt: Im Gegensatz zur Wandelanleihe geht das ursprüngliche Forderungsrecht bei Ausübung der Option nicht unter, sondern dauert bis zum Ablauf der Laufzeit der Anleihe fort. Das Bezugsrecht besteht somit selbständig neben dem Gläubigerrecht. Die Selbständigkeit des Optionsrechts kommt darin zum Ausdruck, daß dieses separat handelbar ist und – sofern die Optionsobligation in effektiven Stücken begeben wird[51] – in einem selbständigen Optionsschein verbrieft ist. Der Optionsschein kann unabhängig von seiner wertpapierrechtlichen Ausgestaltung separat gehandelt werden[52].

2. Gegenstand des Optionsrechts

a) Anleihen mit Optionen auf Aktien

In ihrer traditionellen, in der Praxis nach wie vor am weitesten verbreiteten Grundform verkörpert die Optionsanleihe ein Forderungsrecht gegenüber dem Emittenten verbunden mit dem Recht, im Wege einer Kapitalerhöhung neue Aktien desselben Emittenten zu erwerben.

48 Näheres dazu unten III.3.b) und V.2.
49 Bei börsenkotierten Gesellschaft steht die *prozentmäßige Beschränkung* des Erwerbs von Namenaktien im Vordergrund (Art. 685d Abs. 1 OR).
50 Vgl. Art. 653d Abs. 1 OR.
51 Wie oben (I.2.) gezeigt, ist die Verbriefung im schweizerischen Recht nicht begriffsnotwendig.
52 Meier Hayoz/von der Crone, aaO (Fn. 6), § 25 N 1ff; Heri, aaO (Fn. 16), S. 59ff; Daeniker, aaO (Fn. 16), S. 27.

Stark zugenommen hat neuerdings die Variante, nach der eine in einem steuergünstigen Land ansässige Finanzierungstochtergesellschaft die Anleihe mit der Option emittiert, Aktien einer *verbundenen Gesellschaft* (meist der Konzernmutter) zu erwerben. Die Rechtsverhältnisse zwischen den beiden Konzerngesellschaften sind im wesentlichen gleich wie bei Wandelanleihen verbundener Gesellschaften[53].

b) Andere Optionsgegenstände („synthetische" Optionsanleihen)

Im Unterschied etwa zur Bundesrepublik Deutschland wurden in der Schweiz zu Beginn der neunziger Jahre auch Optionsanleihen angeboten, bei denen das Optionsrecht nicht auf den Erwerb von Aktien zielt, die in Vollzug einer Kapitalerhöhung der emittierenden (oder einer konzernverbundenen) Gesellschaft noch zu schaffen sind. Offensichtlich zählen solche Anleihen nicht mehr zur Gruppe der eigenkapitalbezogenen Obligationen mit deren charakteristischer Koppelung von Fremd- und Eigenkapitalbeschaffung. Auch rechtlich ist die Verknüpfung von Anleihensforderung und Optionsrecht weitgehend gelockert. So ist etwa die Optionsfrist von der Laufzeit der Anleihe völlig abgekoppelt. Zunehmend sind die Emittenten von Anleihensobligation und Optionsschein sogar personverschieden und tun sich nur in Erwartung von Synergievorteilen aus der spezifischen Kombination zweier Anlageinstrumente zu einer Gemeinschaftsemission zusammen. Im Kern handelt es sich um die *Emission zweier rechtlich unabhängiger Titel,* die allein zu Marketingzwecken „im Paket" vertrieben werden. Offenbar setzte dieses Paketangebot von Anleihe und Optionsschein auf die gegenwärtige Popularität von Finanzderivaten beim Anlegerpublikum und erlaubte es dem Emittenten der Anleihe, letztere mit einem vergleichsweise deutlich niedrigeren Coupon auszustatten[54]. Angesichts der Eigenständigkeit dieses neuen Anleihenstypus sollte man hier im Interesse terminologischer Klarheit von „synthetischen Optionsanleihen" oder überhaupt von „Anleihen mit Option"[55] sprechen.

Ist der Zusammenhang der Fremdkapitalaufnahme mit einer Eigenkapitalerhöhung erst einmal gelöst, dann können die Basiswerte für die Optionsrechte nahezu beliebig gewählt werden. Große Verbreitung auf dem schweizerischen Markt hatten etwa Anleihen, die dem Optionsinhaber das Recht verschaffen,

53 Vgl. dazu die Ausführungen oben II.2.b).

54 Bei Personenverschiedenheit der Emittenten der Anleihe und der Optionen muß die vom Effektivzins abgehende Optionsprämie im Innenverhältnis der beiden Emittenten festgelegt werden. Sie wird i.d.R. vom Anleihensschuldner getragen.

55 Dies ist in der Tat der Sprachgebrauch bei einigen neueren Emissionen, z.B. „2% Anleihe Merkur Holding AG 1994–2001 versehen mit Optionen, ausgegeben durch die Schweizerische Kreditanstalt, zum Erwerb von Inhaberaktien der Schweizerischen Bankgesellschaft".

Aktien von *dritten, nicht mit dem Anleihensschuldner verbundenen Gesellschaften* zu erwerben. Vor allem als Finanzierungsform der öffentlichen Hand hat diese Art von Optionsanleihen zu Beginn der neunziger Jahre steile Karriere gemacht[56], geriet aber schon nach wenigen Jahren wieder außer Übung.

Entsprechend der Produktvielfalt auf dem Markt für selbständige Optionsscheine wurden gleichfalls zu Beginn der Neunziger Jahre auch *Anleihen mit Optionen auf Aktienkörbe* und vereinzelt sogar auf Rohstoffkörbe (commodity baskets) plaziert[57]. Schließlich gelangten *Anleihen mit Indexoptionen*[58] zu einer gewissen Popularität. Auch bei dieser Form von Optionsanleihen besteht zunächst ein gewöhnliches Forderungsrecht; daneben hat der Anleger die Möglichkeit, zu einem bestimmten Preis eine Indexoption auszuüben. Der einer Option zugrundeliegende Index kann frei gewählt werden. Denkbar sind z.B. bereits existierende Aktienindizes[59], Obligationen- oder Rohwarenindizes. Da der Index eine rein synthetische Größe darstellt, dessen Wert jederzeit berechnet werden kann, erfolgt bei Ausübung einer Indexoption in aller Regel nicht eine physische Auslieferung der im Index enthaltenen Titel, sondern eine Auszahlung der Differenz zwischen aktuellem Indexkurs und Ausübungspreis (sogenannte *cash settlements*)[60].

56 *Beispiele:* 3 % Optionsanleihe 1993–2001 des Kantons Basel-Landschaft mit Optionsrecht auf Namenaktien der Ciba-Geigy AG. Emittent der Anleihe ist der Kanton, Emittent der Optionen der Schweizerische Bankverein. 2 3/4 % Optionsanleihe 1993–2003 der Stadt Zürich, verknüpft mit durch den Schweizerischen Bankverein emittierten Optionen zum Erwerb von Namenaktien der „Zürich“ Versicherungsgesellschaft.

57 Als „basket“ bezeichnet man eine vom Emittenten der Option frei gewählte und gewichtete Zusammensetzung von Aktien oder Rohstoffen.
Beispiele: 2 1/2 % Optionsanleihe 1993–2003 der Stadt Lausanne mit durch den Schweizerischen Bankverein emittierten Optionen zum Erwerb eines Versicherungsbaskets mit Aktien dreier unterschiedlich gewichteter schweizerischer Versicherungsgesellschaften; 2 3/4 % Optionsanleihe 1994–2001 der Luzerner Kantonalbank mit commodity basket aus Rohmetallen und Rohöl. Auch die deutsche Landesbank Rheinland-Pfalz ist mit einer 2 1/4 % Anleihe 1994–2001 mit vom Schweizerischen Bankverein (Deutschland) emittierten Optionsscheinen auf einen deutschen Großbanken-Basket an den schweizerischen Markt gelangt.

58 Die Indexoption erteilt ihrem Inhaber das Recht, die dem Index zugrundeliegenden Werte zu einem im voraus festgelegten Preis zu kaufen (Call) oder zu verkaufen (Put).

59 In der Schweiz z.B. der *Swiss Market Index.*

60 MÜLLER-MÖHL, Optionen, 1988, S. 200. Ein cash settlement wird vereinzelt auch bei Optionen auf einen basket ausbedungen.
Beispiel: 3 % Nachrangige Optionsanleihe 1994–2005 der Banque Cantonale Vaudoise mit Put-Optionen auf den Swiss Market Index (SMI). *„20 Put-Optionen berechtigen innerhalb der Laufzeit zu einer Barauszahlung, falls sich nach folgender Formel ein positiver Betrag errechnet: CHF 3'233.60. -- minus Index-Schlussstand des Swiss Market Index (SMI) am Tag der Optionsausübung, wobei ein SMI-Punkt CHF 1. -- entspricht, abzüglich der zum Zeitpunkt der Optionsausübung anfallenden Courtage, Spesen, allfälligen Steuern und ähnlichen Gebühren.“*

c) Exkurs: Stock Options/Kaderoptionen

Nicht ausführlicher zur Sprache kommen im vorliegenden Beitrag die *stock options* für leitende Mitarbeiter des Unternehmens – in der Schweiz als *Kader-Optionen* bezeichnet. Auch in der Schweiz ist es in letzter Zeit üblich geworden, Mitglieder des obersten Kaders (Managements) einer Gesellschaft sowie Verwaltungsräte (Aufsichtsräte) zumindest teilweise in Aktien der eigenen Gesellschaft oder in Optionen darauf zu kompensieren. Soweit Optionen auf Aktien ausgegeben werden, handelt es sich durchwegs um nackte Optionen ohne Anleihenskomponente.

Kaderoptionen nach schweizerischem Muster werden, wie auch im Ausland üblich, regelmäßig aufgrund des Erreichens eines individuell vorgegebenen Leistungsziels vergeben. Zudem unterstehen sie häufig einer Sperrfrist (*vesting period*), während der die Optionen weder ausgeübt noch veräußert werden dürfen. Verläßt der Mitarbeiter die Gesellschaft vor Ablauf der Sperrfrist, verwirkt er regelmäßig auch das Recht auf diese Optionen. Ob eine solche Verwirkungsklausel unter schweizerischem Arbeitsvertragsrecht durchsetzbar ist, ist allerdings umstritten: Richtet nämlich der Arbeitgeber dem Arbeitnehmer neben dem Lohn eine Gratifikation (Sondervergütung) aus, so „hat der Arbeitnehmer einen Anspruch darauf, wenn es verabredet ist" (Art. 322d Abs. 1 OR). Nach der Gerichtspraxis gilt bereits die Inaussichtstellung einer Gratifikation als anspruchsbegründend. Diese Judikatur bezieht sich allerdings ausnahmslos auf Angestellte der untersten Stufen und kann nicht unbesehen auf Kaderoptionen übertragen werden.

Die Vergabe von Mitarbeiteroptionen mit Sperrfrist untersteht besonderen steuerlichen Vorschriften. Nach schweizerischem Einkommenssteuerrecht ist der Mitarbeiter gehalten, den Wert der ihm eingeräumten Optionen (bzw. den Wert der Vergünstigung, falls er sie zu einem verbilligten Preis gekauft hat) sofort als Einkommen zu versteuern. Diese Steuerpflicht besteht, obwohl noch gar nicht klar ist, ob der Mitarbeiter am Ende der Sperrfrist noch angestellt sein wird und dementsprechend die Optionen ausüben kann. Im Gegenzug zu dieser „Vorabbesteuerung" gewähren die Steuerbehörden aber häufig einen Diskont auf das steuerbare Einkommen. Werden die Optionen nach Ablauf der Sperrfrist ausgeübt oder veräußert, ist der daraus resultierende Kapitalgewinn für Privatpersonen steuerfrei. Kaderoptionen sind somit auch in steuerlicher Hinsicht für Kadermitarbeiter schweizerischer Gesellschaften besonders attraktiv.

3. Optionsrecht

a) Ausgestaltung

Das Optionsrecht verleiht seinem Inhaber die Befugnis, durch einseitige, empfangsbedürftige und unwiderrufliche Erklärung ein Beteiligungspapier oder einen anderen Basiswert zu im voraus bestimmten Bedingungen zu erwerben[61]. Ist die Optionsanleihe in Wertpapierform verbrieft, so wird der Optionsschein als rechtlich selbständige Urkunde ausgestellt.

b) Ausübung und Wirkungen

Auch bei Optionsanleihen wird der Erwerb eines Beteiligungspapiers üblicherweise durch Erklärung an die Zahlstellenbank(en) eingeleitet. In dieser Hinsicht gilt das für Wandelanleihen Gesagte[62] auch hier.

Die – für die Bewertung der Option bedeutsame – Länge der Optionsfrist beträgt jedoch im Schnitt nur die Hälfte der Wandelfrist, die ihrerseits regelmäßig deckungsgleich mit der Laufzeit der Anleihe ist. Mit durchschnittlich 4,6 Jahren ist die Optionsfrist aber immer noch wesentlich länger als bei den an der Schweizerischen Terminbörse SOFFEX gehandelten standardisierten Optionen *(traded options)*, deren Ausübung auf sechs Monate begrenzt ist[63].

Im Gegensatz zum deutschen Recht[64] scheint der Wortlaut des revidierten Aktienrechts hinsichtlich der Rechtsnatur und Rechtswirkung der Optionsausübung weniger Zweifel offenzulassen: Nach Art. 653 Abs. 2 OR erhöht sich nämlich das Aktienkapital „*ohne weiteres* im Zeitpunkt und in dem Umfang, als diese Wandel- oder Optionsrechte ausgeübt und die Einlagepflichten durch Verrechnung oder Einzahlung erfüllt werden"[65]. Damit ist allerdings entgegen manchen Stimmen[66] zunächst nur gesagt, daß der Vollzug der Kapitalerhöhung nicht von weiteren durch die Gesellschaft zu erfüllenden Formalitäten wie Lieferung der Titel und Eintrag im Handelsregister oder – bei Emission von Namenaktien – im Aktienbuch abhängen soll[67]. Doch sprechen die starke Gewichtung der einseitigen Optionsausübung sowie der ersichtliche Wille des Gesetzgebers zur Vereinfachung des Vorgangs eher dafür, das Optionsrecht als *unmittelbare, rechtsgestaltende Ingeltungsetzung des Zeichnungsvertrages* zu interpretieren. Die Erhöhung des Aktienkapitals erfolgt somit tropfenweise oder kontinuierlich[68]. Im Gegensatz zu anderen in der Schweiz gängigen Kapitalerhöhungsformen wird

61 MEIER-HAYOZ/VON DER CRONE, aaO (Fn. 6), § 25 N 6.
62 Vgl. oben II.2.b).
63 HERZOG, aaO (Fn. 1), S. 60f.
64 Darstellung des Streitstandes bei G. SCHUMANN, Optionsanleihen, 1990, S. 19ff.
65 Hervorhebung der Verfasser. Der Rechtsgedanke des Art. 653 Abs. 2 OR wird in Art. 653e Abs. 3 OR nochmals in ähnlichen Worten wiederholt.
66 Etwa VON PLANTA, Der Schutz der Aktionäre bei der Kapitalerhöhung, 1992, S. 18.
67 Zutr. ISLER/ZINDEL, Komm. z. Schweizerischen Privatrecht, Obligationenrecht II, 1994, Art. 653 N 3, 21. Zur kapitalerhöhungsrechtlichen Seite ausführlicher noch unten, V.2.
68 FORSTMOSER/MEIER-HAYOZ/NOBEL, Komm. z. Schweizerischen Aktienrecht, 1996, § 52 N 305.

die aufgrund der Kapitalerhöhung notwendige Statutenänderung sowie deren Eintragung im Handelsregister erst nachträglich vorgenommen[69].

Von Gesetzes wegen besteht keine Pflicht des Anleihensschuldners, für die nach Ausübung der Option zu liefernden Basiswerte Deckung bereitzustellen. Wo bei „Neuaktienoptionen" die zugrundeliegende bedingte Kapitalerhöhung durch Beschluß der Generalversammlung bereits eingeleitet ist, wird auch in den Anleihensbedingungen meist darauf verzichtet, eine solche „Deckungspflicht" zu statuieren[70]. Lediglich bei Drittaktienoptionsscheinen verlangen die Börsenzulassungsvorschriften (Kotierungsreglemente) die physische Hinterlegung der entsprechenden Anzahl von Basiswerten[71].

Wo der Optionsschein das Recht verbrieft, Aktien von dritten, nicht mit dem Anleihensschuldner verbundenen Gesellschaften zu erwerben, ist jener unter allen Umständen zur Lieferung verpflichtet. Eine Berufung auf Unmöglichkeit oder Unerschwinglichkeit der Vertragserfüllung ist nicht möglich, da der Anleihensschuldner sich ausdrücklich zur Lieferung einer fremden Sache verpflichtet und das entsprechende Risiko auf sich genommen hat (*Beschaffungsschuld)*. Bei sogenannten *gedeckten Optionsanleihen* stellt sich das Problem der Unmöglichkeit der Lieferung nicht, weil entweder der Anleihensschuldner sich die Papiere bereits im voraus selbst verschafft hat oder sich die Lieferung der Aktien zu einem bestimmten Preis von Dritten hat zusichern lassen.

Nach Ausübung einer Option auf Auslieferung von Aktien und Liberierung erwirbt der Anleger ein Beteiligungsrecht. Bei Ausübung einer Indexoption – vereinzelt auch einer „basket"-Option – erhält er einen Geldbetrag ausbezahlt (cash settlement). In beiden Fällen erlischt das Forderungsrecht nach Ausübung des Optionsrechtes nicht, sondern bleibt mit voller Zinsberechtigung erhalten. Die erworbenen Dividendenpapiere haben üblicherweise erstmals Anspruch auf Dividende für das Geschäftsjahr, in dem die Option ausgeübt wird[72]. Der Vorteil dieser kapitalgeschützten Anlage hat zur Kehrseite, daß die Optionsanleihe regelmäßig schlechter verzinslich ist als eine Wandelanleihe.

69 Art. 653g und 653h OR.

70 Vgl. jedoch 3 % Optionsanleihe 1994–2004 der Elektrowatt AG, Optionsbedingungen Ziff. 7: *„Auf der Grundlage des bedingten Kapitals gemäss Beschluss der ordentlichen Generalversammlung vom … hat der Verwaltungsrat zur Sicherstellung der Optionsrechte maximal 500000 Inhaberaktien Elektrowatt AG von je Fr. 50 Nennwert reserviert."*

71 Weiteres zu den Kotierungsreglementen unter IV.1.c).

72 Herzog, aaO (Fn. 1), S. 66f.

IV. Kapitalmarktrecht der Wandel- und Optionsanleihen

1. Institutioneller Rahmen

a) Rechtsquellen

Die Schweiz kennt kein einheitliches Kapitalmarktrecht[73]. Die auf Wandel- und Optionsanleihen anwendbaren Vorschriften finden sich verstreut in verschiedenen Einzelgesetzen. Auf *Bundesebene* zählen hierzu insbesondere die Vorschriften des Aktienrechts[74] und des Wertpapierrechts[75] im Schweizerischen Obligationenrecht (OR), die Vorschriften über den Kapitalexport sowie aufsichtsrechtliche Spezialbestimmungen für Banken im Bankengesetz (BankG), für Börsen und Effektenhändler im Börsengesetz (BEHG), schließlich einige Strafvorschriften im Strafgesetzbuch (StGB). Das Börsenrecht unter Einschluß der Kotierungsvorschriften ist erst seit 1. Februar 1997 bundesweit normiert; zuvor war es durch kantonale Rechtsquellen geregelt.

Das BEHG präsentiert sich als Rahmengesetz, das der Selbstregulierung der Marktteilnehmer einen breiten Spielraum läßt. Das Börsengesetz schafft die Voraussetzungen eines transparenten Effektenmarktes und der Gleichbehandlung der Anleger[76]; verschiedene Bereiche, insbesondere die Publizitätspflichten bei Emission und Kotierung von Effekten, sind der Selbstregulierung durch die Marktteilnehmer bzw. die staatlich zugelassenen Börsen überlassen.

b) Bankenrecht

Sowohl bei Geschäften in Schweizerfranken wie auch bei solchen in Auslandswährungen unterstehen die schweizerischen Banken und Effektenhändler den strengen Vorschriften über Eigenmittelunterlegung und Liquidität[77] sowie der allgemeinen Aufsicht durch die Eidgenössische Bankenkommission. Darüber hinaus untersteht die Ausgabe sämtlicher *Obligationenanleihen in Schweizerfranken* der Kontrolle der Schweizerischen Nationalbank. Bis zum 1. April 1993 durften in- und ausländische Anleihensschuldner auf dem schweizerischen Kapitalmarkt solche Anleihen ausschließlich durch Vermittlung schweizerischer Ban-

73 Hopt, WuR 38 (1986), 101, 102f; Meier-Schatz, Wirtschaftsrecht und Unternehmenspublizität, 1989, S. 74; Nobel, aaO (Fn. 20), § 1 N 17ff.

74 Regeln über die bedingte Kapitalerhöhung in Art. 653ff OR.

75 Regeln über die Anleihensobligationen in Art. 1156ff OR.

76 Art. 1 BEHG.

77 „Die Banken haben dafür zu sorgen, dass ein angemessenes Verhältnis besteht (a) zwischen ihren eigenen Mitteln und ihren gesamten Verbindlichkeiten; (b) zwischen ihren greifbaren Mitteln und leicht verwertbaren Aktiven einerseits und ihren kurzfristigen Verbindlichkeiten andererseits" (Art. 4 BankG). Die entsprechenden Ausführungsvorschriften finden sich in Art. 11ff der BankV.

ken ausgeben[78]. Seit dem 1. April 1993 muß nur noch das *federführende Institut* im Inland domiziliert sein[79]. Die Ausgabe von *Anleihen in Fremdwährungen* untersteht demgegenüber nicht der Kontrolle durch die Schweizerische Nationalbank.

c) Börsenrecht

Die Vorschriften über die Börsen*zulassung* von in- und ausländischen Effekten sind seit 1. Juli 1991 gesamtschweizerisch vereinheitlicht: Alle Titel, die an schweizerischen Börsen kotiert werden sollen, müssen den Vorschriften des gesamtschweizerisch vereinheitlichten Kotierungsreglementes entsprechen und bedürfen zur Kotierung der Genehmigung durch die *Zulassungsstelle der Schweizer Börse SWX*. Alsdann steht einer Kotierung an dem seit 1996 bestehenden elektronischen Handelssystem der Schweizer Börse SWX nichts mehr im Wege.

Den *Antrag auf Börsenzulassung* stellt in der Regel die Bank bzw. der Effektenhändler, die für die Börseneinführung verantwortlich zeichnen. Es ist dem Emittenten allerdings unbenommen, selbst einen Antrag auf Börsenzulassung zu stellen oder einen anderen Vertreter zu bezeichnen; der Emittent bzw. dessen Vertreter müssen sich aber durch genügende Fachkenntnisse ausweisen und zu diesem Zwecke von der Zulassungsstelle der Schweizer Börse SWX anerkannt sein[80].

2. Emissionsverfahren, insbesondere durch Festübernahmevertrag

Nahezu sämtliche in der Schweiz begebenen Obligationenanleihen werden in einem zweistufigen Verfahren, der sogenannten *Fremdemission*, auf dem schweizerischen Markt plaziert: Zunächst wird die gesamte Anleihe von einer Bank bzw. einem Bankenkonsortium auf der Grundlage eines sogenannten *Festübernahmevertrages* zu einem bestimmten Preis fest übernommen. Die so erworbenen Titel werden alsdann auf Rechnung und Risiko der Banken bei den einzelnen Anlegern plaziert. Mithin steht der Erwerber einer Anleihensobligation während der Emission in keiner vertraglichen Beziehung zum Anleihensschuldner/Emittenten. Wertpapierrechtlich handelt es sich um die erste rechtsgeschäftliche Übertragung eines bereits begebenen Titels; schuldrechtliche Basis ist der zwischen einer Emissionsbank und dem Anleger abgeschlossene Kaufvertrag.

78 Damit sollte eine Durchsetzung der einschlägigen, auf den 1. April 1993 außer Kraft gesetzten Steuervorschriften gewährleistet werden.

79 Diese Regelung wird als *Verankerungsprinzip* bezeichnet (Rundschreiben der Schweizerischen Nationalbank vom 10. Januar 1995, in Kraft seit 1. Februar 1995).

80 Art. 50 Kotierungsreglement.

a) Zustandekommen des Festübernahmevertrages

Bemerkenswert sind in der Schweiz Art und Zeitpunkt des Zustandekommens des Festübernahmevertrages: Die wesentlichen Bedingungen der Anleihensübernahme wie Laufzeit, Zinssatz, Bandbreiten des Emissionspreises, des Wandel- oder Optionspreises, Übernahmekommission, Rückzahlungsmodalitäten und Sicherstellungen werden regelmäßig in einem *invitation telex* zusammengefaßt[81]. Haben sich die Parteien über diese Essentialia geeinigt, beginnt die federführende Bank unverzüglich mit der Zusammenstellung der an der Emission beteiligten Banken und mit dem Verkauf der Anleihe an einzelne, direkt angesprochene institutionelle Investoren. Die definitive Festlegung der Emissionskonditionen *(pricing)* einschließlich der Wandel- bzw. Optionsbedingungen erfolgt üblicherweise drei bis fünf Tage vor Beginn der Zeichnungsfrist, welche ihrerseits regelmäßig auf etwa fünf Arbeitstage begrenzt ist[82]. Da die preiswirksamen Wandel- bzw. Optionsbedingungen wesentlich vom aktuellen Börsenkurs der Basiswerte diktiert werden, bedeutet die etwa siebentägige Geltungsdauer des Angebots einen nicht unwesentlichen Unsicherheitsfaktor für ein marktgerechtes pricing[83].

Der Festübernahmevertrag als komplett ausformuliertes Dokument wird schließlich erst kurz vor oder anläßlich des Zahlungsdatums unterzeichnet. Die Einigung der Parteien erfolgt also aufgrund einer bloß stichwortartigen Zusammenfassung der wichtigsten Elemente der Anleihe[84], während der förmliche Festübernahmevertrag weitgehend nur noch deklaratorischen Charakter hat[85].

b) Inhalt des Festübernahmevertrages

Der Festübernahmevertrag enthält einerseits Bestimmungen, welche die Übernahme der Anleihe durch die beteiligten Banken und die Plazierung im Publikum betreffen[86]; insoweit stellt er eine rein interne Vereinbarung zwischen

81 GRAAF, aaO (Fn. 16), S. 74.

82 Angaben nach HERZOG aaO (Fn. 1), S. 20f.

83 HERZOG, aaO (Fn. 1), S. 20f.

84 Das *invitation telex* kann rechtlich als unverbindliche Absichtserklärung oder aber als Vorvertrag qualifiziert werden, der die erzwingbare Pflicht zum Abschluß eines Hauptvertrages begründet. Unseres Erachtens liegt ein Vorvertrag vor, denn gestützt auf das *invitation telex* werden einzelne Anleihensobligationen bereits im Publikum plaziert; käme der Hauptvertrag nicht zustande, so hätten die Emissionsbanken mit Schadensersatzansprüchen zu rechnen.

85 Eine ähnliche Emissionstechnik kommt auch im Euromarkt vor; ausführlich dazu GRAAF, aaO (Fn. 16), S. 53ff.

86 Dazu zählen zunächst die wesentlichsten Konditionen der Anleihe (Betrag, Laufzeit, Zinssatz, Rückzahlungmodalitäten). Auch die den Emissionsbanken zu entrichtende Entschädigung (Übernahmekommission) sowie der Ersatz von Barauslagen bilden Gegenstand des Festübernahmevertrages; DAENIKER, aaO (Fn. 16), S. 48f.

Anleihensschuldner und Emissionsbanken dar. Zusätzlich bilden aber auch die *Anleihensbedingungen* einen Bestandteil des Festübernahmevertrages; diese umschreiben das Verhältnis zwischen Anleihensschuldner und Erwerber einer Obligation[87]. Mithin wird die Rechtsstellung der Inhaber von Anleihenstiteln durch eine Vereinbarung bestimmt, auf deren Inhalt jene keinen unmittelbaren Einfluß nehmen können. Dies provoziert geradezu die Frage nach einer AGB-Inhaltskontrolle solcher dem Anleger oktroyierten Konditionen[88].

3. *Anlegerschutz im Primär- und Sekundärmarkt*

a) *Prospektpflicht und Prospekthaftung*

Anleihensobligationen, die in der Schweiz öffentlich zur Zeichnung aufgelegt oder an der Börse eingeführt werden, bedürfen eines *Anleihens-(Emissions-)prospektes*[89]. Die Prospektpflicht trifft in- und ausländische Schuldner gleichermaßen, solange die Titel durch ein in der Schweiz ansässiges Institut aufgelegt oder an einer Schweizer Börse kotiert werden sollen[90].

Freilich kann eine zwingende Prospektpublizität die ihr zugedachte anlegerschützende Funktion nur erfüllen, wenn das Gesetz zugleich einen detaillierten und informativen Prospekt*inhalt* verlangt. Insoweit verweist Art. 1156 Abs. 2 OR auf die Vorschriften über den Aktienemissionsprospekt (Art. 652a OR), die ihrerseits nur die allernötigsten Informationen verlangen und bei weitem hinter den mit der EG-Wertpapierverkaufsrichtlinie[91] seit einigen Jahren in der EU erreichten Standards[92] zurückbleiben.

Besser bestellt ist es um den Informationsgehalt des *Börseneinführungsprospektes,* der in Anhang I zum Kotierungsreglement ausführlich geregelt ist. Die Informationspflichten im Börseneinführungsprospekt entsprechen in etwa den einschlägigen Vorschriften der EG-Richtlinien; teilweise gehen die Informationspflichten in der Schweiz sogar über den europäischen Standard hinaus. Der Prospekt muß über die Börsenentwicklung der Basiswerte während der letzten drei Jahre Auskunft geben. Indessen lassen Aussagen über die Entwicklung der Ba-

87 Horn, aaO (Fn. 16), S. 238.
88 Vgl. unten IV.3.b).
89 Art. 1156 Abs. 1 OR.
90 Nobel, aaO (Fn. 20), § 10 N 203ff; Ziegler, aaO (Fn. 22), N 24 zu Art. 1156 OR; Daeniker, aaO (Fn. 16), S. 162.
91 V. 17. 4. 1989 (ABl Nr. L 124/8 vom 5. Mai 1989); abgedruckt auch bei Hopt, Die Verantwortlichkeit der Banken bei Emissionen. Recht und Praxis in der EG, in Deutschland und in der Schweiz, 1991, S. 145ff.
92 Zu Einzelheiten vgl. etwa das Wertpapier-Verkaufsprospektgesetz der Bundesrepublik Deutschland von 1990 und die zu seiner Konkretisierung ergangene Verkaufsprospektverordnung aus dem gleichen Jahr (BGBl I/1990, S. 2749, 2869).

siswerte in der Vergangenheit keine Schlüsse auf deren zukünftige Entwicklung zu. Auch wird dem Anleger in den üblichen Prospekten und Kotierungsinseraten kaum irgendeine Transparenz bezüglich der Grundlagen der Optionsbewertung geboten, etwa durch Angabe der Prämienhöhe p.a. oder des sogenannten Delta-Faktors. Bezüglich dieser für die Gesamtrendite der Anlage bedeutsamen Preiskomponenten besteht daher nach wie vor beträchtliche Unsicherheit.

Wenn sich die Emissionsinstitute mit der Prospekterstellung trotz alledem einige Mühe machen, so rührt dies nicht zuletzt daher, daß die Prospektpflicht ergänzt wird durch eine Vorschrift über *Prospekthaftung*[93]. Auch die Prospekthaftung gilt gleichermaßen für in- und ausländische Schuldner. Bei ausländischen Schuldnern besteht aber zusätzlich die Möglichkeit, Ansprüche an das Gesellschaftsrechtsstatut anzuknüpfen, wodurch im Regelfall das Recht der Emissionsbankniederlassung berufen ist[94]. Davon wird ein Anleger Gebrauch machen, wo das ausländische Prospekthaftungssachrecht günstiger ist als das schweizerische[95]. Auch bei Anwendung ausländischen Rechtes bleiben indessen die schweizerischen Gerichte am Ausgabeort zuständig[96].

b) Inhaltskontrolle von Anleihensbedingungen

Bis heute verfügt die Schweiz nicht über ein wirklich griffiges Instrumentarium der AGB-Inhaltskontrolle. Der 1987 als gesetzliche Ermächtigung zu richterlicher AGB-Kontrolle in das UWG eingefügte Art. 8 läuft weitgehend leer, da er als Voraussetzung einer Intervention die inhaltliche Unangemessenheit der AGB nicht genügen läßt, sondern darüber hinaus eine *Irreführung* des Rechtsverkehrs verlangt. Die Rechtsprechung des Bundesgerichts begnügt sich demzu-

93 „Sind Obligationen ohne Zugrundelegung eines diesen Vorschriften entsprechenden Prospektes ausgegeben worden, oder enthält dieser unrichtige oder den gesetzlichen Erfordernissen nicht entsprechende Angaben, so sind die Personen, die absichtlich oder fahrlässig mitgewirkt haben, solidarisch für den Schaden haftbar" (Art. 1156 Abs. 3 OR).
Ob die Anspruchsgrundlage für Aktiengesellschaften nicht ausschließlich in Art. 752 OR zu suchen ist – dafür WATTER, Komm. z. Schweizerischen Privatrecht, Obligationenrecht II, 1994, Art. 1156 N 23 – mag wegen des praktisch identischen Wortlauts der Vorschriften dahinstehen.

94 Art. 156 IPRG.

95 Dies ist beispielsweise nicht der Fall im Verhältnis zum deutschen Recht, wo die Prospekthaftung gemäß §§ 45 Abs. 1, 46 Abs. 1 BörsG auch nach der Verschärfung durch das 3. Finanzmarktförderungsgesetz von 1998 hinsichtlich des subjektiven Tatbestandes mindestens grobe Fahrlässigkeit erfordert; überdies ist das deutsche Recht auch in der Verjährungsfrage ungünstiger, da die Frist nach Art. 760 Abs. 1 OR erst fünf Jahre nach Kenntnis des Schadens, spätestens zehn Jahre nach der schädigenden Handlung endet.

96 Art. 151 Abs. 3 IPRG. Einzelheiten hierzu bei HOPT, aaO (Fn. 91), S. 120f; NOBEL, aaO (Fn. 20), § 10 N 207.

folge nach wie vor mit der Anwendung der Unklarheitsregel und der Ungewöhnlichkeitsregel (Abwehr von Überraschungsklauseln)[97]. Eine freiwillige Umsetzung der EG-Richtlinie über mißbräuchliche Vertragsklauseln von 1993 durch die Schweiz ist derzeit nicht zu erwarten. Unangemessene Anleihensbedingungen werden deshalb für einige Zeit noch kontrollfrei bleiben. Ein indirekter Einfluß mag immerhin insoweit bestehen, als solche Bedingungswerke im Markt schlechtere Plazierungschancen haben als solche, die den Interessen der Investoren entgegenkommen[98].

c) Anlegerschutz auf dem Sekundärmarkt

Optionsanleihen wie auch abgetrennte Optionsscheine werden in der Schweiz nicht an der seit 1988 bestehenden elektronischen Terminbörse SOFFEX (neu Eurex [Zürich]), sondern an der Schweizer Börse SWX gehandelt. Dies gilt sogar für Anleihen, bei denen das Optionsrecht nicht zum Zwecke einer Kapitalerhöhung gewährt, sondern als einfacher *covered warrant* mit beliebigem Gegenstand ausgestellt wird[99]; an der Eurex (Zürich) sind nämlich nur nichtverbriefte standardisierte Optionen *(traded options)* zum Handel zugelassen.

Für den Anleger ist dieser Zustand eher mißlich. Da sich der Markt für eine Optionsanleihe in drei Teilmärkte segmentiert – für Anleihen mit Option *(cum warrant)*, für Anleihen nach Abtrennung des Optionsscheins *(ex warrant)* und schließlich für die abgetrennten Scheine selbst –, ist der Markt häufig so eng und illiquide, daß keine reellen (umsatzgetragenen) Geld- und Briefkurse zustandekommen. Wenn es überhaupt Kurse gibt, dann in der Regel umsatzlose und von interessierten Marktteilnehmern lediglich „gesprochene" Notierungen. Die Konsequenz für den Anleger: Er kann seine Optionsscheine beileibe nicht zu jeder Zeit veräußern. Selbst wenn er einen Käufer findet, läuft er Gefahr, daß er zu Kursen handelt, die nicht den tatsächlichen Marktverhältnissen entsprechen. Da es den Anschein hat, als sei dieser Sachverhalt im Anlegerpublikum noch weitgehend unbekannt, lauert hier möglicherweise eine Gefahr für den Markterfolg von Optionsanleihen überhaupt.

97 Vgl. die Übersicht bei KRAMER, Berner Kommentar, 1990, Art. 19–20 OR N 270ff. Tendenzen zu einer extensiven Auslegung des Tatbestandsmerkmals der „Irreführung" (Art. 8 UWG) jetzt in BGE 119 II 443.

98 Da das Plazierungsrisiko bei den beteiligten Banken liegt, werden diese bestrebt sein, mit Blick auf ein möglichst gutes Plazierungsergebnis möglichst anlegerfreundliche Bedingungen auszuhandeln; DAENIKER, aaO (Fn. 16), S. 47; PFENNINGER, Auslegung von Anleihensbedingungen, 1995, S. 37f.

99 Dazu bereits oben, III.2.b).

d) Gemeinschaftliche Wahrnehmung von Gläubigerrechten und -interessen

Ähnlich wie in Deutschland[100] ist auch nach schweizerischem Recht die Gemeinschaft der Gläubiger von *Inlandsanleihen*[101] des privaten Sektors in einer verbandsähnlichen Organisationsstruktur verfaßt. Letztere manifestiert sich auch in der Schweiz in zwei Instituten: der Gläubigerversammlung und dem sogenannten Anleihensvertreter. Die schweizerische Regelung unterscheidet sich von der deutschen vor allem darin, daß sie die Rechte der Gläubigerversammlung und die Kompetenzen des Anleihensvertreters zulasten der Individual- und Minderheitenrechte stärker ausgebaut hat.

Der gemäß Art. 1157 Abs. 1 OR kraft Gesetzes entstehenden Gläubigergemeinschaft eignet zwar keine Rechtssubjektivität[102], doch ist sie in der *Gläubigerversammlung* verbandsmäßig verfaßt und gemäß Art. 1164 Abs. 1 OR „befugt, in den Schranken des Gesetzes die geeigneten Maßnahmen zur Wahrung der gemeinsamen Interessen der Anleihensgläubiger, insbesondere gegenüber einer Notlage des Schuldners, zu treffen". Dazu kann die Gläubigerversammlung bereits mit Zwei-Drittel-Mehrheit[103] beschließen, daß dem in die Krise geratenen Schuldner Zinszahlungen gestundet oder erlassen werden, daß die Amortisationsfrist verlängert oder umgekehrt das Kapital vorzeitig zurückgezahlt wird oder daß die Anleihensobligationen zu Sanierungszwecken in Aktien umgewandelt werden[104]. Diese Befugnisse wachsen der Gläubigerversammlung nicht erst „zur Abwendung einer Zahlungseinstellung oder des Konkurses des Schuldners"[105] zu, sondern können bereits präventiv wahrgenommen werden[106].

Mittler zwischen der Gläubigergemeinschaft und dem Schuldner ist der *Anleihensvertreter*, den das Gesetz (Art. 1158 Abs. 1 OR) mit der Rechtsstellung eines zweiseitigen Vertreters[107] ausstattet. Häufig übernimmt die federführende Konsortialbank diese Rolle, was allerdings wegen der allenthalben drohenden Interessenkonflikte nicht unbedenklich ist[108]. Insbesondere das von den meisten

100 Vgl. Gesetz betreffend die gemeinsamen Rechte der Besitzer von Schuldverschreibungen v. 4. Dezember 1899, RGBl. 1899, S. 691.

101 Zur komplexen Rechtslage bei Auslandsanleihen vgl. etwa Hopt, aaO (Fn. 91), S. 125ff mit Nachw.

102 BGE 113 II 285.

103 Das deutsche Recht verlangt Drei-Viertel-Mehrheit, vgl. § 11 Abs. 2 SchVG.

104 Vgl. Art. 1170 OR. Zu Einzelheiten Daeniker, aaO (Fn. 16), S. 82ff.

105 So § 11 Abs. 1 SchVG.

106 Art. 1164 Abs. 1 OR („insbesondere ... eine Notlage") erwähnt die drohende Notlage nur als einen Fall unter anderen denkbaren; vgl. auch BGE 89 II 352; Steinmann, Komm. z. Schweizerischen Privatrecht, Obligationenrecht II, 1994, Art. 1164 N 1.

107 Nach § 1 Abs. 2 SchVG ist der Gläubigervertreter des deutschen Rechts nur Bevollmächtigter der Gläubiger.

108 Auch hier müssen Andeutungen genügen; vgl. zu den zahlreichen Streitfragen wiederum Daeniker, aaO (Fn. 16), S. 120ff.

Anleihensbedingungen gewährte *außerordentliche Kündigungsrecht der Gläubiger* bei Vertragsuntreue des Schuldners (namentlich Zahlungsverzug) oder auch bei Solvenzverschlechterung kann nur vom Anleihensvertreter ausgeübt werden[109]. Dieser ist berechtigt, aber nicht verpflichtet, die Anleihe im Namen der Gläubiger fälligzustellen, wenn ein in den Anleihensbedingungen aufgeführter Kündigungsgrund vorliegt[110]. Damit ist dem Anleihensvertreter ein Ermessen eingeräumt, welches er allerdings stets im Interesse der Anleger auszuüben hat[111].

109 Wiederum anders § 14 Abs. 2 SchVG, wo die Sperrung individuellen Vorgehens infolge der Bestellung eines Gläubigervertreters eines zusätzlichen Beschlusses bedarf.

110 Beispiel: 3% Optionsanleihe 1994–2004 der Elektrowatt AG.
„... hat die X-Bank das Recht, nicht aber die Pflicht, namens der Obligationäre diese Anleihe zu kündigen und alle Obligationen zum Nennwert, zuzüglich aufgelaufener Zinsen, vorzeitig fällig zu erklären, falls eines der nachstehenden Ereignisse eintreten sollte:
a) die Elektrowatt AG, Zürich, befindet sich mit der Zahlung von Zinsen dieser Anleihe mehr als fünf Tage ab Fälligkeitstermin im Rückstand;
b) die Elektrowatt AG, Zürich, befindet sich mit der Erfüllung irgendeiner anderen Verpflichtung aus der Begebung dieser Anleihe im Verzug oder die Elektrowatt AG, Zürich, verletzt irgendeine Bestimmung dieser Anleihebedingungen und hat diesen Mangel innert einer Frist von 30 Tagen nach Empfang einer schriftlichen Anzeige durch die X-Bank nicht behoben;
c) die Elektrowatt AG, Zürich, oder eine ihrer wichtigen Tochtergesellschaften wird zur vorzeitigen Rückzahlung einer anderen Anleihe oder einer mittel- oder langfristigen Darlehensschuld von mehr als Fr. 5 Mio. verpflichtet, weil sie irgendeiner damit übernommenen Verpflichtung oder Auflage nicht nachgekommen ist. Als wichtige Tochtergesellschaft gilt jedes Unternehmen, an dessen Grundkapital die Elektrowatt AG, Zürich, direkt oder indirekt mit mindestens 50% beteiligt ist bzw. in dem die Elektrowatt AG, Zürich, aus anderen Gründen eine beherrschende Stellung einnimmt und welches aufgrund einer konsolidierten Betrachtungsweise zufolge seiner Substanz oder zufolge seines Ertrages von erheblicher Bedeutung für die Fähigkeit der Elektrowatt AG, Zürich, ihre gegenwärtigen und zukünftigen Verpflichtungen aufgrund dieser Anleihe erfüllen zu können, ist oder sein kann;
d) die Elektrowatt AG, Zürich, oder eine ihrer wichtigen Tochtergesellschaften unterbreitet Gläubigern einen formellen Antrag auf Abschluss eines Stillhalte- oder ähnlichen Abkommens mit ihren Gläubigern;
e) die Elektrowatt AG, Zürich, oder eine ihrer wichtigen Tochtergesellschaften ändert aus irgendeinem Grund ihre rechtliche oder wirtschaftliche Struktur wie z.B. durch Liquidation, Veräusserung eines wesentlichen Teils der Aktiven, Änderung des Gesellschaftszweckes bzw. der Gesellschaftstätigkeit, Fusion oder Restrukturierung, sofern der betreffende Vorgang einen wesentlichen Einfluss auf die Fähigkeit der Elektrowatt AG, Zürich, ihre gegenwärtigen und zukünftigen Verpflichtungen aus dieser Anleihe erfüllen zu können, hat oder haben kann, es sei denn, die X-Bank erachte die Situation der Obligationäre zufolge der von der Elektrowatt AG, Zürich, bestellten Sicherheiten bzw. getroffenen anderen Massnahmen als ausreichend gesichert."
(Ziff. 7 der Anleihensbedingungen).

111 Dieser *Vorrang der Anlegerinteressen* vor den Interessen des Anleihensschuldners (und im übrigen auch vor den Interessen der Bank selbst) gilt selbst dann, wenn die federführende Bank zuvor vom Anleihensschuldner als Anleihensvertreter eingesetzt worden ist; vgl. dazu ZOBL, SZW 62 (1990), 129, 147; DAENIKER, aaO (Fn. 16), S. 130f.

V. *Wandel- und Optionsanleihen im Kapitalerhöhungsrecht*

1. *Vorgeschichte: Von den Vorratsaktien zur bedingten Kapitalerhöhung*

Wandel- und Optionsanleihen werden auch in der Schweiz immer noch primär zum Zwecke einer Kapitalerhöhung aufgelegt. Freilich war es vor der 1992 in Kraft getretenen Aktienrechtsnovelle gar nicht so einfach, diese Anleiheinstrumente in das aktienrechtliche Kapitalerhöhungsverfahren nahtlos zu integrieren. Nach altem Recht (Art. 650ff OR a.F.) war nämlich in der Schweiz nur die ordentliche, zu einem festen Betrag des Grundkapitals von der Generalversammlung beschlossene und vom Verwaltungsrat (Aufsichtsrat) zu einem fixen Termin in Kraft zu setzende Kapitalerhöhung statthaft[112]. Dies schloß eigentlich das bei der Finanzierung durch Wandel- und Optionsanleihen unumgängliche Verfahren einer *sukzessiven* Kapitalerhöhung zu einem der Höhe nach offenen Betrag von vornherein aus. Sozusagen praeter legem entwickelte sich darum die Praxis, die Bedienung der Wandel- und Optionsanleihen mit neuen Aktien durch die Ausgabe sogenannter Vorratsaktien zu sichern[113]. Diese wurden im Wege der ordentlichen Kapitalerhöhung geschaffen, dann aber von einer Tochtergesellschaft oder einer „befreundeten" Bank zum Nennwert gezeichnet[114], zunächst für die emittierende AG treuhänderisch gehalten und schließlich den Wandel- und Optionsberechtigten zum vertraglich festgesetzten Preis (i.d.R ein Vielfaches des Nennwertes) zur Verfügung gestellt. Angreifbar war diese Praxis nicht nur wegen des globalen Ausschlusses des Bezugsrechts der Aktionäre, sondern – da die emittierende AG „wirtschaftlicher Eigentümer" der Vorratsaktien blieb – als mögliche Umgehung des (nur durch wenige Ausnahmen gelockerten) Verbots, eigene Aktien zu halten (Art. 659 Abs. 1 OR a.F.). All diesen Bedenken zum Trotz hat das Bundesgericht die Praxis der Begebung von Vorratsaktien weitgehend toleriert – dies allerdings eingestandenermaßen im Hinblick auf die unmittelbar bevorstehende Aktienrechtsrevision und die damit erfolgte „Legalisierung" des Verfahrens der bedingten Kapitalerhöhung[115].

2. *Verfahren der bedingten Kapitalerhöhung im einzelnen*

Das Verfahren der bedingten Kapitalerhöhung weist nach Voraussetzungen und Durchführungsmodus einige Abweichungen vom deutschen Recht auf.

112 Vgl. zu Einzelheiten des alten Rechts noch HENSLER, Die bedingte Kapitalerhöhung, 1982, S. 12ff.
113 Ausführlich ZOBL, SZW 1991, 1ff.
114 Wobei der Zeichnungspreis zumeist von der emittierenden AG darlehensweise vorgeschossen wurde.
115 Vgl. BGE 117 II 290ff.

a) Voraussetzungen, insbesondere der Ausschluß des Bezugs- und des Vorwegzeichnungsrechts der Aktionäre

Zulässig ist die bedingte Kapitalerhöhung nach dem klaren Gesetzeswortlaut nur zu dem Zweck, „den Gläubigern von neuen Anleihens- oder ähnlichen Obligationen gegenüber der Gesellschaft oder ihren Konzerngesellschaften sowie den Arbeitnehmern Rechte auf den Bezug neuer Aktien (Wandel- oder Optionsrechte)" einzuräumen (Art. 653 Abs. 1 OR n.F.). Die Forderung, das Verfahren auch für die Ausgabe von Gratisoptionen an die Aktionäre freizugeben, ist im Gesetz nicht beantwortet und in der Lehre umstritten[116], hat sich aber in der Zwischenzeit in der Praxis durchgesetzt. Einige wenige Stimmen in der Literatur halten es sogar für möglich, bedingtes Kapital für die Ausgabe von „nackten" Optionen einzusetzen[117] oder für Unternehmensübernahmen[118] zu verwenden. Zumindest bei Unternehmensübernahmen scheint dem aber der klare Gesetzeswortlaut entgegenzustehen[119].

Reserviert man die bedingte Kapitalerhöhung ausschließlich für die Emission von Wandel- und Optionsanleihen, dann liegt es in der Logik des Verfahrens, das *Bezugsrecht der Aktionäre* zugunsten der Anleihensgläubiger global auszuschließen; dies ist in den statutenändernden Erhöhungsbeschluß eigens aufzunehmen (Art. 653b Abs. 1 Ziff. 4 OR). Als Kompensation für die damit verbundene Verwässerungsgefahr soll allerdings – nach dispositivem Recht – den Aktionären entsprechend ihrer bisherigen Beteiligung die Wandel-/Optionsanleihe selbst vorweg zur Zeichnung angeboten werden; dieses Erwerbsrecht heißt, um es terminologisch vom Recht auf Bezug von Aktien zu scheiden, *Vorwegzeichnungsrecht* (Art. 653c OR)[120].

Das Vorwegzeichnungsrecht ist von Anfang an als problematisch angesehen worden, weil es zum einen die praktisch übliche Festübernahme der Anleihe durch ein Bankenkonsortium behindert[121] und überdies – bei einer Emission zu

116 Meinungsstand bei ISLER/ZINDEL, aaO (Fn. 67), Art. 653 N 17f; siehe auch FORSTMOSER/MEIER-HAYOZ/NOBEL, aaO (Fn. 68), § 52 N 332; WENGER, aaO (Fn. 40), S. 155ff.

117 FORSTMOSER/MEIER-HAYOZ/NOBEL, aaO (Fn. 68), § 52 N 334; WENGER, aaO (Fn. 40), S. 163f.

118 FORSTMOSER/MEIER-HAYOZ/NOBEL, aaO (Fn. 68), § 52 N 334; WENGER, aaO (Fn. 40), S. 164ff.

119 Die Botschaft zum neuen Aktienrecht führte auf S. 54f ausdrücklich folgendes aus: „Das deutsche Aktienrecht stellt die bedingte Kapitalerhöhung auch für die Vorbereitung des Zusammenschlusses mehrerer Unternehmen zur Verfügung (§ 192 Abs. 2 Ziff. 2 AktG). Davon muss im schweizerischen Recht abgesehen werden". Dazu zu Recht kritisch: FORSTMOSER/MEIER-HAYOZ/NOBEL, aaO (Fn. 68), § 52 N 334.

120 Einige Anleihensbedingungen haben diese terminologische Neuerung noch nicht zur Kenntnis genommen und sprechen fälschlich immer noch vom „Bezugsrecht" der Aktionäre.

121 Grund: Die Konditionen der Anleihe müßten eigentlich schon vor dem Angebot an die Altaktionäre fixiert werden; während der für das Vorwegzeichnungsrecht einzu-

marktgerechten Kursen – keinerlei wirtschaftlichen Wert für den Aktionär hat und demzufolge auch nicht selbständig handelbar ist[122]. Die meisten Emissionen seit Inkrafttreten des neuen Rechts haben deshalb – entgegen den unmißverständlichen Intentionen des Revisionsgesetzgebers – von der eigentlich nur als Ausnahme vorgesehenen Möglichkeit (Art. 653c Abs. 2 OR) Gebrauch gemacht, das Vorwegzeichnungsrecht statutarisch auszuschließen.

Zu den umstrittensten Problemen des neuen Aktienrechts zählt nun die Frage, welche Grenzen bei Ausschluß bzw. Beschränkung des Bezugs- und des Vorwegzeichnungsrechts zu beachten sind. Für *beide* Erwerbsrechte gilt nach der generalklauselhaften Formulierung des Gesetzes, daß durch die Aufhebung bzw. Beschränkung „niemand in unsachlicher Weise begünstigt oder benachteiligt werden darf“ (Art. 653c Abs. 3 OR). Für die Beschränkung/Aufhebung des *Vorwegzeichnungsrechts* gilt zusätzlich, daß sie nur aus „wichtigem Grund“ geschehen darf (Art. 653c Abs. 2 OR). Es liegt auf der Hand, daß solche konkretisierungsbedürftigen Formeln das Risiko von Anfechtungsklagen nicht unbeträchtlich erhöhen[123].

Etwas Klarheit über Zulässigkeit und Schranken des Ausschlusses des Vorwegzeichnungsrechts schafft ein 1995 ergangenes Urteil des schweizerischen Bundesgerichtes in Sachen Schweizerische Bankgesellschaft (SBG) gegen BK Vision AG[124]. Zu beurteilen war eine Statutenbestimmung der SBG, die dem Verwaltungsrat weitgehende Befugnisse beim Ausschluß des Vorwegzeichnungsrechtes einräumen wollte:

> *„Das Aktienkapital der Gesellschaft wird durch die Ausgabe von höchstens 6'000'000 voll zu liberierenden Inhaberaktien … und höchstens 2'000'000 voll zu liberierenden Namenaktien … erhöht durch Ausübung von Options- oder Wandelrechten, welche in Verbindung mit Anleihensobligationen der Gesellschaft oder einer ihrer Tochtergesellschaften eingeräumt worden sind, oder durch Ausübung von Bezugsrechten im Rahmen der Mitarbeiterbeteiligung ….*
>
> *Der Verwaltungsrat kann bei der Ausgabe von Options- oder Wandelanleihen das Vorwegzeichnungsrecht der Aktionäre aufheben. In diesem Fall sind Struktur, Laufzeit und Betrag der Anleihe sowie Options- oder Wandelbedingungen durch den Verwaltungsrat entsprechend den Marktbedingungen im Zeitpunkt der Begebung festzulegen. Die Bedingungen der Mitarbeiterbeteiligung sind durch den Verwaltungsrat festzulegen.“*

räumenden Frist können sich jedoch im Zeitpunkt der Festübernahme durch das Konsortium die Marktverhältnisse wesentlich geändert haben. Zu Abhilfemöglichkeiten vgl. ISLER/ZINDEL, aaO (Fn. 67), Art. 653c N 7.

122 Vgl. bereits FORSTMOSER, SZW 1992, 58, 62; ferner die Zusammenfassung der Diskussion bei ISLER/ZINDEL, aaO (Fn. 67), Art. 653c N 5; BÖCKLI, Schweizer Aktienrecht, 2. Aufl., 1996, N 287. Das Argument ist nicht restlos überzeugend; einen wirtschaftlichen Wert gewinnt das Vorwegzeichnungsrecht, wenn die Anleiheemission – was auch bei einem marktgerechten pricing nicht durchweg zu vermeiden ist – überzeichnet wird.

123 Darauf weist mit Recht BÖCKLI, aaO (Fn. 122), N 288f hin.

124 BGE 121 III 219ff.

Sowohl das Handelsgericht Zürich als Vorinstanz als auch das schweizerische Bundesgericht erklärten diese Statutenbestimmung für ungültig[125]. Das Bundesgericht rügte in erster Linie die zahlreichen formalen Mängel des Beschlusses:

- Gemäß ausdrücklicher gesetzlicher Vorschrift[126] haben die Statuten unter anderem den Kreis der Wandel- oder Optionsberechtigten anzugeben. Eine undifferenzierte Angabe, berechtigt seien die Inhaber von Wandel- oder Optionsrechten einerseits, die zu beteiligenden Mitarbeiter andererseits, sei ungenügend.

  Insbesondere habe der Aktionär Anspruch darauf zu wissen, welcher Betrag des bedingten Kapitals maximal den Mitarbeitern zur Verfügung gestellt werde. Hier sei nämlich das Vorwegzeichnungsrecht begriffsnotwendig ausgeschlossen. Es gehe nicht an, für die Mitarbeiterbeteiligung ausgegebene Aktien zur Deckung von Wandelanleihen zu verwenden und umgekehrt[127]. Die Maximalquoten für Wandel- und Optionsanleihen einerseits, Mitarbeiterbeteiligung andererseits seien deshalb von der Generalversammlung selbst zu beschließen und in die Statuten aufzunehmen[128].
- Der „wichtige Grund“, der die Beschränkung oder Aufhebung des Vorwegzeichnungsrechts rechtfertige, müsse von der Generalversammlung zumindest in abstrakter Form angegeben werden. Seine Bestimmung könne also nicht dem Verwaltungsrat allein überlassen bleiben. Insbesondere sei es unzulässig, anstelle einer Spezifizierung des „wichtigen Grundes“ den Verwaltungsrat im entsprechenden Beschluß nur zu verpflichten, die Anleihensbedingungen an den Marktverhältnissen zu orientieren. Diese Verpflichtung setze zwar dem Entzug des Vorwegzeichnungsrechts Grenzen, sei aber für sich allein kein wichtiger Grund für den Entzug der Vermögensrechte der Aktionäre[129].
- Schließlich hielt das Bundesgericht apodiktisch und ohne nähere Begründung fest, der Entzug des Vorwegzeichnungsrechts müsse in jedem Fall durch ein vorrangiges Interesse der Gesellschaft gerechtfertigt werden können[130].

Das Bundesgericht hat damit der sich in der Praxis anbahnenden allzu extensiven Auslegung des Begriffs des „wichtigen Grundes“ eine Schranke gesetzt. Allerdings versäumte es das Gericht, zugleich zu umschreiben, was (positiv) als „wichtiger Grund“ akzeptabel sei.

aa) Verbot unsachlicher Benachteiligung

Das Verbot unsachlicher Benachteiligung/Begünstigung ist offenkundig Ausdruck des *Gleichbehandlungsgebots*. Letzteres verbietet – nach einem Grundsatzentscheid des Bundesgerichts –, einzelne Aktionäre oder Aktionärsgruppen aus Gründen zu bevorzugen, die mit dem Zweck der Kapitalerhöhung nichts zu

125 BGE 121 III 239ff.
126 Art. 653b Abs. 1 Ziff. 3 OR.
127 BGE 121 III 240 mit Verweis auf VON PLANTA, SZW 64 (1992), 207.
128 BGE 121 III 240.
129 BGE 121 III 240f.
130 BGE 121 III 241 mit Verweis auf REYMOND, SZW 66 (1994), 158.

tun haben[131]. Deshalb ist es z.B. gerechtfertigt, in einem Sanierungsfall die Anleihe bevorzugt einer finanziell potenten Gläubigergruppe anzubieten[132].

bb) „Wichtiger Grund" für den Ausschluß des Vorwegzeichungsrechts

Schwerer noch fällt die Definition des „wichtigen Grundes" für die Aufhebung/Beschränkung des Vorwegzeichnungsrechts. Schon terminologisch bedeutet diese Wortwahl einen Mißgriff, da der „wichtige Grund" bisher den Anlaß für eine außerordentliche Kündigung[133] beschrieb und damit zentral auf das Kriterium der Unzumutbarkeit verwies. Weitergehend als § 221 Abs. 4 i.V.m. § 186 Abs. 4 des deutschen AktG verlangt das OR mit dieser Formulierung einen *qualifizierten* sachlichen Grund und stellt damit grundsätzlich dieselben Anforderungen wie an den Ausschluß des Bezugsrechts (Art. 652b Abs. 2 OR[134]); dies, obwohl das Verwässerungsrisiko bei der Emission eigenkapitalbezogener Anleihen geradezu systematischer Natur ist, darüber hinaus das Ausmaß der Kapitalerhöhung – und damit der Verwässerungsgefahr für die Aktionäre – im Zeitpunkt der Anleihensemission noch gar nicht feststeht[135]. Offensichtlich ist andererseits, daß der „sachliche Grund" für die Begebung gerade eigenkapitalbezogener Anleihen – nämlich den damit verbundenen Zinsvorteil für die Fremdkapitalaufnahme zu nutzen[136] – nicht per se schon einen wichtigen Grund für den Ausschluß des Vorwegzeichnungsrechts liefern kann. Aus dieser Verlegenheit versucht man sich entweder zu helfen, indem man in offenkundiger Geringschätzung des Gesetzeswortlautes den „wichtigen" Grund in „berichtigender" Interpretation zum lediglich „sachlichen" Grund herunterstuft[137]; oder man orientiert sich zunächst an den vom Gesetz[138] (Art. 652b Abs. 2 Satz 2) für *Bezugsrechtsausschlüsse* gegebenen Regelbeispielen für wichtige Gründe – etwa die Übernahme von Unternehmen oder Unternehmensteilen[139]. Allenthalben herrscht jedenfalls eine Tendenz zu extensiver Interpretation vor, der es etwa als wichti-

131 BGE 91 II 308f. Vgl. auch Böckli, aaO (Fn. 122), N 291f.

132 Beispiel nach Isler/Zindel, aaO (Fn. 67), Art. 653c N 19.

133 Z.B. beim Mietvertrag (Art. 266g OR), beim Arbeitsvertrag (Art. 337 OR) oder beim Agenturvertrag (Art. 418r OR).

134 Art. 652b Abs. 2 OR lautet:
„Der Beschluss der Generalversammlung über die Erhöhung des Aktienkapitals darf das Bezugsrecht nur aus wichtigen Gründen aufheben. Als wichtige Gründe gelten insbesondere die Übernahme von Unternehmen, Unternehmensteilen oder Beteiligungen sowie die Beteiligung der Arbeitnehmer. [...]"

135 Zutr. Böckli, aaO (Fn. 122), N 283b.

136 Isler/Zindel, aaO (Fn. 67), Art. 653c N 14.

137 So namentlich Forstmoser, SZW 1992, 62; Ders., SZW 1993, 101, 105; Forstmoser/Meier-Hayoz/Nobel, aaO (Fn. 68), § 40 N 315.

138 Vgl. den oben, Fn. 134, im Wortlaut wiedergegebenen Art. 652b Abs. 2 Satz 2 OR.

139 Etwa von Planta, SZW 1992, 205, 208; Isler, AJP 1992, 726, 734ff.

ger Grund schon genügt, wenn die Anleihe (auch) im Ausland begeben werden soll, „wo ein Vorwegzeichnungsrecht als unzulässige Bevorzugung der Aktionäre gegenüber den anderen Gläubigern angesehen wird"[140]. Immerhin hat diese Tendenz jetzt im erwähnten Bundesgerichtsentscheid in Sachen SBG[141] eine Schranke gefunden. Insbesondere hält das Bundesgericht fest, der Entzug des Vorwegzeichnungsrechts müsse in jedem Fall durch ein vorrangiges Interesse der Gesellschaft gerechtfertigt werden können[142]. Worin nun aber das vorrangige Interesse der Gesellschaft zu finden wäre, ist – im fraglichen Bundesgerichtsentscheid und anderswo – nie konkret umschrieben worden[143].

b) Verfahren und Förmlichkeiten

Die bedingte Kapitalerhöhung ist von der Generalversammlung mit einer qualifizierten Mehrheit von mindestens zwei Dritteln der vertretenen Stimmen und der absoluten Mehrheit der vertretenen Aktiennennwerte zu beschließen (Art. 704 Abs. 1 Ziff. 4 OR). Dabei darf der Nennbetrag der Erhöhung die Hälfte des bisherigen Aktienkapitals nicht übersteigen (Art. 653 Abs. 1 OR). Auch der Ausschluß des Vorwegzeichnungsrechts der Aktionäre liegt in der Kompetenz der Generalversammlung und kann nur unter ganz engen Schranken an den Verwaltungsrat delegiert werden[144]. Die Generalversammlung kann im Einzelfall den Beschluß über den Entzug des Vorwegzeichnungsrechtes an den Verwaltungsrat delegieren. Allerdings müssen die für den Entzug erforderlichen wichtigen Gründe im Delegationsbeschluß zumindest in abstrakter Form angegeben werden; ihre Bestimmung kann somit nicht global dem Verwaltungsrat überlassen werden[145]. Die erforderliche Statutenänderung hat mit relativ detaillierten Angaben zu erfolgen (Art. 653b OR), insbesondere die Aufhebung der Bezugsrechte der Aktionäre festzuhalten. *Vollzogen* wird die bedingte Kapitalerhöhung – anders als im deutschen Recht (§ 200 AktG) – allein durch den Wandel-/Optionsberechtigten, nämlich durch dessen Ausübungserklärung und die anschließende Erfüllung der Einlagepflicht durch Verrechnung oder Einzahlung; einer Lieferung der Papiere oder gar eines Handelsregistereintrags bedarf es nicht.

140 So ISLER/ZINDEL, aaO (Fn. 67), Art. 653c N 15.
141 BGE 121 III 219ff und vorne V.2.a).
142 BGE 121 III 241 und vorne V.2.a).
143 Zur Frage des Gesellschaftsinteresses im allgemeinen vgl. FORSTMOSER/MEIER-HAYOZ/NOBEL, aaO (Fn. 68), § 3 N 27ff und die darin zitierte Literatur.
144 Dies ist nicht im Gesetz geregelt, folgt jedoch in analoger Anwendung des Art. 652b Abs. 2 Satz 1 OR (oben Fn. 123). So jetzt ausdrücklich BGE 121 III 240f. Vgl. auch FORSTMOSER/MEIER-HAYOZ/NOBEL, aaO (Fn. 68), § 40 N 316a; BÖCKLI, aaO (Fn. 122), N 283d.
145 BGE 121 III 240f und vorne V.2.a).

3. *Exkurs: Verwässerungsschutz*

a) *Gesetzliche Regelung*

Art. 653d Abs. 2 OR enthält eine ausdrückliche Schutzklausel zugunsten der Wandel- oder Optionsberechtigten. Dieser Bestimmung zufolge dürfen Wandel- und Optionsrechte „durch die Erhöhung des Aktienkapitals, durch die Ausgabe neuer Wandel- oder Optionsrechte oder auf andere Weise nur beeinträchtigt werden, wenn der Konversionspreis gesenkt oder den Berechtigten auf andere Weise ein angemessener Ausgleich gewährt wird, oder wenn die gleiche Beeinträchtigung auch die Aktionäre trifft."

Die Einführung dieser Schutzbestimmung war von der Emissionspraxis lange Zeit vor Inkrafttreten des neuen Aktienrechts vorweggenommen worden. Wandel- und Optionsanleihen, die über keine griffigen Verwässerungsschutzklauseln verfügten, waren am Kapitalmarkt gewöhnlich schlechter absetzbar als solche, die einen angemessenen Schutz verbürgten.

b) *Regelung in den Anleihensverträgen*

Der im Gesetz noch recht allgemein formulierte Grundsatz ist in den Anleihensbedingungen schweizerischer Wandel- und Optionsanleihen mit großer Detailtreue verwirklicht. Die verwendeten Verwässerungsklauseln haben eine wesentliche Gemeinsamkeit: Sie schützen die Inhaber einer Wandelobligation oder eines Optionsrechtes vor einer direkten oder indirekten Erhöhung der Anzahl der Beteiligungstitel an der betroffenen Gesellschaft, soweit diese Erhöhung *unentgeltlich* oder zu einem *weit unter dem Börsenkurs liegenden Preis* vorgenommen wird. Der vertraglich vorgesehene Schutz besteht alsdann in einer Preisanpassung oder in einer Erhöhung des Wandelverhältnisses[146].

VI. *Steuerrechtliche Behandlung von Wandel- und Optionsanleihen*

1. *Gewöhnliche Anleihen und Wandelanleihen*

a) *Inländische Emittenten*

aa) *Emissionsabgabe*

Die erstmalige Ausgabe wie auch die Erneuerung von Anleihensobligationen durch einen inländischen Schuldner unterliegt der Emissionsabgabe[147]. Als

146 Verwässerungsschutzklauseln treffen Vorsorge bei Ausgabe von Gratisaktien, bei Kapitalerhöhungen mit Abschlag, bei Ausgabe von Wandel- und Optionsanleihen oder Optionen, bei Ausschüttung von Sachdividenden und bei Zusammenlegung oder Zerlegung.

147 Art. 1 Abs. 1 lit. a Ziff. 4 i.V.m. Art. 5a Abs. 1 lit. a und Abs. 2 des Bundesgesetzes über die Stempelabgaben (StG) (Systematische Gesetzessammlung des Bundesrechts

inländischer Schuldner gilt jede natürliche/juristische Person und Handelsgesellschaft, die in der Schweiz ihren gesetzlichen oder statutarischen Sitz hat oder im schweizerischen Handelsregister als Zweigniederlassung eingetragen ist (Art. 4 Abs. 1 StG). Steuersubjekt ist der *inländische Emittent* der Obligation. Der Abgabesatz beträgt 1,2‰ für jedes volle oder angefangene Jahr der maximalen Laufzeit.

Auch die Ausgabe von Aktien unterliegt der Emissionsabgabe, allerdings zum höheren Satz von 1%. Soweit die Aktien, in die gewandelt wird, bereits bestehen, ist nur gerade die Differenz zwischen dem Ausgabepreis einer Wandelobligation und dem Nennwert der Konversionsaktie anläßlich der Wandlung emissionsabgabepflichtig. Vom Agio sind nur diejenigen Kosten abzugsfähig, welche mit der Aktienemission anfallen, nicht hingegen die mit der Emission der Wandelanleihe verbundenen Kosten[148].

bb) Umsatzabgabe

Die entgeltliche Übertragung von Eigentum an Obligationen, bei welcher mindestens eine Partei oder ein Vermittler ein inländischer Effektenhändler ist, unterliegt der Umsatzabgabe (Art. 13 StG), und zwar bei inländischen Obligationen zu 1,5‰, bei ausländischen Obligationen zu 3‰ des Entgelts (Art. 16 StG). Steuersubjekt sind der bzw. die beteiligten Effektenhändler, doch wird die Steuer zumeist vertraglich auf den Anleger überwälzt.

cc) Besteuerung bei den Anlegern, insbesondere Verrechnungssteuer

Einkünfte aus beweglichem Vermögen werden grundsätzlich am Wohnsitz des Empfängers als Einkommen versteuert. Schweizerisches Einkommenssteuerrecht gelangt somit nur zur Anwendung, wenn der Anleger in der Schweiz Sitz oder Wohnsitz hat. Hat der Anleger Sitz oder Wohnsitz im Ausland, betreffen ihn nur die Rechtsverkehrssteuern, vorab die Verrechnungssteuer.

Dieser Abgabe in Höhe von 35% des steuerbaren Betrages unterliegen Erträge aus *Obligationen, die von Inländern ausgegeben wurden.* Hingegen bleibt die Rückzahlung der Kapitalschuld[149] steuerfrei. Allerdings erfahren Anleihen, die unter pari ausgegeben oder über pari zurückbezahlt werden, eine differenzierte Behandlung:

[SR] 641.10) in der teilrevidierten Fassung vom 4. Oktober 1991 (Amtliche Sammlung des Bundesrecht [AS], 1993, Bd. I, 222ff).

148 Vgl. Archiv für Schweizerisches Abgaberecht (ASA), Bd. LI, 493ff.

149 Art. 4 Abs. 1 lit. a des Bundesgesetzes über die Verrechnungssteuer (VStG) (SR 642.21) in Verbindung mit Art. 14 Abs. 1 der Vollziehungsverordnung zum Bundesgesetz über die Verrechnungssteuer (VStV) (SR 642.211).

- Bei Anleihen, die *unter pari ausgegeben werden*[150], gestatten die Steuerbehörden einen Abschlag von 0,5 % pro Jahr, umgerechnet auf jedes Jahr der Mindestlaufzeit[151]. Wird die 0,5 %-Grenze überschritten, so untersteht das Disagio anläßlich der Rückzahlung der Verrechnungssteuer.
- Gelegentlich werden Wandelanleihen mit einer Put-Option verbunden, die zu einer *Rückzahlung über pari* berechtigt[152]. Ist der Emittent einer solchen Wandelanleihe ein Inländer, ist das Agio dann steuerbar, wenn es (wiederum umgerechnet auf die Laufzeit der Anleihe) höher ist als die jährlich zahlbaren Zinsen.

Steuerschuldner ist der inländische Emittent der Obligation[153]. Die Verrechnungssteuer wird aber von Gesetzes wegen auf den Empfänger der steuerbaren Leistung überwälzt. Dementsprechend ist die Abgabe als *Quellensteuer* ausgestaltet: Der Schuldner der Anleihe zieht die Steuer direkt von der geschuldeten Zinszahlung ab (Art. 14 VStG). Bei inländischen Steuerpflichtigen wirkt die Verrechnungssteuer als Sicherungssteuer, die bei ordnungsgemäßer Deklaration der Einkommen im Rahmen der allgemeinen Einkommensbesteuerung zurückerstattet wird. Für im Ausland wohnhafte Personen kann die Steuer im Rahmen der bestehenden Doppelbesteuerungsabkommen ganz oder teilweise zurückgefordert werden – allerdings ebenfalls nur bei ordnungsgemäßer Deklaration der Erträge als Einkommen.

b) Ausländische Emittenten

aa) Emissionsabgabe

Die Ausgabe von Anleihensobligationen durch einen ausländischen Schuldner, d.h. einen Schuldner mit Sitz außerhalb der Schweiz, unterliegt nicht der Emissionsabgabe. Dies gilt selbst dann, wenn es sich beim Schuldner um eine ausländische Finanztochtergesellschaft einer schweizerischen Konzerngesellschaft handelt, sogar da, wo die schweizerische Obergesellschaft die Verpflichtungen der Tochtergesellschaft garantiert. Voraussetzung ist allerdings, daß der Erlös der Emission außerhalb der Schweiz verwendet wird.

150 Dies ist v.a. bei Obligationen mit Einmalverzinsung *(Zerobonds)* der Fall.

151 Art. 14 Abs. 2 VStG.

152 Beispiel: 1 %-Wandelanleihe 1993–1998 der China Textile Machinery Stock Ltd. – Der Anleger kann am 31. Dezember 1996 seine Wandelobligation zu 110 % des Nennwertes zurückverkaufen. Dies garantiert ihm eine Mindestrendite (Verzinsung plus Prämie bei Rückzahlung) von rund 4,1 %. Diese Rendite erhält der Anleger selbst dann, wenn sich die Börsenkurse der Aktien, in die gewandelt werden kann, nicht günstig entwikkeln.

153 Art. 10 Abs. 1 VStG; ausländische Emittenten sind, wie gezeigt, nicht der Verrechnungssteuer unterworfen.

bb) *Umsatzabgabe*

Wie erwähnt, unterliegt die entgeltliche Übertragung von Eigentum an ausländischen Obligationen einer Umsatzabgabe zu 3 ‰ des Entgeltes (Art. 16 StG).

cc) *Verrechnungssteuer*

Bei Anleihen, die durch ausländische Emittenten (unter Einschluß von Finanztochtergesellschaften) ausgegeben werden, fällt die eidgenössische Verrechnungssteuer nicht an – es sei denn, es handle sich um einen Umgehungstatbestand.

2. *Besonderheiten bei Optionsanleihen*

Optionsanleihen verkörpern zunächst wie jede gewöhnliche Anleihe einen Anspruch auf Verzinsung und Rückerstattung des hingegebenen Kapitals. Die Anleihenskomponente ist gleich zu besteuern wie bei gewöhnlichen Anleihen. Somit fällt bei der Emission einer Optionsanleihe zunächst die Emissionsabgabe an. Bei der Ausübung des Optionsrechtes auf Aktien ist zusätzlich die Emissionsabgabe auf das Entgelt (Optionspreis) geschuldet. Die Übertragung der Options*obligation* löst die Umsatzabgabepflicht aus, die für die Anleihenskomponente entrichteten Zinsen sind der Verrechnungssteuer unterworfen.

Interessant ist allerdings die steuerliche Behandlung des *Optionsscheines*. Je nach Ausgestaltung dieses Optionsscheines behandeln die Schweizer Steuerbehörden die bei Veräußerung erzielten Erlöse als (verrechnungssteuerpflichtigen) Vermögensertrag oder als (verrechnungssteuerfreien) Kapitalgewinn[154].

- *Optionsanleihen mit alternativem Auszahlungsanspruch:* Gewisse Anleihen ermöglichen dem Anleger die Wahl zwischen einer Barabfindung und der Ausübung der Option (sogenannte *money-back warrants*). Grundsätzlich sind auch diese Optionen erst Gegenstand der Verrechnungssteuer, wenn die Barabfindung gefordert wird. Die Ausübung der Option, aber auch deren Verkauf sind dagegen steuerfrei.

  Anders ist die steuerliche Behandlung, wo der Optionswert gegenüber der Verzinsung der Obligation überwiegt[155]. In diesem Fall unterliegt der Wert, den die Option im Zeitpunkt der Emission aufwies, beim Verfall der Obligation als Disagio der Verrechnungssteuer[156].

154 Vgl. dazu Merkblatt der Eidg. Steuerverwaltung vom 15. März 1993 über Obligationen mit Optionen als Gegenstand der Stempelabgaben und der Verrechnungssteuer.

155 Vgl. dazu auch Art. 20 Abs. 1 lit. b des revidierten Bundesgesetzes über die direkte Bundessteuer (DBG), in Kraft ab 1. Januar 1995, bezüglich der Einkommenssteuer.

156 Die Verrechnungssteuer wird anläßlich der Rückzahlung beim Inhaber der Obligation erhoben, nicht beim Inhaber der Option, selbst wenn die Obligation „ex warrant" gehandelt wird.

- *Optionsanleihen ohne alternativen Auszahlungsanspruch:* Wenn der Inhaber der Option keine Barauszahlung erhält, sondern sein Optionsrecht lediglich durch Ausübung (z.B. Erwerb einer Aktie) oder Verkauf der Option realisieren kann, ist der Optionsteil grundsätzlich weder umsatzabgabe- noch verrechnungssteuerpflichtig. Die Option kann frei gehandelt werden, und ein Kapitalgewinn aus Verkauf oder Ausübung der Option unterliegt nicht der Verrechnungssteuer. Auch hier besteht indessen ein Vorbehalt bezüglich Optionsanleihen, bei denen der Optionswert im Zeitpunkt der Emission gegenüber dem jährlich anfallenden Ertrag aus dem Schuldtitel überwiegt.

Wandel- und Optionsanleihen in Spanien

von

Professor Francisco José Alonso Espinosa, Murcia*

Inhaltsübersicht

* Die Übersetzung aus dem Spanischen besorgten Frau stud. iur. *Christine Pendzig*, Bonn, und Professor Dr. *Heribert Hirte*, LL.M. (Berkeley), Jena. Eine Kopie des Originalmanuskripts kann bei der Redaktion gegen einen Unkostenbeitrag von DM 25,– angefordert werden.

I. Allgemeines

1. Zugelassene Emittenten von Schuldverschreibungen

Die Emission von Schuldverschreibungen und anderen Wertpapieren als Form der Erlangung von Geldmitteln ist im spanischen Recht bestimmten Gesellschaften vorbehalten. Im Recht der GmbH ist sie gemäß Art. 9 des Gesetzes 2/1995 vom 23. März 1995 über Gesellschaften mit beschränkter Haftung (LSRL) unzulässig. Gleiches gilt nach Ergänzungsbestimmung 3 des LSRL für natürliche Personen, die Gesellschaft bürgerlichen Rechts, die offene Handelsgesellschaft und die Kommanditgesellschaft. Daraus folgt, daß die Emission von Schuldverschreibungen (und anderer übertragbarer Wertpapiere) nur zulässig ist bei der Aktiengesellschaft (Art. 103, 282ff des Gesetzes über Aktiengesellschaften [LSA] i.d.F. des R.D.L. 1564/1989 vom 22. Dezember 1989), der Kommanditgesellschaft auf Aktien (Art. 152 des Handelsgesetzbuchs), der Genossenschaft (Art. 43.2. d des Allgemeinen Gesetzes über Genossenschaften 3/1987 vom 2. April 1987), der wirtschaftlichen Interessenvereinigung (Gesetz 12/1991 vom 29. April 1991), dem Kreditverein (Art. 3 des Gesetzes 1/1994), dem gewöhnlichen Verein, der Stiftung und der Sparkasse (Art. 270.10 RRM) sowie denjenigen anderen juristischen Personen, denen der Rückgriff auf diese Finanzierungsform nicht ausdrücklich untersagt ist (Gesetz 211/1964 vom 24. Dezember 1964).

Ein Emittent von Schuldverschreibungen, der Kapitel X LSA unterworfen ist, soll zunächst das Gesetz 211/1964 vom 24. Dezember 1964 befolgen, sofern nicht besondere, ihn betreffende gesetzliche Regelungen entgegenstehen; hilfsweise ist in jedem Falle Kapitel X LSA anwendbar (Art. 12 Abs. 2 des Gesetzes 211/1964).

Jeder Emittent von Wertpapieren, der sie durch ein *öffentliches Zeichnungsangebot* plazieren will, muß außerdem den Regeln des Aktienmarktes[1] nachkommen, die sich aus dem Gesetz 24/1988 über den Wertpapiermarkt (Art. 25–30), dem R.D. 291/1992 vom 27. März 1992 und der Ministerialverfügung vom 12. Juli 1993 ergeben.

Daß die Emission von Schuldverschreibungen bestimmten Gesellschaftsformen vorbehalten ist, läßt sich weitgehend mit den Besonderheiten dieser Finanzgeschäfte und Gesellschaftsformen erklären. Denn *typischerweise* ist die Emission von Schuldverschreibungen angesichts des Umfangs der normalerweise aufgebrachten Mittel und des *Anlegertyps*, zu dem die Zeichner und späteren Erwerber der Wertpapiere – ebenfalls typischerweise – zu zählen sind, ein riskantes Finanzgeschäft. Dies wird durch Art. 103 LSA indirekt bestä-

1 Anmerkung der Übersetzer: Das spanische Recht kennt zwei Märkte: der „mercado primario" bezeichnet den Markt für Aktien, während der „mercado secundario" den Markt für andere Wertpapiere kennzeichnet.

tigt, nach dem die Emission von Schuldverschreibungen nur aufgrund eines qualifizierten Hauptversammlungsbeschlusses erfolgen darf. Dadurch wird dem Verwaltungsorgan nämlich eine Zuständigkeit auf dem Gebiet der Verwaltung entzogen. Dies läßt sich nur mit dem speziellen unternehmerischen Risiko erklären, das die ausgebende Körperschaft bei der Emission eingeht.

Das spezielle Risiko, das der Emittent von Schuldverschreibungen angesichts der mit der Emission verbundenen finanziellen Verpflichtungen eingeht, sowie das Bild des typischen Zeichners bedingen die Beschränkung solcher Emissionen auf Gesellschaften, die *typischerweise* große und komplex organisierte Unternehmen betreiben, die auf den Kapitalmarkt zugeschnitten sind und deren Recht einen höheren Gläubiger- und Minderheitenschutz gewährleistet. Dies sind nur die Gesellschaften auf Aktien und besonders die Aktiengesellschaft.

Selbstverständlich deckt sich dieser auf den Besonderheiten der jeweiligen Gesellschaften basierende Versuch einer Erklärung nicht mit der normativen Wirklichkeit des spanischen Rechts der Kapitalgesellschaften, das auch die Gründung und Gestaltung von atypischen Aktiengesellschaften weitgehend zuläßt. Ebenso kann er auch nicht das Verbot der Emission von Schuldverschreibungen erklären, das den GmbHs durch das Gesetz 2/1995 aufgezwungen wurde. Denn es gestattet bekanntlich ein breites Spektrum von Realtypen bei der Ausgestaltung der GmbH-Satzung. Aus diesem Grund erscheint dieses absolute Verbot, so wie es in Art. 9 LSRL formuliert ist, nicht gut durchdacht. Es sollten daher vielmehr bestimmte Ausnahmen von diesem Verbot unter anderen Gesichtspunkten, insbesondere mit Rücksicht auf die Ziffer des Stammkapitals, die jüngste Geschäftsentwicklung, die Unternehmensgröße und den mit der Emission ökonomisch-finanziell verfolgten Zweck, zugelassen werden.

2. *Allgemeine und besondere Bestimmungen für die Emission von Schuldverschreibungen und anderen Wertpapieren: Wesen und Funktionsweise des Aktienmarktes*

Im spanischen Recht ist die Emission von Schuldverschreibungen an verschiedenen Stellen geregelt. Die wichtigsten Bestimmungen sind nunmehr in Kapitel X des LSA von 1989, im Gesetz 211/1964 und im RD 291/1992 enthalten, die auf der Grundlage der Art. 25ff LVM betreffend den Aktienmarkt ergangen sind.

Während Kapitel X LSA und das Gesetz 211/1964 auf *alle* seine Adressaten Anwendung findet, ist die Regelung des Aktienmarktes auf die gesetzlich bezeichneten Emissionen sowie auf Fälle des *öffentlichen Angebots* nach den vorausgehenden Vermutungen des Art. 3.1 RD 291/1992 beschränkt. Die Konsequenz ist die Existenz von zwei *übergeordneten* rechtlichen Regelungen bezüglich der Emission von Schuldverschreibungen und anderer übertragbarer Wertpapiere: (1) die allgemein anwendbaren Bestimmungen; (2) spezielle Regelungen des *Aktienmarktes.*

a) Sonderregelungen für öffentliche Angebote

Diese letzten werden überlagert und treffen zusammen mit den allgemeinen Regeln, wenn das Zeichnungsangebot als *öffentlich* zu qualifizieren ist[2]. Dies ist der Fall, wenn eine der in Art. 3.1 RD 291/1992 geregelten Vermutungen vorliegt:

- Die Emission betrifft Wertpapiere gleicher Art wie andere desselben spanischen Emittenten, die zum Handel an der Wertpapierbörse, einem offiziell anerkannten Markt für andere Wertpapiere als Aktien oder auf einem anderen auf nationalem Territorium angesiedelten organisierten Markt zugelassen sind;
- wenn der Emittent oder Besitzer der Wertpapiere oder der, der auf dessen Rechnung handelt, die Wertpapiere auf nationalem Territorium anbietet und für sie wirbt, und zwar durch Informationsmittel, die normalerweise an ein allgemeines Publikum gerichtet sind, oder durch Mittel der eingeschränkten oder individuellen Kommunikation;
- jene Fälle, in denen die Wertpapiere auf nationalem Territorium durch einen Wertpapierdienstleister im Sinne von Art. 71 und 76 des Gesetzes 24/1988 vom 28. Juli 1988 über den Wertpapiermarkt verbreitet oder gefördert werden[3].

Das Vorliegen einer dieser drei Vermutungen legt dem Emittenten folgende Pflichten auf (Art. 5 RD 291/1992): (1) Offenlegung der Emissionen gegenüber der nationalen Kommission für den Wertpapiermarkt; (2) Einreichung und vorhergehende Registrierung der Emissionsbeschlüsse, der Beschreibung der zu emittierenden Wertpapiere und der Rechte und Pflichten seiner Inhaber bei der nationalen Kommission für den Wertpapiermarkt; (3) Beurkundung und Registrierung der Abschlußprüfungsberichte und des Jahresabschlusses des Emittenten durch die nationale Kommission für den Wertpapiermarkt; (4) Beurkundung und Registrierung eines Prospekts über die geplante Emission durch die nationale Kommission für den Wertpapiermarkt. Dieser Prospekt muß sich nach den in den Anhängen der Verfügung vom 12. Juli 1993 geregelten Mustern richten.

Die Emittentin muß die erforderlichen behördlichen Zustimmungen bei der Abteilung für Staatsvermögen und Finanzpolitik beantragen (die nach dreimonatiger Untätigkeit der Verwaltung fingiert werden), wenn die Wertpapiere den durch die Verfügungen vom 14. November 1989 und vom 18. Dezember 1992 vorgesehenen Bedingungen unterfallen[4].

2 Alonso Espinosa, Mercado primario de valores negociables, 1994, S. 41–51.

3 Zu diesen Vermutungen Alonso Espinosa, aaO (Fn. 2), S. 227–248; zu den Ausnahmen von ihrem Anwendungsbereich S. 94–115.

4 Alonso Espinosa, aaO (Fn. 2), S. 37–40.

b) Allgemeine Regelungen

Die *allgemeine* Regelung umfaßt die Notwendigkeit eines Emissionsbeschlusses und seiner Beurkundung, die Obergrenzen der Emission sowie die Fragen betreffend der gemeinsamen Versammlung der Schuldverschreibungsinhaber. Es ist die einzig anwendbare gesellschaftsrechtliche Regelung. Mit dem Eintritt in die Registrierungsphase (Eintragung der Emission ins Handelsregister) laufen diese generelle Bestimmung und diejenigen des Aktienmarktes autonom nebeneinander. Einerseits läuft das handelsregisterliche Kontrollverfahren, andererseits läuft das Verfahren bezüglich der Registrierung der Emission in der nationalen Kommission für den Wertpapiermarkt (CNMV) (vor allem Art. 318.2 RRM); letzteres kann nur in *besonders schweren*, aber nicht näher spezifizierten Fällen (Art. 8.3 RD 291/1992) auf das handelsregisterliche Verfahren einwirken.

c) Verhältnis beider Regelungen zueinander

Dessenungeachtet enthält Art. 285. 2 LSA eine Anordnung, die beide Regelungsgefüge verknüpft – die allgemeine und die des Aktienmarktes –, um die In-Verkehr-Setzung der Schuldverschreibungen zu verbieten, „bis die Urkunde [der Emission] in die entsprechenden Register eingetragen worden ist". Die Erfüllung der beiden rechtlichen Anforderungen (der allgemeinen und – soweit vorgeschrieben – der des Aktienmarkts) bei der *In-Verkehr-Setzung der Schuldverschreibungen oder zu ihrer Einführung in den Markt* ist nach Art. 286.1 LSA zwingend (Art. 9 und 23 RD 291/1992)[5]. Sie begründet die Zulässigkeit der öffentlichen Bekanntmachung des Zeichnungsangebots sowie des Abschlusses der jeweiligen Zeichnungsverträge mit den Anlegern, ohne daß die beantragte Eintragung der Emission ins Handelsregister und gegebenenfalls ins Grundbuch vollzogen ist. Was Art. 285.2 LSA aber verbietet, ist nicht das Zustandekommen der Zeichnungsverträge über die Schuldverschreibungen, sondern *deren Entstehung als Wertpapiere* (die deshalb nicht „auf dem Markt eingeführt sein können"), bis tatsächlich die entsprechende Emission in das Handelsregister und gegebenenfalls ins Grundbuch eingetragen ist. Damit wird verhindert, daß der Emittent konjunkturell günstige Gegebenheiten aufgrund der dem Verfahren der Registereintragung anhaftenden Verzögerung nicht nutzen kann. Auch wenn die Zeichnungsverträge geschlossen sind, können die Schuldverschreibungen den Zeichnern daher nicht als Wertpapiere übergeben werden. Folglich können sie nicht umlaufen, ehe der Markt nicht über die der Investitionsentscheidung dienenden und im Register ausgewiesenen Informationen verfügt[6].

5 Alonso Espinosa, aaO (Fn. 2), S. 63–71.

6 Dies kann als Bestätigung dafür angesehen werden, daß sich die Rechte der Schuldverschreibungsgläubiger gegenüber der Emittentin nach der Verlautbarung im Register und nicht nach den Wertpapieren (Aktienurkunden, Emissionsbeschluß oder Eintra-

3. *Obergrenze der Emission*

Die älteste gesetzliche Regelung zur *Sicherung* der Erwerber von Schuldverschreibungen besteht in der Begrenzung der Höhe des auf diesem Finanzierungsweg aufnehmbaren Fremdkapitals durch die Höhe des *Eigen*kapitals des Emittenten. Dieser Begrenzung liegt das Prinzip zugrunde, daß *die finanzielle Situation des Emittenten die Sicherheit der Anlage gewährleisten muß.* Daher sind Ausnahmen von dieser Grenze zulässig, wenn sie mit diesem Prinzip übereinstimmen (vgl. neben anderen Normen Art. 284.2 LSA und die Ergänzungsbestimmung 4 des Gesetzes 26/1988 [Kreditwesengesetz])[7].

Art. 282.1 LSA begrenzt die Höhe der Gesamtverschuldung der Gesellschaft auf Grund der Emission von Schuldverschreibungen durch den Wert, den die folgenden, alle zum *Eigen*kapital zählenden Posten gemeinsam erreichen: (1) eingezahltes Grundkapital; (2) Rücklagen, die in der letzten geprüften Bilanz ausgewiesen sind; (3) Rechnungsabgrenzungsposten, wenn sie seitens des Wirtschafts- und Finanzministeriums bewilligt worden sind[8].

Der Gesamtwert der im Umlauf befindlichen Schuldverschreibungen sowie der geplanten Emission darf diesen durch die Höhe des Grundkapitals definierten Wert nicht überschreiten, wobei der Wert derjenigen Schuldverschreibungen außer Betracht bleibt, für die spezielle Sicherheiten bestellt sind, was der Gesellschaft die Überschreitung der allgemeinen Obergrenze ermöglicht (Art. 284.2 LSA). Die Einhaltung der Obergrenze muß vom Handelsregister sowie von den Jahresabschlußprüfern kontrolliert werden, die bei Emissionen von Schuldverschreibungen entsprechend den Regeln des öffentlichen Zeichnungsangebots handeln sollen (Erste Ergänzungsbestimmung 1.b des Gesetzes 19/1988 über die Jahresabschlußprüfung). Die Nichtbeachtung der Obergrenze kann die zivilrechtliche Haftung der Verwalter begründen. Nach den Umständen des Einzelfalles haften sie entweder der Gesellschaft oder direkt den Inhabern der Schuldverschreibungen (Art. 133 und 135 LSA).

Bei der umfangmäßigen Begrenzung der Emission ist im übrigen folgendes zu beachten:

gungen im Buch) bestimmen. Wenn man dieser Auslegung von Art. 285.2 LSA folgt, gewinnt der verwirrende Art. 286.2 LSA an Bedeutung, der die Verwaltung der Emittentin gegenüber den Schuldverschreibungsgläubigern für die diesen durch die Nichtbefolgung der vorgenannten Plichten entstandenen Schäden gesamtschuldnerisch haftbar macht. Damit sind Schäden erfaßt, die durch Divergenzen zwischen dem Wortlaut der auf den Wertpapieren/Aktienurkunden und dem in den Registereintragungen wiedergegebenen Inhalt des Anleiheversprechens verursacht werden (unklar bleibt dann allerdings, was gilt, wenn die Schuldverschreibungen nur im Wege der Bucheintragung ausgegeben werden).

7 Alonso Espinosa, aaO (Fn. 2), S. 59–63.

8 Alonso Espinosa, Asociación y derechos de los obligacionistas, 1988, S. 350–360.

(1) Da das *eingezahlte* Grundkapital die Höhe der Grenze maßgeblich mitbestimmt, wird die Gesellschaft dazu veranlaßt, zuerst die Einzahlung des gesamten Eigenkapitals zu erwirken, ehe sie Fremdkapital aufnimmt.

(2) Die durch Art. 282.1 aufgezwungene Begrenzung motiviert auch zur Bestellung besonderer und tauglicher Sicherheiten; vgl. Art. 284.2 LSA. Denn diese Norm erläßt die Beachtung der Obergrenze insoweit, als die ausgebende Gesellschaft *spezielle Sicherheiten* zugunsten der Schuldverschreibungen bestellt.

(3) Die letzte geprüfte und festgestellte Bilanz ist die Bilanz des letzten abgeschlossenen Geschäftsjahres, wenngleich die Bewilligung einer Sonderbilanz zugelassen werden kann, wenn sich die für die Begrenzung der Emission maßgeblichen Zahlen seit der letzten geprüften und festgestellten Bilanz geändert haben.

(4) Alle Arten von Rücklagen der Gesellschaft können zur Erhöhung der Obergrenze der Emission herangezogen werden.

(5) Die für Neuemissionen zuzüglich der bei Zeichnung bereits ausgegebenen Schuldverschreibungen bestehende Obergrenze darf während der Laufzeit der Papiere nicht überschritten werden, es sei denn, daß die gemeinsame Versammlung der Schuldverschreibungsinhaber ausdrücklich Herabsetzungen von Kapital oder Rücklagen bewilligt (Art. 289.1 LSA); ein solcher Beschluß ist nicht nötig bei Herabsetzungen aufgrund von Verlusten oder bei der Verwendung von Rücklagen zum Ausgleich dieser Verluste.

4. *Gesellschaftsrechtliche Willensbildung des Emittenten*

Die Festlegung des Inhalts des Zeichnungsangebots für die Anleihen fällt grundsätzlich in die Zuständigkeit der Hauptversammlung, die mit dem vorgeschriebenen Quorum (Art. 103 LSA) und entsprechend etwaigen fakultativen Satzungsbestimmungen zu entscheiden hat (Art. 283.1 LSA). Eine Zuständigkeit des Verwaltungsrats ist hier nicht gegeben, da die Emission im Regelfall zu einer bedeutenden Verschuldung des Unternehmens führen kann, aufgrund derer die Zahlungsfähigkeit der Gesellschaft und somit auch die wirtschaftlichen Interessen der Gesellschafter signifikant und direkt beeinträchtigt werden können[9].

Daher stellt die Emission von Schuldverschreibungen und anderen Wertpapieren eine Ausnahme vom allgemeinen Prinzip des Art. 129 LSA dar, nach dem der Verwaltungsrat für die Vertretung der Gesellschaft bei allen zur Verfolgung des Gesellschaftszwecks gehörigen Akten zuständig ist, vor allem wenn man den *neutralen* Charakter der Emission von Schuldverschreibungen berücksichtigt. Daher wird die Gesellschaft durch allein aufgrund einer Entscheidung des Verwaltungsrats ausgegebene Schuldverschreibungen gegenüber den Zeichnern nicht gebunden. Die so geschlossenen Zeichnungsverträge über die Schuldverschreibungen sind nichtig, können die direkte zivilrechtliche Haftung der Verwalter gegenüber den Zeichnern nach Art. 135 LSA auslösen und zudem strafrechtliche Folgen nach sich ziehen. Deshalb ist notwendige Voraussetzung jeder Emission ein vorhergehender Hauptversammlungsbeschluß, der dann zugleich die Konditionen der Schuldverschreibungen festlegt.

9 URIA/MENENDEZ/MUÑOZ PLANAS, in: Comentario al régimen legal de las sociedades mercantiles, Bd. V, 1992, S. 44; ANGULO, in: Sanchez Calero, Comentario a la Ley de sociedades anónimas, Bd. VIII, 1993, S. 401 ff.

Der Wortlaut des LSA (Art. 103, 282, 292.1 und 294.2) enthält in diesem Zusammenhang einige spezifische Präzisierungen:

- die Hauptversammlung ist *ausschließlich* zuständig für die Emission von Schuldverschreibungen und damit insbesondere für die Beschlußfassung über die Emission und folglich für die Genehmigung dieser Form der Fremdfinanzierung, damit aber auch für die Festlegung der Vertragsbedingungen im weitesten Sinne;
- ungeachtet dessen und in Ermangelung abweichender Satzungsbestimmungen kann die *Hauptversammlung* aber auch einfach die Emission von Schuldverschreibungen in der Weise *beschließen*, daß sie das Mittel zu dieser Form der Finanzierung *genehmigt* und dem Verwaltungsorgan die Festlegung der Vertragsbedingungen in ihrem weitesten Inhalt überträgt, außer wenn es sich um Wandelanleihen handelt. In diesem Fall hat die Hauptversammlung außerdem *notwendigerweise* die Grundlagen und Modalitäten der Umwandlung zu bestimmen, die Kapitalerhöhung in der notwendigen Höhe zu bewilligen und eine Höchstfrist festzulegen, innerhalb derer die Umwandlung durchgeführt werden kann (Art. 292.1 und 294.2 LSA[10]).

Abgesehen von den erwähnten Besonderheiten bei Wandelanleihen besteht der wirklich *zwingende* Inhalt, den Art. 283.1 LSA der Hauptversammlung vorbehält, folglich darin, daß dieselbe *bewilligt oder genehmigt*, daß die Gesellschaft sich mittels der Emission der Schuldverschreibungen finanzieren kann; dies heißt aber nicht, daß die Gesellschaft die Schuldverschreibungen auch tatsächlich emittieren muß. Die tatsächliche Entscheidung zur Emission sowie die Festlegung der Anleihebedingungen können dem Verwaltungsrat zugewiesen sein. Das LSA setzt hier weder Grenzen noch Bedingungen fest.

Allerdings ist in diesem Zusammenhang Art. 319 der Handelsregisterordnung (R.D.1784/1996 vom 19. Juli 1996) zu berücksichtigen. Danach darf: (1) die Übertragung von Befugnissen auf den Verwaltungsrat nur für höchstens 5 Jahre erfolgen (gezählt ab dem Datum des Hauptversammlungsbeschlusses); und (2) die Hauptversammlung muß mindestens die Gesamtmenge oder die Begrenzung der Emission (= der Verschuldung der Gesellschaft) festsetzen, die der Verwaltungsrat durch die verschiedenen Emissionen, für deren Ausübung er sich entscheidet, maximal erreichen darf (Art. 319.1 RRM); freilich ist es in diesem Punkt zulässig, daß der Hauptversammlungsbeschluß keine konkrete Höhe beziffert, sondern abstrakt den sich aus Art. 282.1 LSA und gegebenenfalls Art. 284.2.LSA ergebenden Wert für maßgeblich erklärt.

5. *Inhalt des Beschlusses über die Emission von Schuldverschreibungen*

Die *Bedingungen des Zeichnungsangebots über die Schuldverschreibungen* sollen unabhängig davon, ob sie von der Hauptversammlung oder dem Verwaltungs-

10 Dazu unten 5.c) sowie II.2.

rat in Ausübung der ihm übertragenen Befugnisse festgelegt werden, die Bestellung eines gemeinsamen Vertreters der konkreten Emission (Art. 283.2 LSA) mit einschließen. Dieser soll eine unabhängige Person sein, die im Interesse der zukünftigen Inhaber der Schuldverschreibungen zu handeln hat, bis die Versammlung der Schuldverschreibungsinhaber zusammentritt, um seine Handlungen zu bestätigen oder zu ersetzen (Art. 297 LSA). Art. 283.2 LSA verlangt als Bedingung der Emission auch die Einrichtung einer gemeinsamen Versammlung der Schuldverschreibungsinhaber. Beides sind jedoch nicht Bedingungen der Emission im eigentlichen Sinne, sondern eher Regelungen, die die automatische Gründung der Versammlung der Anleihegläubiger (vgl. Art. 295 LSA) sowie die tatsächliche Bestellung des gemeinsamen Vertreters zu erreichen versuchen.

Der Beschluß über die Emission, jetzt nicht verstanden als allgemeine Genehmigung der Hauptversammlung, Schuldverschreibungen nach Art. 283.1 LSA auszugeben, sondern als *Inhalt des Zeichnungsangebots* im Sinne des Art. 285.1 LSA, soll alle Elemente enthalten, die für den Abschluß der Zeichnungsverträge über die Schuldverschreibungen erforderlich sind. Diese Elemente sind in Art. 285.1 LSA festgelegt, der aus terminologischer Sicht an einem gewissen Anachronismus (er rührt aus der *Praxis* der Eisenbahngesellschaften des 18. Jahrhunderts her) sowie an mangelhafter Gesetzgebungstechnik krankt; diese Vorschrift wird durch Art. 310 der Handelsregisterordnung (RRM) gemäß R.D. 1784/1996 vom 19. Juli 1996 ergänzt. Gemäß den beiden Vorschriften soll das Zeichnungsangebot mindestens die folgenden Elemente enthalten:

a) Grundlegende Angaben zur Person des Emittenten

Mindestens sind der *personelle* Anwendungsbereich (Firma und Sitz der Gesellschaft), der *wirtschaftliche* Anwendungsbereich (eingezahltes Grundkapital, Summe der Rücklagen, die in der letzten geprüften Bilanz ausgewiesen sind und die vom Wirtschafts- und Finanzministerium bewilligten Rechnungsabgrenzungsposten und der *unternehmerische* Anwendungsbereich (Erwähnung des Gesellschaftszwecks) anzugeben.

b) Allgemeine Angaben zu den Schuldverschreibungen, den Zeichnungsbedingungen und zur Plazierung

Es sind anzugeben „die Emissionsbedingungen sowie Datum und Frist der Zeichnung" (Art. 285.1 b LSA und Art. 310.1.3 RRM) sowie der „Gesamtbetrag und die genaue Bezeichnung der Schuldverschreibungen, die auf dem Markt eingeführt werden sollen" (Art. 285.1.d LSA und Art. 310.1.2 RRM). Diese Ausdrücke sind weit gefaßt, um der Emittentin eine *flexible Gestaltung* bei den Modalitäten des Zeichnungsangebots und der Plazierung der Schuldverschreibungen auf dem Markt zu erlauben (direkt oder traditionell, mittels offener Programme, vorbehaltener Tranches, „à la carte“ etc.). Wenn das LSA sich an dieser Stelle auf die „Bedingungen der Emission“ bezieht, spielt dies vor allem auf die *Bestimmungen* des Zeichnungsangebots und die Plazierung der Schuldverschreibungen auf dem Markt an. Nicht gemeint sind die Bedingungen des *Vertragsabschlusses* mit den Inhabern der Schuldverschreibungen. Dies wird durch das LSA selbst bestätigt, da diese Fragen systematisch zu denen „des Datums und der Fristen der Zeichnung“ gehören, aber als Bedingungen *des Vertragsabschlusses* in einem anderen Absatz geregelt sind (dem Art. 285.1.c LSA).

c) Bedingungen des Vertragsschlusses mit den Inhabern der Schuldverschreibungen

Die Bedingungen, zu denen die Zeichnungsverträge geschlossen werden, definieren die Rechtsposition eines jeden Erwerbers von Schuldverschreibungen. Das LSA zählt in diesem Zusammenhang unter anderem auf: „den Nennwert, die Zinsen, die Fälligkeit, die Prämien- und Gewinnanteile der Schuldverschreibungen, soweit vorhanden“ (Art. 285.1.c) und gegebenenfalls „die für die Emission zu leistenden Sicherheiten“ (Art. 285.1.e LSA), welche näher zu beschreiben sind, insbesondere hinsichtlich des öffentlichen Registers, in dem eine etwaige Hypothek eingetragen ist, oder des Ortes, wo etwa verpfändete Waren gelagert sind (Art. 310.1.5 RRM). Hinzuzufügen ist nach Art. 310.1.2 RRM die Ausgabeform der Schuldverschreibungen (für Verbriefung oder Bucheintragung siehe Art. 290 LSA). Das Zeichnungsangebot muß klar und hinlänglich mindestens die folgenden Zeichnungsbedingungen offenlegen:

- *der Einheitswert jeder Schuldverschreibung* beziehungsweise eine Formel zu seiner Bestimmung; dies ist der Wert, den der Emittent bei Fälligkeit schuldet und den das LSA technisch ungenau als Nennwert bezeichnet;
- der *Termin, zu dem die Schuldverschreibungen fällig sind*, oder eine Formel für die Bestimmung dieses Termins; für diese Formel besteht ein weiter Spielraum (fixes Datum, Bestimmung durch Auslosung, Fälligkeit bei Vorlage etc.);
- die den *Inhabern der Schuldverschreibungen* als Gegenleistung für den von ihnen gewährten Kredit *zustehenden Rechte* (Zinsen, Prämien- und Gewinnanteile gemäß der Terminologie des LSA), für deren Modalitäten ebenfalls ein weiter Spielraum besteht (fixe, variable Zinsen, Nullkupon, Disagio, Prämienanteile, Auslosung der Vermögenswerte oder Rechte etc.);
- bei *Wandelanleihen* müssen die Grundlagen und Modalitäten der Umwandlung bezeichnet werden (Art. 292.1 LSA und 310.2 RRM).

Wie bereits festgestellt, besteht ein weiter Spielraum bei der Festlegung des Zeichnungsangebots und der Ausgestaltung der Schuldverschreibungen; der der „Phantasie“ der Juristen und Finanzexperten überlassene Sinn dieses Spielraumes ist es, den Emittenten von Schuldverschreibungen ein möglichst leistungsfähiges Finanzierungsinstrument an die Hand zu geben. Auf diese Weise verfügt der

Emittent über genügend Freiheit, die Vertragsbedingungen so auszugestalten, wie sie für ihn am angemessensten und zweckmäßigsten im Hinblick auf die Bedingungen des Marktes, seine eigenen Interessen und mit Blick auf die ins Auge gefaßten Anleger sind.

6. *Dokumentation und Offenlegung des Inhalts des Zeichnungsangebots im Register. Beurkundung und Eintragung im Handelsregister*

Die Emission von Schuldverschreibungen und von anderen übertragbaren Wertpapieren und ihre Vertragsbedingungen sind zu beurkunden und ins Register einzutragen, ehe sie in Umlauf gebracht werden können (Art. 22.2 C.Com., Art. 285–286 LSA, Art. 94.2 RRM). Diese Vorgänge sind außer in den bereits zitierten Vorschriften in den Art. 310–319 RRM geregelt, die nicht nur die Emission von Schuldverschreibungen betreffen, sondern auch die Emission sonstiger Wertpapiere mit Ausnahme von Aktien; so sind die Art. 22.2 C.Com., Art. 94.2 und Art. 95.2 RRM zu verstehen[11]. Allerdings existieren einige Ausnahmen, insbesondere was die Emission von Hypothekenpfandbriefen (Art. 12 a.E. des Gesetzes 2/1981 über den Hypothekenmarkt) sowie von sonstigen auf Hypotheken bezogenen Wertpapieren anbelangt (Art. 5, Nr. 3 des Gesetzes 19/1992 vom 7. Juli 1992).

Daß die Emission von Schuldverschreibungen und von anderen übertragbaren Wertpapieren beurkundet und ins Register eingetragen werden muß, läßt sich mit dem Erfordernis der *Rechtssicherheit* erklären, die für jede Investition erforderlich ist. Aus historischer Sicht haben diese Erfordernisse denselben Ursprung wie die Pflicht zur Registrierung der den Gegenstand des öffentlichen Angebots bildenden Emission in der CNMV; sie ermöglicht erst die gegenwärtige Liberalisierung der Emission von Wertpapieren einschließlich der behördlichen Präventivkontrolle in bezug auf Offenlegung und Informationsgehalt des Angebots.

Die Verpflichtung zur Niederlegung der Details über die Emission in einer öffentlichen Urkunde ergibt sich vor allem aus dem Offenlegungsprinzip der Art. 18.1 C.Com., Art. 5 und 318 RRM). Dieses beruht darauf, daß ein adäquater Schutz der Anleger nur durch die Prüfung seitens des Handelsregisters sowie die mit der Eintragung einhergehende Offenlegung gewährleistet wird. Die Prüfung des Registergerichts umfaßt die Rechtmäßigkeitskontrolle folgender Fragen:

- das *Zustandekommen eines ordnungsgemäßen Hauptversammlungsbeschlusses* gemäß den gesetzlichen sowie etwaiger abweichender im Handelsregister eingetragener statutarischer Bestimmungen;
- die *Übereinstimmung der zu emittierenden Wertpapiere sowie der Zeichnungsbedingungen* mit dem jeweils anwendbaren Gesetz;

11 Alonso Espinosa, aaO (Fn. 2), S. 63ff.

- die *Einhaltung der zulässigen Obergrenze der Emission durch den Emittenten* gemäß Art. 282.1 LSA und Art. 1 des Gesetzes 211/1964 unter Berücksichtigung des Inhalts des Emissionsbeschlusses und der bereits im Handelsregister enthaltenen Informationen (Art. 6 a.E. RRM). Zu diesem Zweck soll der Emittent die erforderlichen Informationen im Emissionsbeschluß offenlegen (Art. 310.1.1 RRM). Der Handelsregisterführer ersieht aus seinem Register das Maß der durch Schuldverschreibungen begründeten Verschuldung des Emittenten; denn er kann es anhand der bei jeder Emission gezeichneten Beträge (Art. 311 RRM) sowie der schon zurückgezahlten Schuldverschreibungen aus früheren Emissionen (Art. 315–317 RRM) errechnen.

Diese Funktion des Handelsregisters wird ergänzt durch die Verpflichtung des gemeinsamen Vertreters, der vorläufig durch die Emittentin benannt wird, um die Einhaltung der obigen Erfordernisse zu kontrollieren und um insbesondere sicherzustellen, daß der Inhalt des Emissionsbeschlusses auch im Register der Emittentin niedergelegt wird, so daß keine Divergenzen zwischen diesem und dem Beschluß auftreten. Diese Kontrollkompetenz des gemeinsamen Vertreters ergibt sich aus seiner allgemeinen Funktion, die gemeinsamen Interessen der Inhaber der Schuldverschreibungen zu wahren (Art. 303.3 LSA a.E.).

7. *Bekanntmachung des Inhalts des Zeichnungsangebots über die Schuldverschreibungen im Amtsblatt des Handelsregisters*

Jedes Zeichnungsangebot über Schuldverschreibungen oder andere übertragbare Wertpapiere, ob es den Charakter eines *öffentlichen Angebots* hat oder nicht, muß im Amtsblatt des Handelsregisters veröffentlicht werden, ehe die effektive Zeichnung oder die „Einführung in den Markt“ stattfinden kann (Art.286.1 LSA und Art.12, 2. Absatz des Gesetzes 211/1964). Der Mindestinhalt dieser Bekanntmachung entspricht dem, den Art. 285.1 LSA für den Emissionsbeschluß verlangt.

Es ist nicht einfach, die Bedeutung dieser Bekanntmachung zu erklären. Das außer Kraft gesetzte LSA vom 17. Juli 1951 ordnete an, daß diese Bekanntmachung im Amtsblatt des Staates zu erfolgen hatte (Art. 117 LSA von 1951). Dies hatte denselben Zweck, den heute der in Art. 28 des Gesetzes 24/1988 über den Wertpapiermarkt vorgesehene Emmissionsprospekt bei Emissionen mit *öffentlichem Angebot* hat: den potentiellen Anlegern sollen Informationen über die Bedingungen der Emission und Zeichnung an die Hand gegeben werden, die vorher vom Handelsregisterführer und vom gemeinsamen Vertreter kontrolliert wurden. Dies ermöglicht den Anlegern, eine fundierte Anlageentscheidung zu treffen (Art. 28 LMV). Aus diesem Grunde war die Bekanntmachung im Amtsblatt des Staates (BOE) Voraussetzung des Zeichnungsangebots.

Die Ersetzung des Amtsblatts des Staates durch das Amtsblatt des Handelsregisters als Organ für die Bekanntmachung der Emission und des Zeichnungsangebots über die Schuldverschreibungen könnte aus der Funktion dieser Bekanntmachung als zweites der beiden Elemente erklärt werden, in denen sich die Registerpublizität nach der durch Gesetz 19/1989 ausgeführten Reform ausdrückt (Art. 21.1. C.Com.): da die Emission von Schuldverschreibungen und anderen Wertpapieren ein registerpflichtiger Akt ist (Art. 22.2.C.Com.), hat eine Offenlegung im Amtsblatt des Handelsregisters zu erfolgen. Trotzdem ist diese Erklärung nicht korrekt: denn Art. 388.1.13 verlangt i.V.m. Art. 421.1.RRM lediglich die Offenlegung des „Datums und Betrags der Emission sowie des Namens des gemeinsamen Vertreters" im Amtsblatt des Handelsregisters, während Art. 286.1 LSA die Bescheinigung wenigstens *aller* schon erörterter *Angaben des Art. 285.1 LSA* vorschreibt. Abgesehen von dieser unnützen teilweisen Verdoppelung von Bekanntmachungen ist der Ersatz des Amtsblatts des Staates durch das Amtsblatt des Handelsregisters auch insofern unsinnig, als das Amtsblatt des Handelsregisters im Vergleich zu dem des Staates nur sehr gering verbreitet ist.

Andererseits ersetzt der Emissionsprospekt bei *öffentlichen Angeboten* sehr wirksam diese „Teilbekanntmachung" im Amtsblatt des Handelsregisters, so daß deren Bedeutung verloren geht (Art. 28 LMV und 21 RD 291/1992). Daraus erklärt sich, daß die in Art. 286.2 LSA geregelte Haftung der Verwalter, die auf dem Unterlassen dieser Bekanntmachung beruht, sehr unbedeutend – wenn nicht gar ausgeschlossen – bleiben wird, wenn die Emittentin den Verfahren des Aktienmarkts Folge leistet, insbesondere was das Erfordernis der Herausgabe und Verbreitung der zuvor von der CNMV überwachten und registrierten Emissionsprospekte betrifft.

8. *Weiteres Verfahren nach Zeichnung der Schuldverschreibungen*

Nach Beendigung der Zeichnungsfrist bezüglich der Schuldverschreibungen muß der Emittent die Eintragung des tatsächlich gezeichneten Betrags ins Handelsregister beantragen (Art. 311 RRM) – was wohl nicht für die Fälle einer Emission aufgrund von „Programmen" (Nr. 7 der Verfügung vom 12. Juli 1993) oder aufgrund eines *öffentlichen Angebots* gilt, über das die CNMV zu informieren ist (Art. 23 RD 291/1992 und Nr. 9 der Verfügung vom 12. Juli 1993); nach der Eintragung müssen die Schuldverschreibungen/Wertpapiere an deren Erwerber übergeben werden oder gegebenenfalls die erforderlichen Bucheintragungen vorgenommen werden. In diesem Fall muß die Zulassung der Wertpapiere zur Notierung an einem organisierten Markt für andere Wertpapiere als Aktien beantragt werden.

Die Leistung des Ausgabebetrages der Schuldverschreibungen muß sich auch im Registerblatt der ausgebenden Gesellschaft widerspiegeln (Art. 315–317 RRM).

II. Besonderheiten von Wandelanleihen

1. Charakteristika der Wandelanleihen

Art. 9 des Gesetzes 19/1989 (heute Art. 292–294 LSA) regelte zum ersten Mal in Spanien die Wandelanleihen. Dieser Typ von Schuldverschreibungen war auch vom früheren Recht zugelassen (Ziffer Art. 95 LSA vom 17. Juli 1951), obwohl diesbezüglich eine beträchtliche Gesetzeslücke bestand, die allgemein zum Nachteil der Inhaber der Schuldverschreibungen durch die in den Emissionsbeschlüssen dieser Wertpapiere aufgestellten Vertragsbedingungen auf der Grundlage des Art. 1255 des Zivilgesetzbuches ausgefüllt wurde.

Generell sind *Wandelanleihen* jene, die dem Inhaber der Schuldverschreibung die Befugnis verleihen, zwischen zwei Varianten der Rückzahlung der Anleihe zu wählen: (1) der Rückzahlung der Geldsumme entsprechend ihrem „Nominalbetrag" oder (2) der Aushändigung der Aktien der Emittentin (direkte Umwandlung) oder einer anderen Gesellschaft (indirekte Umwandlung) in der sich aus dem Umtauschverhältnis oder den Umwandlungsbedingungen ergebenden Menge. Wenn der Inhaber der Schuldverschreibung diese zweite Form der Rückzahlung wählt, wandelt sich seine Rechtsposition in die eines Aktionärs, und zwar zu dem Zeitpunkt, zu dem die Emittentin die fremden Mittel in eigene Mittel überträgt.

Die *typischen* Wandelanleihen, die Gegenstand der Regelung in den Art. 292–294 LSA sind, sind durch folgende Elemente charakterisiert:

- wandelbar in Aktien der ausgebenden Gesellschaft selbst (direkte Umwandlung);
- von vornherein mit der Möglichkeit der Wandelbarkeit in diese Aktien emittiert[12];
- unwiderruflich.

Diese typische Ausgestaltung von Wandelanleihen in Aktien ergibt sich aus dem Zusammenhang der zitierten Vorschriften und insbesondere aus Art. 292 LSA, der verlangt, daß die die Emission beschließende Hauptversammlung gleichzeitig auch der notwendigen Erhöhung des Stammkapitals zustimmen muß, was nur auf dieselbe Gesellschaft bezogen sein kann. Diese Kapitalerhöhung dient der Umwandlung der Schuldverschreibungen in die entsprechenden Aktien.

Dies schließt nicht die Zulässigkeit einer anderen Ausgestaltung von Wandelanleihen wie etwa der folgenden aus:

12 ANGULO RODRIGUEZ, Las obligaciones convertibles en acciones. Texto refundido de la Ley de sociedades anónimas, in: Contratos sobre acciones, 1994, S. 132, nach dem die Umwandlung nicht nur als Recht, sondern auch als *Verpflichtung* ihres Inhabers ausgestaltet sein kann. Dieser Fall unterliegt ebenfalls Art. 292–294 LSA.

- die *spätere* Umwandelbarkeit von emittierten Schuldverschreibungen aufgrund von Verträgen zwischen der ausgebenden Gesellschaft und den Inhabern der Schuldverschreibungen (Art. 306 d. LSA) oder aufgrund eines nachträglichen einseitigen Angebots zur Umwandlung seitens der ausgebenden Gesellschaft[13];
- die *indirekte* Umwandelbarkeit, also die Umwandelbarkeit in Aktien einer anderen als der ausgebenden Gesellschaft;
- die Umwandelbarkeit als Recht der ausgebenden Körperschaft und nicht als Befugnis der Inhaber der Schuldverschreibungen;
- die *austauschbaren* Schuldverschreibungen, bei denen die Umwandlung sowohl in Aktien der emittierenden als auch in Aktien einer anderen Gesellschaft erfolgen kann, die schon emittiert sind oder die vor oder nach der Emission der Schuldverschreibungen in Verkehr gebracht werden;
- Schuldverschreibungen mit Optionen auf die Zeichnung oder den Erwerb anderer Wertpapiere (Schuldverschreibungen mit *warrants*), wobei das andere selbständige Wertpapier die Schuldverschreibung begleitet und das Recht auf Aktien der ausgebenden oder der anderen Gesellschaft zu den im Emissionsbeschluß niedergelegten Bedingungen verbrieft. Die Modalitäten der Umwandlung müssen meines Erachtens den Erfordernissen des zuvor untersuchten Artikels 17 RD 291/1992 genügen.

2. *Emission von Wandelanleihen*

a) *Zuständigkeitsverteilung zwischen den Gesellschaftsorganen*

Die Emission von Wandelanleihen muß von der Hauptversammlung genehmigt werden. Sie ist – wie zuvor dargelegt – das einzige zuständige Gesellschaftsorgan, das darüber entscheiden kann. Dabei verlangt das LSA auf dem Gebiet der Wandelanleihen, daß die Hauptversammlung der Aktionäre nicht nur die Emission dieser Schuldverschreibungen genehmigt (Art. 103, 283.1 LSA), sondern daß sie auch über einige ihrer Bedingungen beschließt, die nicht auf das Verwaltungsorgan übertragen werden können (Art. 292.1 LSA).

Im konkreten obliegt der Hauptversammlung zwingend die Beschlußfassung über folgende Fragen:

- die Emission der Schuldverschreibungen als auf Antrag ihrer Inhaber *in Aktien wandelbare*;
- die gleichzeitig mit der Emission der Schuldverschreibungen erfolgende *Kapitalerhöhung* in der nötigen Höhe, um eventuelle Wandelansprüche bedienen zu können;

13 ANGULO, aaO (Fn. 9), S. 392.

- die *Grundlagen der Umwandlung* oder das Umtauschverhältnis zwischen Schuldverschreibungen und Aktien;
- die *Modalitäten der Umwandlung*;
- die *Höchstfrist*, bis zu deren Ablauf die Umwandlung durchzuführen ist (Art. 294.2 LSA)[14].

All' diese Aspekte sind der Zuständigkeit des Verwaltungsorgans entzogen.

b) Grundlagen und Modalitäten der Umwandlung und diesbezügliche Berichtspflicht

aa) Grundlagen und Modalitäten der Umwandlung

Mit dem Ausdruck „Grundlagen der Umwandlung" bestimmen die Art. 292.1 und 294.2 LSA *das Umtauschverhältnis oder die Umtauschverhältnisse*; dies ist das wirklich grundlegende Element des Zeichnungsvertrages über die Wandelanleihen. Es ist ein mathematisches Kriterium, das den Wert oder die Anzahl der Aktien bezeichnet, die mit der Hingabe jeder einzelnen Wandelanleihe erlangt werden können. Es beschreibt die Verschuldung des Emittenten hinsichtlich des durch die Aushändigung der Aktien als Zahlungsmittel zu erfüllenden Wandelrechts. Dabei darf keinesfalls auf den Einheitsbetrag einer Wandelanleihe abgestellt werden. Das Umtauschverhältnis oder die Grundlage der Umwandlung kann fix sein (bestimmt) oder variabel (bestimmbar).

Das Umtauschverhältnis ist *fix* oder bestimmt, wenn es vom Moment der Zeichnung an bestimmt und unveränderlich die Zahl der Aktien festlegt, die der Inhaber der Schuldverschreibung erhält, wenn er sich zur Ausübung des Wandelrechts entschließt. Dies verbietet nicht den Rückgriff auf verschiedene feste oder bestimmte Umtauschverhältnisse bei ein und derselben Emission. Diesen verschiedenen Umtauschverhältnissen sind dann jeweils eigene Ausübungsfristen zugeordnet. In der Regel besteht dann während der ersten Ausübungsfristen weniger Anreiz zum Umtausch. Ein fixes oder bestimmtes Umtauschverhältnis erlaubt den Anleihegläubigern, im Hinblick auf den Wandlungszeitpunkt zu spekulieren. Die Gesellschaft trägt ihrerseits von vornherein das Risiko der Nichtausübung des Wandelrechts für den Fall, daß im Zeitpunkt der Zulässigkeit der Umwandlung der Aktienkurs einer Ausübung des Wandelrechts entgegensteht.

Das Umtauschverhältnis ist *variabel* oder bestimmbar, wenn es ein variables Element beinhaltet, anhand dessen der Wert der Aktien berechnet wird, die Gegenstand der Umwandlung sind. Auf diese Weise wird der Wert der umzuwandelnden Aktien immer erst im nachhinein bestimmt, und zwar normalerweise in

14 Sanz Garcia, Revista de Derecho de Sociedades 8/1997, 275–276.

einem Zeitraum, der vor der Ausübung des Wandelrechts liegt. Gewöhnlich wird dieser Wert entsprechend dem Durchschnitt des Börsenkurses während einer bestimmten Zeit vor der Umwandlung berechnet. Dies führt in Wirklichkeit zu normalen Kapitalerhöhungen, weil der Zeichnungspreis für die Aktien dem Börsenkurs entspricht, abzüglich eines mehr oder weniger großen Betrages, der als Anreiz zur Ausübung des Wandelrechts fungiert. Diese Regelungen sind riskant für die Inhaber der Schuldverschreibungen, da stets damit zu rechnen ist, daß die Börsenkurse während der Umtauschperioden künstlich auf einen bestimmten Preis gebracht werden.

Die Regeln der Art. 292–294 LSA über Wandelanleihen setzen die Verwendung *fixer* oder bestimmter Umtauschverhältnisse voraus. Dies steht im Gegensatz zur *Praxis* der spanischen Finanzmärkte, die traditionell zu den *variablen* oder bestimmbaren Umtauschverhältnissen neigt. Dessenungeachtet sollten beide Arten von Umtauschverhältnissen als nach Art. 17.2 RD 291/1992 zulässig angesehen werden, obwohl die rechtliche Ausgestaltung der *typischen* Wandelanleihen nach Art. 292–294 LSA variable oder bestimmbare Umtauschverhältnisse innerhalb ihres Anwendungsbereichs ausschließt[15]. Denn sonst würden, wie an anderer Stelle dargelegt[16], die folgenden ungeregelten Situationen auftreten:

(1) Die Einräumung des Wandelrechts an die Inhaber der Wandelanleihen gemäß Art. 158.1 LSA würde diese insoweit zum Nachteil der Aktionäre begünstigen, als sie einen doppelten Gewinn zum Nachteil der Aktionäre erlangen würden: das Wandelrecht und den Gewinn aus der automatischen Berichtigung des Umtauschverhältnisses wegen des Kursverlustes der Aktien als Konsequenz der Kapitalerhöhung, aufgrund derer der Inhaber der Schuldverschreibungen eine größere Anzahl an Aktien erhält[17].

(2) Es wäre unmöglich, die Regelungen über den Ausschluß des Bezugsrechts der Aktionäre und der Inhaber der vorher emittierten Wandelanleihen anzuwenden, da sich nicht bestimmen ließe, ob der Nennwert der zu emittierenden Aktien zuzüglich des Agios dem wahren Wert der Aktien entspricht.

Mit dem Ausdruck „Modalitäten der Umwandlung“ scheint das LSA sich auf die ***näheren Umstände und verfahrensmäßigen Fragen*** der Ausübung des Wandelrechts zu beziehen. Beide Aspekte der Umwandlung der Schuldverschreibungen in Aktien müssen notwendigerweise durch die Hauptversammlung beschlossen werden. Dies bedeutet nicht, daß die Hauptversammlung die Umwandlung der Schuldverschreibungen bis ins einzelne festlegen muß, sondern

15 Garcia de Enterria, Revista de Derecho Mercantil 1990, 11 ff, 62; Sanz Garcia, Revista de Derecho de Sociedades 8/1997, 277–279.

16 Sanz Garcia, Revista de Derecho de Sociedades 8/1997, 278–279.

17 Siehe die Kritik an diesem System bei Garcia VillaVerde, La constitución y el capital de las sociedades en la CEE (primera y segunda directrices), in: Cuadernos de Derecho y Comercio 5/1989, S. 137–138, und bei Garcia de Enterria, Revista de Derecho Mercantil 1990, 47.

daß der Beschluß bezüglich der *Verfahrensmodalitäten* eine Entscheidung zwischen den vielen Möglichkeiten (ständig, in bestimmten Zeiträumen, nur bei Fälligkeit der Schuldverschreibungen, nach einer gemischten Formel etc.) fällen muß. In jedem Fall verpflichtet Art. 294.2 LSA die Hauptversammlung, eine *Höchst*frist aufzustellen, innerhalb derer die Umwandlung vollzogen werden muß, eine Höchstfrist, die nicht mit der vom Verwaltungsrat festlegbaren Laufzeit der Anleihen übereinstimmen muß. Daher kann die Hauptversammlung die Befugnis zur Aufstellung der dazwischenliegenden Wandlungsfristen auf das Verwaltungsorgan übertragen, ebenso wie sie diesem die Bestimmung der Fälligkeit einer gewöhnlichen Anleihe überlassen kann[18].

Art. 294.1 LSA statuiert die *jederzeitige* Wandelbarkeit, offen oder *à tout moment*, als hilfsweise geltende Modalität für die Ausübung des Wandelrechts. Dies erscheint gelungen, da ja die *jederzeitige* Wandelbarkeit bedeutet, daß das Wandelrecht jederzeit ausgeübt werden kann; auf diese Weise kann der Inhaber der Schuldverschreibung vorzüglich die Vorteile des fixen Umtauschverhältnisses nutzen. In diesem Zusammenhang ist darauf hinzuweisen, daß sich der Inhaber der Schuldverschreibung mit Wirkung ab dem Datum der Ausübung des Wandelrechts in einen Aktionär verwandelt (er kann an der Hauptversammlung teilnehmen und hat dort ein Stimmrecht, ihm steht die Dividende zu etc.); dessenungeachtet kann die tatsächliche Aushändigung der Aktien/Wertpapiere je nach Verfahren später erfolgen. Es erscheint auch ratsam, den Verwaltungsrat zu beauftragen, das Erforderliche zu tun, um die Aktien/Wertpapiere mit der Ausübung des Wandelrechts entstehen zu lassen, ohne daß weitere Hauptversammlungsbeschlüsse erforderlich sind.

Nicht überzeugend ist es, daß die Regelung der Aufgaben des Verwaltungsrats in bezug auf die Umwandlung von Gesetzes wegen beschränkt ist auf das Verfahren der *jederzeitigen* Umwandlung (Art. 294.1. Satz 2 LSA, der mit „In diesem Fall ...“ beginnt); richtig wäre es gewesen, diese Aufgaben so umfassend zu bestimmen, daß sie alle Arten der Umwandlung erfassen, d.h., daß die Begebung und Aushändigung der Aktien spätestens in dem der Ausübung des Wandelrechts folgenden Monat stattzufinden hat, und daß während dieses folgenden Monats die effektive Kapitalerhöhung entsprechend der Zahl emittierter Aktien eingetragen werden muß. Genausogut ließe sich auch eine umgekehrte Regelung vorstellen: erst die Kapitalerhöhung ins Register einzutragen und dann die Aktien als Wertpapiere zu begeben und auszuhändigen (Art. 62 LSA).

18 ANGULO, aaO (Fn. 9), S. 401 ff, der die Übertragung der Befugnis zur Festsetzung der Grundlagen und Modalitäten der Umwandlung auf das Verwaltungsorgan ebenso wie zur Erhöhung des Grundkapitals selbst befürwortet.

bb) Berichtspflicht bezüglich Grundlagen und Modalitäten der Umwandlung

Besonderheiten der Regelung über die Emission von Wandelanleihen liegen in einigen Normen des LSA begründet, die das Informationsrecht vor der Hauptversammlung verstärken, auf der ihre Ausgabe beschlossen wird.

Vor der Einberufung dieser Hauptversammlung muß das Verwaltungsorgan einen *erklärenden* Bericht über die Grundlagen und Modalitäten der Umwandlung ausarbeiten und den Aktionären zur Verfügung stellen; dieser muß durch einen weiteren Bericht der Abschlußprüfer ergänzt werden (Art. 292.2 LSA). In dem Bericht des Abschlußprüfers wird der des Verwaltungsorgans kontrolliert; die Prüfer müssen in unabhängiger Form Stellung nehmen, vor allem zur Anpassung des Umtauschverhältnisses, zum Nennwert (Einheitsbetrag) der Schuldverschreibungen sowie zur Höhe der Zuzahlungen in diesem Fall, sowohl wenn diese von den Inhabern der Schuldverschreibungen bezahlt werden sollen als auch wenn sie zu Lasten frei verfügbarer Rücklagen gehen. Bei den Prüfern handelt es sich um die der Gesellschaft; sofern diese noch nicht bestimmt sind, werden sie durch den Handelsregisterführer des Geschäftssitzes des Emittenten bestimmt (Art. 205 LSA). Obwohl das LSA es nicht ausdrücklich anordnet, versteht sich, daß beide Berichte den Aktionären ab der Einberufung der Hauptversammlung am Gesellschaftssitz zur Verfügung stehen sollen und daß die Aktionäre in der Einberufung auf ihr Recht zur Prüfung der Berichte aufmerksam gemacht werden müssen, ebenso wie auf ihr Recht, deren unentgeltliche Zusendung zu verlangen (Art. 144 LSA).

Beide Berichte sollen dem Beschluß über die Emission zum Zweck ihrer Eintragung ins Handelsregister beigelegt werden (Art. 318.2 RRM).

c) Gleichzeitige Kapitalerhöhung durch Ausgabe neuer Aktien

aa) Kapitalerhöhung

Die Hauptversammlung, die der Ausgabe von Wandelanleihen zustimmt, soll gleichzeitig die zur eventuellen Erfüllung des Wandelrechts *notwendige* Kapitalerhöhung bewilligen (Art. 292.1 LSA). Diese Kapitalerhöhung hat insofern *instrumentellen* Charakter, als die aus ihr stammenden Aktien zur Bedienung der Wandelanleihen bestimmt sein müssen; daher muß die Erhöhung zwingend durch Ausgabe neuer Aktien erfolgen (Art. 151 LSA). Es handelt sich um eine die Rechte der Schuldverschreibungsgläubiger schützende Technik in dem Sinne, daß die Aktien, in die die Schuldverschreibungen umwandelbar sind, bereits *de iure* existieren. Dies erklärt, daß diese Kapitalerhöhung *unwiderruflichen* Charakter hat[19] und daß die aus ihr stammenden Aktien *reserviert* bleiben zugunsten

19 Angulo Rodriguez, aaO (Fn. 12), S. 136.

der Inhaber der Wandelanleihen, die sich für die Ausübung ihres Wandelrechts entscheiden; so wird die Durchführung des Wandelrechts der Schuldverschreibungen in Aktien gesichert.

Da Art. 292.1 LSA sich auf eine Kapitalerhöhung in der *notwendigen* Höhe bezieht, ist es zulässig, daß die Emittentin zur Bedienung der Umtauschrechte auch eigene Aktien verwendet, die sie in ihrem Bestand hat oder die einer anderen Gesellschaft gehören. Stets setzt dies aber voraus, daß die im LSA vorgesehenen Mittel zum Schutz der Schuldverschreibungsgläubiger[20] sowie die Normen über den Erwerb eigener Aktien beachtet werden (Art. 75ff LSA). Da es sich um eine *beschlossene, aber nicht gezeichnete* Kapitalerhöhung handelt, darf sie nicht auf der Passivseite der Bilanz ausgewiesen werden; das darf sie erst dann, wenn sie als Folge der Ausübung des Wandelrechts effektiv gezeichnet ist (Art. 294.1 LSA).

bb) Maßnahmen zum Schutz des Grundkapitals

Das LSA benutzt gewisse Mittel, um das Grundkapital zu schützen. Die Ausgabe von Wandelanleihen zu einem unter ihrem Nennwert liegenden Betrag ist verboten, ebenso wie die Umwandlung von Schuldverschreibungen in Aktien untersagt ist, wenn der Nennwert oder Einheitsbetrag der Schuldverschreibungen unter dem der Aktien liegt, die als Gegenleistung zur Umwandlung ausgehändigt werden (Art. 293.3 LSA). Es handelt sich um eine Konkretisierung des in Art. 47.2 LSA enthaltenen Prinzips, das die Emission von Aktien zu einem Zeichnungspreis unter ihrem Nennwert verbietet.

cc) Bezugsrecht

Das Haupthindernis, das einer Emission von Wandelanleihen vor Inkrafttreten des LSA gemäß R.D. Legislativo 1564/1989 vom 22. Dezember 1989 entgegenstand, war die Behandlung des Bezugsrechts der Aktionäre bei der zur Umwandlung notwendigen Kapitalerhöhung. Die Lehre sprach sich zum Teil für die Anwendbarkeit dieses Rechts des Aktionärs vor besagter Kapitalerhöhung und damit für dessen Unentziehbarkeit aus (Art. 39 LSA von 1951)[21]; die Gegenansicht befürwortete die Zulässigkeit seines Ausschlusses. Nötig war daher eine gesetzliche Regelung dieses Problems.

Art. 9 des Gesetzes 19/1989 wählte das bessere System. Die Emission von Wandelanleihen führt zum automatischen Ausschluß des Bezugsrechts hinsichtlich der für die Bedienung der Wandelrechte erforderlichen Kapitalerhö-

20 Garcia de Enterria, in: Enciclopedia jurídica básica, Bd. III, 1995, S. 4514.
21 Vgl. Sanchez Andres, El derecho de suscripción preferente del accionista, 1973, S. 332ff.

hung (Art.152.2 LSA). Dieses Recht wird stattdessen übertragen auf die Zeichnung der Wandelanleihen, deren Emission beschlossen wurde (Art. 48.2.b und Art. 293.1 LSA). Entsprechend dem Umtauschverhältnis wird das gleiche Recht auch den Inhabern der aus früheren Emissionen stammenden Wandelanleihen zugestanden (Art. 293 LSA).

Art. 293.3 LSA ordnet die Anwendung des das Bezugsrecht regelnden Art. 158 LSA auf die Ausgabe neuer Wandelanleihen an. Dies hat zur Folge:

- Die Einhaltung einer Mindestfrist von einem Monat für seine Ausübung, gerechnet ab der Bekanntmachung der betreffenden Emission im Amtsblatt des Handelsregisters;
- die Verteilung der Wandelanleihen zwischen den Aktionären und den Inhabern der Wandelanleihen aus früheren Emissionen in dem Verhältnis, das dem „Nennwert der von ihnen gehaltenen Aktien oder dem Nennwert der Aktien entspricht, die den Inhabern der Wandelanleihen zustehen würden, wenn sie zu diesem Zeitpunkt von ihrem Wandelrecht Gebrauch machen würden";
- die Übertragbarkeit der Bezugsrechte, deren Funktion es ist, den Inhabern eine zusätzliche Rendite ihrer Investition zu verschaffen, durch die die Verwässerung ihres ursprünglichen durch die Ausübung des Wandelrechts enstandenen Anteils am Gesellschaftsvermögen ausgeglichen werden kann.

Eine problematische und ungeklärte, auch vom LSA nicht gelöste Frage betrifft die Zulässigkeit des Bezugsrechtsausschlusses aufgrund eines Hauptversammlungsbeschlusses. Meines Erachtens sollte hierbei zwischen dem Ausschluß des Bezugsrechts der Aktionäre der Emittentin und dem der Inhaber von aus früheren Emissionen stammenden Wandelanleihen unterschieden werden.

Bezüglich der Aktionäre der emittierenden Körperschaft kann der Bezugsrechtsausschluß zulässig sein, wenn er sich im Rahmen der von Art. 159.1 LSA generell vorgesehenen Bedingungen hält[22]. Diese Norm verlangt die Einhaltung verschiedener Erfordernisse zum Schutz der Rechte der Aktionäre, nämlich die Stärkung ihres Informationsrechts sowie die Kontrolle des Bezugsrechtsausschlusses seitens unabhängiger Experten. Außerdem muß nach Art. 159.1 LSA der gänzliche oder teilweise Ausschluß dieses Rechts durch das Gesellschaftsinteresse geboten sein. Dieses Gesellschaftsinteresse muß kausal für den Ausschluß sein; es genügt nicht die bloße Existenz eines Gesellschaftsinteresses, sondern darüber hinaus darf dieses Interesse nicht anders gewahrt werden können als durch den gänzlichen oder teilweisen Bezugsrechtsausschluß[23].

22 So Tapia Hermida, in: Derecho de sociedades anónimas, Bd. III/2, 1994, S. 1162ff; Sanz Garcia, Revista de Derecho de Sociedades 8/1997, 282.

23 Alonso Ledesma, in: Derecho mercantil de la Comunidad Económica Europea. Estudios en homenaje a José Girón Tena, 1991, S. 39ff.

Bezüglich der Inhaber von aus früheren Emissionen stammenden Wandelanleihen muß außer den Erfordernissen, die für den Ausschluß des Bezugsrechts der Aktionäre gelten, noch der zustimmende Beschluß der jeweiligen Versammlungen der Inhaber von früheren Schuldverschreibungen vorliegen (Art. 300 LSA).

3. Schutz des Wandelrechts vor seiner Ausübung

a) Einleitung

Neben den bereits beschriebenen sieht Art. 294.2–3 LSA einige ergänzende Vorkehrungen zum Schutz des wirtschaftlichen Wertes des Wandelrechts vor nachteiligen Maßnahmen vor, die in der Gesellschaft, in deren Aktien die Schuldverschreibungen umwandelbar sind, vor Ausübung des Wandelrechts vorkommen können. Es handelt sich um Bestimmungen zum Schutz gegen „Verwässerung“, die den *wirtschaftlich-gesellschaftsrechtlichen* Inhalt der Wandelanleihen schützen; ihr Schutzzweck zielt weniger auf die Gläubigerposition ihres Inhabers, sondern vielmehr auf seine Stellung als zukünftiger Gesellschafter der emittierenden Gesellschaft[24]. Diese Schutzmechanismen haben nur Sinn im Fall eines fixen oder bestimmten Umtauschverhältnisses, da der Anteil am Gesellschaftskapital, der in fixer Form den Inhabern von Schuldverschreibungen schon vom Moment der Emission der Wandelanleihen an zusteht, durch bestimmte Maßnahmen der Gesellschaft vor der Umwandlung geschmälert werden könnte. Bei einem variablen oder bestimmbaren Umtauschverhältnis erübrigen sich solche Maßnahmen, da ja schon die Technik dieser Festlegung des Umtauschverhältnisses die eventuellen Nachteile der Anleihegläubiger durch Zuteilung einer größeren Anzahl von Aktien bei der Umwandlung kompensiert[25].

b) Schutz vor effektiven Kapitalerhöhungen und vor der Ausgabe neuer Wandelanleihen

Beide Maßnahmen können den vermögensrechtlichen und gesellschaftsrechtlichen Inhalt des Wandelrechts beeinträchtigen, da die Inhaber der Schuldverschreibungen als deren Folge bei der Umwandlung einen geringeren Anteil des Gesellschaftskapitals erhalten, als sie im Moment der Zeichnung der Wandelanleihen gehabt hätten. Davor werden sie geschützt, indem ihnen ein mit dem der Aktionäre gleichberechtigtes Bezugsrecht auf die neuen Aktien oder Wandelanleihen zuerkannt wird (Art. 158.1 LSA und Art. 293.2 LSA). Sicherlich handelt es sich hierbei nicht um das beste System zum Schutz der Inhaber von

24 Garcia de Enterria, aaO (Fn. 20), S. 4515.
25 So Garcia de Enterria, aaO (Fn. 20), S. 4515.

Schuldverschreibungen vor solchen Maßnahmen, doch weist es nicht die praktischen Schwierigkeiten des effektiveren, in der Festlegung des Umtauschverhältnisses unter der Kontrolle des CNMV bestehenden Systems auf, so wie es in anderen Rechtsordnungen – etwa der französischen – angeordnet wird.

Das LSA enthält keine Schutzvorschriften für den Schutz des Wandelrechts vor der Kapitalerhöhung durch Erhöhung des Nennwerts der alten Aktien, verbunden mit der Leistung neuer Einlagen seitens der Altaktionäre. Diese Art der Kapitalerhöhung kann das Wandelrecht aber genauso beeinträchtigen wie die effektive Kapitalerhöhung durch Ausgabe neuer Aktien.

c) Schutz vor Kapitalerhöhungen aus Gesellschaftsmitteln und vor Kapitalherabsetzungen wegen Verlusten

Zum Schutz vor *Kapitalerhöhungen aus Gesellschaftsmitteln oder vor Kapitalherabsetzungen zum Ausgleich von Verlusten* ordnet Art. 294.2 LSA *die Anpassung des Umtauschverhältnisses im Verhältnis der Erhöhung oder der Herabsetzung an „in einer die Aktionäre und Inhaber von Schuldverschreibungen in gleicher Weise betreffenden Form"*. Diese Anpassung korrigiert den Anstieg des Umtauschverhältnisses im Fall der Erhöhung und dessen Sinken im Fall der Herabsetzung zum Ausgleich von Verlusten. Im ersten Fall muß die Gesellschaft den Inhabern der Schuldverschreibungen anbieten, daß sie eine größere Anzahl an Aktien umwandelt beziehungsweise im Fall der Nennwerterhöhung die gleiche Anzahl, aber mit höherem Nennwert entsprechend der Erhöhung; im zweiten Fall gilt das Umgekehrte.

Die einheitliche Behandlung beider Maßnahmen vermag nicht zu überzeugen. Die Anpassung des Umtauschverhältnisses ist notwendig, wenn auch nicht ausreichend im Fall der sogenannten *Gratis*-Kapitalerhöhung oder Kapitalerhöhung aus Gesellschaftsmitteln. Die besagte Anpassung muß nämlich ergänzt werden durch Verwendung von Teilen der für die Kapitalerhöhung bestimmten Rücklagen oder Gewinne, um die Wertdifferenz durch deren Umwandlung in Kapital auszugleichen. Dann ziehen nur die Anleihegläubiger Nutzen daraus, die ihr Wandelrecht ausüben. Trotz des allgemeinen Verweises von Art. 293.3 auf Art. 158 LSA ist nicht zu verstehen, daß die Inhaber der Wandelanleihen in diesem Fall das Recht der unentgeltlichen Zuteilung von Aktien haben; denn dies führt zu einem übermäßigen Schutz der Inhaber der Wandelanleihen zum Nachteil der Aktionäre[26].

Bei einer Kapitalherabsetzung zum Ausgleich von Verlusten muß das Umtauschverhältnis lediglich dann modifiziert werden, wenn das Umtauschverhältnis auf dem Nennwert der Aktien basierte. Dadurch soll die Gleichbehandlung

26 Tapia Hermida, aaO (Fn. 22), S. 1182.

der Inhaber von Wandelanleihen mit den Aktionären erreicht werden; anders gewendet sollen die Inhaber der Wandelanleihen, die umwandeln, wie der Rest der Aktionäre die Wirkungen der Herabsetzung wegen Verlusten mittragen.

d) Schutz vor einer Minderung des Kapitals aufgrund von Einlagenrückgewähr oder des Erlasses noch nicht erbrachter Einlagen

Art. 294.3 LSA verbietet für den Fall, daß Wandelanleihen existieren, daß die Hauptversammlung das *Kapital durch Rückgewähr von Einlagen oder durch den Erlaß noch offener Einlageforderungen mindert*, sofern nicht den Inhabern der Wandelanleihen im voraus und mit ausreichenden Sicherheiten die Möglichkeit zur Umwandlung geboten wird. Dies dient also als Schutzmaßnahme des Wandelrechts vor derartigen Maßnahmen.

Dieser Schutzmechanismus schützt die Anleihegläubiger trotz seiner vielen Sicherheiten nur relativ schwach. Ein Schutz wird auch vehement von der italienischen Lehre abgelehnt, durch die der spanische Gesetzgeber inspiriert wurde. Der Schutz muß deshalb als so gering erachtet werden, weil er sich nur auf die Schuldverschreibungsgläubiger erstreckt, die sich zur Umwandlung im voraus entscheiden und selbst dabei nicht auf alle. Zudem schützt diese Lösung nicht diejenigen Anleihegläubiger, die sich nicht zu einer Umwandlung im voraus entscheiden. Das Gesetz bietet hier keinerlei Lösung an. Die französische Lösung wäre hier angemessener; sie verbietet solche Maßnahmen ausnahmslos, solange die Gesellschaft Wandelanleihen im Umlauf hat.

e) Schutz vor anderen Maßnahmen der Gesellschaft

Das LSA enthält keine speziellen Regelungen zum Schutz des Wandelrechts vor anderen Maßnahmen der Gesellschaft, die sich negativ auf das Wandelrecht auswirken, wie etwa der Änderung der satzungsmäßigen Regelungen über Gewinnverteilung oder einer Änderung der Gesellschaftsstruktur (Verschmelzung, Spaltung oder sonstige Umwandlung der Gesellschaft, die Wandelanleihen in Umlauf hat). Bei derartigen Maßnahmen müssen sich die Inhaber von Wandelanleihen mit den allgemeinen Schutzmaßnahmen begnügen, insbesondere durch gemeinschaftliche Ausübung ihrer Rechte durch die gemeinsame Versammlung der Schuldverschreibungsinhaber, wenn man meint, daß die Emittentin solche Maßnahmen in unredlicher oder rechtsmißbräuchlicher Weise oder zur Gesetzesumgehung vornimmt.

III. Besonderheiten bei Optionen auf andere Wertpapiere („warrants")

1. Wesen der Optionen auf andere Wertpapiere („warrants")

Im spanischen Recht existiert kein spezielles Recht für Optionen auf andere Wertpapiere, die auf dem Kapitalmarkt normalerweise als *„warrants"* bezeichnet werden. Es handelt sich um selbständige Wertpapiere, die selbständig oder gemeinsam mit Aktien oder Anleihen ausgegeben werden können, und die ihrem Inhaber das direkte oder indirekte Recht zur Zeichnung bzw. zum Erwerb von Aktien oder anderen Wertpapiere einräumen, die durch die Emittentin oder eine andere Gesellschaft ausgegeben wurden.

Obwohl eine spezifische materiell-rechtliche Regelung für *warrants* fehlt, wurden sie in den Art. 2.1 f und Art. 17 RD 291/1992 gesetzlich anerkannt. Diese Vorschriften bestätigen die Zulässigkeit ihrer Emission im spanischen Recht[27]. Die Verbindung beider Vorschriften erlaubt es, *„warrants"* rechtlich

27 „Bestätigen", weil die *„warrants"*, obwohl sie nicht gesetzlich geregelt sind, wie auch die Wandelanleihen zum ersten Mal durch das Kapitalanlagegesetz (Nr. 46/1984) implizit zugelassen und von Art. 1 des RD 1197/1991 betreffend das öffentliche Angebot zum Erwerb von Aktien erwähnt werden. Art. 25 des Gesetzes 46/1984 bezieht sich auf „Wandelanleihen oder *solche, die ein Recht zur Beteiligung an einer Kapitalerhöhung einräumen*", ohne sie näher zu konkretisieren.
Die Emission von Wertpapieren mit *„warrant"* ist von den Autoren, die sich damit befaßt haben, nicht beanstandet worden; vgl. etwa GARCIA-PITA Y LASTRES, Breves consideraciones sobre la problemática jurídica de los „warrants" y las opciones sobre valores negociables, in: La Ley, Nr. 2519 vom 29. 6. 90, S. 5 ff, der die Möglichkeit der Einführung neuer übertragbarer Wertpapiere aus dem Prinzip der Privatautonomie in Art. 1255 CC begründet (S. 4) und dazu auch die *„warrants"* zählt. Dem folgen RODRIGUEZ-ROVIRA, Revista de Derecho Mercantil 1991, 844; FERNANDEZ DEL POZO, Revista Crítica de Derecho Immobiliario 1991, 1854 ff.
Dessenungeachtet besteht die Befugnis, neue Wertpapiere einzuführen oder, wenn man so will, selbständig verbriefte Rechte (Aktienurkunden oder Bucheintragungen) zu begründen, nur in den Grenzen des zwingenden Rechts; dessen Wirkungen können beim Recht der Wandelanleihen offensichtlich sein, weil es durch die *„warrants"* beträchtlich verwässert werden kann. Vgl. hierzu SANCHEZ CALERO, in: La reforma de la legislación mercantil, 1979, S. 233, für den „ein atypischer Tatbestand auf diesem Gebiet immer der besonderen Rechtfertigung bedarf, daß er nicht zwingenden Normen der Rechtsordnung widerspricht"; VICENT, Compendio crítico de Derecho mercantil, Bd. II, 1990, S. 618, der sich der Meinung von *Garrigues* anschließt und sich für die Existenz eines *numerus clausus* der Aktienurkunden ausspricht. Der genannte Professor führt für die Notwendigkeit einer ausdrücklichen gesetzlichen Absicherung der Einführung neuer Aktienurkunden an, daß die Geschäftsanteile der Sparkassen ausdrücklich durch Gesetz 26/1988 als Aktienurkunden zugelassen wurden. Im gleichen Sinne weist Professor *Vicent* darauf hin (aaO, S. 620), „daß Vorsicht angebracht ist bezüglich einer Ausdehnung des ganzen Systems der Umwandlung, der Legitimation des Inhabers zur Ausübung des Wandelrechts auf

als von *den Wandelanleihen verschiedene* Wertpapiere anzusehen, *die ihren Inhabern die Option zuerkennen, andere Wertpapiere zu zeichnen oder zu erwerben*[28]. Die Wertpapiere, die Gegenstand des Zeichnungsrechts oder auch des von den *„warrants"* abgeleiteten Erwerbs sind, können dem Emittenten selbst *(sponsored warrants)* oder einer anderen Person oder anderen Körperschaft gehören *(unsponsored warrants)*[29]; sie können von beliebiger Natur sein (Aktien, Schuldverschreibungen etc.) und sie können schon jetzt emittiert sein oder erst in Zukunft emittiert werden. Dessenungeachtet ist zu berücksichtigen, daß die Verfügung vom 12. Juli 1993 nur *Aktien* als Wertpapiere erfaßt, die Gegenstand von in *warrants* verkörperten Optionen sind (Anhang B, Kapitel II, Nr. 13–16).

2. *Emission der Optionen auf andere Wertpapiere („warrants")*

a) Anwendbare Vorschriften

Mangels gesetzlicher Sonderregelungen muß die Emission von *„warrants"* im Hinblick auf den *allgemeinen* Charakter der Regelungen für die Emission von Wertpapieren in Kapitels X LSA zunächst diesen Normen unterstehen[30]. Wenn die *„warrants"* mittels eines öffentlichen Zeichnungsangebots ausgegeben werden, müssen darüber hinaus auch die Regeln über den Aktienmarkt anwendbar sein (RD 291/1992 und Verfügung vom 12. Juli 1993).

Der Emittent muß demnach die Grundregeln des Rechts der Emission von Schuldverschreibungen einhalten, also:
- die der Hauptversammlung vorbehaltene Zuständigkeit für die Genehmigung der Maßnahme und ihrer grundlegenden Bedingungen;
- die Beurkundung des entsprechenden Beschlusses, seine Eintragung ins Handelsregister und seine Offenlegung im Amtsblatt des Handelsregisters;
- gegebenenfalls die Beachtung der Obergrenze der Emission nach Art. 282.1 LSA;

der Grundlage der Aktienurkunde (...) und des Ausschlusses von Rechten, die aus nicht die Umwandlung betreffenden Verhältnissen zum dritten Inhaber abgeleitet werden."

28 Cachon Blanco, Revista de Derecho Bancario y Bursátil 46/1992, 376, 384 (zu den verschiedenen Arten von *warrants* S. 377).

29 Vgl. Cachon Blanco, Revista de Derecho Bancario y Bursátil 46/1992, 379–380; nach Rodriguez-Rovira, Revista de Derecho Mercantil 1991, 851 f scheint die Emission von *unsponsored „warrants"* (über noch nicht emittierte Wertpapiere) in unserem Recht nicht vorzukommen, da die Ausübung des von den *„warrants"* abgeleiteten Rechts durch die Emission eines Dritten bedingt bliebe, so daß sie gegen Art. 1261 CC verstieße, da der Vertrag über die Anlage eines genauen Objekts entbehrt.

30 Alonso Espinosa, aaO (Fn. 2), S. 214 ff.

- die Bildung einer gemeinsamen Versammlung der Inhaber von *„warrants"* und die Ernennung eines gemeinsamen Vertreters, der die Vertretung der gemeinsamen Interessen der Inhaber übernimmt[31].

Wenn es sich bei den Wertpieren, auf die sich die in den *„warrants"* enthaltene Option bezieht, um Aktien handelt, können diese nach der Verfügung vom 12. Juli 1993 folgenden Ursprung haben:

- wenn die im *„warrant"* verkörperte Option sich auf den Erwerb bereits bestehender Aktien der emittierenden Gesellschaft bezieht, können diese sowohl aus dem eigenen Bestand der Emittentin als auch aus einer anderen Quelle stammen, wie etwa dem Bestand einer anderen Gesellschaft (Anhang B, Kapitel II. 13.1 der Verfügung vom 12. Juli 1993); in diesem Fall hat die Emittentin bei den zur Umwandlung angebotenen Aktien die rechtlichen Grenzen für den Bestand an eigenen Aktien zu beachten (Art. 75 und 77.b, c, d LSA); diese Begrenzung bezieht sich eindeutig auf alle Aktien im Bestand der Gesellschaft und nicht nur auf die zur Umwandlung angebotenen, wie Art. 17.2 RD 291/1992 vielleicht nahelegen könnte;
- wenn sich die Option auf bereits bestehende Aktien einer anderen Gesellschaft bezieht, muß die Emittentin diese entweder in ihrem eigenen Wertpapierbestand haben, oder sie muß das Bestehen eines „Verfügungsrechts" über diese glaubhaft machen (Anhang B, Kapitel II, 14.1);
- wenn sich die Option auf noch nicht emittierte Aktien einer anderen Gesellschaft bezieht, müssen diese aus einer künftigen und durch die Ausübung der Option bedingten Kapitalerhöhung stammen (Anhang B, Kapitel II.15.1);
- wenn die Optionen künftige Aktien der Emittentin betreffen und die Optionen in „anderen Wertpapieren als Wandelanleihen" verkörpert sind, müssen die Aktien im Wege der Kapitalerhöhung gleichzeitig mit den *„warrants"* ausgegeben werden (Anhang B, Kapitel II. 16.1).

Nach Art.17.2 RD 291/1992 muß die Emittentin folgende Informationen im Emissionsprospekt geben:

- klare Bezeichnung der Wertpapiere, auf die sich die Optionen beziehen;
- Informationen über die Inhaberschaft dieser Wertpapiere oder über ihre Verfügbarkeit und die Garantie, daß die Wertpapiere gebunden sind oder für eine eventuelle Ausübung des Wandelrechts zur Verfügung stehen;
- Informationen über die gesetzlichen Regelungen oder die von der Emittentin beschlossenen Satzungsbestimmungen, mit denen die Emission vor Beeinträchtigungen geschützt wird;

31 Alonso Espinosa, aaO (Fn. 2), S. 214ff, v.a. S. 220–221.

- Informationen über die Frist für die Ausübung der Optionen, das für die Ausübung vorgesehene Verfahren und über die Emittentin der Wertpapiere, die Gegenstand der Option sind.

Wenn die Optionen noch nicht emittierte Aktien betreffen, „müssen Regeln getroffen werden, die den von Art. 293 und Art. 294 Abs. 2 Sätze 2 und 3 und 3 LSA für Wandelanleihen vorgesehenen entsprechen". Es besteht ein Bezugsrecht der Aktionäre und der Inhaber von aus früheren Emissionen stammenden Wandelanleihen auf die Optionen. Überdies ist das Bezugsrecht auch auf die Inhaber von früher ausgegebenen *„warrants"* auf Aktien auszudehnen. Schließlich muß der künftige Gesellschafter gegenüber dem Inhaber solcher *„warrants"* auf die gleiche Weise geschützt werden wie ein Wandelanleihegläubiger.

b) Mißverhältnis zwischen dem Recht der Optionen („warrants") und dem Recht der Wandelanleihen

Diese letzte Variante – *„warrants"*, die sich auf noch nicht emittierte Aktien beziehen – befremdet, da sie es ermöglicht, einigen Regelungen auszuweichen, die das LSA zum Schutz der Inhaber von Wandelanleihen vorsieht. Insbesondere können die Art. 292 und 294.1 LSA durch die Bezeichnung solcher Wertpapiere als „verschieden von Wandelanleihen" umgangen werden. In diesem Fall bewirkt die Entscheidung eines Emittenten, *„warrants"* in dieser Variante auszugeben, folgende Unstimmigheiten, die mit einem strengen Verständnis des Gesetzestexts schwer vereinbar sind:

- die Regeln über Wandelanleihen können teilweise von Emittenten umgangen werden, wenn das Wandelrecht an *„warrants"* statt an Wandelanleihen *typischer* Ausgestaltung anknüpft;
- es gibt keine rechtlichen Regelungen, durch die das Bestehen der Aktien gesichert wird, in die die *„warrants"* umwandelbar sind. So fehlt etwa eine Verpflichtung des Emittenten zur Durchführung einer Kapitalerhöhung gleichzeitig mit dem Beschluß über die Emission der *„warrants"*, durch die Aktien entstehen, die den Inhabern der *„warrants"* unwiderruflich vorbehalten sind. In der Tat kann der Emittent die Anwendung des Art. 292 LSA abbedingen, da die besagte Vorschrift nicht zu den gemäß Art. 17 RD 291/1992 zwingend zu beachtenden Normen zählt[32]. Stattdessen reicht es aus, nicht näher konkretisierte Sicherheiten dafür zu stellen, daß die Aktien „für die mögliche Ausübung der eingeräumten Optionen bestimmt sind" (Art. 17.2 Absatz 1 RD 291/1992). Wenn die Aktien, auf die sich die Optionen beziehen, von einer anderen als der emittierenden Gesellschaft stammen, verpflichtet die Verfügung vom 12. Juli 1993 den Emittenten, im Emissionsprospekt „die größtmöglichen

32 Abw. RODRIGUEZ-ROVIRA, Revista de Derecho Mercantil 1991, 853: zwingend.

rechtlichen Sicherheiten dafür zu stellen, daß im Zeitpunkt der möglichen Ausübung der Optionen eine ausreichende Anzahl von Aktien zur Verfügung steht, wobei auf die einschlägigen Beschlüsse der Hauptversammlung und des Verwaltungsorgans der emittierenden Gesellschaft Bezug zu nehmen ist" (Anhang B, Kapitel II. 15.1). Wenn sich die Optionen auf Aktien der Emittentin beziehen, muß der Emissionsprospekt den „Hauptversammlungsbeschluß über die Erhöhung des Kapitals um den Betrag wiedergeben, der erforderlich ist, um der möglichen Ausübung der eingeräumten Optionen nachzukommen" (Anhang B, Kapitel II.16.1);

- keine Anwendung finden die durch Art. 292.3 LSA angeordneten Schutzmaßnahmen zur Sicherung des Grundkapitals; so ist es zulässig, daß der Zeichnungspreis der *„warrants"* unter dem der Aktien liegt, in die sie wandelbar sind, ebenso wie es zulässig ist, diese Wertpapiere zu einem unter ihrem Nennwert[33] liegenden Preis zu emittieren, sofern man nicht Art. 47.2 LSA für anwendbar hält;
- obwohl Art. 17 RD 291/1992 den Bericht der Verwalter über die Grundlagen und Modalitäten der Umwandlung nicht für zwingend erklärt, verpflichtet die Verfügung vom 12. Juli 1993 zur Verschaffung dieser Informationen, allerdings nicht zugunsten der Aktionäre der ausgebenden Gesellschaft, sondern zugunsten der Zeichner der *„warrants"*, und zwar mittels des Emissionsprospekts (Anhang B, Kapitel II, Nr. 15.3 und 16.3);
- auch wird weder ein besonderes Verfahren des Tausches oder der Umwandlung rechtlich vorgeschrieben noch ist zwingend vorgesehen, daß die Hauptversammlung eine Höchstfrist für die Umwandlung festlegt, da ja Art. 294.1 und 2 Satz 1 LSA für unanwendbar erklärt werden;
- schließlich sind die Normen zum Schutz des Wandelrechts (Art. 293 und 294 LSA) bloß vertraglicher Natur. Dies ergibt sich aus Art. 17.2 RD 291/1992 a.E., nach dem der Beschluß über die Emission *„Regeln* irgendeinen Inhalts enthalten soll" wie die in diesen Vorschriften vorgesehenen[34].

33 Eine eventuelle Differenz zwischen dem Nennwert der Aktien und dem Wert der Optionen muß durch die Gesellschaft gedeckt werden oder durch die, die die Option ausüben. Ansonsten würde das Verbot der Unter-Pari-Emission der Aktien verletzt (Art. 47.2 LSA).

34 Zu seinem Geltungsbereich CACHON BLANCO, Revista de Derecho Bancario y Bursátil 46/1992, 401–404.

Sachregister

Bei Fragen zur Produktsicherheit wenden Sie sich bitte an:
If you have any questions regarding product safety,
please contact:

Walter de Gruyter GmbH
Genthiner Straße 13
10785 Berlin
productsafety@degruyterbrill.com